JN110677

せかたび
# スペイン

Spain

# 完全 Map

S ショップ　R レストラン　H ホテル　C カフェ

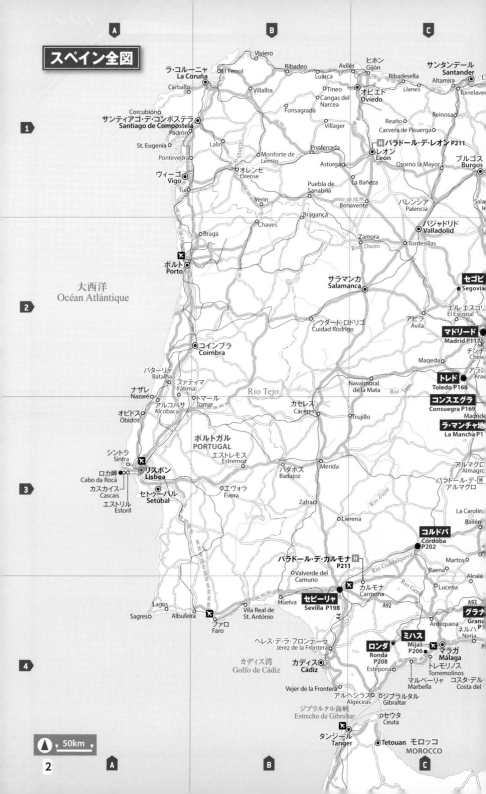

# スペイン全図

大西洋
Océan Atlántique

**A**

ビビエロ Viviero
El Ferrol
ラ・コルーニャ La Coruña
Carballo
Corcubión Corcubión
サンティアゴ・デ・コンポステラ Santiago de Compostela
St. Eugenia
Padrón
Pontevedra
Lalín
ヴィーゴ Vigo
Tui
Orense オレンセ

Ribadeo
Villalba
Tineo
Luarca
Cangas del Narcea
Villager
Fonsagrada
Monforte de Lemos
Ponferrada
Verin
Chaves
Bragança
Braga

ポルト Porto

コインブラ Coimbra

バターリャ Batalha
ナザレ Nazaré
ファティマ Fátima
トマール Tomar
オビドス Óbidos
アルコバサ Alcobaca

ポルトガル
PORTUGAL

シントラ Sintra
ロカ岬 Cabo da Roca
リスボン Lisboa
カスカイス Cascais
エストリル Estoril
セトゥーバル Setúbal

エストレモス Estremoz
エヴォラ Évora

**B**

ヒホン Gijón
アビレス Avilés
Ribadesella
オビエド Oviedo
Llanes
Reaño
Carvera de Pisuerga
Astorga
パラドール・デ・レオン P211
レオン León
Osorno la Mayor
La Bañeza
Benavente
Puebla de Sanabría
サラマンカ Salamanca
シウダード・ロドリゴ Cuidad Rodrigo
Zamora
Río Duero
Tordesillas
バジャドリッド Valladolid
パレンシア Palencia
エル・エスコ El Escorial
アビラ Ávila
Maqueda
Navalmoral de la Mata
カセレス Cáceres
Río Tejo
Trujillo
Mérida
バダホス Badajoz
Zafra
Río Zújar
Lierena
パラドール・デ・カルモナ P211
Valverde del Camuno
カルモナ Carmona
セビーリャ Sevilla P198
ウエルバ Huelva
A92
Vila Real de St. António
ファロ Faro
Albufeira
Lagos
Sagres
ヘレス・デ・ラ・フロンテーラ Jerez de la Frontera
カディス Cádiz
Vejer de la Frontera
カディス湾 Golfo de Cádiz
Algeciras
ジブラルタル海峡 Estrecho de Gibraltar
タンジール Tanger

**C**

サンタンデール Santander
Altamira
Torrelave
Reinosa
ブルゴス Burgos
Sala
セゴビ Segovia
マドリード Madrid P117
チンチ Chin
トレド Toledo P166
アラン Ara
コンスエグラ Consuegra P169
ラ・マンチャ地 La Mancha P1
アルマグロ Almagr
パラドール・デ・アルマグロ
La Carolin
Bailén
コルドバ Córdoba P202
Martos
Baena
Río Gen
Lucena
Alcalá
A92
グラナ Grana
Antequera
ネルハ Nerja
ミハス Mijas P206
ロンダ Ronda P208
マラガ Málaga
トレモリノス Torremolinos
マルベーリャ Marbella
コスタ・デル Costa del
Estepona
ジブラルタル Gibraltar
セウタ Ceuta
Tetouan モロッコ MOROCCO

 50km

**2**

# バルセロナ全図

**A** **B** **C**

**1**

レス・トレス・トーレス
LES TRES TORRES

サンタ・テ学院
Col·legi de Teresianes

ベドラルベス宮殿
Palau Reial de Pedralbes

アメリカ荘庭園
Jardins de la Vil·la Amèlia

ラ・ボナノ
LA BONANC

ベドラルベス公園
Parc de Pedralbes

グエル別邸
Pavellons Güell P54

ミラーリェス邸の門
Porta de la Finca Miralles P55

コロニア・グエル教会
P5S

パラウ・レイアル
PALAU REIAL

新市街
ZONA ALTA

マリア・クリスティーナ
MARIA CRISTINA

日本国総領事館

ムンタネ
MUNT

トゥーロ・パーク
Turó Parc

FCバルセロナ博物館
Museu de Futbol Club Barcelona

カンプ・ノウ
Camp Nou P84

ヒルトン・バルセロナ
P213

NHコレクション バルセロナ
コンスタンサ

メリア・バルセロナ・サリア
P213

マシア広場
Plaça de France Macia

COLLBLANC

レス・コルツ
LES CORTS

**2**

バダル
BADAL

NHサンツ バルセロナ

U2
ホ P21

SANTA EULALIA

プラザ・デル・セントレ
PLAÇA DEL CENTRE

オスピタル・クリ
HOSPITAL CLÍN

エンテンカ
ENTENÇA

サンツ・バスターミナル
Estació d'Autobusos Sants

バルセロ サンツ

サンツ・エスタシオ
SANTS ESTACIÓ

ディスフルタール P76

バスティセリア・タカン・オチャイ

プラサ・ダ・サンツ
PLAÇA DE SANTS

サンツ駅
BARCELONA-SANTS

H10・イタカ
P213

メルカット・ノウ
MERCAT NOU

P100 マテス

タラゴナ
TARRAGONA

シンク
サンティッツ P77

P109 スペイン広場
Plaça de Espanya

ジョアン・ミロ公園
Parc de Joan Miró P83

オスタフランクス
HOSTAFRANCS

ベスターナ・アレーナ・バルセロナ P213

アレネス・デ・バルセロナ
ショッピングセンター

ロカフォルト
ROCAFORT

**3**

AC・ホテル・ソム
P213

フネリア
FONERIA

コルツ・カタラナス大通り（グラン・ビア）
Gran Via de les Corts Catalanes

エスパーニャ
ESPANYA

ウルジェイ
URGELL

ホスタル・リヴ・バルセロ

カイシャ・フォーラム
Caixa Forum P55

プラサ・エスパーニャ駅
PLAÇA ESPANYA

エスパイ・クル

サン・アントニ
SANT ANTONI

スペイン村
Poble Espanyol

ポブレ・セック
POBLE SEC

タブラオ・デ・カルメン

カタルーニャ美術館
Museu Nacional d'Art de Catalunya

夜になると噴水がライトアップ（主に木・金・土曜）。エスパーニャ広場からカタルーニャ美術館まで一直線の眺めは壮観

ミロ美術館
Fundació Joan Miró

インターコンチネンタル・バルセロナ・IHG・ホテル
P212

キメッ&キメッ

バラ
PARA

フォク
FOC

サン・ジョルディ館
Palau Sant Jordi

エスタディ・オリンピック・リュイス・コンパニス
Estadi Olímpic Lluís Companys P84

モンジュイック（ケーブルカー

アルマダ広場
PLAÇA DE L'ARMADA

**4**

モンジュイック地区
MONTJUIC

モンジュイックの丘
MONTANYA DE MONTJUIC

モンジュイックゲーブルカー
Teleféric de Montjuic P109

バルセロナ市街を一望できる絶景スポット。サグラダ・ファミリアの塔が飛び出しているのがよく見える

南西墓地
Cementeri del Sud Oest

プラット国際空港へ
Aeropuerto de Barcelona (El Prat)

モンジュイック城
Castell de Montjuic P109

バルセロナ中心部 P6〜7

**A** **B** **C**

バルセロナ中心部

A
B
C

1
2
3
4

**ウルジェイ**
URGELL

H10カサノバ
H

バルセロナ大学
Universitat Central

地下鉄1号線

コルツ・カタラナス大通り(グラン・ビア)

TOC ホステル
バルセロナ
H

**ウニベルシタット**
UNIVERSITAT

カタルーニャ鉄道

ウニベルシタ

グエル
公園

サグラダ・
ファミリア

サンツ駅

エスパーニャへ

**アロセリア・シャティバ**
R P72

C. de Muntaner
C. de
C. de Casanova
C. de Valldonzella

Ronda de la Univer

カタル
ブラ
カタル
H

P10

モンジュイックの丘

P8～9
P6～7

フランサ駅

Carrer de Sepúlveda

C. del Comte Borrell
C. de Villarroel
C. de Casanova

Carrer de Floridablanca

バルセロナ現代美術館
Museu d'Art
Contemporani de Barcelona

旧市街 P8～9

**カタルーニャ**
CATALUNYA
H

Carrer de Tamarit

**サン・アントニ**
SANT ANTONI

C. de la Lluna

R ティケッツ・バル

R ロリータ・タベリア

マンソ通り

パラレル大通り

Carrer de Manso

サン・パウ通り
Ronda de Sant Pau

C. de la Riera Alta

C. del Carme
C. del Carme

C. d'En Roig

ラ・ランブラ
La Rambla

ランブラス通り

Portal

**ポブラ・セック**
POBLE SEC

Carrer del Parlament

地下鉄3号線 LINE 3

カデナ
通り

C. de l'Hospital

**サン・ジュセップ市場**
P86 El Mercado de Sant Josep(La Boqueria)

シルケン
コンコルディア
H

C. de la Concòrdia

C. de l'Olivera

C. de la Creu dels Molers

C. de Blasco de Garay

Avinguda del Paral·lel

C. d'Aldana

C. del Marquès de
Campo Sagrado

C. de l'Aurora

バルセロ
ラバル

P83 ミロのモザイク画
Mosaico de Miró

C. Boqueria

**リセウ**
LICEU

R ピンチョ・ジェイ
P69

R ラ・エスキニタ・デ・ブライ
P68

C. de Salva

C. de les Flors

C. de Sant Pau リセウ大劇場
Gran Teatre del Liceu

C. de Ferran

**キング・ピンチョス**
R P69

R キメッ&キメッ

C. del Marquès
de Barberà

C. la Unió

**ラ・タスケタ・デ・ブライ**
R P69

サルバ通り

C. del Roser

**パラレル**
PARAL·LEL

サンパウ・デル・
カンプ教会

C. Nou de la Rambla

**レイアール**
Plaça Reial
P54,105

**ブライ・ノウ**
R P69

デ・ビコス・
バルドス

**パラレル**
PARAL·LEL

C. Nou de la Rambla

**グエル邸**
Palau Güell
P54

C. dels Escudellers

モンジュイックフニクラ(ケーブルカー)
Montjuïc Funicular

ノウ・デ・ラ・ランブラ通り

**ホスタル・アポロ** P218

Avinguda de les Drassanes

C. d'Arc del Teatre

R エル・シャレ・デ・モンジュイック
P73,109

C. de Cabanes

ホテル・バルセロナ・
アポロ、
アフィリアテッド・
バイ・メリア

C. de l'Arc del Teatre

サンタ・モニカ
芸術センター
Arts Santa Monica

C. de Blesa

ムンタネー通り

C. del Cid

**ドゥラサーネス**
DRASSANES

C. de Josep Anselm Clavé

Jardins de les
Tres Xemeneies

ミラマール大通り

Avinguda Miramar

ミラマー通り

ムンジュイック通り

Passeig de Montju

C. de l'Albareda

C. d'Albareda

C. de Carrera

C. de Carrera

海洋博物館
Museu Marítim

コロンブス通り

モンジュイック
ケーブルカー(ロープウェイ)
Teleféric de Montjuïc
P109

ミラド・デル・
ポブレ・セク
公園

カレラ通り

**コロンブスの塔**
Mirador de Colom
P105

カレテラ・デ・ミラマール
Carretera de Miramar

**アルマダ広場**
PLAÇA DE L'ARMADA

モセン・コスタ・
イ・ジョベラ庭園

ジョゼブ・カルネ通り
Passeig Josep Carner

海のランブラス
Rambla de Mar

ポルト・
Port

リトゥラル通り

ポートケーブルカー(ロープウェイ) DEL PUERTO

マレマグナム
S

Ronda del Port

Moll de Sant Bertran

Moll de les

Moll de Ponent

Moll de Ponent

6

A

B

C

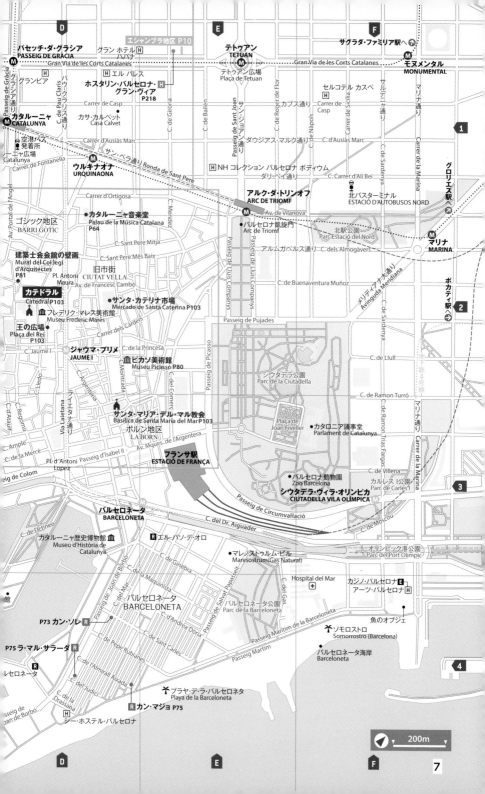

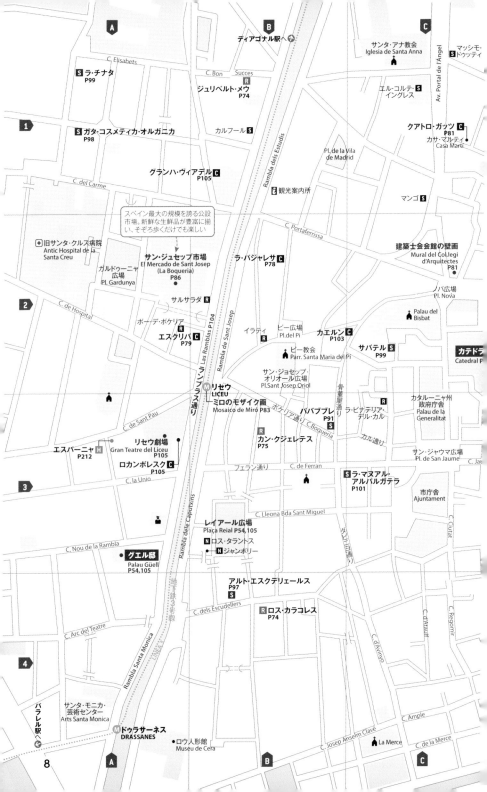

**A** **B** ディアゴナル駅へ **C**

サンタ・アナ教会
Iglesia de Santa Anna

マッシモ・
ドゥッティ **S**

**S** ラ・チナタ
P99

C. Elisabets

C. Bon Succes

ジュリベルト・メウ **R**
P74

エル・コルテ・
イングレス

Av. Portal de l'Angel

**1** **S** ガタ・コスメティカ・オルガニカ
P98

カルフール **S**

クアトロ・ガッツ **C**
P81

カサ・マルティ
Casa Martí

Pl. de la Vila
de Madrid

グランハ・ヴィアデル **C**
P105

C. del Carme

C. Portaferrissa

観光案内所 **ℹ**

マンゴ **S**

スペイン最大の規模を誇る公設
市場。新鮮な生鮮品が豊富に揃
い、そぞろ歩くだけでも楽しい

旧サンタ・クルス病院 **✚**
Antic Hospital de la
Santa Creu

建築士会会館の壁画
Mural del Col·legi
d'Arquitectes
P81

ガルドゥーニャ
広場
Pl. Gardunya

サン・ジュセップ市場
El Mercado de Sant Josep
(La Boqueria)
P86

ラ・パジャレサ **C**
P78

Pl. Nova
ノバ広場

**2** C. de Hospital

サルサラダ **R**

C. del Carme

C. de Sant Josep

Palau del
Bisbat

ボー・デ・ボケリア

イラティ

ピー広場
Pl.del Pi

カエルン **C**
P103

サバテル **S**
P99

エスクリバ **C**
P79

**R**

ピー教会
Parr. Santa Maria del Pi

**カテドラ**
Catedral F

サン・ジョセップ
オリオール広場
Pl.Sant Josep Oriol

**M** リセウ
LICEU
ミロのモザイク画
Mosaico de Miró P83

パパブブレ **R**
P91
**S**

カタルーニャ州
政府庁舎
Palau de la
Generalitat

ラ・ビナテリア・
デル・カル **R**

リセウ劇場 **R**
Gran Teatre del Liceu
P105

カン・クジェレテス **R**
P75

サン・ジャウマ広場
Pl. de San Jaume

エスパーニャ **H**
P212

C. de Sant Pau

ロカンボレスク **C**
P105

C. la Unio

C. de Ferran

フェラン通り

ラ・マヌエル・ **S**
アルパルガテラ
P101

市庁舎
Ajuntament

**3**

C. Lleona Bda Sant Miguel

レイアール広場
Plaça Reial P54,105

グエル邸 ●
Palau Güell
P54,105

C. Nou de la Rambla

ロス・タラントス **N**
**N** ジャンボリー

アルト・エスクデリェールス
P97
**S**

ロス・カラコレス **R**
P74

**4**

C. dels Escudellers

C. Arc del Teatre

サンタ・モニカ・
芸術センター
Arts Santa Monica

**M** ドゥラサーネス
DRASSANES

ロウ人形館
Museu de Cera

C. Ample

C. de la Merce

La Merce

C. Josep Anselm Clavé

**A** **B** **C**

D ↑ウルキオナ駅へ

E

F

Carrer d'Ortigosa

↑P10へ

S ライマ P95

● カタルーニャ音楽堂 P64
Palau de la Música Catalana

C. Sant Pere Més Alt

サンツ駅
グエル公園
サグラダ・ファミリア
モンジュイックの丘
フランサ駅
P8〜9
P10
P6〜7

1

地下鉄4号線
ライエタナ通り

通りを挟んだ向かいにはカタルーニャ音楽堂の眺めがいいカフェがある。休憩におすすめ

フィスムレール P76 R

C チュレリア・ライエタナ P78

C. Sant Pere Mitjà

ゴシック地区
BARRI GÒTIC

C. Sant Pere Més Baix

Carrer del Rec Comtal

■コロン

Carrer del Portal Nou

C. dels Metges

C. Jaume Giralt

Passeig de Picasso

Catedral

Pl. Antoni Maura

Av. Francesc Cambó

2

デリク・マレス美術館
Museu Frederic Marès

サンタ・カテリナ市場
Mercado de Santa Caterina P103

アラゴン王家古文書館

H グランド ホテル セントラル

Carrer dels Carders

C. del Comerç

王の広場 Plaça del Rei P103

Passeig de Pujades

サンタ・アガダ礼拝堂
Capella de Santa Àgata

OMG バルセロナ P94

カルデス通り S

ローマ時代の地下遺跡入口

市歴史博物館
Museu d' Història de la Ciutat S

バル・デル・プラ P70 R

C. dels Assaonadors

リア・スピラ P95

天使の広場
Pl. del Àngel

プリンセサ通り

C. de la Princesa

ノウ・セジェール R

C. de Montcada

ピカソ美術館
Museu Picasso P80,103

3

ジャウマ・プリメ JAUME I M

C. de Argenteria

チャンパニェット P66

タペオ P71 R

C. del Rec

Passeig de Picasso

ピカス通り

カサ・ジスベルト P90 S

Passeig del Born

サンタ・マリア・デル・マル教会
Basílica de Santa Maria del Mar P103

ライエタナ通り

P79 プボ C

C. de la Ribera

ビラ・ビニテカ P91 S

カル・ペップ P67 R

4

ボルン地区 LA BORN

この辺りは最近注目されているボルン地区。おしゃれなショップやバルが集まる

Av. Marqués de l'Argentera

中央郵便局
Correos Central

パラウ広場
Pl. del Palau

La llotja

アントニ・ロペス広場
Pl. d'Antonio López

Passeig d'Isabel II

Govern Civil

セッテ・ポルテス R

フランサ駅
ESTACIÓN DE FRANÇA

N ↑ 50m

D

E

F

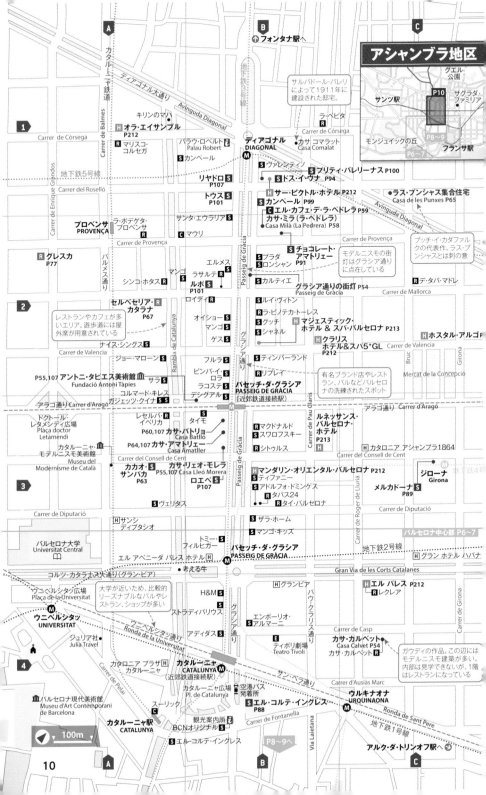

アシャンブラ地区

A    B    ↑フォンタナ駅へ    C

サルバドール・バレリ
によって1911年に
建設された邸宅。

サンツ駅    グエル公園    P10    サグラダ・ファミリア    P8~9

モンジュイックの丘    P6~7    フランサ駅

キリンのマハ
H オラ・エイサンプル P212
R マリスコ・コルセガ

パラウ・ロベルト
Palau Robert
S カンペール

ディアゴナル
DIAGONAL

カサ コマラット
Casa Comalat

ラ・ペピタ

Carrer de Còrsega

S ヴァレンティノ

S プリティ・バレリーナス P100

S ドス・イ・ウナ P94

地下鉄3号線

リヤドロ S P107

トウス S P101

プロベンサ
PROVENÇA

ラ・ボデゲタ・
プロベンサ

サンタ・エウラリア S

C マウリ

H サー・ビクトル・ホテル P212

S カンペール P99

C エル・カフェ・デ・ラ・ペドレラ P59

カサ・ミラ(ラ・ペドレラ)
Casa Milà (La Pedrera) P58

Avinguda Diagonal

ラス・プンシャス集合住宅
Casa de les Punxes P65

プッチ・イ・カダファル
クの代表作。ラス・プ
ンシャスとは刺の意

R グレスカ P77

シンコ・ホタス R

マンゴ

S プラダ

S ロンシャン

S チョコレート・
アマトリェー P91

モデルニスモの街
灯はグラシア通り
に点在している

R デ・タバ・マドル

エルメス

ラサルテ S

S カルティエ

グラシア通りの街灯 P54
Passeig de Gràcia

Carrer de Mallorca

ルボ S P101

セルベセリア・
カタラナ R P67

レストランやカフェが多
いエリア。遊歩道には屋
外席が用意されている

ロイティ R

オイショー S
マンゴ S
ゲス S

フルラ S

ビンバ・イ・
ロラ S

ラコステ S

デシグアル S

S ルイ・ヴィトン

R ラ・ピュテカ・トーレス

S グッチ

S シャネル

H マジェスティック・
ホテル & スパ・バルセロナ P213

H ホスタル・アルゴ F

ナイス・シングス S

ジョー・マローン S

S ティンバーランド

S リプレイ

有名ブランド店やレスト
ラン、バルなどバルセロ
ナの洗練されたスポット

P55,107 アントニ・タピエス美術館 🏛
Fundació Antoni Tàpies

コルマード・キレス

ガジェッツ・クイナ S S

アラゴ通り Carrer d'Aragó

パセッチ・ダ・グラシア
PASSEIG DE GRACIA
(近郊鉄道接続駅)

アラゴ通り Carrer d'Aragó

ドクトール・
レタメンディ広場
Plaça doctor
Letamendi

レセルバ・
イベリカ R

タイモ S

カサ・バトリョ
Casa Batlló P60,107

マクドナルド S

スワロフスキー S

シトゥルス S

ルネッサンス・
バルセロナ・
ホテル
H P213

カタルーニャ
モデルニスモ美術館 🏛
Museu del
Modernisme de Català

カカオ
サンパカ
P63

カサ・アマトリェー
Casa Amatller P64,107

カサ・リェオ・モレラ
S Casa Lleó Morera P55,107

ロエベ S P107

H マンダリン・オリエンタル・バルセロナ P212

S ティファニー

R アドルフォ・ドミンゲス

R タパス24

S タイ・バルセロナ

カタロニア アシャンブラ1864

H カタロニア アシャンブラ1864

ジローナ
Girona

メルカドーナ
P89

ヴェリタス S

H サンシ
ティプタシオ

S ザラ・ホーム

S マンゴ・キッズ

Carrer de Diputació

トミー・
フィルヒガー S

エル アベニーダ パレス ホテル H

パセッチ・ダ・グラシア
PASSEIG DE GRACIA

バルセロナ中心部 P6~7

H グラン ホテル ハバナ

バルセロナ大学
Universitat Central

コルツ・カタラネス大通り(グラン・ビア)

●考える牛

Gran Via de les Corts Catalanes

ウニベルシタ・広場
Plaça de la Universitat

大学が近いため、比較的
リーズナブルなバルやレ
ストラン、ショップが多い

H&M S

H グランビア

H エル パレス P212

R レクレア

ウニベルシタ
UNIVERSITAT

ストラディバリウス S

エンポーリオ・
アルマーニ S

Carrer de Casp

ジュリア社●
Julia Travel

アディダス S

ウニベルシタ通り
Ronda de la Universitat

E ティボリ劇場
Teatro Tivoli

カサ・カルベット P54
Casa Calvet
カサ・カルベット R

ガウディの作品。この辺に
はモデルニスモ建築が多い
内部は見学できないが、1階
はレストランになっている

バルセロナ現代美術館 🏛
Museu d'Art Contemporani
de Barcelona

カタロニア プラザ
カタルーニャ H

カタルーニャ
CATALUNYA M
(近郊鉄道接続駅)

スーリック S

カタルーニャ駅
CATALUNYA

観光案内所
BCNオリジナル

ウルキナオナ
URQUINAONA

Ronda de Sant Pere

100m

A    B    エル・コルテ・イングレス H

P8~9へ

C    アルク・ダ・トリウンオフ駅へ

10

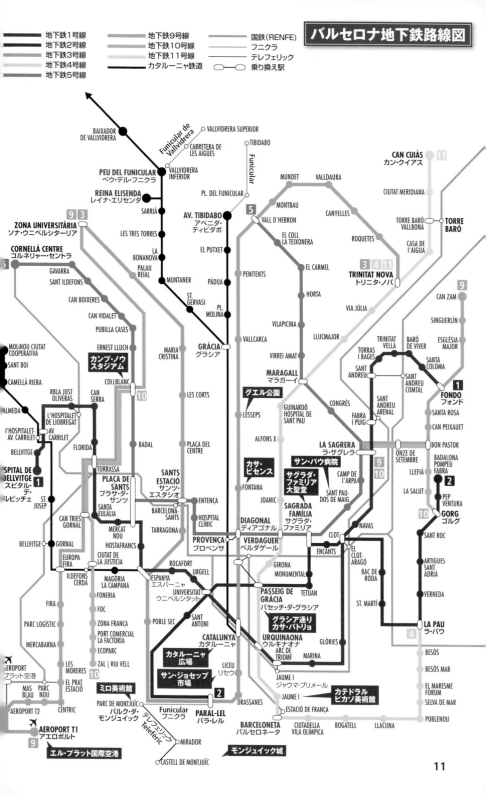

バルセロナ地下鉄路線図

11

# マドリード全図

地下鉄イグレシア駅周辺は、地元の人が行き交う静かな住宅街

ここ数年で道幅が広がり、おしゃれなショップが急増。ぶらぶら歩きをするのが楽しい通りに

丘の上にあるアルメリア広場は、街の西側の景色が一望できる眺望スポット

カナル駅へ

クアトロ・カミノス駅へ

ソローリャ美術館
Museo Sorol

イグレシア
IGLESIA

モンクロア
MONCLOA

セゴビア行きバス乗り場

空軍本営
Cuartel General del Ejército del Aire

マリア学院
Colegio Maria Inmacul

Po. General Martínez Campos

Colegio de Rafael Calvo

ケベド
QUEVEDO

アルグエーリェス
ARGÜELLES

チャンベリ広場
Pl. Chamberi

C. de Eduardo D

セルコテル グラン
ホテル コンデ デュケ

ラ・ファボリータ P144

ビルバオ
BILBAO

コートヤード・バイ・マリオット・マドリード・プリンセサ P214

サン・ベルナルド
SAN BERNARDO

URSO ホテル & スパ P214

アロンソ・マルティ
ALONSO MARTÍNEZ

JTBマイバスツアー集合場所

メリア・マドリッド・プリンセサ P215

市立博物館・図書館
Museo Municipal de Madrid

カカオ・サンパカ

リリア邸
Palacio de Liria

ベントゥーラ・ロドリゲス
VENTURA RODRÍGUEZ P143

フェデラル・カフェ

5月2日広場
Pl. Dos de Mayo

トリブナル
TRIBUNAL

ロマン派美術館
Museo Romántico

ラス・クエバス・デル・デューケ P143

サンマルコス教会
Iglesia de San Marcos

ノビシアード
NOVICIADO

コ
CO

デボット神殿
Templo de Debod

プラサ・デ・エスパーニャ
PL. DE ESPAÑA

サン・アントン教会
Iglesia de San Anton

チュエカ
CHUECA

セントロ
CENTRO

セラルボ美術館
Museo Cerralbo

スペイン広場
Plaza de España

王立サン・フェルナンド美術アカデミー
Real Academia de Bellas Artes de San Fernando P159

レコレ
RECOL

エル・クルブ・アジェルト

軍事総司令部
Cuartel General del Ejército

プリンシペ・ピオ
PRÍNCIPE PÍO

サント・ドミンゴ
SANTO DOMINGO

カリャオ
CALLAO

グラン・ビア
GRAN VÍA

バンコ・デ・エスパーニャ広場 P161
BANCO DE ESPAÑA

プリンシペ・ピオ駅
ESTACIÓN DE PRÍNCIPE PÍO

電話局
Telefónica

空港バスシベレス乗り場

王立エンカルナシオン修道院
Monasterio de la Encarnación

シルクロ・デ・ベージャ・アルテス
Círculo de Bellas Artes

スペイン銀行 BK
Banco de España

王宮
Palacio Real de Madrid P130

図書館
Libreria

王立劇場
Teatro Real

デスカルサス・レアレス修道院
Monasterio de las Descalzas Reales

セビーリャ
SEVILLA

国会議事堂
Congreso de los Diputados

カンポ・デル・モロ
Campo del Moro

アルメリア広場
Pl. Armería

オリエンテ広場
Pl. de Oriente

オペラ
ÓPERA

プエルタ・デル・ソル P158
Puerta del Sol P158

ソル
SOL

ソル
SOL

銀座
Pl. de la Leal.

観光案内所

ヴィア・

アルムデナ大聖堂
Catedral de Santa María la Real de la Almudena

観光案内所

マヨール広場
Plaza Mayor P159

サンタ・アナ広場
Pl. Santa Ana

ティッセン・ボルネミッサ美術館
Museo Nacional Thyssen-Bornemisza P128

カスティーリョ広場
Pl. Canovas del Castillo

コラル・デ・ラ・モレリア P135

サン・ミゲル教会
Basílica de San Miguel

プラド美術館
Museo Nacional del Prado P122

サン・ペドロ教会
Iglesia de San Pedro

ティルソ・デ・モリーナ広場
Pl. de Tirso de Molina

ティルソ・デ・モリーナ
TIRSO DE MOLINA

アントン・マルティン
ANTÓN MARTÍN

C. de Segovia

アテナス公園
Parque de Atenas

マドリード中心部 P14～15

サン・イシドロ教会
Colegiata de San Isidro

ラ・ラティーナ
LA LATINA

ラディソン・レッド・マドリード P215
エネコ・マドリード P144

ムリーリョ広

P159 サン・フランシスコ・エル・グランデ教会
Real Basílica de San Francisco el Grande

サン・アンドレス教会
Iglesia de San Andrés

ラ・パルカ・デル・バティオ P139

ラストロ
El Rastro P152

サンタ・イサベル寺院
Colegiata de Santa Isabel

NH マドリード H
NACIONAL

エスタシオン・デル・アルテ
ESTACIÓN DEL ARTE

ラバピエス
LAVAPIÉS

ラバピエス広場
Pl. de Lavapiés

ソフィア王妃芸術センター
Museo Nacional Centro de Arte Reina Sofía P126

NH・マドリード・リベラ・デル・マンサナレス P215

ガリアリス・ピケール P153

アトチ
ESTACIÓ
ATO

トレド門市場
Mercado Puerta de Toledo

トレドの門
Puerta de Toledo

プエルタ・デ・トレド
PUERTA DE TOLEDO

エンバハドレス広場
Gta. de Embajadores

エンバハドレス
EMBAJADORES

200m

アカシアス
ACACIAS

オポルト駅へ

レガスピ駅へ

12

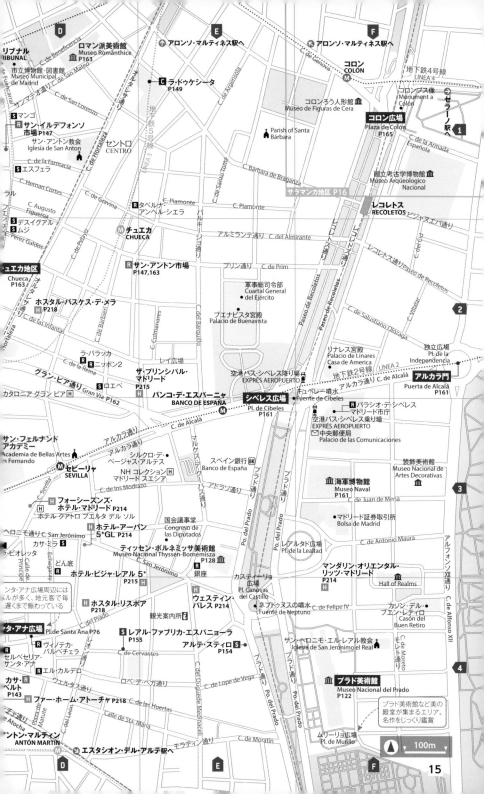

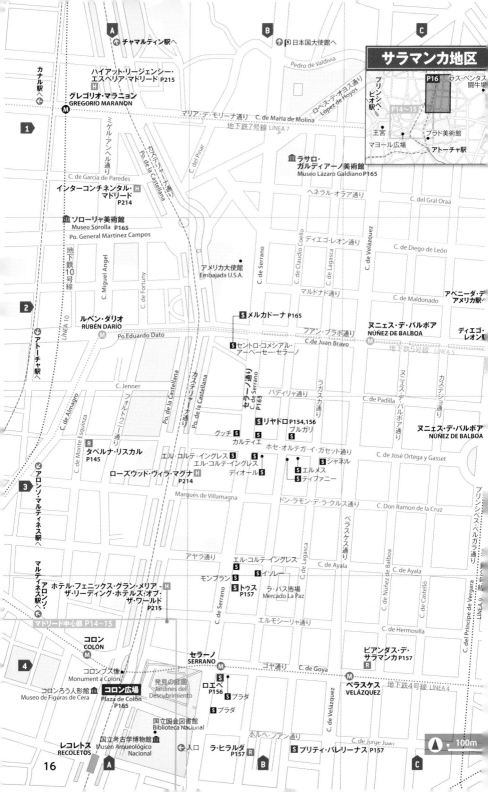

**A** ← チャマルティン駅へ

**B** ↑ 日本国大使館へ

**C**

# サラマンカ地区

P16 ラス・ベンタス闘牛場

プリンシペ・ピオ駅へ

P14〜15

王宮

マヨール広場

プラド美術館

アトーチャ駅

Pedro de Valdivia

ハイアット・リージェンシー・エスペリア・マドリード P215

グレゴリオ・マラニョン
GREGORIO MARAÑON

カナル駅へ ←

ロペス・デ・オヨス通り
López de Hoyos

マリア・デ・モリーナ通り　C. de María de Molina

ミゲルアンヘル通り

カステリャーナ通り　Po. de la Castellana

C. del Pinar

地下鉄7号線 LINEA 7

血 ラサロ・ガルディアーノ美術館
Museo Lázaro Galdiano P165

**1**

C. de García de Paredes

インターコンチネンタル・マドリード P214

血 ソローリャ美術館
Museo Sorolla P165
Po. General Martínez Campos

地下鉄10号線

ヘネラル・オララ通り　C. del Gral Oraá

C. de Serrano

C. de Claudio Coello

ディエゴ・レオン通り
C. de Diego de León

C. de Lagasca

C. de Velázquez

C. de Diego de León

アメリカ大使館
Embajada U.S.A.

マルドナド通り
C. de Maldonado

アベニーダ・デ・アメリカ駅
ディエゴ・レオン

**2**

ルベン・ダリオ
RUBÉN DARÍO

LINEA 10

C. Miguel Angel

C. de Fortuny

Po. Eduardo Dato

Po. de la Castellana

S メルカドーナ P165

ファン・ブラボ通り

C. de Juan Bravo

ヌニェス・デ・バルボア
NÚÑEZ DE BALBOA

地下鉄5号線 LINEA 5

ヌニェス・デ・バルボア通り

カステジョ通り

アトーチャ駅へ ←

C. Jenner

フォルトゥニー通り

カステリャーナ通り

S セントロ・コメルシアル・アベセーセ・セラーノ

セラーノ通り　C. de Serrano

パディリャ通り
C. de Padilla

ラガスカ通り

S リヤドロ P154,156

ブルガリ

ヌニェス・デ・バルボア
NÚÑEZ DE BALBOA

**3**

C. de Monte Esquinza

C. de Almagro

R タベルナ・リスカル P145

グッチ

カルティエ

ホセ・オルテガ・イ・ガセット通り
C. de José Ortega y Gasset

ローズウッド・ヴィラ・マグナ P214

エル・コルテ・イングレス S
エル・コルテ・イングレス
ディオール S

S エルメス
ティファニー

シャネル

Marqués de Villamagna

ドン・ラモン・デ・ラ・クルス通り　C. Don Ramon de la Cruz

プリンシペ・ベルガラ通り

アロンソ・マルティネス駅へ ←

マルティネス駅へ ←

アロンソ・マルティネス駅へ ←

アヤラ通り

エル・コルテ・イングレス

C. de Lagasca

ベラスケス通り

C. de Ayala

C. de Ayala

C. de Núñez de Balboa

C. de Castello

C. del Príncipe de Vergara

地下鉄9号線 LINEA 9

ホテル・フェニックス・グラン・メリア・ザ・リーディング・ホテルズ・オブ・ザ・ワールド P215

モンブラン

S イソレー

S トゥス P157

ラ・パス市場
Mercado La Paz

C. de Serrano

エルモシーリャ通り

C. de Hermosilla

ビアンダス・デ・サラマンカ P157

**4**

マドリード中心部 P14〜15

コロン
COLÓN

コロンブス像
Monument a Colón

コロンろう人形館 血
Museo de Figuras de Cera

コロン広場
Plaza de Colón P165

発見の庭園
Jardines del Descubrimiento

セラーノ
SERRANO

ロエベ P156

S プラダ

S プラダ

ゴヤ通り　C. de Goya

ベラスケス
VELÁZQUEZ

R

地下鉄4号線 LINEA 4

国立考古学博物館 血
Museo Arqueológico Nacional

国立国会図書館
Biblioteca Nacional

← 入口

ホルヘ・ファン通り

C. de Jorge Juan

レコレトス
RECOLETOS

**A**

ラ・ヒラルダ P157 R

**B**

S プリティ・バレリーナス P157

**C**

N ↑ 100m

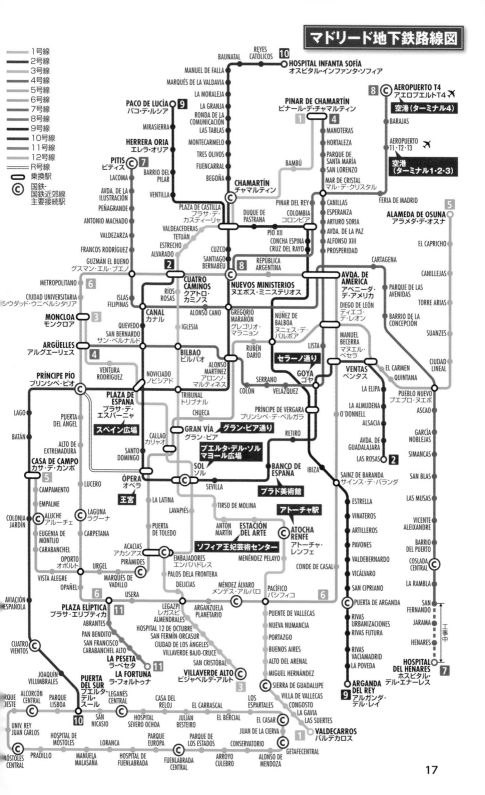

マドリード地下鉄路線図

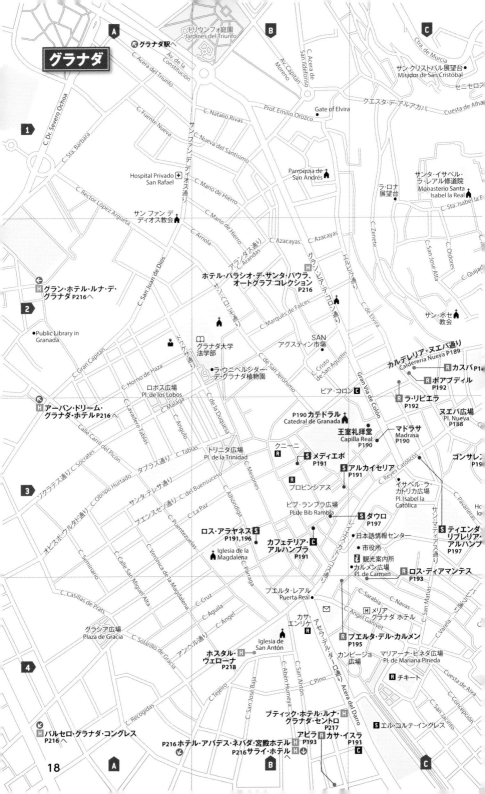

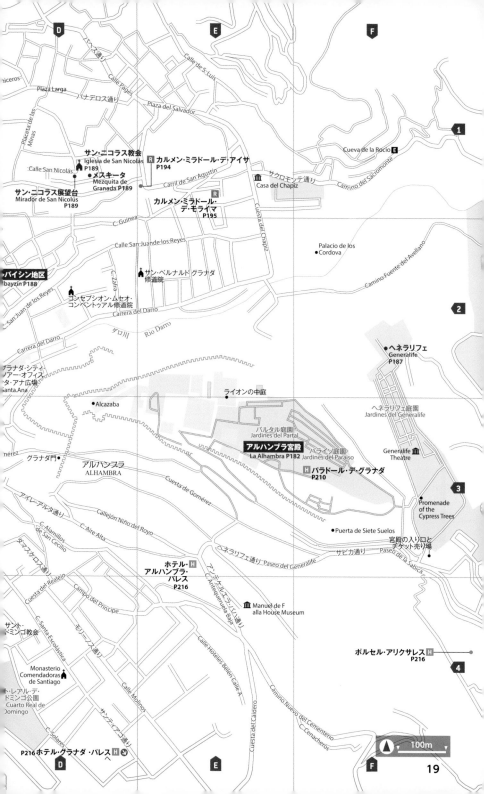

D

Plaza Larga
パナデロス通り
Plaza del Salvador

Calle Pagés
Calle de S.Luis

E

Cueva de la Rocío E

サン・ニコラス教会
**Iglesia de San Nicolás**
**P189**

R カルメン・ミラドール・デ・アイサ
**P194**

サクロモンテ通り
Casa del Chapiz

Camino del Sacromonte

F

1

Calle San Nicolás

Carril de San Agustín

●メスキータ
**Mezquita de**
**Granada P189**

サン・ニコラス展望台
**Mirador de San Nicolás**
**P189**

R カルメン・ミラドール・
デ・モライマ
**P195**

Cuesta del Chapiz

Palacio de los
● Cordova

C. Guinea

Calle San Juande los Reyes

●ヘネラリフェ
**Generalife**
**P187**

Camino Fuerte del Avellano

バイシン地区
bayzín P188

サン・ベルナルド グラナダ
修道院

コンセプシオン・ムセオ・
コンベントゥアル修道院

Carrera del Darro

2

C. Zafra

C.San Juan de los Reyes

ダロ川 Río Darro

Carrera del Darro

ライオンの中庭

ヘネラリフェ庭園
Jardines del Generalife

●Alcazaba

バルタル庭園
Jardines del Partal

**アルハンブラ宮殿**
**La Alhambra P182**

パライソ庭園
Jardines del Paraíso

Generalife
Theatre

グラナダ門

アルハンブラ
**ALHAMBRA**

Cuesta de Gomérez

H パラドール・デ・グラナダ
**P210**

3

Promenade
of the
Cypress Trees

アイレ・アルタ通り
Callejón Niño del Royo
C. Aire Alta

C. Alamillos
de San Cecilio

Puerta de Siete Suelos

宮殿の入り口と
チケット売り場

ダマスクロス通り

ヘネラリフェ通り Paseo del Generalife

サビカ通り

Paseo de la Sabica

ホテル・ H
**アルハンブラ・**
**パレス**
**P216**

Manuel de F
alla House Museum

Campo del Príncipe

サント・
ドミンゴ教会

ボルセル・アリクサレス H
**P216**

Monasterio
Comendadoras
de Santiago

4

レアル・デ・
ドミンゴ公園
Cuarto Real de
Domingo

Camino Nuevo del Cementerio

C. Cenacheros

Cuesta del Caidero

P216 ホテル・グラナダ・パレス H へ

D

E

F

▲ 100m

19

# せかたび こんな本！

はじめてスペインを訪れる人も、新しい発見をしたいリピーターも
「せかたび」一冊あれば、充実した旅になること間違いなし！

## 01 □"本当に使える"モデルコース集

**➡王道+テーマ別でアレンジ自在**

はじめてなら王道コース(→P34)、リピーターはエリア別コース(→P46、120、180)をチェック！

## 02 □観光スポットは星付きで紹介

**➡行くべき観光スポットがすぐわかる！**

限られた時間でも、見るべきものは逃したくない！ 下の★を参考に行き先を検討。

★★★…絶対行くべき
★★…時間があれば行きたい
★…興味があれば行きたい

## 03 □「定番」「オススメ」をマーク化

**➡行くべきところがひと目でわかる**

レストランやショップは、人気の定番店はもちろん、特徴のある編集部オススメ店も。

[定番]…街を代表する有名店

[オススメ！]…編集部のオススメ店

## 04 □詳細折りこみイラストマップ付

**➡注目エリアを"見て"楽しむ**

表紙裏の折りこみMAPに注目！ 街のメインストリートから、話題のエリアまで。

## 05 □「まとめ」インデックスが超便利

**➡掲載物件を一覧・比較**

巻末には本誌掲載スポットをリスト化(→P234)。物件データや地図位置も確認。

## 06 □電子書籍付き

**➡スマホにダウンロードでも持ち歩ける**

本書の電子書籍版が無料でダウンロードできる！ スマホで持ち歩けば街歩きに便利。

ダウンロードの仕方は
袋とじをチェック！

〔マークの見方〕

[交]…**交通**　駅や広場など、街歩きの基点となる場所などからのアクセス方法と所要時間の目安
[住]…**所在地**
☎…**電話番号**　現地の番号を市外局番から掲載
🕒…**営業・開館時間**　時期により変更の可能性あり
[休]…**定休日**
[料]…**料金**　大人1名分を表示。ホテルの場合は、1泊1室あたりの室料
時期や季節により変動あり。
[客室数]…**客室数**　ホテル・宿泊施設の総客室数
[URL]…**Webサイトアドレス**　一部http://は省略
[日]…**日本語対応可のスタッフがいる**
[英]…**英語対応可のスタッフがいる**
[日]…**日本語メニューあり**
[英]…**英語メニューあり**
[予]…**予約が必要、または予約することが望ましい**

[世界遺産]…世界遺産

●本誌掲載の記事やデータは、特記のない限り2023年11月現在のものです。その後の移転、閉店、料金改定などにより、記載の内容が変更になることや、臨時休業等で利用できない場合があります。
●各種データを含めた掲載内容の正確性には万全を期しておりますが、おでかけの際には電話などで事前に確認・予約されることをおすすめいたします。また、各種料金には別途サービス税などが加算される場合があります。
●本書に掲載された内容による損害等は、弊社では補償致しかねますので、あらかじめご了承くださいますようお願いいたします。
●休みは曜日ごとに決まっている定休日のみを記載しています。年末年始、クリスマス、復活祭などの国の祝祭日は省略しています。

せかたび

# スペイン

Spain

¡Buen viaje!
ブエン・ビアヘ　素敵な旅を！

# せかたび スペイン

Spain

## Contents

マドリードの中心部にあるシベレス広場

# 行くべき場所を

イベリア半島に位置するスペインは地域によって気候も風土も食文化もさまざま。
バルセロナ、マドリード、アンダルシア地方を中心に特徴やみどころを把握して旅の計画を!

★ Spain Area Map ★

ガリシア
アストゥリアス　カンタブリア
サン・セバスティアン
バスク
ナバーラ
フランス
アラゴン
ラ・リオハ
フィゲラス
カタルーニャ
カスティーリャ・イ・レオン
モンセラット
タラゴナ
セゴビア
マドリード
マドリード
アラゴン
バルセロナ
ポルトガル
バレアレス諸島
マヨルカ島
トレド
カスティーリャ・ラ・マンチャ
ラ・マンチャ地方
バレンシア
エクストレマドゥーラ
スペイン
バレンシア
イビサ島
地中海
コルドバ
カルモナ
グラナダ
ムルシア
ラ・パルマ島
ランサロテ
セビーリャ
アンダルシア
ロンダ
ミハス
コスタ・デル・ソル
イエロ島
N
0　　100km
ジブラルタル海峡
テネリフェ島
フェルテベントゥー
モロッコ
ゴメラ島
グラン・カナリア島
カナリア諸島

王国の歴史が息づく
華やかな中心都市

## マドリード ●Madrid

乾燥した高原地帯メセタが標高600
〜1000mに広がるスペイン中央部。
16世紀に首都となったマドリードが
一帯の中心で、王宮やプラド美術館
など名所が集まっている。
→P117

少し遠くへ

### トレド ●Toledo
中世の面影を残
す城塞都市で旧
市街地全体が世
界遺産。
→P166

### ラ・マンチャ ●La Mancha
荒涼とした丘の上
に白い風車が並ぶ
風景が印象的。ワ
インも有名。
→P168

### セゴビア ●Segovia
全長728mの水
道橋で知られる
世界遺産の美し
い古都。
→P170

### サン・セバスティアン ●San Sebastián
スペイン北部のビ
スケー湾に面した
風光明媚な美食タ
ウン。
→P172

# チェック！

**モデルニスモ建築と
アートが彩る街**

## バルセロナ ●Barcelona

地中海に面した温暖な気候で、独自の文化や言語が残るカタルーニャ地方の中心都市。ガウディやピカソ、ダリといった数多くの天才を育み、その足跡をたどることができる。

→P43

**少し遠くへ**

### フィゲラス ●Figueres

スペインを代表する画家、サルバドール・ダリの生誕地。

→P110

### モンセラット ●Montserrat

奇岩が連なり、ノコギリ山とよばれる巨大な岩山の麓にある街。

→P112

### バレンシア ●Valencia

スペイン第3の都市。3大祭りのひとつ「火祭り」でも有名。

→P114

**イスラム文化が薫る
エキゾチックエリア**

## グラナダとアンダルシア地方
●Granada, Andalusia

青い海と輝く太陽、褐色の大地が織りなす変化に富んだ自然と歴史文化が息づくアンダルシア地方。約800年もの間イスラム勢力の支配下にあったことから、今もその面影が色濃く残っている。

→P177

**アンダルシアの街**

### グラナダ ●Granada

アンダルシア観光のハイライト、世界遺産のアルハンブラ宮殿は必見。

→P180

### セビーリャ ●Sevilla

スペイン最大のカテドラルなど見事な建物が残る。フラメンコの本場。

→P198

### コルドバ ●Córdoba

イスラム文化が色濃く残る街。世界遺産「メスキータ」は見逃せない。

→P202

### ミハス ●Mijas

ミハス山麓の小さな村。白壁の家々が続く街並みはフォトジェニック。

→P206

---

### 通貨とレート

**€1＝約157円** （2024年1月現在）

スペインの通貨はユーロ

### 物価の目安

☐ミネラルウォーター(500㎖)€1〜
☐タクシーの初乗り €2.30〜
☐グラスワイン(1杯) €3〜

### 時差

**ー8時間**

日本が正午ならスペインは朝4時。サマータイム(3月最終日曜日〜10月最終日曜日。年により日程は変わる)は時差がー7時間になる。

### 日本からのフライト

**約18時間〜**

(東京から／乗り継ぎ)

# スペイン世界遺産 全リスト

2023年現在、スペインの世界遺産は全50カ所。全土にわたって点在しているので、
滞在先の近くに世界遺産があるならぜひ訪ねてみよう。

## バルセロナとスペイン東部

① **アントニ・ガウディの作品群（→P48〜61）**
Works of Antoni Gaudí
1984年、2005年登録　文化遺産

② **ポブレー修道院**
Poblet Monastery
1991年登録　文化遺産

③ **バレンシアのラ・ロンハ・デ・ラ・セダ（→P114）**
La Lonja de la Seda de Valencia
1996年登録　文化遺産

④ **バルセロナのカタルーニャ音楽堂と
サン・パウ病院（→P64〜65）**
Palau de la Música Catalana and Hospital de Sant Pau, Barcelona
1997年登録　文化遺産

⑤ **イベリア半島の地中海入り江のロック・アート**
Rock Art of the Mediterranean Basin on the Iberian Peninsula
1998年登録　文化遺産

⑥ **イビサ、生物多様性と文化**
Ibiza, Biodiversity and Culture
1999年登録　複合遺産

⑦ **タラゴナの遺跡群（→P116）**
Archaeological Ensemble of Tarraco
2000年　文化遺産

⑧ **エルチェの椰子園**
Palmeral of Elche
2000年登録　文化遺産

⑨ **ボイ渓谷のカタルーニャ風ロマネスク様式教会群**
Catalan Romanesque Churches of the Vall de Boí
2000年登録　文化遺産

⑩ **トラムンタナ山脈の文化的景観**
Cultural Landscape of the Serra de Tramuntana
2011年登録　文化遺産

⑪ **メノルカ島のタライオティック文化先史遺跡群**
Prehistoric Sites of Talayotic Menorca
2023年登録　文化遺産

## マドリードとスペイン中央部

⑫ **マドリードのエル・
エスコリアル修道院とその遺跡**
Monastery and Site of the Escurial, Madrid
1984年登録●文化遺産

⑬ **セゴビア旧市街とローマ水道橋（→P170〜171）**
Old Town of Segovia and its Aqueduct
1985年登録●文化遺産

⑭ **アービラの旧市街と城壁の外の教会群**
Old Town of Ávila with its Extra-Muros Churches
1985年登録●文化遺産

⑮ **アラゴン州のムデハル様式建造物**
Mudejar Architecture of Aragon
1986年、2001年登録●文化遺産

⑯ **古都トレド（→P166）**
Historic City of Toledo
1986年登録●文化遺産

⑰ **歴史的城壁都市クエンカ**
Historic Walled Town of Cuenca
1996年登録●文化遺産

⑱ **アルカラ・デ・エナレスの大学と歴史地区**
University and Historic Precinct of Alcalá de Henares
1998年登録●文化遺産

⑲ **アランフエスの文化的景観**
Aranjuez Cultural Landscape
2001年登録●文化遺産

⑳ **水銀関連遺産：アルマデンとイドリア**
Heritage of Mercury. Almadén and Idrija
2012年登録●文化遺産

㉑ **プラド通りとブエン・レティーロ、
芸術と科学の景観（→P160〜161）**
Paseo del Prado and Buen Retiro, a landscape of Arts and Sciences
2021年登録●文化遺産

## アンダルシアとスペイン南部

㉒ **グラナダのアルハンブラ、ヘネラリーフェ、
アルバイシン地区（→P182〜189）**
Alhambra, Generalife and Albayzín, Granada
1984年、1994年登録●文化遺産

㉓ **コルドバ歴史地区（→P202〜205）**
Historic Centre of Cordoba
1984年、1994年登録　文化遺産

㉔ **セビーリャの大聖堂、
アルカサルとインディアス
古文書館（→P198〜201）**
Cathedral, Alcázar and Archivo de Indias in Seville
1987年登録●文化遺産

㉕ **ドニャーナ国立公園**
Doñana National Park
1994、2005年登録●自然遺産

㉖ **ウベダとバエーサのルネサンス様式の記念碑的建造物群**
Renaissance Monumental Ensembles of Úbeda and Baeza
2003年登録●文化遺産

㉗ **アンテケラのドルメン遺跡**
Antequera Dolmens Site
2016年登録●文化遺産

㉘ **カリフ都市メディナ・アサーラ**
Caliphate City of Medina Azahara
2018年登録●

# スペインの みどころ

スペインの歴史と文化と自然を満喫！

モデルニスモ建築や名画が集結する美術館、
イスラム文化が息づく造造物など、みどころがいっぱい！

バルセロナ　マドリード　グラナダ　アンダルシア

## サグラダ・ファミリア
●Basílica de la Sagrada Família

ガウディが残した未完の大聖堂。2つのファサードや聖堂内部などみどころ満載！

ココで！
サグラダ・ファミリア→P48

## グエル公園
●Parc Güell

バルセロナ北部に広がる公園。設計したガウディがかつて暮らした住居も残る。

ココで！
グエル公園→P56
テラスからの眺めはバツグン

## プラド美術館
●Museo Nacional del Prado

ベラスケス、ゴヤ、エル・グレコのスペイン3大画家の作品を鑑賞できる。

ココで！
プラド美術館→P122

## カサ・ミラ（ラ・ペドレラ）
●Casa Milà (La Pedrera)

1906〜1910年にかけて住居として建設。自然をモチーフにした外観が印象的。

ココで！
カサ・ミラ（ラ・ペドレラ）→P58
ガウディの代表作

## カサ・バトリョ
●Casa Batlló

ガウディが改築を担当した建物。破砕タイルが彩る独特の外観が目を引く。

ココで！
カサ・バトリョ→P60

## ティッセン・ボルネミッサ美術館
●Museo Nacional Thyssen-Bornemisza

ティッセン・ボルネミッサ家の7世紀にわたる収蔵品を展示する美術館。

ココで！
ティッセン・ボルネミッサ美術館→P128

## カタルーニャ音楽堂
●Palau de la Música Catalana

モンタネールが設計を担当したコンサートホール。華やかな装飾が特徴的。

ココで！
カタルーニャ音楽堂→P64
ステンドグラスがキレイ！

## サン・パウ病院
●Hospital de la Santa Creu i Sant Pau

精緻な彫刻や色鮮やかなモザイクが施された巨大な病院。

ココで！
サン・パウ病院→P65

## フラメンコ
●Flamenco

歌声、踊り、ギターの音色が織りなすスペイン文化の象徴。タブラオで鑑賞しよう。

ココで！
フラメンコ→P134

## ピカソ美術館
●Museu Picasso

少年期から晩年までのピカソ作品を展示。『ラス・メニーナス』は必見。

ココで！
ピカソ美術館→P80

## ミロ美術館
●Fundació Joan Miró

絵画、彫刻、版画、テキスタイルなどミロの作品を幅広く展示。

モンジュイックの丘にある

ココで！
ミロ美術館→P82

## プエルタ・デル・ソル
●Puerta del Sol

活気あふれるマドリードの中心部にある広場。「太陽の門」を意味する。

ココで！
プエルタ・デル・ソル→P159

## 迷ったらコレBest 3

### 1 サグラダ・ファミリア
バルセロナ

ファサードの彫刻は圧巻!

### 2 プラド美術館
マドリード

珠玉の名画がめじろ押し

### 3 アルハンブラ宮殿
グラナダ

イスラム芸術の美が凝縮!

---

### ☐ ソフィア王妃芸術センター
●Museo Nacional Centro de Arte Reina Sofía

ピカソ、ミロ、ダリなど20世紀を代表する画家の作品が集まる現代アートの殿堂。

ピカソ作『ゲルニカ』は見逃せない!

ココで!
ソフィア王妃芸術センター→P126

### ☐ アルハンブラ宮殿
●La Alhambra

イスラム時代の栄華を物語る宮殿。彫刻やタイルなどの意匠は必見。

漆喰細工が見事!

ココで!
アルハンブラ宮殿→P182

### ☐ アルバイシン地区
●Albayzin

かつてのイスラム教徒居住区。曲がりくねった小道に白壁の家が連なる。

目の前にアルハンブラ宮殿の全景が!

ココで!
アルバイシン地区→P188

---

### ☐ 王宮
●Palacio Real de Madrid

歴代のスペイン国王が暮らした宮殿。饗宴の間や玉座の間など一部を見学できる。

ココで!
王宮→P130

### ☐ 王室礼拝堂
●Capilla Real

イザベル女王が眠る棺がある、後期ゴシック様式の礼拝堂。

ココで!
王室礼拝堂→190

### ☐ カテドラル
●Catedral

モスクを基礎に約100年かけて建造された大聖堂。(セビーリャ)

ココで!
カテドラル→P198

---

### ☐ レティーロ公園
●Parque de El Retiro

アルフォンソ12世通り沿いにある、かつての王族の庭園。緑の多い広大な敷地。

園内の散策が気持ちいい〜

ココで!
レティーロ公園→P161

### ☐ アルカサル
●Real Alcázar

イスラム王の王宮として建設。ペドロ1世宮殿の漆喰細工がみどころ。(セビーリャ)

ココで!
アルカサル→P199

### ☐ メスキータ
●Mezquita

イスラム教とキリスト教の建築様式が融合した世界最大級のモスク。(コルドバ)

ココで!
メスキータ→P202

ずらりと並ぶ円柱は約850本!

---

### ☐ 闘牛
●Corrida de Toros

荒れ狂う牡牛と華麗な衣装をまとった闘牛士が、命がけで真剣勝負を繰り広げる。

ココで!
闘牛→P136

### ☐ 旧ユダヤ人街
●La Judería

メスキータ北側一帯にあるかつてのユダヤ人居住区。(コルドバ)

ココで!
旧ユダヤ人街→P203

### ☐ ミハス
●Mijas

高台に白壁の家並みが続く小さな村。サン・セバスチャン通りは撮影ポイント。

ココで!
ミハス→P206

人気の撮影スポット♪

美食の国の定番からスイーツ、ドリンクまで

# スペインの おいしいもの

パエーリャやタパス、スイーツなど、美食の国スペインにはおいしい魅力が
いっぱい！　なかでも代表的なグルメをチェックしよう。

## □ パエーリャ ●Paella

スペインを代表する名物料理、パエーリャ。
肉×魚介やイカスミなど種類も豊富。

**ココで！**　絶品パエーリャ→P72

## □ ブティファラ ●Butifarra

豚肉を腸詰めにしたカタルーニャ地方の郷
土料理。赤ワインとよく合う。

**ココで！**　ジュリベルト・メウ→P74

## □ カラコレス ●Caracoles

スペインでは定番の、カタツムリの煮込み
料理。楊枝を使って食べる。

**ココで！**　ロス・カラコレス→P74

## □ サルスエラ ●Zarzuela

魚介をトマトベースのスープで煮込んだス
ペイン風ブイヤベース。

**ココで！**　カン・マジョ→P75

## □ ラボ・デ・トロ ●Rabo de Toro

牛の尾をやわらかく煮込んだ料理。特にア
ンダルシア地方でよく食べられている。

**ココで！**　ボアプディル→P192

## □ コシード ●Cocido

豚肉やチョリソ、ひよこ豆を陶器のポット
でじっくり煮込んだ料理。

**ココで！**　ラ・ボラ→P143

## □ カジョス ●Callos

牛の胃袋をじっくり煮込んだ、マドリード
名物の代表格。

**ココで！**　カサ・アルベルト→P143

## □ 仔羊の直火焼 ●Cordero Asado

仔羊肉を塩のみのシンプルな味付けのみで
豪快な炭火焼に。

**ココで！**　アサドール・レアル→P142

## □ タコのガリシア風 ●Pulpo a la Gallega

ガリシア地方の名物料理は、スペインバル
のタパスとしても定番。

**ココで！**　サン・イルデフォンソ市場→P147

## □ ソパ・カスティリャーナ ●Sopa Castellana

カスティーリャ地方独特のニンニク入りス
ープ。体が温まる。

**ココで！**　ラス・クエバス・デル・デューケ→P143

## □ ピンチョス ●Pinchos

小さく切ったパンに少量の具材をのせて串
でまとめたひと口サイズの料理。

**ココで！**　ピンチョス通り→P68

## □ トルティーリャ ●Tortilla

ふっくらと重量感のあるスペイン風オムレ
ツ。ジャガイモ入りが定番。

**ココで！**　メソン・デ・ラ・トルティーリャ→P141

## 迷ったらコレBest3

**1** パエーリャ
スペインといえば、やっぱりコレ！

**2** タパス
いろんなタパスを食べ比べ

**3** チュロス
観光のひと休みにもおすすめ

---

### □ ガンバス・アル・アヒーリョ
●Gambas al Ajillo
ニンニクの風味が香るエビのオイル煮は、スペインバルのタパスの定番。

ココで！
メソン・リンコン・デ・ラ・カバ ‥P141

### □ パタタス・ブラバス
●Patatas Bravas
ジャガイモのフライにピリ辛のトマトソースをかけた定番タパス。

ココで！
バルデビュー→P66

### □ パン・コン・トマテ
●Pan con Tomate
トーストにトマトやニンニク、オリーブオイルを塗って食べるシンプルな料理。

ココで！
バルデビュー→P66

---

### □ ボケロネス・エン・ビナグレ
●Boquerones en Vinagre
カタクチイワシを酢漬けにした冷製タパス。あっさりとした味わい。

ココで！
バルデビュー→P66

### □ ハモン ●Jamón
スペインのおつまみの定番・生ハム。ハモン・イベリコ・デ・ベ・ジョータは最高級。

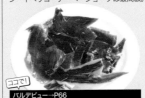

ココで！
バルデビュー→P66

### □ サルモレホ
●Salmorejo
ガスパチョと同じ冷製スープで、より具材が少なくシンプルなのが特徴。

ココで！
グラナダ式バル ‥P192

---

### □ ガスパチョ ●Gazpacho
トマトやキュウリなどを使った、アンダルシア地方の冷製スープ。

ココで！
グラナダ式バル ‥P192

### □ チュロス
●Churros
ホットチョコレートに浸して食べるスペイン人のおやつ。

ココで！
シュレリア・ライエタナ ‥P78

### □ チョコラテ
●Chocolate
スイーツの街、バルセロナにはさまざまなチョコレート専門店が集まる。

ココで！
エスクリバ→P79

---

### □ サングリア
●Sangría
ワインにフルーツを漬けたもの。ジュースを加えることもある。

ココで！
バルデビュー‥P66

### □ ワイン／カバ
●Vino&Cava
スペインはワインの一大産地。カバはスペイン産の発泡白ワインのこと。

ココで！
バルデビュー→P66

### □ カフェ・コン・レチェ
●Café con Leche
コーヒーにミルクをおおよそ1：1の割合で入れたもの。

ココで！
バルデビュー‥P66

伝統と最新、どちらのアイテムもゲット！

# スペインの おかいもの

伝統の工芸品があれば、世界的に知られるブランドも数多いスペイン。
いろんなお店をめぐり、お気に入りの一品を見つけよう！

## ◻ユニーク雑貨

最新の流行が集まる街、バルセロナには個性的な雑貨がいっぱい。

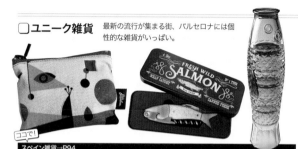

ココで！
スペイン雑貨→P94

## ◻ガウディグッズ

サグラダ・ファミリアやグエル公園のドラゴンなど、ガウディ関連のグッズが目白押し。

ココで！
ガウディみやげ→P62

## ◻エスパドリーユ

エスパドリーユとよばれる植物で編んだスリッポンシューズ。

ココで！
カサ・エルナンス→P155

## ◻スペインブランド

ロエベやトウスなど、スペインで生まれた世界的ブランドをチェック。

ココで！
セラーノ通り→P156

## ◻バレエシューズ

足元を華やかにするバレエシューズやフラットシューズも人気。

ココで！
プリティ・バレリーナス→P100

## ◻ミュージアムグッズ

プラド美術館をはじめ、多くのミュージアムに公式ショップが備わる。

ココで！
3大美術館のショップ→P129

## ◻サッカーグッズ

レアル・マドリードとFCバルセロナの2大チームのグッズは大人気。

ココで！
FCバルセロナ→P84、レアル・マドリード→P132

## ◻タラセア

天然木を組み合わせて作る寄木細工は、グラナダの伝統工芸品。

ココで！
ゴンサレス→P196

## ◻陶器

青と緑の伝統色が特徴的なグラナダ焼など、さまざまな種類がある。

ココで！
ロス・アラヤネス→P196

## ◻アルハンブラ宮殿グッズ

アルハンブラ宮殿グッズは本や雑貨、アパレルと多彩なラインナップ。

ココで！
ティエンダ・リブレリア・テ・ラ・アルハンブラ→P197

## ◻フラメンコグッズ

スペインらしいフラメンコグッズ。日用品から衣装まで多彩に揃う。

ココで！
ダウロ→P197

迷ったらコレBest3

### 👑1 オリーブオイル

世界的なオリーブ産地
スペインのマストアイテム

### 👑2 ガウディグッズ

ガウディ関連グッズは
旅の記念に

### 👑3 ユニーク雑貨

斬新なデザインはアートの街、
バルセロナならでは

---

### ☐ リヤドロ
今にも動き出しそうな
ポーセリンアート（磁器
芸術）の人形が素敵。

ココで！
リヤドロ→P154

### ☐ 自然派コスメ
100％オーガ
ニックの製品
など、ナチュ
ラル志向のコ
スメもいっぱ
い。

ココで！
自然派コスメ→P98

### ☐ トゥロン
アーモンドを砂糖やハチミツ、卵白と合わ
せて固めたスペインの伝統菓子。

ココで！
ビセンス→P90

---

### ☐ オリーブオイル
世界一のオリ
ーブ産地、ス
ペインには品
質の高いオリ
ーブオイルが
揃う。

ココで！
エル・コルテ・イングレス→P88

### ☐ イビサの塩
スペインの地中海に浮かぶイビサ島は、上
質な塩の産地として有名。

ココで！
エル・コルテ・イングレス→P88

### ☐ アリオリソース
ニンニク入りの
マヨネーズ。ア
ロス・ネグロ（イ
カスミパエーリ
ャ）とも合う。

ココで！
エル・コルテ・イングレス→P88

---

### ☐ 缶詰

缶詰大国のスペインには、魚、貝、肉、野
菜とあらゆる缶詰が揃う。

ココで！
エントレ・ラタス→P93

### ☐ スーパーみやげ
地元でおなじみのスーパー、メルカドーナ
は安くて質の高い商品が魅力。

ココで！
メルカドーナ→P89

---

### ☐ ワイン
スペインみやげ
で喜ばれる商品
の代表格。発泡
白ワインのカバ
もおすすめ。

ココで！
ビラ・ビニテカ→P91

### ☐ ベルムット

スペインでは食
前酒として嗜ま
れているフレー
バードワイン。

ココで！
エル・コルテ・イングレス→P88

### ☐ ラストロの市
毎週日曜日にマドリードで開催される蚤の
市。お宝が見つかるかも。

ココで！
ラストロ→P152

6泊8日

# モデルコース

いまだ建設中！
サグラダ・ファミリア

# Day 1~2

## バルセロナ に到着、名建築めぐりを満喫

日本からバルセロナへは直行便はなく、乗り継ぎ便で。昼までに到着するフライトが多いので、午後からさっそく街へ出よう。まずはグラシア通りのモデルニスモ建築を見学。ディナーは本場のパエーリャを堪能しよう。翌日は、お待ちかねのサグラダ・ファミリア！

バルセロナ観光のハイライト
サグラダ・ファミリアは内部の見学もOK
→P48

パエーリャはスペイン東海岸エリアの名物料理
→P72

グラシア通りにあるカサ・ミラは、ガウディの代表建築のひとつ
→P58

曲線を描く建物外観がユニーク！

**Day 1**

**13:30　エル・プラット空港に到着**

空港から市内へは電車やタクシーで。
まずはホテルにチェックインして。

↓メトロで30分

**16:00　グラシア通りへ**

カサ・ミラ、カサ・バトリョ、カサ・アマトリェー
などの名建築を鑑賞。（→P58,60,64）

↓メトロ＋徒歩で30分

**19:00　バルセロネータでディナー**

海沿いエリアのバルセロネータで名物の
パエーリャを堪能しよう。（→P73）

**Choice!**

●カン・ソレ（→P73）
新鮮な魚介を使ったパエーリャが自慢。

●チリンギート・エスクリバー（→P73）
日本にも支店があるパエーリャの人気店。

**Day 2**

**9:00　サグラダ・ファミリアを見学**

バルセロナ屈指の観光スポット。
予約は必須！（→P48）

↓タクシーで15分

**11:30　ひと足のばしてグエル公園**

アートに彩られた広い公園内を見学。
博物館もある。（→P56）

↓メトロ＋徒歩で30分

**13:30　旧市街のバルでランチ**

旧市街のボルン地区＆ゴシック
地区へ。タパスでさくっと昼食。（→P66,70）

**Choice!**

●チャンパニェット（→P66）
カタルーニャ地方ならではのタパスが揃う人気店。

●タペオ（→P71）
ピカソ美術館の近くにあるスタイリッシュなバル。

↓タクシーで20分

**15:00　モンジュイック城**

バルセロナの市街地や港を見下ろす
ビュースポット！（→P109）

↓ケーブルカー＋徒歩で15分

**16:00　ミロ美術館**

モンジュイックの丘の上にある。
多岐にわたるミロの作品を展示。（→P82）

↓メトロ＋徒歩で30分

**18:30　カタルーニャ料理でディナー**

ランブラス通り周辺にある
郷土料理レストランへ。（→P74）

カタルーニャ・
ゴシック建築の
傑作と名高い

**Choice!**

●ジュリベルト・メウ（→P74）
昔ながらのレシピで作る郷土料理店。
ノスタルジックな雰囲気も魅力。

●カン・クジェレテス（→P75）
バルセロナ最古の老舗レストラン。
カネロニなどの定番料理が揃う。

旧市街には街のシンボルであるカテドラルが佇む（→P103）

モデルコース

6泊8日

# Day 3~5

## 世界遺産の街・グラナダを訪ねる

アンダルシア地方の中心都市・グラナダは、イスラム王朝最後の都がおかれた歴史ある街。イスラム建築の最高峰であるアルハンブラ宮殿をじっくり見学したあとは、宮殿の眼下に広がるアルバイシン地区を散策しよう。セビーリャやコルドバにひと足のばすのも◎。

アルハンブラ宮殿の
一番のみどころはナスル朝宮殿
→P184

高台にそびえる
アルハンブラ宮殿
→P182

眺めも最高♪

アラブ的な
アイテム集めが楽しい！
→P196

アルハンブラ宮殿からのアルバイシン地区
→P188

ボアブディルでアンダルシアの郷土料理、
ラボ・デ・トロを味わう
→P192

アルハンブラ宮殿を
一望するカルメン・ミラドール・デ・アイサ
→P194

景色もごちそう！

## Day3

**9:00** グラナダへ移動

↓ 飛行機で約1時間30分。空港からタクシーで20分

**14:00** アルハンブラ宮殿を見学

メインのナスル朝宮殿や庭園などを見学。
所要時間は約3時間。（→P182）

↓ 徒歩20分

**17:00** アルバイシン地区を散策

サン・ニコラス展望台やサン・ニコラス教会
から眺めを楽しんで。（→P189）

**Choice!**

●ロス・ディアマンテス（→P193）
カウンター席のみのバルは
連日多くの人でにぎわう

●ボアブディル（→P192）
アットホームな雰囲気と
本格料理が自慢。

**Choice!**

●ゴンサレス
伝統工芸のタラベラのショップ。
モダンなデザインもある。（→P196）

●ロス・アラヤネス
素朴なグラナダ焼を揃えるお店。
お皿や小物入れなど種類豊富。（→P196）

歩いているだけで楽しい
カルデレリア・ヌエバ通り
→P189

## Day4

**10:00** 街のシンボル・カテドラルへ

16世紀に着工された大聖堂。
ステンドグラスなど内部の装飾も見事。（→P190）

↓ 徒歩1分

**11:00** 王室礼拝堂にも寄り道

カテドラルに隣接した、
イザベル女王が眠る礼拝堂。（→P190）

↓ 徒歩5分

**12:00** カルデレリア・ヌエバ通りへ

ヌエバ広場の近くにあるおみやげストリート。
イスラム風カフェも。（→P189）

↓ 徒歩5分

**14:00** バルでランチ

安くておいしいグラナダ式バルで
お昼ごはん＆休憩タイム。（→P192）

↓ 徒歩5分

**16:00** 午後はショップクルーズ

アラブなアイテムが手に入る
人気ショップを訪ねる。（→P196）

↓ タクシーで10分

**17:00** 眺望自慢のレストランでディナー

アルハンブラ宮殿を望む絶景レストランをチョイス。（→P194）

**Choice!**

●カルメン・ミラドール・デ・アイサ
高台のテラス席から
アルハンブラ宮殿を一望！（→P194）

●カルメン・ミラドール・デ・モライマ
緑豊かな隠れ家風のレストラン。
料理も本格的。（→P195）

## Day5

**9:00** セビーリャへ移動

ホテルをチェックアウトして、
グラナダからセビーリャへ。

↓ 列車で2時間30分

**13:00** ランチはアンダルシア料理

セビーリャに到着したら、駅に荷物を
預けてお昼ごはん。（→P201）

**14:00** アルカサル＆カテドラルへ

セビーリャの2大スポットをじっくり見学。（→P198）

**16:00** サンタ・クルス街を散策

入り組んだ石畳の道がフォトジェニック。
ショップも多い。（→P200）

**17:00** マドリードへ移動

↓ 列車で約3時間。空港から市内へタクシーで30分

**20:30** マドリードのホテルにチェックイン

ホテル周辺のレストランで軽くディナーを。

セビーリャのアルカサル。
ハイライトはペドロ1世宮殿
→P199

宗教画の
コレクションも必見

イスラム時代のモスクを基礎にして作ら
れたセビーリャのカテドラル →P198

モデルコース

6泊8日

# Day 6~7

エスパドリーユを
買うなら
カサ・エルナンスへ
→P155

## 最終目的地、
## マドリード でアート鑑賞

スペイン発の高級
ブランド、ロエベは旅の記念に
→P156

スペインの首都・マドリードでは、
美術館での名画鑑賞が楽しみ。
展示作品が多い美術館は、時間
に余裕をもって訪れよう。食べ
歩きができるグルメストリート＆
市場、スペインブランドのショッ
プめぐりなど、グルメやショッピ
ングも満喫して。

教会を飾る
スペイン絵画の
名作は必見

ゴヤの絵画がある
サン・フランシスコ・エル・
グランデ教会にも注目
→P159

マドリードのシンボル、
王宮は必見スポット
→P130

プラド美術館は
じっくり見るなら半日は必要！
→P122

バルめぐりができる
カバ・デ・サン・ミゲル通り
→P140

半円形の広場
プエルタ・デル・ソルは
歴史的な通りが合流する
マドリードの中心
→P158

「太陽の門」
を意味する名所！

## Day6

**10:00** プラド美術館を見学

ゴヤやベラスケスなどの名画を見られる。
館内にはレストランも。→P122

↓ 徒歩10分

**12:30** ソフィア王妃
芸術センターへ

ピカソの大作
ゲルニカは必見！→P126

↓ メトロ＋徒歩で15分

**15:00** 王宮を見学

歴代の国王が住居として
使用した美しい宮殿 →P130

↓ メトロ＋徒歩で15分

**18:00** カバ・デ・サン・ミゲル通り
でタペオ体験

バルが軒を連ね、タペオ（ハシゴ）を楽しめる。
夜から営業する店も。→P140

↓ 徒歩3分

**20:00** サン・ミゲル市場に寄り道

さらにグルメ市場でタパスを食べ比べ！
→P146

## Day7

**9:00** プエルタ・デル・ソル

マドリードの中心がココ。
歩いて5分のマヨール広場も素敵。→P158

↓ メトロ＋徒歩で10分

**10:00** 最後のお買い物！

ロエベやリヤドロなど、スペインブランドの
お店をチェック。→P156

↓ 市内から空港までタクシーで30分

**15:00** バラハス空港から帰国

サン・ミゲル市場はスペイン
料理の宝庫！
→P146

バルを
ハシゴしてみて！

# ★荷物のすべて★

スペイン旅行を楽しむための大事な準備。
必需品はなに？ あったら便利なものは？
そんな気になる荷物の悩みを
パッキングのコツも含めて紹介。

**スーツケースサイズ**
一般的には1泊10ℓ程度を目安に考えたい。旅行先で洗濯をする場合は別だが、ホテルに3～5泊するなら40～60ℓ程度が理想。

## 行き のパッキング

ホテルに着いてから使うものはスーツケースへ。荷物の仕分けにはジッパー付きの袋を活用しよう。帰りのおみやげ用に空間に余裕をもたせて。

## ★衣類

**春** 3～5月
全国的におだやかな気候。日本とほぼ同じ服装でよいが、朝と晩は冷え込むので、防寒対策は必須。

**夏** 6～8月
夏季は気温が高く、日差しが強いので帽子やサングラスは必需品。特にアンダルシア地方は暑さが厳しい。

**秋** 9～11月
9月はまだ暑さが残るが、10月以降はセーターやコートが必要。比較的雨の日が多い季節でもある。

**冬** 12～2月
朝晩は氷点下になることも多く、特にマドリードなど内陸部はかなり冷え込む。厚手のコートなどで防寒対策を。

**＋**

### オールシーズンあると便利

**パーカー**
レストランや機内は空調が効きすぎていることがあるので一枚持っておくといい。

**サングラス**
夏場は日本と同じく日差しが強いので、破損を防ぐため、手荷物で持っておきたい。

**帽子**
夏は紫外線と熱中症防止に、冬は防寒として季節に合わせた帽子を用意したい。

洗濯グッズや折りたたみハンガーなどもあると便利！

シューズやバスグッズなど重いものは下に入れよう

## ★コスメ
旅行中は外にいることが多いので、紫外線を浴びる量も増えがち。特に夏は日照時間も長いので注意。

夏場はSPF値の高い日焼け止めをこまめに塗り直したい。冬は乾燥対策を万全に。

スティックタイプ（固形）の口紅やリップクリームは液体物持ち込みの対象外。

## ★シューズ
シューズはかさばるので必要最低限の数にしたい。履き慣れた靴が一足あると安心。

観光は長時間歩くことも多い。スニーカーなどの履き慣れた靴を用意しよう。

ドレスコードのある高級レストランで食事するなら、必ずパンプスを用意して。

### 意外と気づかない！あると便利なもの

| | |
|---|---|
| □ 筆記用具 | タクシー利用時には住所を現地語で書くことも |
| □ エコバッグ | スーパーのレジ袋は有料なので、持参したい |
| □ 延長コード | ホテルのコンセントの数が少ない場合に |
| □ 携帯スリッパ | ホテルでは用意がないところも多い。機内でも役立つ |
| □ ジッパー付き袋 | 液体物のおみやげなどを持ち帰る時に |
| □ マスキングテープ | 食べかけのおやつに封をしたり、雑貨類をまとめたり |
| □ 付箋 | ガイドブックの行きたい店をチェックするのに便利 |
| □ ウェットティッシュ | 汗拭き、トイレ、レストランなどで重宝する |

## 帰りのパッキング

スペース確保も兼ねて、おみやげに買ったビン類は衣類で包むと緩衝材になって◎。自分用のコスメなど箱入り商品は開封して隙間へ入れるのも手。

### ★スーツケースに入れる食品

100ml超の液体物は預け入れ荷物へ。アルコール類だけでなく、ジャム、オリーブオイル、缶詰なども注意。

ワインは気泡緩衝材があると安心。免税範囲に注意（→P223）。

瓶詰め食料品は衣類で包み、スーツケース内で動かないように梱包。心配な人は気泡緩衝材やジッパー付き袋を持参しよう。

おみやげをいっぱいいれたいなら、半分空けておくと便利！

荷物の仕分けにはナイロンポーチや保存用の小袋、風呂敷が便利！

### ★コスメもスーツケースへ

コスメ類も、固形のリップは機内へ持ち込めるが、化粧水やクリームは注意。香水は免税範囲を要確認（→P223）。

ハンドクリームは液体類に分類。固形石けんは基本的には液体物ではない。

### ★チョコや調味料など食品もスーツケースへ

チョコレートやクッキーをバラマキみやげとして購入する人も多いはず。スーツケースの上方に入れて持ち運ぼう。

箱がつぶれて中身が壊れないように、重い荷物や角のある荷物のそばに入れることは避けたい。

### ★手荷物のこと

手荷物で機内に持ち込めるもの一覧。機内で快適に過ごすために必ずチェック！

◎マスト　○あると便利　△必要ならば

| | |
|---|---|
| ◎ | パスポート |
| ◎ | 航空券（または引換券） |
| ◎ | 旅行関連書類（日程表、予約関連書類など） |
| ◎ | お金（日本円・ユーロ） |
| ◎ | クレジットカード |
| ◎ | 海外旅行保険の控え |
| ◎ | スマートフォン（充電ケーブル） |
| ○ | カメラ（予備バッテリー、SDカード） |
| ○ | 筆記用具 |
| ○ | ガイドブック |
| ○ | 上着 |
| ○ | マスク |
| ○ | 安眠グッズ |
| ○ | ポケットWi-Fi（またはSIMカード） |
| ○ | 歯ブラシ、歯磨き粉 |
| ○ | モバイルバッテリー（預け入れNG） |
| △ | 化粧水 |
| △ | コンタクトケース、保存液 |
| △ | ハンドクリーム |

### ホテルにたいていあるもの・ないもの

**ある**
- □バスタオル
- □石けん
- □シャンプー
- □ドライヤー

**ない**
- □寝巻き
- □スリッパ
- □歯ブラシ、歯磨き粉
- □変圧器、アダプター

※ホテルのランクにより異なる

※液体物は100ml以下の個々の容器に入れて1ℓ以下の透明ジッパー付き袋に入れること

写真提供：エース株式会社　**41**

# ★シーズンカレンダー★

祭りやイベントに合わせて旅に出るのも楽しみのひとつ。
祝祭日や季節ごとのイベントをチェックしておこう。

## 旅の目的となるBIGイベント

### サン・ホセの火祭り

迫力ある炎に包まれるバレンシア最大の祭り。街の広場や通りを張子人形で飾り付け、クライマックスとなる3月19日のサン・ホセの日の夜にそのすべてを焼き払う。

### セビーリャの春祭り

女性たちがスペインの伝統芸能であるフラメンコの衣装を身にまとい、春の訪れを祝うかのように歌って踊る陽気なお祭り。闘牛も開催される。

### サン・フェルミン祭り

サン・ホセの火祭り、セビーリャの春祭りと並ぶスペイン3大祭りのひとつ。別名牛追い祭り。闘牛に出場する牛を、街なかから闘牛場まで追い立てる。

### メルセ祭り

バルセロナの守護聖人メルセに敬意を示す、バルセロナ最大規模のお祭り。地域の人々が大人も子どもも協力して積み上がる"人間の塔"がみどころ。

### サン・セバスティアン国際映画祭

スペイン北部のサン・セバスティアン(→P172)で開催される国内最大の映画祭。ヨーロッパではカンヌ、ベルリン、ヴェネチアに次いで重要な映画祭に位置付けられている。

## 観光のベストシーズン

スペインは東西南北、海岸部と内陸部では気候が大きく異なる。マドリードや地域の寒暖差が激しい内陸部は、過ごしやすい春〜初夏がおすすめ。

## 観光地なら英語でOK

都市部の主要な観光スポットやホテル、レストランでは大抵英語が通じるが、どこでもというわけではないので注意。ホステルや郊外の街では通じないこともある。

## イースターやクリスマス時期は注意

スペインではキリスト教の重要な行事であるイースターに合わせて、数日休暇を取るのが一般的。またクリスマス前後も休みになるレストランやショップが多いので、事前にチェックしておこう。

## 寒さ対策は万全に

地中海に面したバルセロナは一年を通して比較的温暖だが、内陸部のマドリードやアンダルシア地方の冬はかなり寒い。手袋やコートなど防寒対策はしっかりと。

---

祝祭日・イベント　（★印は毎年日付が変わる）　　平均気温(℃)

|  |  |
|---|---|
| 1月 | ●1日　元日 (祝日)<br>●6日　主顕節 (祝日) |
| 2月 | ●上旬〜3月　カーニバル<br>　（スペイン各地の祭り）<br>●28日　アンダルシア州の日<br>　（アンダルシア州の祝日） |
| 3月 | ●15〜19日　サン・ホセの火祭り<br>　（バレンシア市の祭り）<br>●28日★　聖木曜日 (カタルーニャ州、バレンシア州を除いた祝日)<br>●29日★　聖金曜日 (祝日) |
| 4月 | ●1日★　復活祭<br>　（カタルーニャ州ほかの祝日）<br>●23日　サン・ジョルディの日<br>　（カタルーニャ州の祝日）<br>●14〜20日★　春祭り<br>　（セビーリャ市の祭り） |
| 5月 | ●1日　メーデー (祝日)<br>●2日　マドリード州の日<br>　（マドリード州の祝日）<br>●2〜12日★　パティオ祭<br>　（コルドバ市の祭り）<br>●15日　聖イシドロの日<br>　（マドリード市の祭り）<br>●20日★　第二復活祭<br>　（バルセロナ市の祝日） |
| 6月 | ●20〜24日　サン・フアンの火祭り<br>　（アリカンテ市の祭り） |
| 7月 | ●6〜14日　サン・フェルミン祭り<br>　（パンプローナ市の祭り） |
| 8月 | ●15日　聖母被昇天祭 (祝日)<br>●28日★　トマト祭り<br>　（バレンシア州ブニョールの祭り） |
| 9月 | ●11日　カタルーニャ州の日<br>　（カタルーニャ州の祝日）<br>●20〜24日★　メルセ祭り<br>　（バルセロナ市の祭り&24日は祝日）<br>●20〜28日★<br>　サン・セバスティアン国際映画祭<br>　（サン・セバスティアン市のイベント） |
| 10月 | ●12日　ナショナルデー (祝日) |
| 11月 | ●1日　諸聖人の日 (祝日)<br>●9日　聖母アルムデナの日<br>　（マドリード州の祝日） |
| 12月 | ●6日　憲法記念日 (祝日)<br>●8日　無原罪聖母の日 (祝日)<br>●25日　クリスマス (祝日)<br>●26日　聖エステバンの日<br>　（カタルーニャ州の祝日） |

平均降水量(mm)

バルセロナ 9.6℃
マドリード 6.5℃
東京 5.4℃

1月：35.5mm　31.5mm　59.7mm
2月：10℃　6.1℃　8℃　31mm　33.5mm　56.5mm
3月：12.1℃　11.3℃　38.1mm　33mm　116mm
4月：14.3℃　13.6℃　14.3℃　38mm　47.2mm　133mm
5月：18℃　17.5℃　18.8℃　45.8mm　49mm　139.7mm
6月：21.7℃　25.7mm　23.9℃　21.5mm　167.8mm
7月：24.6℃　24.3mm　26.1℃　10.5mm　156.2mm
8月：25.1℃　55mm　25.7℃　10.1mm　26.9℃　154.7mm
9月：22℃　21℃　81.5mm　23mm　224.9mm
10月：15.4℃　18.2℃　79mm　18℃　61.4mm　234.8mm
11月：9.9℃　13.3℃　44.3mm　54.3mm　96.9mm
12月：7℃　10.3℃　7.7℃　40.7mm　47.8mm　57.9mm

※祝祭日・イベントは2024年2月〜2025年1月のもの。表に記載のない州や独自の祝祭日もある。
※気温、降水量は理科年表2024年度版の平年値

# バルセロナ

## Contents

# Mapで図解！ 行くべきエリアをチェック！

#バルセロナ

三方を丘陵に囲まれ、港を中心に半円状に広がるバルセロナ。
エリアごとの特徴をチェックして街歩きの計画を立てよう。

★ Barcelona Area Map ★

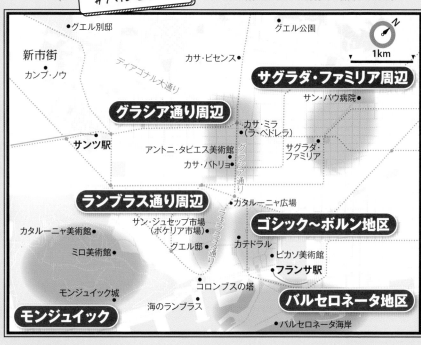

- グエル別邸
- グエル公園
- 新市街
- カンプ・ノウ
- カサ・ビセンス
- サグラダ・ファミリア周辺
- サン・パウ病院
- グラシア通り周辺
- ディアゴナル大通り
- カサ・ミラ（ラ・ペドレラ）
- サンツ駅
- アントニ・タピエス美術館
- サグラダ・ファミリア
- カサ・バトリョ
- グラシア通り
- ランブラス通り周辺
- カタルーニャ広場
- カタルーニャ美術館
- サン・ジュセップ市場（ボケリア市場）
- ゴシック〜ボルン地区
- ミロ美術館
- グエル邸
- カテドラル
- ピカソ美術館
- フランサ駅
- モンジュイック城
- コロンブスの塔
- モンジュイック
- 海のランブラス
- バルセロネータ地区
- バルセロネータ海岸

1km

---

バルセロナ観光のハイライト

## サグラダ・ファミリア周辺
●Basílica de la Sagrada Família

バルセロナの最大のみどころ、サグラダ・ファミリアを中心としたエリア。2つの公園にはさまれた緑豊かなロケーションでレストランやカフェも多い。

ガウディ建築＆買物ならココ！

## グラシア通り周辺
●Passeig de Gràcia

カタルーニャ広場から北側はグラシア通りを中心としたアシャンプラ地区。モデルニスモ建築や高級ブランドのショップなどが集まる。

緑あふれるメインストリート

## ランブラス通り周辺
●La Ramblas

カタルーニャ広場の南側一帯に位置する旧市街の目抜き通り。イギリスの作家、サマセット・モームが「世界で最も美しい通り」と称した。

中世の面影が残る歴史エリア

## ゴシック〜ボルン地区
●Barri Gòtic〜El Born

カテドラルを中心とした歴史ある地区。中世の面影が残る重厚な建造物が立ち並ぶ。小道が多く迷いやすいので、街歩きの際はカテドラルを目印にしよう。

輝く地中海が美しい

## バルセロネータ地区
●Barceloneta

旧市街の東側に広がるベイエリア。コロンブスの塔の南側からポルト・ベイを結ぶ桟橋「海のランブラス」の夜景は必見。

丘の上の絶景エリア

## モンジュイック
●Montjuïc

市街地の南側、モンジュイックの丘を中心とするエリア。スポーツ施設や美術館が点在している。夕景が美しいスポットでもある。

# 知っておきたいこと6

## #バルセロナ編

初めてでもリピーターでも押さえておきたい
バルセロナ観光で役立つ情報をピックアップ。

## 01 観光に便利なカードをゲット！

**乗り放題パス　Hola Barcelona Travel Card**

期間中バルセロナ市内の地下鉄(空港線含む)、バス、カタルーニャ鉄道(ゾーン1)、フニクラ、トラムが乗り放題になる。観光案内所や地下鉄駅のほか、オンラインでも購入可能。€48時間券€17.50、72時間券€25.50、96時間券€33.30、120時間券€40.80

**バルセロナ・カード　Barcelona Card**

公共の交通機関が乗り放題になり、さらにピカソ美術館やミロ美術館などの入場料が無料、グエル公園やカサ・バトリョの入場料が割引に。そのほか提携のレストランやショップでも割引サービスを受けられる。€72時間券€55、96時間券€65、120時間券€77

## 02 市内をぐるっと回る観光バスが便利

市内の観光スポットや美術館を巡る2階建て観光バス「バス・ツーリスティック」。北部の青ルート、南部の赤ルートの全2ルート。全34カ所に停車し、乗り降り自由。チケットは車内か観光案内所で購入できる。

**バルセロナ・バス・ツーリスティック**
**Barcelona Bus Turístic**
🕘9〜19時※15〜25分間隔で運行
€1日券€33、2日券€44
URL www.barcelonabusturistic.cat
(英語あり)

## 05 治安について

世界的な観光地だけに旅行者を狙った犯罪が多い。サンツ駅や地下鉄、観光名所、人が集まるランブラス通りやカタルーニャ広場などではスリや引ったくりに要注意。ホテル、飲食店、駅構内では置き引きが多いので貴重品の管理は万全に。早朝や夜の一人歩きは犯罪に遭遇しやすいので避けること。

## 06 カタルーニャ語であいさつ

バルセロナがあるカタルーニャ州は、北部はフランスと国境を接し、東側は地中海に面している。中世に独立国家だったこともあり、独自の歴史や文化、言語が育まれてきた。スペインの中でも民族意識が高いことで知られ、カタルーニャ語を話す人も多いという。旅行中、あいさつを覚えて使ってみるのもおすすめ。

**おはよう** Bon dia(ボン ディア)
**こんにちは** Bona tarda(ボナ タルダ)
**おやすみなさい** Bona nit(ボナ ニット)

## 03 サルスエラとフィデウアは必食！

海と山に囲まれたバルセロナは新鮮な魚介類をたっぷり使った名物料理がたくさん。サルスエラもそのひとつで、トマトベースのソースで魚介類を煮込んだ豪快な一品。また米の代わりにショートパスタで作ったフィデウアもカタルーニャの名物料理なので、見つけたらぜひ食べてみよう。

エビやイカ、ムール貝など魚介いっぱいのサルスエラ

見た目はパエーリャのようなフィデウア

## 04 バルセロナ街viewスポット

**サグラダ・ファミリア →P48**

受難&生誕のファサードの鐘塔から眺める街並みは爽快感たっぷり。

**グエル公園 →P56**

列柱ホールの上に広がるテラスからの街の眺めは抜群。空気が澄んだ日は地中海も見える。

**カサ・ミラ →P58**

屋上からはアシャンプラ地区を見渡せる。トンネル越しのサグラダ・ファミリアもグッド。

**ミラドール・トーレ・グロリアス →P109**

30階にある展望台からはサグラダ・ファミリアやモンジュイックの丘、地中海を一望。

# テーマ別 モデルコース

サグラダ・ファミリアをはじめとする
モデルニスモ建築がみどころのバルセロナ。
地下鉄またはタクシーで効率よく回ろう。

↑碁盤の目状の
街並みが美しい

## 名建築を訪ねる王道1泊2日コース

ガウディの代表作品をはじめ、世界遺産にも登録された名建築を2日間でめぐるプラン。観光の合間にショッピングやグルメも満喫しよう。

↑サグラダ・
ファミリアは
事前に予約を
して訪れたい

### Day 1  TIME 11時間

**8:55** Start Ⓜ2・5号線SAGRADA FAMÍLIA駅
▼ 徒歩すぐ

**9:00** ① サグラダ・ファミリア
地下鉄の駅を出ると目の前に現れる、
壮大な大聖堂に感動！ ➡P48
▼ 地下鉄＋徒歩10分

**12:00** ② グラシア通り周辺でランチ
地元で話題のレストラン
「グレスカ」でモダンなスペイン料理を。 ➡P77
▼ 徒歩5分

**13:30** ③ カサ・バトリョ
グラシア通りに立つガウディ建築。
Webで事前予約が可能。 ➡P60
▼ 徒歩1分

**15:00** ④ お買い物タイム
グラシア通りにはロエベなどの
スペインブランドの人気ショップが多数。➡P106
▼ 地下鉄＋ケーブルカー＋徒歩30分

**16:30** ⑤ モンジュイック
サンセットが美しいモンジュイックの丘へは、
地下鉄とケーブルカーでアクセスできる。➡P108
▼ ケーブルカー＋地下鉄＋徒歩30分

**19:00** ⑥ ディナーはパエーリャ
海を望む「チリンギート・エスクリバー」で
本場のパエーリャを体験！ ➡P73  Goal

↓パエーリャがおすすめ

### Day 2  TIME 12時間

**9:20** Start Ⓜ3号線LESSEPS駅
▼ 徒歩15分

**9:30** ① グエル公園
街の中心部から少し離れた場所にあるので
タクシーが便利。 ➡P56
▼ タクシーで約20分

**12:00** ② クアトロ・ガッツ
ピカソが通ったと言われる
名物カフェに寄り道。 ➡P81
▼ 徒歩10分

**13:00** ③ カタルーニャ料理でランチ
バルセロナ最古のレストラン
「カン・クジェレテス」へ。 ➡P75
▼ 徒歩10分

**14:00** ④ カテドラル
ゴシック地区にそびえる大聖堂。
内部は重厚な造り。 ➡P103
▼ 徒歩10分

↑空にそびえる
荘厳な姿が見事

**15:00** ⑤ ピカソ美術館
各時代のピカソ作品を鑑賞できる。
チケットはWeb予約で。 ➡P80
▼ 地下鉄＋徒歩15分

**19:00** ⑥ ブライ通りのバルへ
別名ピンチョス通りとよばれる
ストリートでバルをハシゴ。 ➡P68  Goal

↓夜の19時過ぎごろ
から多くの人で
にぎわうブライ通り

↓ガウディのアイデアがつまったグエル公園

← 有名シェフも御用達の「サン・ジュセップ市場」

## 旧市街グルメコース

**TIME 8時間**

ランブラス通りとその東側のゴシック地区には、スペインの新旧のグルメを楽しめる人気店がたくさん！

**9:55** **Start** Ⓜ3号線LICEU駅

▼ 徒歩3分

**10:00** **① サン・ジュセップ市場**(ボケリア市場)

食材を扱う店のほかに、市場内にはバルもある。（→ P86）

▼ 徒歩3分

**11:30** **② 名物スイーツをお買い上げ**

「エスクリバ」や「カエルン」などの老舗スイーツ店へ。（→ P79）

▼ 徒歩5分

**13:00** **③ レイアール広場**

カフェやバルが集まる賑やかな広場に寄り道。（→P105）

▼ 徒歩2分

↑エスクリバはチョコレートが人気

**14:00** **④ 遅めのランチ**

カタルーニャ料理の老舗レストラン「ロス・カラコレス」へ。（→ P74）

▼ 徒歩5分

**15:00** **⑤ グエル邸**

ガウディが手掛けた建物。内部の見学も可能。（→P105）

▼ 徒歩15分

**16:00** **⑥ サンタ・マリア・デル・マル教会**

ボルン地区にあるバルセロナの守護教会。見学時間は17時まで。（→P103）

▼ 徒歩1分

**18:00** **⑦ バルをハシゴ**

ボルン地区には「チャンパニェット」などの有名なバルが集まっている。（→ P66）

Goal

↑多彩なタパスを楽しんで

---

← 1976年の作品。地下鉄リセウ駅のすぐそば

## モダンアートコース

**TIME 8時間**

ピカソやミロなど、スペインが輩出した芸術家たちのアートをめぐる。ストリートのアートスポットもチェック。

**9:45** **Start** Ⓜ2・3号線PARAL-LEL駅

▼ ケーブルカー+徒歩20分

**10:00** **① ミロ美術館**

絵画をはじめ版画や彫刻などさまざまな作品を鑑賞できる。（→ P82）

▼ ケーブルカー+徒歩15分

**12:00** **② モンジュイック城**

丘の上にあり、バルセロナ市街や港を一望するビュースポット。（→P109）

←要塞として17世紀に造られたという

▼ 徒歩20分

**13:00** **③ ランチはパエーリャ**

「エル・シャレ・デ・モンジュイック」は眺めも抜群。（→ P73）

▼ ケーブルカー+地下鉄+徒歩30分

**15:00** **④ ジョアン・ミロ公園**

公園に立つミロの巨大な彫刻を見る。（→ P83）

▼ 地下鉄10分

**16:00** **⑤ アントニ・タピエス美術館**

スペイン現代アートの美術館。モンタネールが設計した建物にも注目。（→ P55）

▼ 地下鉄+徒歩15分

**17:30** **⑥ ミロのモザイク画**

ミロが路上に描いたモザイク画。ランブラス通りにある。（→ P83）

Goal

↓バルセロナ出身の画家・ミロの作品を展示するミロ美術館

ガウディ建築の最高傑作

# 憧れ！人気No.1 サグラダ・ファミリア

**Read me!**

天才建築家アントニ・ガウディが残した未完の大聖堂、サグラダ・ファミリア。天高くそびえる美しい塔はスペイン観光のマストスポットだ。情報を事前に確認しておこう。

### 2023年11月
### 福音史家の塔が完成

4つの塔で構成される「福音史家の塔」のうち、聖マタイと聖ヨハネの塔が2023年11月に完成。2022年完成の聖ルカと聖マルコと合わせて、これで福音史家の塔がすべて完成したことになる。高さは135mに及ぶ。

今なお建築が続くバルセロナの象徴

【世界遺産】

## サグラダ・ファミリア
●Basílica de la Sagrada Família ★★★

1882年、聖ヨセフ信徒協会の聖堂として着工。初代の建築家が辞任し、あとを引き継いだのがアントニ・ガウディ。31歳の若さで2代目建築家に就任し、"聖堂全体で聖書の内容を表現する"という構想を打ち出した。細密な彫刻の施された壮大なファサード、美しい曲線と光で彩られた聖堂内部など、モデルニスモ建築の最高峰と称されている。140年以上経った今も未完であり、ガウディの遺志を引き継いだ人々の手によって建築は進められている。

**サグラダ・ファミリア周辺　MAP：P5E2**

図Ⓜ2・5号線SAGRADA FAMÍLIA駅から徒歩すぐ 🏠C.de Mallorca 401 ☎93-2080414 ⏰9〜20時(10・3月は9〜19時、11〜2月は9〜18時、12月25・26日、1月1・6日は9〜14時)※日曜は10時30分〜 Ⓗ不定休(ミサによる) 🄬公式サイト予約€26、日本語オーディオガイドと鐘塔の入場付きは公式サイト予約€36

## *Gaudi*

# アントニ・ガウディ
## Antoni Gaudí
(1852〜1926年)
カタルーニャ地方のレウスで生まれる。バルセロナに移住しパリ万博で脚光を浴びると、実業家のエウセビオ・グエルに才能を見出され、彼の出資で建築家として数多くの作品を生み出す。晩年は熱心なカトリック教徒となり、サグラダ・ファミリアの建設に注力した。

*What's Modernismo?*

▶ モデルニスモ

19世紀末から20世紀初頭にかけて、バルセロナを中心としたカタルーニャ地方で興った芸術運動のこと。特に建築の分野に顕著に表れ、バルセロナの経済的な発展を背景に、新興ブルジョアという強力なスポンサーをもつ建築家たちが次々と活躍した。

バルセロナ

ガウディまとめ

サグラダ・ファミリア

グエル公園

カサ・ミラ

カサ・バトリョ

ガウディみやげ

ガウディとライバル

**完成予想図**

**イエスの塔（建設中）**
聖堂の中心にある最も高い塔。頂上の十字架だけでも15mと予想されている

**福音史家の塔**
イエスの塔を囲む4つの塔。頂上には天使やワシ、ライオンなどの像が立つ

**生誕のファサード**
⇨P50

入場はココから

**聖母マリアの塔**

**栄光のファサード（建設中）**
聖堂の正面の入口、最も豪華な装飾になるといわれている

**聖具室**

**受難のファサード**
⇨P51

黄色＝完成
青色＝建設中

**洗礼堂（建設中）**
聖堂、栄光のファサード、回廊などとつながる予定

| | |
|---|---|
| 高さ | 172.5m |
| 面積 | 4500㎡ |
| 収容人数 | 1万4000人 |

## パーフェクト見学ルート （所要 約3時間）

| | | |
|---|---|---|
| 1 | 生誕のファサード | 15分 |
| 2 | 聖堂内部 | 30分 |
| 3 | 鐘塔 | 30分 |
| 4 | 受難のファサード | 15分 |
| 5 | 付属学校 | 20分 |
| 6 | 地下博物館 | 20分 |
| 7 | ミュージアムショップ | 30分 |

## 観光のポイント

**☐ 事前予約は必須**
現地での当日券販売は停止されており、再開は未定（2023年12月現在）。Webサイトでの事前予約が必須となっている。下記公式サイトで予約・購入ができ、当日は印刷したチケットまたはメールに添付されたチケットPDFを持って生誕のファサード側の入場ロへ（スマホ画面を提示でも可）。入場制限があり、数週間先まで予約がいっぱいのこともざらなため、旅程が決まったらできる限り早めの予約を。
URL www.sagradafamilia.org/en/

↑スマホで二次元コードを提示すればOK

**☐ 鐘塔は入場券とセット**
入場券のみの事前予約をした場合、当日に鐘塔のチケットだけを購入することはできない。予約に併せて購入しよう。1回の予約で鐘塔に上れるのは、受難のファサード（Tower on the Passion Façade）と生誕のファサード（Tower on the Nativity façade）のどちらか一方のみで、予約時に選択できる。

# ファサードの意匠を鑑賞

2つの巨大なファサードは、サグラダ・ファミリアのシンボル。
聖書の物語を表現した彫刻について、それぞれの意味を事前に知っておこう。

## 生誕のファサード
*Façana del Naixement*

建物の北東側の入口にあたり、ガウディ自らが指揮をとって最初に完成した部分。キリストの生誕に関する装飾が施されており、日本人彫刻家の外尾悦郎氏も聖母戴冠の彫像を中心に、キリストの生誕を祝福する天使やハトなどを担当している。

**生命の木**
愛徳の門の頂部にそびえるのは、永遠のシンボル糸杉と、そことにとまる大理石の鳩

**希望の門**
左の門は、養父ヨセフに捧げられたもの。生まれたばかりのキリストを抱え、エジプトに逃げる様子などが描かれる

**愛徳の門**
キリストに捧げられた中央の門。キリスト生誕の物語が彫り込まれている

**信仰の門**
向かって右の門は、聖母マリアに捧げられている。世俗時代のキリストなどを見ることができる

**Ⓐ 生誕の門**
外尾氏が中央と左右両方の扉の彫刻を担当。生命力みなぎる植物や昆虫が表現されている。写真は右側の門。

**Ⓑ キリストの生誕**
生まれたばかりのイエス・キリストがヨセフとマリアに見守られている。イエス生誕の場面によく描かれている、牛とラバの姿も見える。

**Ⓒ 羊飼いの礼拝**
最初に星を見てキリストに祈ったのが羊飼いといわれ、民衆の象徴とされている。

**Ⓓ 働くキリスト**
大工である養父ヨセフの仕事を手伝う青年期のキリスト。キリストの世俗での生活を表した最後の彫刻。

**Ⓔ 受胎告知**
数々の芸術作品の主題とされている宗教的シーン。大天使ガブリエルがマリアの前に現れ、神の子キリストを身籠ったことを告げる場面を表している。

**Ⓕ マリアの戴冠**
キリストが聖母マリアに冠を授ける様子。左下の人物は聖ヨセフ。

# 受難のファサード

*Façana del Passió*

聖堂の南西側にある入口。生誕のファサードと対照的な直線的なデザインが特徴的で、彫刻はキリストの受難から死、復活までの3日間を表している。扉の上の彫刻などの装飾をカタルーニャ出身アーティスト、ジョセップ・マリア・スビラックが担当。

### Ⓐ 福音の扉
3つ扉があるうちの中央の大きな扉。イエスの生涯最後の2日間について、『新約聖書』から8000字を抜粋している。

### Ⓑ ユダの接吻
裏切り者のユダが、隠れている兵士に誰がキリストかを伝えるシーン。

### Ⓒ ペテロの否定
ペテロはキリストを知っていることを3回否定した。それを3人の女性で表現した彫刻。

### Ⓓ ネガのレリーフ
キリストの顔の跡が残った布を掲げるヴェロニカ。左側にある横を向いた男性像はガウディといわれている。

### Ⓔ キリストの磔刑
十字架に磔にされているキリストと、ヨハネに慰められる聖母マリア、ひざまずくマグダラのマリアがいる。キリストの足元には頭蓋骨が。

### Ⓕ キリストの埋葬
布に包まれたキリストを埋葬しようとする場面。傍らでは聖母マリアがひざまずいている。

→重要な部分だけ金文字で装飾されている

↓悪魔のシンボルとされるヘビが、ユダの後ろでキリストを裏切るようそそのかしている

左下から上に向かってS字の順で見ていくとストーリーがわかるようになっている

## 鐘塔に上ろう！
予約1回につき、いずれかのファサードの塔の内部に上ることができる。バルセロナの街並みが眼下に広がる眺めは爽快。上りはエレベーターで、下りは階段を利用する。

### ① 指定の時間にエレベーターへ
予約時間になったら、自分が予約したファサード側のエレベーターの前に並ぶ。リュックや大きな荷物の持ち込みはNGなので、エレベーターそばのコインロッカーに預ける。

16歳未満は保護者の同伴が必要。6歳未満または降りる際に階段を利用できない人は入場不可。

### ② らせん状の階段を上へ
エレベーターで鐘塔の途中まで着いたら、らせん状に渦を巻く階段を登っていく。

### ③ バルセロナの街並みを一望
塔と塔をつなぐ橋の上がサグラダ・ファミリア最大のビュースポット。バルセロナの街並みの先に青い地中海を見渡せる。

→果物をモチーフにした装飾も近くに見られる

# 七色に輝く聖堂内部

高い天井に覆われた広大な空間。白い無数の柱が並び、
ステンドグラスの入った窓から青やオレンジの色鮮やかな光が堂内を輝かせる

## 聖堂

*Basilica*

森の中のような空間を表現している
内部は、全36本の独特な形をした大
理石の柱で支えられている。上部に
近づくほど枝分かれした柱は、まる
で本当の樹木のよう。十字架の形を
した聖堂内部の構造もおもしろい。

### ○ 地下礼拝堂
主祭壇の地下にある礼拝堂にガ
ウディの墓がある。地下フロアへ
はミサに参加する信者しか立ち入
ることができないが、フロア図★
印のあたりから見ることができる
（ミサが行われていない時間帯は
一般公開）。

### ○ 主祭壇
主祭壇の上空に飾られている
のは、十字架に磔にされたキ
リスト像。50のランプ、血を
表すブドウの房、キリストの
体を表すパンを作る麦などに
囲まれている。

### ○ ステンドグラス
西側は赤やオレンジ色、東側は青
や緑とガラスの色が異なり、時間に
よって差し込む光の色が変わる。

### ○ 天井
シュロの葉をモチーフにしたと
いう、波打つような複雑な装飾
が特徴。スペインの街や聖人
の紋章がはめ込まれている。

### ○ 柱
大理石などでできた無数の白い
柱が並んでいる。ヤシの木をモ
チーフにしており、聖人の紋章
などの装飾が施されている。

## ココをCheck!

### 地下博物館
重りをつけて全体のバラン
スを計ったというガウディ
特有の懸垂型の模型や、
建物のパーツなどを展示。
内戦の際に燃えずに残っ
たデッサンや建設当初の
完成予想図なども必見。

### 付属学校
聖堂の受難のファサード側に
ある教会付属学校。建設に関
わる労働者の子どものために
設立された。内部の見学も可
能で、ガウディの仕事場の机
回りなどが再現されている。

サグラダ・
ファミリアの
完成予想図

ミュージアム
ショップも！
→P62

【フロア図の文字】
聖具室
聖母マリアの塔
★ガウディの墓が
見えるポイント
地下聖堂
回廊
受難のファサード
地下博物館は聖堂の地下部分、
付属学校は聖堂外の敷地内
（受難のファサード側）にある
主祭壇
ファサードの鐘塔入口
生誕のファサード
ファサードの
鐘塔入口
聖堂内部
洗礼堂
（建設中）
栄光のファサード
（建設中）

# ベスト撮影スポット指南

せっかくのサグラダ・ファミリア観光、とっておきの一枚を撮りたいと思う人は多いはず。
周辺のおすすめ撮影スポットをご紹介。

## ガウディ広場

サグラダ・ファミリアに隣接するガウディ広場は定番の撮影スポット。朝、昼、夜で姿を変えるので、狙いたい時間に訪れよう。

聖母マリアの塔の"ベツレヘムの星"が光り輝く

### ガウディ広場の池越しに

天気がよければ池の水面に映る「逆さサグラダ・ファミリア」も撮影できる。

### 幻想的なライトアップ

闇夜に浮かぶ生誕のファサードもまた美しい。ライトアップの時間帯は事前に要チェック。

| ライトアップ TIMEスケジュール | |
|---|---|
| 1月・11月 | 18時30分〜22時 |
| 2月 | 19時〜23時 |
| 3月 | 19時30分〜23時 |
| 4月・9月 | 21時〜24時 |
| 5月・8月 | 21時30分〜24時 |
| 6月・7月 | 22時〜24時 |
| 10月 | 20時〜23時 |
| 12月 | 18時〜22時 |

※変更となる場合あり

池の映り込みも含めて一枚に収めるなら、広角レンズがあるとよい

### ファサードを真下から

精緻な彫刻に飾られたファサードが、よりダイナミックに映る。観光客と一緒に撮るとファサードの大きさがより伝わりやすい。

### らせん階段

鐘塔から下りる際に使用する階段。撮影するときは足元に注意。

### 光が差し込むステンドグラス

聖堂内部では、ステンドグラスの光を取り入れて撮影するのがポイント。やわらかな光が聖堂を鮮やかに照らす。

### カサ・ミラの屋上から

カサ・ミラ屋上にあるアーチの向こうに望むサグラダ・ファミリア。唯一無二のカットが撮れるため、人気のスポットになっている。→P58

### セルコテル・ロセリョンのルーフトップ・バー

ホテル「セルコテル・ロセリョン」の最上階に備わるルーフトップバー。サグラダ・ファミリアがすぐ間近に迫る。宿泊客以外は要予約。

**サグラダ・ファミリア周辺**
MAP：P5E2

🚇 Ⓜ2・5号線SAGRADA FAMÍLIA駅から徒歩すぐ 🏠C.Rossellón 390
☎93-6009200 🕐13時30分〜22時(宿泊客は10〜23時) 🚫なし

バルセロナ

ガウディまとめ

サグラダ・ファミリア

グエル公園

カサ・ミラ

カサ・バトリョ

ガウディみやげ

ガウディとライバル

MAPにまとめてみました！

# ガウディとライバルたちの作品リスト

● © グエル別邸 ● Ｅ サンタ・テレサ学院

Ⓗ ミラーリェス邸の門

マリア・クリスティーナ Ⓜ

カサ・ビセンス Ⓐ

フォンタナ

ガウディ
**カサ・ミラ** ⇨P58
煙突が林立する屋
上は独創的な世界
が広がる

フランセスク・
マシア広場 Ⓜ

ディアゴナル

ディアゴナル

サンツ・エスタジオ

プラザ・ダ・サンツ Ⓜ

サンツ駅 Ⓜ

ガウディ
**カサ・バトリョ** ⇨P60
色とりどりのガラ
スが美しい大窓が
印象的

アントニ・タピエス
美術館 Ⓙ

パセッチ・ダ・
グラシア Ⓜ

パセッチ・ダ・
グラシア

スペイン広場 Ⓜ

エスパーニャ Ⓜ

Gran Via de les Corts Catalanes

**カサ・リェオ・モレラ** Ⓘ

ウニベルシタット Ⓜ

カタルーニャ

スペイン村

Ⓚ カイシャ・
フォーラム

血 カタルーニャ
美術館

ミロ美術館 血

サン・ジョルディ館

カダファルク
**カサ・アマトリェー** ⇨P64 リセウ Ⓜ
色彩豊かな三角屋
根と壁面の色合い
がポイント

**グエル邸** Ⓑ

コロンブスの塔

**レイアール広場の街灯** Ⓖ

Carrer Doctor Font i Quer

モンジュイックの丘

モンジュイック地区

## ガウディ

### Ⓐ カサ・ビセンス ● Casa Vicens ★

1880年代に建築された、ガウディ最初の大規模な建築物。
依頼主がタイル製造業者であったため、外観にはタイルが
ふんだんに施されている。イスラム文化に影響を受けたム
デハル様式をアレンジしているのもみどころ。

市街地外辺 **MAP：P5D1**

Ⓜ 3号線FONTANA駅から徒歩5分
C.de les Carolines 20-26 ☎ 93-2711061
10〜20時(11〜3月の月曜は〜15時、火〜日曜は〜19時)
なし
€20.50

## ガウディ

### Ⓑ グエル邸 ● Palau Güell ★★

グエル氏から別邸として依頼を受け設計した初期作品。
1890年の建設工事終了後、本質的な修理が一切行われなか
ったグエル建築のみ。出来栄えに満足し
たグエル氏はこの館を本館として使用した。

ランブラス通り周辺 **MAP：P8A3**

Ⓜ 3号線LICEU駅から徒歩3分 C.Nou de la Rambla 3-5
☎ 93-4725775 10〜20時(10〜3月は〜17時30分) 月曜
(祝日の場合は開館)、1月の第3週目 €12※チケット販売は閉館
1時間前まで(公式サイト予約可) URL palauguell.cat

## ガウディ

### Ⓒ グエル別邸 ● Pavellons Güell ★

1880年代に建設されたガウディ初期の作品。グエル氏の守衛
小屋と厩舎として建てられた。他作品に比べ外観はシンプル。
正面の「ドラゴンの門」は幅約5mの錬鉄製で圧倒的な迫力。

市街地外辺 **MAP：P4B1**

DATA→P105

## ガウディ

### Ⓓ カサ・カルベット ● Casa Calvet ★

グエル家と交流があったカルベット家がガウディに依頼。
繊維会社の事務所兼住居として1900年に完成。屋上付近の
守護聖人像やバルコニーの棚の彫刻に注目。

グラシア通り周辺 **MAP：P10C4**

Ⓜ 1・4号線URQUINAONA駅から徒歩3分 C. de Casp
48※一般公開はされていない。

## ガウディ

### Ⓔ サンタ・テレサ学院 ● Col-legi de les Teresianes ★

最初は別の建築家が携わっていたが、オソー司祭がガウディ
の才能と信仰心を気に入り再依頼。カトリシズムを象徴する
簡素で厳格な建築物がコンセプトで、外観はレンガ造り。

市街地外辺 **MAP：P4C1**

カタルーニャ鉄道LA BONANOVA駅から徒歩5分 C.de
Ganduxer 85-105 ※見学は外観のみ

## ガウディ

### Ⓕ グラシア通りの街灯 ● Passeig de Gràcia ★

ガウディ建築が点在するグラシア通りにはガウディが設計
した街灯が数カ所点在。植物をモチーフとした優雅なデザ
インで、街灯の下はベンチになっている。

グラシア通り周辺 **MAP：P10B2〜3**

Ⓜ 2・3・4号線PASSEIG DE GRÀCIA駅から徒歩すぐ

## ガウディ

### Ⓖ レイアール広場の街灯 ● Plaça Reial ★

レイアール広場に現在も立つガス灯は、ガウディ初期のデ
ザイン。先端の飾りとガス灯のかさは武具をモチーフにし
ており、不思議なデザインが目を引く。

ランブラス通り周辺 **MAP：P8B3**

Ⓜ 3号線LICEU駅から徒歩3分

**ガウディ**
**グエル公園** ⇒P56
大階段でカラフルなドラゴンがお出迎え！

**モンタネール**
**サン・パウ病院** ⇒P65
彫刻やモザイク、絵画が随所に散りばめられている

**カダファルク**
**ラスブンシャス集合住宅** ⇒P65
とんがり帽子のような屋根が目印

**ガウディ**
**サグラダ・ファミリア** ⇒P48
天高くそびえる塔は圧倒的な存在感！

**モンタネール**
**カタルーニャ音楽堂** ⇒P64
壁の花模様や彫刻など華やかな外観が目を引く

---

### ガウディ
### Ⓗ ミラーリェス邸の門 ●Porta de la Fínca Miralles ★

不完全ながら今も残るガウディが手がけた門と塀。波のような曲線の形状が特徴的で、塀の中央には馬車用として造られた大きな門と、歩行者用に造られた鉄扉の小さな門がある。

**市街地外辺** MAP：P4B1

図Ⓜ3号線MARIA CRISTINA駅から徒歩8分

---

### モンタネール
### Ⓘ カサ・リェオ・モレラ ●Casa Lleó Morera ★

1864年に建設されたものをモンタネールが改築。曲線のバルコニーや、いくつもの柱で支えられた冠のような屋上の塔がみどころ。

**グラシア通り周辺** MAP：P10B3

図Ⓜ2・3・4号線PASSEIG DE GRÀCIA駅から徒歩3分 🏠Passeig de Gràcia 35 ※見学は外観のみ

---

### モンタネール
### Ⓙ アントニ・タピエス美術館 ●Fundació Antoni Tàpies ★

バルセロナ出身の現代芸術家、アントニ・タピエスの前衛的な絵画作品を中心に展示している。定期的に特別展も開催。

**グラシア通り周辺** MAP：P10B3

図Ⓜ2・3・4号線PASSEIG DE GRÀCIA駅から徒歩5分 🏠C.d'Aragó 255 ☎93-4870315 ⏰10〜19時（日曜は〜15時）㊡月曜、不定休あり ㊎€8

---

### カダファルク
### Ⓚ カイシャ・フォーラム ●Caixa Forum ★

カダファルクが設計したモデルニスモ様式の繊維工場を改築した美術館。シーズンごとに内容が変わる特別展示は個性的な内容。

**モンジュイック** MAP：P4B3

図Ⓜ1・3・8号線ESPANYA駅から徒歩10分 🏠Av. Francesc Ferreri Guàrdia 6-8 ☎93-4768600 ⏰10〜20時（12月24・31日、1月5日は〜18時）㊡なし ㊎€6

---

## 建築美にふれる！① 1日 満喫コース

| ① **グエル公園** | 所要1時間 |
|---|---|

▼ 徒歩20分orタクシーで約10分

| ② **カサ・ビセンス** | 所要30分 |
|---|---|

▼ 徒歩5分＋Ⓜ3号線FONTANA駅からDIAGONAL駅で5号線に乗り換えてSAGRADA FAMILIA駅下車で約10分＋徒歩すぐ

| ③ **サグラダ・ファミリア** | 所要2時間 |
|---|---|

▼ 徒歩10分

| ④ **サン・パウ病院** | 所要2時間 |
|---|---|

▼ 徒歩3分＋Ⓜ5号線SANT PAU-DOS DE MAIG駅からDIAGONAL駅下車で約5分＋徒歩3分

| ④ **カサ・ミラ** | 所要1時間 |
|---|---|

▼ 徒歩6分

| ⑤ **カサ・バトリョ** | 所要1時間 |
|---|---|

▼ 徒歩1分＋地下鉄3号線PASSEIG DE GRÀCIA駅からLICEU駅下車で約3分＋徒歩3分

| ⑥ **グエル邸** | 所要1時間 |
|---|---|

---

## +Plus!  ガウディ建築の最高峰！

バルセロナから約20km離れた街にあるコロニア・グエル教会。周囲の自然と一体化したガウディらしい建築物のひとつ。

グエル氏が自らの織物事業の拠点のために教会を建設するよう依頼。金銭的な問題で未完のままだが、破砕タイルを用いた装飾、教会の天井を支える傾斜した柱など、のちのガウディ建築で採用される技術を見ることができる。

### コロニア・グエル教会 ●Cripta de la Colònia Güell ★

**郊外** MAP：P4A1

図カタルーニャ鉄道COLÒNIA GÜELL駅から徒歩15分 🏠Claudi Güell s/n ☎93-6305807 ⏰10〜17時（土・日曜、祝日は〜15時）㊡なし ㊎€10〜

**g**

ガウディらしさが随所にみられる夢の庭園住宅

# グエル公園でアートさんぽ♪

世界遺産

**Read me!**

市街中心部から少し外れたところにあるグエル公園も、ガウディのアイデアが詰まったスポット。園内をのんびり歩きながら、ユニークな装飾やデザインを見て回ろう。

## Ⓐ 正門

公園に入ってすぐの右側にはかつての守衛小屋があり、内部を見学できる。入口は数力所あるが正面中央のものが分かりやすい。入口付近の壁にはタイルの装飾が施されている。

↑小さい部屋がいくつもある守衛小屋はミニミュージアム

➡階段下にあるふたつの洞窟のうち、右側は馬小屋だった

## Ⓑ 中央階段

中央入口から入ってすぐに現れるのが、列柱ホールに続く長く広い階段。口から水を出しているモザイクのドラゴンは公園のシンボルで、記念撮影スポット。列柱ホールの雨水貯めとしての役割もあったという。

## Ⓒ 列柱ホール

ドーリア式の柱で建造されたホール。市場になる予定だった場所で、84本もの大理石の柱が立ち並ぶ。天井に4つある円形の破砕タイルの装飾は弟子のジュジョールの作品で、四季を表している。

↑造りは古代ギリシア建築からヒントを得たといわれる

### ZOOM！

ドラゴンはトカゲやサンショウウオだという説も。カラフルな破砕タイルで飾られた姿が印象的

### ZOOM！

列柱ホールの天井にあるばら装飾。太陽やメドゥーサなどが豊かな色彩で表現されている。

バルセロナ

ガウディまとめ

サグラダ・ファミリア

グエル公園

カサ・ミラ

カサ・バトリョ

ガウディみやげ

ガウディとライバル

市街を見下ろす山の手に位置

## グエル公園
●Park Güell ★★★

**世界遺産**

1900年から1914年にかけてガウディが建設した作品。パトロンであったグエル氏の依頼で、市場や学校までも擁するイギリス風の田園住宅街として建設されたものの、宅地は売れず計画は失敗。後に公園として開放された。破砕タイルの装飾や曲線の多い広場などにガウディらしさが表れている。

**市街地外辺** MAP:P5E1

図Ⓜ3号線 LESSEPS 駅から徒歩15分　Carrer d'Olot ☎93-4091831 ⏰9時30分〜19時30分(冬期は〜17時30分) 休なし 料公式サイト予約€10

### 柱廊

公園内には土地の高低によって建築様式が異なる3つの柱廊がある。列柱ホールの左側にある柱廊の柱の一つには、頭に籠をのせた女性が彫刻されており、洗濯女の柱とよばれている。

### テラス

列柱ホールの上にある広大なテラス。広場は破砕タイルやガラスで飾られた110mものベンチで縁取られており、野外でコンサートやエンターテインメントを楽しむ場所として造られたため、ギリシャ劇場と呼ばれた。ベンチの装飾はジュジョールが担当。

↑グエル氏の庭と列柱ホールをつなぐ道だった

↑バルセロナの街を一望できる展望テラス

**ZOOM!**

テラスに設置されたベンチは、さまざまな色の破砕タイルを組み合わせて装飾されている。

### 観光のポイント

□ **アクセス**

街の中心からやや遠い場所にあるため、カタルーニャ広場からバスや地下鉄利用で約1時間はみておきたい。行きは上り坂なのでタクシー利用が効率的。

□ **チケットは事前予約**

**所要約1時間**

かつては有料エリアと無料エリアに分かれていたが、現在はみどころのほとんどは有料エリア内になっている。そのため、Webサイトで事前予約しておこう。予約時間から30分以内に入口へ。

URL www.parkguell.barcelona/en/buy-tickets

---

**+Plus!** 合わせて訪れたい

ガウディがかつて居住した場所

## ガウディの家博物館
●Casa Museu Gaudí ★

公園の敷地内にある1906〜1913年までガウディが住んでいた場所を、博物館として公開。小さな塔のある建物内部には、ガウディが設計した椅子や、ガウディ時代の住宅を再現した部屋がある。

**市街地外辺** MAP:P5E1

⏰公園の営業時間に準ずる　料€5.50

---

入口　入口　D
トゥリアス邸
トイレ　トイレ
C　旧グエル邸　ガウディの家博物館　E
ゴルゴダの丘　トイレ・階段　入口
入口　入口　正門
A　B

Casa Milà
g

20世紀初頭の高級マンション

# 曲線が美しいカサ・ミラへ

>‑‑‑{ Read me! }‑‑‑<

グラシア通りで一際目を引く外観。波のような曲線が独創的で、ガウディ建築の代表作として人気の観光スポットになっている。内部にはガウディのひらめきがあふれている。

世界遺産

地中海やカタルーニャの
自然をイメージ

## カサ・ミラ(ラ・ペドレラ)
*Casa Milà (La Pedrera)* ★★★

グラシア通りに面して立つガウディの代表作。実業家ペレ・ミラとその妻の依頼を受け、1906～1910年にブルジョワ階級の豪華なモデルニスモ建築の邸宅として建設された。バルセロナが近代化を遂げた最も重要な時期に完成し、当時センセーションを巻き起こした。

**グラシア通り周辺** **MAP:P10B2**

🚇 Ⓜ 3・5号線DIAGONAL駅から徒歩3分 🏠 Passeig de Gràcia 92
☎ 93-2142576 🕘 9～20時 (11～2月は～18時30分※クリスマス期間は除く)、ナイトツアー21～23時 (11～2月は19～21時※クリスマス期間は除く) 🈺 1月の1週間 💴 €30 (公式サイト予約€28)

←屋上のユニークなオブジェにも注目

←細かいところにまで美しい装飾が施されている

↑やわらかい光が降り注ぐ玄関ホール

### 観光のポイント

所要
約1時間

☐ **事前予約がおすすめ**

チケットは現地とオンラインのどちらでも購入可能だが、現地だとチケット購入に時間がかかることもあるため、オンラインで事前予約がおすすめ。下記のサイトより可能。比較的空いているのは開館直後。
URL www.lapedrera.com/en/visits

☐ **ナイトツアーに参加**

チケットは昼間の一般的な見学とは別に、閉館後に行われるナイトツアー(€39)もある。2時間のガイドツアーのみで、プロジェクションマッピングの上映やカバ&スイーツを楽しめるので、こちらもおすすめ。昼と夜の両方のチケットは€51(オンライン€49)。

←カタルーニャ地方の雪山や地中海がモチーフという外観

## 外観をcheck

### ◆ 煙突・オブジェ ◆

陶器の破片で覆われた煙突は、兜を被った戦士の頭をイメージしたという。屋上にはほかに、バラのつぼみをモチーフにした巨大彫刻やオブジェなども。

### ◆ バルコニー ◆

バルコニーの鉄製の手すりは、ガウディと助手のジョセップ・マリア・ジュジョールがデザインし、鍛造工たちが製造。鉄細工は各バルコニーごとに異なり、植物や海草をテーマにしている。

床の部分に穴を空け、ガラスの床にすることで光を取り込む工夫が施されている

## 内部をcheck

### ◆ 住居スペース ◆

20世紀前半のバルセロナのブルジョワ階級の家を再現。玄関、リビング、食堂、寝室、書斎、子供部屋、洗面所、キッチンなどからなり、家具も当時のものを展示。別フロアは現在も住居として使われている（見学不可）。

### ◆ 玄関ホール ◆

自然光がめいっぱい入るように工夫された筒状のエントランス。階段の天井に描かれた淡い色彩の模様や、植物をモチーフにした手すりの鍛造技術に注目。内装はジュジョールが担当。

### ◆ エスパイ・ガウディ ◆

最上階の回廊は"エスパイ・ガウディ"とよばれるミュージアム。カサ・ミラをはじめガウディの全作品の模型やパネルがある。ガウディがインスピレーションを受けた植物や動物などのモチーフも展示。

ガウディがデザインした二人掛けのユニークな椅子も展示されている

### ◆ 屋上 ◆

屋上部分のみアスレホという白い化粧タイルを使用し、山に積もる雪を表現したという。象牙や大理石で覆った煙突や通気口が、幻想的な空間を作り出す。アシャンプラ地区の街並みが見渡せる。

---

### + Plus!　ひと休みはココで

## エル・カフェ・デ・ラ・ペドレラ
●El Cafe de La Pedrera

カサ・ミラの1階にあり、ガウディデザインを見ながらコーヒーや軽食を楽しめる。カサ・ミラに入場しなくても利用可能。

グラシア通り周辺　MAP：P10B2

☎93-4880176 ⏱9時30分～21時 ㊡なし 英予

バルセロナ

ガウディまとめ

サグラダ・ファミリア

グエル公園

カサ・ミラ

カサ・バトリョ

ガウディみやげ

ガウディとライバル

廃棄物のガラス材が鮮やかに輝く

# カサ・バトリョの斬新デザインを見学

**Read me!**

ガウディ建築のなかでも一際
ユニークなカサ・バトリョは、
なんと廃棄物を利用している
というのが驚き。ガウディの
斬新なデザインはそれを感じ
させない美しさを放っている。

カラフルな
破砕タイルに
飾られた外壁

ライトアップされた
ロマンチックな
夜の姿

CASA BATLLO GAUDÍ

STORE SIMBOL

SIMBOLIC STORE
FREE ACCESS

TICKETS

世界
遺産

## カサ・バトリョ
Casa Batlló

1877年に建てられたバトリョ家の邸宅を1904
〜1906年にかけてガウディがリフォーム。廃
棄物のガラスや陶器の破片を装飾に利用した斬
新なデザインで、建物のすべての扉に開閉式の
通気口を設置するなど機能性にも優れている。

**グラシア通り周辺　MAP：P10B3**

Ⓜ2・3・4号線PASSEIG DE GRÀCIA駅から徒歩3
分 Passeig de Gràcia 43 ☎ 93-2160306 ◐9〜
20時（最終入場は〜19時15分。不定期に〜14時の日
がある）※時期により異なる ❸なし ⓑ公式サイト予約
€29〜（予約の時間帯によって異なる）

観光のポイント

所要
約1時間

□ **事前予約がおすすめ**

当日チケットはいつも行列ができているので、オンラインでの事前予約
がおすすめ。下記公式サイトで窓口よりも€4安く予約・購入できる。必
要事項を入力し、クレジットカード払い、またはインターネットを利用し
た決済サービス、ペイパルでの支払いを選ぶ。
URL www.casabatllo.es/en/online-tickets/

バルセロナ

ガウディまとめ

サグラダ・ファミリア

グエル公園

カサ・ミラ

カサ・バトリョ

ガウディみやげ

ガウディとライバル

## 外観をcheck

まるで骸骨のようなバルコニー

石柱が背、バルコニーの形が骸骨に見えることから、別名「骨の家」や「あくびの家」ともいわれる

### ◆ ファサード ◆
モンジュイックの丘の石を砕いて利用している。ガラスの破片は、地元のガラス会社から不要なものを譲り受け、貼り付ける位置などはガウディ自ら通りに立って、熱く作業員に指示を与えたといわれている。

### ◆ 煙突 ◆
ユニークな形をした煙突にも注目。マヨルカ産のセラミックを使った球根形の煙突は、群生するキノコをモチーフにしたともいわれている。

## 内部をcheck

光が差し込む天窓は、亀の甲羅がモチーフ

色彩豊かなガラス窓はカサ・バトリョのみどころのひとつ

渦巻きのような天井にも注目

### ◆ 入口ホール ◆
ゴツゴツとした手すりがドラゴンの背骨を連想させる階段。亀の甲羅や魚の鱗のような模様の壁を配し、まるで海底や洞窟のような不思議な空間になっている。手すりは人間工学に基づいて人の手になじみやすいように設計。

### ◆ 中央サロン ◆
小さな書斎の奥、グラシア通りに面する部分に2つの大きなサロンがあり、用途次第で部屋の大きさが調節できるよう敷居が設けられている。窓に飾られた彩色ガラスは光によってさまざまな色に輝く。

### ◆ 中央パティオ ◆
吹き抜けになった中央パティオは屋上から差し込む自然光で美しく輝き、別名"光庭"とも。海底をイメージして造られている。タイルは上部に行くほど青く、下へ行くほど白っぽくなる。

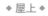

### ◆ プライベートレジデンス ◆
バトリョ家のオーナー家族が当時住んでいた住居空間を再現したスペース。入るには、こちらの入場を含むチケットの購入が必要。

### ◆ 屋上 ◆
ユニークなキノコ形の煙突が並び、瓦を鱗に見立てた竜の背のような屋根が特徴。ガウディは、煙突も見せるためのオブジェと捉え装飾に力を入れた。旧貯水庫は光と音の自然のアートが楽しめるスペースに。

### ◆ 屋根裏のアーチ ◆
屋上を支える約60の懸垂状のアーチ。耐久性がよく、広く感じられることが特徴。材料には石膏で覆って磨いたレンガを使用。屋根裏には洗濯部屋、アイロン部屋などがある。

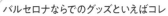

バルセロナならではのグッズといえばコレ

# ガウディみやげコレクション!

バルセロナの街を象徴する、華やかなガウディ建築。関連グッズは数多く、日用雑貨からインテリアまでバラエティーも豊か。どれも個性的できっと旅の記念になるはず。

*Sagrada Familia*

**€6**
ポストカード Ⓐ
サグラダ・ファミリアの聖母マリアの塔の立体ポストカード

**€12**
キャンドルスタンド Ⓐ
サグラダ・ファミリアの美しいステンドグラスを連想させる

**€2.30**
ピン・バッジ Ⓐ
サグラダ・ファミリアの魔方陣がモチーフ

各**€6**
メモ帳 Ⓐ
今年完成したばかりのサグラダ・ファミリアの福音史家の塔が描かれている

各**€6**
キーホルダー Ⓑ
カサ・ミラの外観が描かれたキーホルダー

**€7.50**
マグネット Ⓐ
サグラダ・ファミリアのマグネット6個入り

*La Pedrera*

La Pedrera
PUZZLE 3D

**€55**
パズル Ⓑ
組み立てればカサ・ミラのミニチュア模型が完成

*Casa Milà*

**€49**

**€135**

ANTONI GAUDÍ I CORNET
ARQUITECTE CATALÀ
MÀXIM REPRESENTANT
DEL MODERNISME
1852 · 1926

" PER FER LES COSES BÉ CALI
PRIMER, L'AMOR
SEGON, LA TÈCNICA "

オブジェ Ⓑ
カサ・ミラに展示されているガウディ作の椅子と、屋上の煙突のミニチュアオブジェ

€19.90
**エコバッグ** [C]
小さく畳んで収納できる機能性の良さも◎

Casa Batlló

各€7.50
**ポップアップカード** [C]
赤や青、ブラウンなどカラーバリエーションも豊富

€25
**カップ&ソーサー** [D]
金色の持ち手は、ガウディ建築の取っ手のデザインで作られている

各€44
**ティーポット** [C]
カサ・バトリョの意匠をモチーフにしたポット

€3.40
**チョコレート** [E]
曲線など、ガウディ建築をモチーフにしたガウディ・コレクション

各€3.25
**マグネット** [D]
ガウディの作品が描かれた木製のマグネット

各€5.90
**しおり(ブックマーク)** [C]
カサ・バトリョの形に型抜きしたデザインがおしゃれ

Casa Batlló

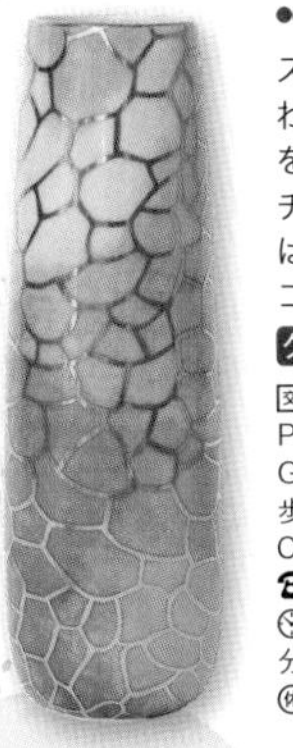

€25
**花瓶** [C]
カサ・バトリョのパステル調の柱からインスピレーションを得た陶器の花瓶

オフィシャルショップ

[A] **サグラダ・ファミリア**
⇨P48

[B] **カサ・ミラ**
⇨P58

[C] **カサ・バトリョ**
⇨P60

[D] バルセロナグッズがいっぱい
## ベ・デ・バルセロナ
●B de Barcelona

サグラダ・ファミリア近くのガウディ通り沿いにあるショップ。バルセロナの街やガウディ作品をモチーフにした商品が揃う。⇨P94

[E] チョコブームの火付け役
## カカオ・サンパカ
●Cacao Sampaka

スパイスなどを取り入れた一風変わった風味のチョコレートで人気を集める、スペイン王室御用達のチョコレートブランドの店。近年は、希少なカカオを使った板チョコなども販売している。

[グラシア通り周辺] MAP:P10A3

[交] [M]2・3・4号線PASSEIG DE GRÀCIA駅から徒歩5分 [住] C. del Consell de Cent 292
☎93-2720833
[時] 10時～20時30分(8月は12～20時)
[休] なし [英][英]

モデルニスモ建築ならココも見なさい

# ガウディのライバル作品にも注目！

**Read me!**

ガウディと同じ時代に活躍した建築家、モンタネールとカダファルク。モデルニスモ建築をベースにそれぞれの個性を表現した、2人の巨匠の作品も見逃せない！

↑ステンドグラスで囲まれた大ホール

*Palau de la Música Catalana*

**モンタネール**

【世界遺産】

装飾美を追求した音楽施設

## カタルーニャ音楽堂 ★★
●Palau de la Música Catalana

1905～1908年に建設されたコンサートホール。外壁に描かれた花模様と彫刻家ミケル·ブライによって制作された華やかな彫刻が印象的。内部は万華鏡のように輝く大きな天窓と、舞台を彩る彫刻が壮麗。

【ゴシック地区】 **MAP：P9D1**

図 Ⓜ1·4号線URQUINAONA駅から徒歩5分 🏛 Palau de la Música 4-6 ☎ 90-2475485 ⏰ 9～15時の間、予約制のガイドツアーを催行、所要50分、最大35人まで。自由見学は9時～15時30分 ㊡ 不定休 ㊎ ガイドツアー€22、自由見学€18

**カダファルク**

ガウディも意識した建築物

## カサ·アマトリェー
●Casa Amatller ★

1階にはチョコレートショップやカフェが入る

*Casa Amatller*

↓色彩豊かな屋根や壁面が美しい

1898～1900年に建設されたゴシック様式の住宅。フランダース式の三角屋根と浅彫りの彫刻を施した壁面がユニーク。カサ·バトリョ(→P60)の改築を担当したガウディはこの建物を相当意識したという。

【グラシア通り周辺】 **MAP：P10B3**

図 Ⓜ2·3·4号線 PASSEIG DE GRÀCIA 駅 から 徒歩3分 🏛 Passeig de Gràcia 41 ☎ 93-4617460 ⏰ 10～19時最終入場 ※見学はガイドツアーのみ。ガイドツアー(英語10時～、スペイン語11時～、カタルーニャ語12時～。所要60分)またはオーディオガイドツアー(10時から30分ごと。所要45分)に参加 ㊡ なし ㊎ ガイドツアー€20、オーディオガイド€17

バルセロナ

ガウディまとめ

サグラダ・ファミリア

グエル公園

カサ・ミラ

カサ・バトリョ

ガウディみやげ

ガウディとライバル

外壁の色彩タイルにも
目を向けてみよう

Casa de les Punxes

**カダファルク**

空に向かって伸びる塔が目印

## ラス・プンシャス
## 集合住宅
●Casa de les Punxes ★

1905年に建設されたレンガ造りの住宅。中世ヨーロッパを思わせるような外観が印象的。頂上にある6つの塔に針のような飾りがあることから、カタルーニャ語で「針の家」と命名された。

グラシア通り周辺 **MAP:P10C1**

図Ⓜ3・5号線DIAGONAL駅から徒歩5分命 Av. Diagonal 416-420※見学は外観のみ

### ガウディのライバルたち

| リュイス・ドメネク・イ・モンタネール | ジョゼップ・プッチ・イ・カダファルク |
|---|---|
| Lluís Domènech i Montaner | Josep Puig i Cadafalch |
| (1850〜1923年) | (1867〜1956年) |
| バルセロナに生まれる。政治家として活動しながら建築家でもあった。スペイン国内のアラブ建築に影響を受けた合理主義とモデルニスモ様式独特の曲線の融合が特徴。 | バルセロナ近郊マタロ市生まれ。弱冠24歳でマタロ市公認の建築家として活躍。のちにバルセロナでモンタネールの弟子として活動し、最後のモデルニスモ建築家といわれている。 |

Hospital de la Santa Creu i Sant Pau

独立した病棟は地下通路ですべてつながっている

病棟の天井は優しく
明るい色合いに

世界遺産

**モンタネール**

アートに彩られた大病院

## サン・パウ病院 ●Hospital de la Santa Creu i Sant Pau ★★

バルセロナ市内にあった6つの病院を合併し建設された。さまざまなアーティストとコラボレーションしたため、病院内の至る所が貴重な彫刻、モザイク画、ステンドグラスなどで装飾されている。

サグラダ・ファミリア周辺 **MAP:P5F2**

図Ⓜ5号線SANT PAU-DOS DE MAIG駅から徒歩5分命 Sant Antoni María Claret 167 ☎93-5537801 ⊕10時〜18時30分(11〜3月は〜17時。ガイド付きツアーは土・日曜、祝日のみ) ⑭なし ⑭€16※ガイドツアー(スペイン語・カタルーニャ語のみ)は€20

Bar

スペインといえばコレ！

# 大人気店でバルデビュー！

**Read me!**

スペインの食事の楽しみはやっぱりバル。カジュアルな雰囲気が魅力で、地元の人々の社交場でもある。ここでは、なかでも観光客でも入りやすい人気のバルをご紹介。本場バルの魅力を体感！

€8.50

---

80年以上の歴史を誇る老舗

## チャンパニェット
●Xampanyet

常に行列ができている大人気バル。タイル張りの店内にはワインボトルや樽が並び雰囲気抜群。看板メニューである微発泡ワインとともに、カタルーニャ料理のタパスを楽しめる。

**ボルン地区 MAP：P9E3**

🚇M4号線JAUME駅から徒歩5分
🏠C.Montcada22 ☎93-3197003
🕐12時～15時30分、19～23時(土曜日12時～15時30分、月曜日は19～23時のみ) 休日曜

➡お店はボルン地区の路地沿いにある

➡バカラオ・コン・ガルバンソ€12はタラの卵巣とヒヨコ豆の煮込み

➡名物の微発泡ワイン、カサ・エステヴェ。グラス€2.80、ボトル€15

### ブティファラ・デ・ペロル
Butifarra de Peral

カタルーニャ地方のソーセージ、ブティファラ。芋セロリのピュレを添えて

---

## + Plus! | How To バル

オーダーの仕方やサービスは店によってさまざま。一般的なバルの利用方法を覚えておこう。

**いざ入店！**

ほとんどのバルは予約不要で、人気店だと店の前で待つこともザラ。案内するスタッフはいないので、自分で空いている席に座ろう。

**席によって料金が変わる**
店によってはカウンター席やテーブル席など席によってメニューの値段が異なることも。テーブル席のほうが割高

オラ！
(こんにちは)

**オーダー**

注文を聞かれたら食べたいタパスを伝えよう。カウンターに料理が並んでいる場合は指差しでもOK

**サイズを選べる**
ラシオン(一皿)、メディア・ラシオン(半皿)など、店によっては料理の量を選べることも

ウナ セルベッサ、ポルファボール
(ビールを1つください)

**支払い**

支払いは最後にまとめて払うのが基本。スタッフがレシートを持ってくるので、自分の席でお金を渡す。

**チップは不要**
基本的にチップを支払う必要はない。サービスが気に入ったら、€1～2置いていこう

ムーチャス グラシアス！
(ありがとうございます)

ラ クエンタ ポルファボール
(お会計お願いします)

### バルのキホン

**店内は禁煙**
スペインでは公共施設内での喫煙は禁止されており、もちろんバルも店内は禁煙。

**トイレ利用にも便利**
スペインの街なかには公衆トイレが少ないため、バルのトイレが便利。その場合はコーヒーなど何か1品以上注文するのがマナー。

**貴重品の管理はしっかりと**
ピーク時には多くの人で賑わうため、荷物は必ず身につけておく、または目の届く範囲に置いておくこと。

€6.95

**ウエボス・カブレアードス**
Huevos Cabreados

ブラバスソースと
アリオリソースを
ポテトにかけ、そ
の上に目玉焼きを
のせた一品

↑店内の手前がカウンター席、
奥はテーブル席になっている

↓4種のきのこを卵と絡めて味わう、
スルティード・クレモソ・デ・セタス・
デ・テンポラーダ€6.95

←スタッフの
ジョルディさん

行列が絶えない人気バル

## セルベセリア・カタラナ
●Cerveseria Catalana

地元客はもちろん、多くの日本人観
光客も訪れる満席必至のバル。種類
豊富なタパスがカウンターにズラリ
と並び、ビール€2.50、グラスワイ
ン€2.95とお酒もお手頃価格で楽し
める。

グラシア通り周辺　MAP:P10A2

図 M3・5号線DIAGONAL駅から徒歩5分
C.de Mallorca 236 ☎93-2160368
8時30分〜翌1時30分(土・日曜、祝日
は9時〜) なし

鮮度抜群のシーフードタパスが絶品

## カル・ペップ
●Cal Pep

世界中から訪れる人が絶えない、バルセロナ屈指の人気バル。
おすすめは新鮮なシーフードをふんだんに使ったタパスや、
スペイン名物のトロトロのトルティージャ(卵焼き)。

ボルン地区　MAP:P9E4

図 M4号線JAUME I駅から徒歩7分 Pl. de Les Olles 8
☎93-3107961 13時〜15時30分(土曜は13時15分〜15
時45分)、19時30分〜23時30分 日曜、月曜の昼

↑店員との会話も楽しむ
ならカウンター席へ

←マネージャー
のホセさん

↑プルポ・アサード€24.50。オーブンで
焼いたタコの足にオリーブオイルとパプリ
カをかけたもの

€18.50

**アルメハス・コン・ハモン**
Almejas con Jamón

はまぐりを生ハムと炒めたもの。ニンニク
とパセリの風味が利いている

---

**+ Plus!**　バルの定番ドリンク　バルでよく見かけるドリンクはこちら。
なにを頼もうか迷ったときの参考に。

**セルベッサ**
Cerveza
生ビールのこ
と。トゥーボ
という300ml
くらいのグラ
スが主流

**カーニャ**
Caña
セルベッサより小
さいサイズの生ビ
ール。150〜200
mⅬくらい

**カバ**
Cava
スペイン産の
発泡白ワイン。
ロゼはロサー
ド Rosado と
いう

**ビノ**
Vino
ワインのこと。赤は
ティント Tinto、白は
ブランコ Blanco

**サングリア**
Sangría
ワインにフルーツを漬
けたもの。ジュースを
加えることも

バルセロナ随一のバルストリート
# ピンチョス通りでバルめぐり

## Read me!

数十軒のバルが500mほどの区間に立ち並び、通称"ピンチョス通り"とも呼ばれるブライ通り。飾らない居心地のよいお店が多く、バルめぐりにはうってつけのエリアだ。

どのお店にも色とりどりのピンチョスがズラリ！

スペインならではのサングリアで乾杯！

通りの雰囲気も楽しんでね

### Ⓐ ピンチョス以外のタパスも豊富
## ラ・エスキニタ・デ・ブライ
●La Esquinita de Blai

ブライ通りの真ん中近くに位置するバル。50種以上のバラエティ豊かなピンチョスがカウンターに並ぶ。パタタス・ブラバスなど、おなじみのタパスも用意。

**モンジュイック** MAP:P6A2

図Ⓜ2・3号線PARAL-LEL駅から徒歩5分 🏠C.de Blai 16 ☎93-1889203 ⏱11時30分〜翌0時15分金〜日曜は10時30分〜翌1時) 休なし

### 【アクセス】
最寄り駅はⓂ2・3号線PARAL-LEL駅で、地上に出て南のモンジュイックの丘の方角へ徒歩5分ほどで着く。ケーブルカーの発着駅でもあるため、モンジュイック観光の帰りに訪れるのもあり。

### 【おすすめの時間帯】
にぎわうストリートの雰囲気も楽しみたいなら、夜の19時以降に訪れるのがおすすめ。カウンターに並ぶピンチョスもその時間帯が充実している。金・土曜は特に混雑する。

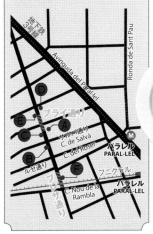

↑お店はブライ通りとカバニェス通りが交差するところにある

←→ピンチョスは€1.90〜

↑バルセロナ名物のパタタス・ブラバス€6

ピンチョス以外のメニューも充実してるよ

↑バゲットなしのピンチョスは€1.90とプレミアム€2.50の2種類

←お店はブライ通りに入ってすぐ

[B]
バゲットなしのピンチョス

## ブライ・ノウ

●Blai 9

バゲットに飽きることがないようにと、ピンチョスの具材をバゲットに乗せずに提供しているのが特徴。パンケーキなどのスイーツもある。

[モンジュイック] **MAP:P6A2**

[図]Ⓜ2・3号線PARAL-LEL駅から徒歩5分 [住]C.de Blai 9 ☎93-3297365 ⏲12～24時(金・土曜は～翌1時) [休]なし [英][英]

↑ニシンやソーセージ、ポテトグラタンなどバラエティ豊かなピンチョス€1.90～2.50

↑タパスはオリジナルソースを使ったパタタス・ブラバス€5.50のみ

↓テーブル席も多いのでゆっくり過ごしたい人におすすめ

パタタス・ブラバスがおすすめです

[C]
広々としたバル

## ラ・タスケタ・デ・ブライ

●La Tasqueta de Blai

隣接する2つの建物を利用した、ブライ通りのなかでは比較的大きなバル。ピンチョスのほか、お店秘伝のブラバスソースを使ったパタタス・ブラバスも人気。

[モンジュイック] **MAP:P6A2**

[図]Ⓜ2・3号線PARAL-LEL駅から徒歩5分 [住]C.de Blai 15-17 ☎93-0130318 ⏲12～24時(金・土曜は～翌1時) [休]なし [英][英]

↑夜は常に満席のお店は早い時間に訪れるのがおすすめ

→ガンバス(えび)1尾をまるごと乗せたピンチョス(右)€2.20

←フランクフルトと卵、トマトをサンドしたピンチョス(左)€1.30と蒸しダコを乗せたピンチョス€2.20

[D]
行列必至のバル

## ピンチョ・ジェイ

●Pincho J

早い時間から待ちができるほどの人気店。肉や海鮮などの食材を豪快に使ったピンチョスが多い。店内はこじんまりとしているので、荷物には注意。

[モンジュイック] **MAP:P6A2**

[図]Ⓜ2・3号線PARAL-LEL駅から徒歩5分 [住]C.de Blai 26 ☎93-6675065 ⏲11～24時 [休]なし [英][英]

→アンチョビとツナがのったピンチョス€2.50

→ジャガイモと豚肉の揚げボールに辛いブラバスソースをかけたボンバ・デ・カルネ€2.50

[E]
種類豊富なピンチョスが人気

## キング・ピンチョス

●King Pinchos

常時50種が揃うピンチョスは、€1～とブライ通りのなかでも特にリーズナブルなのが魅力。ブライ通り中心の交差点角にあり、テラス席も。

[モンジュイック] **MAP:P6A2**

[図]Ⓜ2・3号線PARAL-LEL駅から徒歩5分 [住]C.de Blai 25-27 ☎93-0429779 ⏲10～24時(金・土曜は～翌0時30分) [休]なし [英][英]

→カウンターの上に行列を作るピンチョス

来店待ってるよ！

↓ピンチョスは€1～1.85

気軽に訪れてください♪

↑ブレサ通りの西側の入口付近にあるバル

[F]
自慢のベルムットもぜひ

## デ・ピコス・パルドス

●D Picos Pardos

ブライ通りと東につながるブレサ通りにあるバル。バスクとカタルーニャの食文化を融合させたピンチョスやタパスが揃う。オーナー夫婦の気さくな人柄も魅力。

[モンジュイック] **MAP:P6A3**

[図]Ⓜ2・3号線PARAL-LEL駅から徒歩5分 [住]C.de Blesa 36 ☎93-2695025 ⏲12～24時(金・土曜は～翌1時) [休]月曜、火曜の昼 [英][英]

**Bar**

定番もいいけど、創作タパスも味わいたい!

# ガストロバルでおしゃれランチ

## Read me!

近年、バルセロナの街で増え続けているのがガストロバル。レストラン顔負けの本格的な料理を小さなタパスで楽しむことができ、地元客からも好評だ。ぜひチェックしておこう。

## What's ガストロバル?

レストランのような本格的な料理を小さなタパスで提供するバルのこと。テーブル席がメインのお店が多く、ゆったりくつろぎながら食事を楽しめるのも魅力。

**€28**

### サーロイン
Sirloin

アメリカ・ネブラスカ州産アンガスビーフのサーロイン

肉料理を食べたい人はぜひ!

←店内はテーブル席のみ

オーナーシェフの腕が光る肉料理

### バルデニ
●Bardeni el Meatbar

サグラダ・ファミリアの近くにあるミートバル&レストラン。メニューは肉料理が中心。アンガス牛やオックステールなどの肉を、最優秀若手シェフ受賞歴のあるオーナーシェフが上質な料理に仕上げて提供する。

オーナーシェフのレチュガさん

オススメ!

サグラダ・ファミリア周辺
**MAP:P5E2**

図Ⓜ2・5号線SAGRADA FAMILIA駅から徒歩2分 C. de Valencia 454 13時15分～14時30分(木・金曜は20～21時30分の夜営業あり) 休日曜

→アンガスビーフのステーキタルタル€20

---

**€19.50**

### ピエス デ セルド コン フォア
Pies de Cerdo con Foie

豚足にフォアグラを乗せ、カルキニョリス(アーモンド菓子)をトッピング。豚骨のダシをスープに使っている

日替わりメニューもおすすめだよ

オーナーシェフ(左)とスタッフ(右)。2人ともジョルディさん

カタルーニャ×異国の創作タパス

### バル・デル・プラ
●Bar del Pla

カタルーニャ料理を中心に、各国の食文化をミックスさせた遊び心あるスタイル。創作タパスはオーナーシェフのジョルディ氏によるもので、定番タパスも取り揃える。季節ごとにメニューは変わる。

ボルン地区 **MAP:P9E3**

図Ⓜ4号線JAUME I駅から徒歩3分 C. Montcada 2 ☎93-2683003 12～23時 休日曜

→ブッラータチーズやルッコラなどを和えたローストビーフ・デ・ピカーニャ€12.50

→カジュアルな店内

70

伝統に独創的なアイデアをプラス

## タペオ

●Tapeo

カタルーニャの伝統料理に独自のアレンジを加えたモダンスパニッシュを提供している。豚足とエビ、うさぎの肉とカタツムリなどを組み合わせるという、斬新なアイデアが光るメニューが豊富に揃う。

[ボルン地区] **MAP:P9E3**

[図]Ⓜ4号線JAUME I駅から徒歩5分 [住]C. Montcada 29 ☎93-3101607 🕒12〜24時 [休]なし [英][英]

↑店内は黒と木目を基調にしたシックな雰囲気

→フォアグラにきのこソテーを和えたウエボス・トゥルファドス・コン・フォア・イ・セタス€16.50

€16

**ピエ・デ・セルド・コン・ガンバ**
Pie de Cerdo con Gamba

骨をとってやわらかく煮た豚足とエビのオリーブオイルがけ

↓地元で大人気のお店なので、予約がおすすめ

有名グルメガイドにも掲載の実力派

## パコ・メラルゴ

●Paco Meralgo

モダンな雰囲気の店内で、海鮮、肉、野菜とジャンルを問わずさまざまなタパスを楽しめる。仕入れたばかりの旬の食材を用いた、その日のおすすめメニューも人気。

[新市街] **MAP:P5D2**

[図]Ⓜ3・5号線DIAGONAL駅から徒歩10分 [住]C.Muntaner 171 ☎93-4309027 🕒13〜24時 [休]なし [英][英][予]

€2.95(1個)

**クロケタス・デ・セピア"オバマ"**
Croquetas de Sepia "Obama"

一口サイズのスペイン風コロッケ。イカスミでコーティングしている

←ガンバス・フレスカス・アル・アヒージョ ス€30.50。海鮮タパスも充実している

€28

**ピチョン・デ・ブレッセ・エン・ドス・コクシオネス**
Pichón de Bresse en Dos Cocciones

ピチョン(小バト)の胸肉を炭火焼きにし、チョコソースをかけたもの。ハーフサイズ€18もある(写真はハーフサイズ)

フォーマルとカジュアルが融合

## モン・バル

●Mont Bar

食材はすべて地元カタルーニャとスペイン産を使用。各国の食文化を少しずつ取り入れた創作料理が豊富に揃う。約250種が揃うワインもおすすめ。

[グラシア通り周辺] **MAP:P5D3**

[図]Ⓜ5号線DIAGONAL駅から徒歩10分 [住]C.de la Diputació 220 ☎93-3239590 🕒13〜17時(入店は〜14時)、19時〜翌1時(入店は〜22時) [休]日・月曜 [英][英][予]

↑洗練された雰囲気が漂う。服装はスマートカジュアルで

←シナモン、しょうがなど4種のスパイスが入ったにんじんケーキ€12

これぞ本場の味！種類も豊富

# 絶品パエーリャを食べ比べ

**Read me!**

スペインの東海岸の都市、バレンシアが発祥のパエーリャ。いまではスペインの代表料理として知られ、スタンダードなものからリゾット風までバラエティ豊か。食べ比べを楽しもう。

**パエーリャの主な種類**

**●パエーリャ・デ・マリスコス**
魚介のパエーリャ。
エビやイカ、ムール貝などがたっぷり

**●パエーリャ・ミクスタ**
肉と魚介をミックスし、パプリカなどの野菜も加えた具だくさんパエーリャ

**●パエーリャ・バレンシアーナ**
食材には魚介ではなく、鶏肉やうさぎ肉、野菜、豆などを使用するのが特徴。

**●アロス・ネグロ**
イカ、エビなどが入るイカスミパエーリャ。アリオリソースと絡めて食べる

**●アロス・カルドソ**
スープに魚介のうまみが染み込んだ、雑炊のようなもの

おすすめメニュー

€16.20（1人前）

**フィデウア・バレンシアーナ**
Fideua Valenciana
米の代わりにショートパスタを使用したフィデウアのバレンシアーナ版

おすすめメニュー

€21.90（1人前）

**パエーリャ・ミクスタ**
Paella Mixta
うさぎ肉や鶏肉、イカ、エビ、ムール貝、手長エビなど、海と山の幸をミックスしたパエーリャ

季節ごとの旬メニューもありますよ

ディレクターのアレックスさん

こちらもぜひ！

赤ワインで24時間煮込んだオックステールのパエーリャ、**アロス・デ・ラボ・デ・トロ**€22.90。お店の自慢のメニュー

カタクチイワシの塩漬け、**アンチョアス**€16.50。バゲットとよく合う

バラエティ豊かでクオリティも確かなパエーリャ

## アロセリア・シャティバ

●Arrosseria Xàtiva

オススメ

バルセロナに3店舗構えるレストラン。食材は地産地消にこだわり、カタルーニャの海鮮や肉、野菜をふんだんに使ったパエーリャは全部で約30種も揃う。味も濃すぎず、在住日本人からも人気。

新市街 **MAP:P6B1**

図Ⓜ1・2号線UNIVERSITAT駅から徒歩3分
住C. de Muntaner 6 ☎93-4195897 ⏲11時30分～23時（金・土曜は～23時30分） 休なし 英英

地中海を目の前に望む有名店

## チリンギート・エスクリバー
●Xiringuito Escribà

バルセロネータの港にあるシーフード料理の有名店。名物のパエーリャは注文が入ってから作るので、できたてが味わえる。魚介料理のアラカルトも充実している。

**バルセロネータ** MAP:P5F4

Ⓜ4号線CIUTADELLA VILA OLÍMPICA駅から徒歩15分 🏠Av. Litoral 62
☎93-2210729 🕐12時〜翌1時（料理の注文は22時30分まで）
休なし（変更の場合あり）🍴🍷

**おすすめメニュー**

€22.50 (1人前)

パエーリャ・バレンシアーナ
Paella Valenciana

サフラン不使用のバレンシア風。鶏肉やモロッコインゲン、アーティチョークなど具だくさん

海を眺めながらパエーリャを楽しんで！

スタッフのダニエルさん

**こちらもぜひ！**

自家菜園の野菜にタラ、ツナ、アンチョビを加えたサラダ、**シャト・デ・ヌエストロ・ウエルト €18.50**

---

豪快なシーフード料理ならココ！

## カン・ソレ
●Can Solé

1903年創業、家族経営の老舗レストラン。店内は淡いブルーを基調にしており、すぐ近くの地中海を連想させる。毎日漁港から仕入れる新鮮な魚介を使った料理が自慢。

**バルセロネータ** MAP:P7D4

Ⓜ4号線BARCELONETA駅から徒歩6分
🏠C.Sant Carles 4 ☎93-2215012 🕐13〜16時、20〜23時（金・土曜は13〜16時、20時30分〜23時）
休月曜、日曜の夜 🍴🍷

**おすすめメニュー**

€21 (1人前)

アロス・ア・ラ・パエーリャ・コン・マリスコス
Arroz a la Paella con Mariscos

手長エビ、イカ、ムール貝、アサリ、ハマグリとシーフード盛りだくさん（オーダーは2人前〜）

**こちらもぜひ！**

アカザエビをオリーブオイルで炒めた**シガリータス・デ・ラ・コスタ・サルテアドス€24**。手で豪快にいただく

---

街並みを眼下に料理を堪能

## エル・シャレ・デ・モンジュイック
●El Xalet de Montjuic

バルセロナの街並みを一望する抜群のロケーションにあるレストラン。パエーリャをはじめとした地中海料理がメインで、ワインも360種類以上揃う。

**モンジュイック** MAP:P6A3

Ⓜ2・3号線PARAL-LEL駅からケーブルカーで約5分
🏠Av. de Miramar 31
☎93-3249270
🕐13〜16時、20〜23時 休なし 🍴🍷

**おすすめメニュー**

€32.60 (1人前)

パエーリャ・ミクスタ
Paella Mixta

エビ、イカ、鶏肉などをミックスしたもの。ダシは魚とエビ

**こちらもぜひ！**

刻んだマグロにアボカドのペーストを添えた**タルタル・デ・アトゥン €27.80**

バルセロナの郷土の味をご賞味あれ！

# 必食！ カタルーニャ料理

## Read me !

バルセロナがあるカタルーニャ地方の郷土料理は、キノコや魚介など山海の幸をシンプルに調理した滋味深い味わい。近隣のフランスやイタリアの食文化と融合しているのも特徴。

## It's best!

€10.90

### ブティファラ
Butifarra

豚肉を腸詰めにしたカタルーニャの定番料理。豚の血入りと血なしがある（写真は血なし）。どちらも赤ワインとベストマッチ。

受け継がれる郷土の味に地元民も太鼓判

## ジュリベルト・メウ
●Julivert Meu

カタルーニャならではの素朴な味わいを大切にするレストラン。時代の流れにのらず、昔ながらの郷土料理を提供している。種類豊富なワインは、カタルーニャやスペイン北部産を中心に数十種類揃う。

ランブラス通り周辺　MAP:P8B1

Ⓜ3号線LICEU駅から徒歩5分　C. Bonsuccés 7
☎93-2464262　⏰12時30分～24時　休日曜

↑ノスタルジックな雰囲気が漂う店内

€34.50(2人前)

こちらも一緒に!

### パエーリャ・デ・ボガバンテ

伊勢エビやイカ、ハマグリなどが入ったぜいたくなパエーリャ。

### シャトナダ
Xató

白ダラやアンチョビをシャトソースで和えたサラダ。

€9.50

こちらも一緒に!

€9.50

### エスカリバーダ・コン・ケソ・デ・カブラ

焼き野菜にキャラメリゼしたヤギのチーズをオン。

画家・ダリも訪れた歴史ある名店

## ロス・カラコレス
●Los Caracoles

1835年から続く老舗レストラン。伝統を感じる趣ある店内には多くの著名人のサインが飾られている。パエーリャのほか、名物のカタツムリ料理も絶品。

ゴシック地区　MAP:P8B4

Ⓜ3号線DRASSANES駅から徒歩5分　C. dels Escudellers 14
☎93-3012041　⏰13～24時（料理提供は13～16時、19時30分～23時）
休火曜

## It's best!

€15.90

### カラコレス
Caracoles

少し辛めのトマトソースでカタツムリを煮込んだ料理。巻き貝を食べるときのように楊枝を使っていただく。

←歴史と風格を感じる店内

リピーターが絶えない海沿いレストラン

## カン・マジョ
●Can Majó

**オススメ**

1968年創業の家族経営の店。とれたての魚介を使ったオーブン焼きや鉄板焼き、多種多様な米料理を目当てに地元の人も多く訪れる。ビーチを望むテラス席があるのも人気の秘密。

**バルセロネータ MAP：P7D4**

🚇 Ⓜ4号線BARCELONETA駅から徒歩10分
🏠 Almirall Aixada 23 ☎93-2215455
🕐 13時～22時30分（日・火曜は13時～16時30分）㊡日・火曜の夜、月曜

*It's best!*
**€26**

## サルスエラ
Zarzuela

アカザエビ、イカ、ムール貝、アンコウ、白身魚などをトマトベースのスープで煮込んだもの。メニューにないが注文すれば作ってくれる。

←地中海を眺めながら食事ができるテラス席も

こちらと一緒に！
**€19**
## プルポ・ア・ラ・ガジェガ

茹でたタコをジャガイモとともに。パプリカパウダーが彩り豊か。

*It's best!*
**€9.50**
## カネロニ
Cannelloni

具のひき肉を板状のパスタで巻き、クリームソースをかけてオーブンで焼いたカタルーニャの定番料理。

こちらと一緒に！
**€19.50**
## レチョン・ア・ラ・カタラナ

皮をパリっと焼き上げたジューシーな仔豚料理。

スペインを代表する老舗で家庭料理を

## カン・クジェレテス
●Can Culleretes

1786年創業、バルセロナ最古のレストラン。「スペインで2番目に古いレストラン」とも。元はホットチョコレートのカフェだったが、現在はカタルーニャの伝統料理を提供する店に。

**ゴシック地区 MAP：P8B3**

🚇 Ⓜ3号線LICEU駅から徒歩3分 🏠Quintana 5
☎93-3173022 🕐13時～15時45分、20～22時
㊡月曜、日・火・水曜の夜

←内装の一部は創業当時のまま残されている

新感覚のシーフード料理ならココ

## ラ・マル・サラーダ
●La Mar Salada

鮮度抜群の素材が自慢の地中海料理レストラン。オーナーが毎朝市場のセリで仕入れた魚介類を使用する。パティシエ経験もあるオーナーが考案した、クオリティの高いデザートもぜひ試して。

**バルセロネータ MAP：P7D4**

🚇 Ⓜ4号線BARCELONETA駅から徒歩8分
🏠 Passeig de Joan de Borbò 58 ☎93-2212127
🕐 13～16時、20～23時、土曜は13時～16時30分、20～23時、日曜は13時～16時30分のみ）㊡火曜、日曜の夜
←白を基調にした店内。テラス席もある

*It's best!*
**€24.50（1人前）**
## フィデウア
Fideua

米の代わりに2cmほどの細いショートパスタ（フィデウア）を魚介と一緒に調理（オーダーは2人前～）。

こちらと一緒に！
**€6.80**
## エスプマ・デ・クレマ・カタラナ・コン・トケ・シトリコ

クレーム・ブリュレの原型といわれるスイーツ。

Restaurante

憧れの一流店で特別なひとときを

# 実力派のモダンレストラン

Read me!

かつて存在したカタルーニャの伝説の名店「エル・ブジ」。その意志を次ぐクリエイティブなレストランが、バルセロナの街に点在している。見た目も味も一流の料理を楽しもう。

€275

**ディスフルタール・フェスティバル**
Disfrutar Festival

毎日少しずつ内容が変わるフェスティバルコース。メニューの内容はテーブルに運ばれてきてからのお楽しみ

↓小さなイカとオリジナルのグリーンピースソース

←エビとパセリでデコレーションした目玉焼きの形をした料理。中央の"金の卵"は黄身とチリソースをミックス

←チェリートマト、オリーブ、ピスタチオなど30種の素材が入ったひと品

←↑オープンキッチンやテラス席も備わる

スペインを代表する超人気店

## ディスフルタール

●Disfrutar

伝説の名店「エル・ブジ」出身のシェフ3人が手掛ける、スペインのトップレストラン。メニューはクラシックとフェスティバルの２つのコースのみで、クリエイティブな料理が次々と供される。品数も多く、すべて食べ終えるのに3～4時間はかかる。

[新市街] MAP:P4C2

[交]Ⓜ5号線HOSPITAL CLINIC駅から徒歩3分 [住]C. Villarroel 163
☎93-3486896 [時]12時30分～13時30分、19時30分～20時30分（いずれも入店時間） [休]土・日曜 [英][英][予]

€19

**ドラーダ・セミクラーダ, アルメンドラ,ウーバ**
Dorada semiculada,almendra,uva

半熟成の鯛にアーモンドとぶどうを添えたひと皿

美食家たちの間でも好評なレストラン

## フィスムレール

●Fismuler

「エル・ブジ」出身のシェフがマドリードでスタートさせたレストラン。2017年にバルセロナにオープンし、またたく間に話題に。新鮮な食材を生かした、洗練された料理が楽しめる。

[ボルン地区] MAP:P9F1

[交]Ⓜ1号線ARC DE TRIOMF駅から徒歩5分
[住]C. del Rec Comtal 17
☎93-5140050 [時]13～16時、20時～22時30分 [休]なし [英][英][予]

←お店はボルン地区の東側はずれにある。人気店なので予約は必須

← 一見すると隠れ家のような
エントランス

**サルディーナ・アホブランコ**
Sardina ajoblanco
新鮮なチェリー、やわらかいアーモンド、
燻製イワシが入った冷製スープ

繊細で独特なモダン・カタルーニャ

## シンク・サンティッツ
●Cinc Sentits

シェフ、ジョルディ・アルタル氏の独自の発想で創作した、
モダンなカタルーニャ料理を提供する。料理は€189と
€159の2つのコースのみ。ワインのペアリングも人気で、
カタルーニャ地方やその他地域のワインが豊富に揃う。

スペイン広場周辺 **MAP：P4C3**

図Ⓜ2・5号線ROCAFORT駅から徒歩3分 📍C.de Entença 60
☎93-3239490 🕐13時30分〜14時30分、20時30分〜21時（キ
ッチンオープンの時間）㊡日・月曜 🔲

↑舞茸の炭火焼きに卵のコン
フィやビーツの漬物など
を合わせたもの

←(左)落ち着いた雰囲気
のなか料理が楽しめる
←シェフのジョルディ・
アルタル氏

←あじの酢の物
をブリオッシュ
のトーストと共
に。€12
←(左)店内はカ
ジュアルで比較
的入りやすい雰
囲気

→オーナーシェフのラファ・ペニャ氏

地元でも話題を集める注目のレストラン

## グレスカ
●Gresca

「エル・ブジ」などで修行したシェフ、ラファ・ペニャ氏
が2006年にオープンして以降、人気レストランの仲間入
り。食材はほぼすべてカタルーニャ産のものを使用し、
多国籍の食文化も取り入れた創作料理を提供している。
小さめの料理が多い。

グラシア通り周辺 **MAP：P10A2**

図Ⓜ3・5号線DIAGONAL駅から徒歩7分
📍C.de Provença 230 ☎93-4516193
🕐13時30分〜15時30分、20時〜22時30分 ㊡なし 🔲

←ナスのオーブ
ン焼きのニンニ
ク入りクリーム
添え€10

€12

**エンサラダ・
レモラチャ・
コン・イゴス**
Ensalada remolacha con higos

ビーツをオーブンで焼き、塩とビネガー、
酸味のあるチーズで味付け

スイーツの街には甘い誘惑がいっぱい！

# 愛されチュロス&チョコレート

### Read me!

ヨーロッパで初めてチョコレート工房ができたといわれるスイーツの街、バルセロナ。スペイン人が大好きなチュロスやモダンなチョコレートなど、甘いスイーツでひと休みしよう。

**チュロス**
churros

**代表メニュー**

€3.10
**ホットチョコレート（奥）**

€2.10
**チュロス（手前）**

チュロスはホットチョコレートに浸して味わうほか、シンプルにそのまま食べてもOK

La Pallaresa

---

行列ができる大人気のチュロス&チョコレート

## ラ・パジャレサ

●La Pallaresa

開店前から行列ができる人気店。お店に来るほとんどの人が注文するというチュロスとホットチョコレートは店の大定番。カスタードプリンなどの伝統スイーツもおすすめ。

**ゴシック地区** **MAP：P8B2**

- Ⓜ M3号線LICEU駅から徒歩5分
- ⌂ C.de Petrixol 11 ☎ 93-3022036
- ⌚ 9〜13時、16〜21時 ㊡ なし

↓店内はいつも賑わっている

←ホットチョコを注ぐ様子も見られる

---

**代表メニュー**

€1.50    €3.20

**チュロス（左）  スイソ（右）**

ホットチョコレートの上に生クリームを乗せたスイソもおすすめ。濃厚なチョコレートがクリーミーな味わいになる

➡チュロスより太いポラス€1.50も定番メニュー

---

モーニング利用にもおすすめのチュロスの老舗

## チュレリア・ライエタナ

●Xurreria Laietana

店主のホセさんとアナさんが夫婦で経営する1966年創業の人気店。飾らず、何も変えず、昔ながらの製法で作るチュロスやポラスが愛されており、カウンター席のみの店内は開店から多くの人でにぎわう。

オススメ！

**ボルン地区** **MAP：P9D1**

- Ⓜ M1・4号線URQUINAONA駅から徒歩5分
- ⌂ Via Laietana 46 ☎ 93-2681263 ⌚ 7〜13時、16時30分〜20時30分（日曜、祝日は8時〜13時30分）㊡ 土曜

いつでも揚げたてを食べられるよ

↑店内はカウンター席のみで狭いので、大きな荷物は控えよう

# チョコレート
## Chocolate

➡チョコレートの詰合せ、ボンボンズ・エスクリバ€21（9個入り）

代表メニュー

**€6.90**

**リップス**
真っ赤な唇の形がユニークなケーキ（事前に要オーダー）

↑ランブラス通りに面した店舗は、モデルニスモ様式の美しい外観

1906年創業の老舗パティスリー
## エスクリバ
●Escribà

バルセロナ市民で知らない人はいないほどのスイーツの有名店。チョコレートとケーキに定評があり、数々の賞を受賞している。店内のカフェスペースでひと休みしよう。

ランブラス通り周辺　**MAP：P8B2**
🚇Ⓜ3号線LICEU駅から徒歩3分　🏠La Rambla 83　☎93-3016027　⏱9〜21時　Ⓗなし　英

宝石のようなスイーツが並ぶ
## ブボ
●Bubó

数々の輝かしい受賞歴を誇るパティシエ、カルレス・マンペル氏がオーナーを務めるパティスリー。近くには、マンペル氏がプロデュースするバル＆カフェのブボ・バルもある。

ボルン地区
**MAP：P9E4**
🚇Ⓜ4号線JAUME I駅から徒歩7分　🏠C.de les Caputxes 10　☎93-2687224　⏱10〜21時（イートインは20時まで）　Ⓗなし　英

➡日本にも2017年に初上陸した人気パティスリー

↑店内にはイートインスペースもある

代表メニュー

**€6.80**

**シャビナ**
世界大会で最優秀賞を受賞した、店を代表するケーキ

←パイナップルのコンポートをライムのムースで包んだジェイド€5.50

地下工房で作るチョコレートケーキ＆クッキー
## ボシィ
●Bocí

ショーケースに色鮮やかなケーキやクッキーが並ぶパティスリー。地下に工房が備わり、手作りチョコを使ったスイーツが味わえる。カフェスペースもあり、コーヒーなどのドリンクをセルフで入れるスタイル。

市街地外辺　**MAP：P5D1**
🚇Ⓜ3号線FONTANA駅から徒歩7分　🏠Via Augusta 112　☎93-2371313　⏱8〜21時（土・日曜は〜16時）　Ⓗなし　英

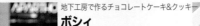

➡チョコやフランボワーズ、レモンなど種類豊富なクッキーも手づくり

代表メニュー

**€4.50**

**クルシェン**
カカオ70％チョコレートをスポンジ生地やムースにふんだんに使用

クロワッサンなどスイーツ以外のメニューもあるよ！

↑お店は観光の中心エリアから少し離れたところにある

↑マンゴーのムースやパイナップルのコンポートを用いたケーキ、トロピカル€4.50

幼少期から晩年まで。ピカソ作品の変遷をたどる

# 天才の名画が集うピカソ美術館へ

### Read me!

その名の通り、スペイン出身の画家パブロ・ピカソの作品を収蔵・展示する美術館。古い館を改装した館内を歩けば、天才ピカソの並外れた想像力と豊かな感性にふれられる。

少年時代の貴重なデッサンも

## ピカソ美術館
**Museu Picasso** ☆☆

13〜14世紀の貴族の館を改装した石造りの美術館。設立には、ピカソと親友ジャウメ・サバルテスがバルセロナ市に申し込み、その3年後にオープンに至ったという経緯がある。ピカソの少年時代のデッサンや「青の時代」、キュビズムなど作品の変遷がよくわかる。

ボルン地区 **MAP：P9E3**

🚇 Ⓜ4号線JAUME I駅から徒歩5分
🏛 C.de Montcada 15-23
☎ 93-2563000 🕘9時〜19時45分
※時間帯ごとに入場制限あり 🈺 月曜 🈺
€12（木曜17時〜と第1日曜は無料）※チケットの事前購入は下記のサイトから
URL www.museupicasso.bcn.cat/en

観光のポイント

時間ごとに入場制限があり、できる限り事前に予約しておくのがベター。木曜は17時以降と第1日曜は入場無料となるので特に混雑する。

*Picasso*

## パブロ・ピカソ
**Pablo Picasso**
（1881〜1973年）

スペイン南部のマラガ出身。14歳のときにバルセロナに移住し、パリ、マラガなどを行き来しながら9年間を過ごす。ここで若くして才能が開花し、本格的に画家としてスタート。パリ移住後もバルセロナを訪れており、代表作の『アヴィニヨンの娘たち』はバルセロナ旧市街のアヴィニヨン通りを描いている。

## ラス・メニーナス （1957年）
**Las Meninas**

プラド美術館に収蔵されている、スペインが誇る巨匠ベラスケス作『ラス・メニーナス』（→P124）をもとにピカソが描いた連作58枚中の1枚。構図や登場人物はオリジナルと同じだが人物描写や陰影のコントラストなどにピカソらしさが盛り込まれている。

ミュージアム
グッズもGET

## 道化役者
### Arlequin (1917年)

ピカソがバルセロナ
滞在中の初期に描い
た、アルルカン（道化
役者）をモチーフにし
た作品。画面左のカー
テンの深い赤と衣
装の青のコントラスト
が絶妙に美しい。

©2024-Succession Pablo Picasso-BCF(JAPAN)

美術館内にあるショップも必訪スポット。3つの
スペースからなる広々とした店内に、ピカソのオ
リジナルグッズがバラエティ豊かに揃う。

©2024-Succession Pablo Picasso-BCF(JAPAN)

€12.50

『ラス・メニーナス』
のモノトーンがおし
ゃれなマグカップ

€98

『帽子をかぶった女』の
胸像のクッションカバー

€22

平和のシンボルとし
てピカソが描いた
白いハトの受け皿

## 科学と慈愛 (1897年)
### Ciencia y caridad

ピカソが16歳の頃の作品で、ピカソ
初期の写実主義の代表作。描かれ
ている医者はピカソの父がモデルと
いわれる。マドリードやマラガの絵
画コンクールで最優秀賞を受賞した。

## マルゴット (1901年)
### La espera (Margot)

20世紀初めのパリの夜の生活を表現した
作品のひとつ。ゴッホの作品に影響され
たといわれる軽快でエネルギッシュな筆
使いが特徴だ。2007年にはオルセー美
術館の展示作品にも選ばれた。

©2024-Succession Pablo Picasso-BCF(JAPAN)

Pablo Picasso, Le Taureau, cinquième état, 24. 12. 1945

€16

テーブルクロス。牛の
モチーフもピカソの代
表的なデッサン

€4.50

スパイラルノート。ショッ
プにはノート類も豊富

---

## + Plus!

### ゴシック地区でピカソめぐり

美術館がある旧市街には、ほかにもピカソゆかりのスポットが点在。
合わせて訪れてみよう。

ピカソのデッサン
### 建築士会会館の壁画
●Mural del Col.legi d'ArquiteCtes ★

カテドラル前のノバ広場に面した建物に、ピカソ
による壁画が描かれている。民族舞踊のサルダー
ナなど、ピカソが幼いころに経験した祭りが題材。

ゴシック地区
MAP：P8C2
🚇Ⓜ4号線JAUME
Ｉ駅から徒歩5分
🏛Plaça Nova 5

ピカソが通ったカフェ
### クアトロ・ガッツ ●4 Gats

モデルニスモの芸術家たちが通った
名物カフェ。創業は1897年。特にピ
カソが頻繁に訪れたことでも知られ
ており、今も内装は当時のまま。芸
術家たちが生きた時代を感じられる。

ゴシック地区 MAP：P8C1
🚇Ⓜ1・3号線CATALUNYA駅から徒歩5分
🏛C.de Montsió 3 ☎93-3024140 ⏰12
〜24時（日曜は〜17時）休月曜

モンジュイックの丘に立つ白亜のミュージアム

# ミロ美術館で独特なアートにふれる

**Read me!**

ピカソ、ダリと同じくスペイン三大巨匠のひとり、ジョアン・ミロ。モンジュイックの丘の中腹に立つミュージアムでは、彼独自の世界観で描かれたユニークな作品に出合える。

ミロのユニークなオブジェにも注目

## ミロ美術館

●Fundació Joan Miró ★★

バルセロナ出身の画家、ミロの作品を展示する美術館。絵画、彫刻、版画、テキスタイルなど展示作品は多岐にわたる。純白のミニマリズムの建物は、カタルーニャ出身の建築家ジョゼップ・ルイス・セルトが設計。絵画作品のほか、ミロのオブジェも点在している。

`モンジュイック` **MAP：P4B4**

Ⓜ 1・3号線ESPANYA 駅から徒歩20分 📍 Parc de Montjuïc s/n
☎ 93-4439470 ⏰ 10〜20時（日曜は〜18時）🗓 月曜（祝日の場合は開館）
💴 €15

*Miró*

## ミロ財団のタペストリー (1979年)

Tapiz de la Fundación

ミロが女性をモチーフにして図案を描き、タペストリーデザイナーのジョゼップ・ロヨが編んだ作品。ウール製で、カラフルで鮮やかな色使いが印象的。

**観光のポイント**

館内には備え付けのベンチがあり、座ってじっくり鑑賞できる。ケーブルカーを経由するモンジュイックの丘にあるので、モンジュイック城（→p109）とセットで観光プランを立てるのがベター。

館内にはテラス席付きのカフェスペースもあり、見学後にひと休みできる

©Successió Miró / ADAGP,Paris & JASPAR,Tokyo,2023 C4491

### ジョアン・ミロ

Joan Miró

（1893〜1983年）

バルセロナの裕福な職人の家に生まれる。カタルーニャの田園風景をモチーフにした作品を描き続け、パリ留学時代に影響を受けたキュビズム、フォービズム的表現で地位を確立した。画家としてだけでなく、彫刻家、版画家、陶芸家としても知られ、子どもが描いたようなシュールレアリスムの作品が特徴。

## 星座・モーニングスター (1940年)

L'etoile matinale

第二次世界大戦の悲壮感漂う現実から逃れるように描かれた作品。グワッシュ画法により、フランスのノルマンディー地方で制作された。多くの星座のシンボルが地球と存在を共有する様子を描いているとされる。

©Successió Miró / ADAGP,Paris & JASPAR,Tokyo,2023 C4491

## 花咲くアーモンドの下で遊ぶカップル (1975年)

Pareja de enamorados de los juegos de flores de almendro

ゲームに興じる恋人たちを表した作品。60年代以降のミロの彫刻作品は大規模で、色を取り入れるものが増えていった。

©Successió Miró / ADAGP,Paris & JASPAR,Tokyo,2023 C4491

**ミュージアムグッズもGET**

美術館には2つのミュージアムショップがあり、品揃えもとても充実している。ミロの作風は、グッズのデザインとしてもおしゃれ。

€25
サイズ感もかわいいボタンの6点セット

€15
ミロの有名作品『パイプをくわえた男』のポーチ

各€13.30
マウスパッドは種類も豊富

€24
裏面の抽象的なミロのデッサンがおしゃれなトランプ

各€5
木の素材がやさしい定規

€14.90
コースター2枚セット

# 紺碧の金
**L'or de l'azur**
**(1967年)**
布のキャンバスに描かれた水彩画。晩年の作品のひとつ。星と惑星、女性と男性、青い惑星を表現。中央を横切る線は、鳥が再構築した地平線を表しているといわれる。

©Successió Miró / ADAGP,Paris & JASPAR,Tokyo,2023 C4491

---

**+ Plus!** 　**街なかに現れるミロ作品**　　スペイン広場近くとランブラス通りにもミロの作品があるので要チェック。どちらもインパクト大だ。

ランブラス通りを彩る
## ミロのモザイク画　●Mosaico de Miró ★
ミロが1976年に手がけたリセウ駅前のモザイク画。ミロの特徴でもある極限まで単純化されたモチーフと豊かな色彩に注目。人通りの多い場所なので、見逃さないように。

**ランブラス通り周辺**
**MAP：P8B2**
図Ⓜ3号線LICEU駅から徒歩すぐ　🏠Las Rambla

そびえる巨大オブジェ
## ジョアン・ミロ公園　●Parc de Joan Miró
市営の食肉解体場跡に造られた公園。ここのシンボルになっているのが、1983年に完成した、ミロの最晩年の作品『女と鳥』。高さ約22mの巨大な彫刻は、カラフルで自由な色使いが特徴だ。

**スペイン広場周辺**　**MAP：P4B3**
図Ⓜ1・3号線ESPANYA駅から徒歩5分　🏠Parc Joan Miró

試合を見られなくても充分楽しい
# FCバルセロナを大満喫!!

◎臨場感に大興奮!!

### Read me!
「バルサ」の愛称で親しまれているFCバルセロナ。ツアーやショップに足を運べば、オフシーズンでも、試合観戦をしなくてもバルサの世界にひたれること間違いなし!

チケット購入はクラブ公式サイトがお得!

## FCバルセロナ
●FC Barcelona
世界各国の超一流プレーヤーが集まる名門中の名門。リーグ優勝27回という輝かしい実績を誇り、バロンドール(世界年間最優秀選手賞)を歴代最多の8度受賞したメッシが、長きにわたり活躍したクラブとしても知られる。若手の育成にも定評がある。

## 多彩なツアーがスタンバイ
音声ガイド付きバルサミュージアム見学と新スタジアムのエキシビションが基本のツアー。そのほか、VR体験、ロボットキーパーとのゴール対決など、ユニークな体験ツアーが盛りだくさん。

### 主なツアーリスト

| ツアー名 | 内容 | 料金 |
| --- | --- | --- |
| ベーシックチケット | バルサミュージアム+デジタルオーディオガイド、新スタジアムのエキシビション | €28 チケットオフィス €31.50 |
| トータルエクスペリエンス | バルサミュージアム+デジタルオーディオガイド、新スタジアムのエキシビション、シャツのカスタマイズ、イマーシブツアーなど | €49 チケットオフィス €52.50 |
| バーチャルエクスペリエンス | バルサミュージアム+デジタルオーディオガイド、新スタジアムのエキシビション、イマーシブツアー | €42 チケットオフィス €45.50 |
| スポーツエクスペリエンス | バルサミュージアム+デジタルオーディオガイド、新スタジアムのエキシビション、ロボットキーパー6発チャレンジ | €37 チケットオフィス €40.50 |

## 観戦ガイド
### ホームスタジアム

## カンプ・ノウ Ⓐ
●Camp Nou
FCバルセロナのホームスタジアム。観客収容数9万9354人(改修前)と欧州最大級ながら、階段や出口の配置など動線がスムーズに設計されている。

市街地外 MAP:P4A1
🚇Ⓜ5・9・10号線COLLBLANC駅から徒歩10分
🏠C.d'Arístides Maillol 12
※2023年12月現在、スタジアム改修工事中。

※2023-24シーズンはホームの試合は以下で開催
## エスタディ・オリンピック・リュイス・コンパニス Ⓑ
●Estadi Olímpic Lluís Companys
1929年のバルセロナ万国博覧会のために建造。1992年に開催されたバルセロナオリンピックのメインスタジアムとして使用された。収容人数は約5万6000人。

モンジュイック MAP:P4B4
🚇Ⓜ1・3号線ESPANYA駅から徒歩20分 🏠Passeig Olímpic 15-17

Ⓐ Ⓑ

### チケットの購入方法
公式サイトからオンライン購入するのがおすすめ。ミュージアムツアーなどとのお得なセットチケットもある。スタジアムの窓口でも購入できるが、人気の高い試合は売り切りの場合がほとんど。料金は試合のカテゴリや座席によって異なる。
URL www.fcbarcelona.jp/ja/

いろいろな場所で記念撮影しよう

UEFAチャンピオンズリーグの優勝カップも間近で見られる

バルサの歴史を年代ごとに展示

ホーム、アウェイ、サードのユニフォームがずらり

画面にタッチして歴代選手をチェック

スター選手のユニフォームやスパイクも！

カンプ・ノウ訪問の記念に♪

模型やオーディオビジュアルを使った新スタジアムの展示も

バーチャルエクスペリエンスならこんな体験も…

# バルサグッズをハント！！

定番の応援グッズのほか、マグカップや選手のフィギュアなどの小物系からパーカーやスウェット、キャップなどのアパレル系まで品揃え充実。

€24.99
BARÇA FC BARCELONA

€19.99
ホーム用のマフラー（下）と、アウェイ用のマフラー（上）

各€14.99
クライフ（赤色）とプジョル（グレー）の歴史的瞬間をプリントした靴下

€16
バルサカラーのニット帽

€6.99
エンブレムがモチーフのキーホルダー

€12.99
マグカップ

€14.99
足裏に「Barça」の文字がプリントされた靴下

**オフィシャルショップ**
🕐 10〜19時（試合当日はキックオフまで）
❌ なし

## + Plus!  注目選手はコチラ！

**ロベルト・レヴァンドフスキ**
●Robert Lewandowski
9 FW

2022年夏に加入したポーランド出身のアタッカー。チャンピオンズリーグ歴代最多得点選手ランキングのトップ5に入り、ストライカーとして評価されている。

**ペドリ**
●Pedri
8 MF

ミリ単位のパスでディフェンスラインを切り裂く若きミッドフィルダー。コンビネーションプレイに定評がある。スペインカナリア諸島出身。

**イルカイ・ギュンドアン**
●Ilkay Gündogan
22 MF

2023年夏に加入。マンチェスター・シティでリーグ優勝、チャンピオンズリーグ制覇など経験豊富。ドイツ代表チームでも活躍中。

活気あふれるバルセロナの台所

# サン・ジュセップ市場で食べ歩き！

ランブラス通り沿いにある、バルセロナで最も大きい市場。通称"ボケリア市場"ともよばれ、スペインはもとより世界各国の食材が集まる。早朝から活気にぎわう市場を散策！

### バルセロナ最大のグルメ市場
## サン・ジュセップ市場
●El Mercado de Sant Josep
(La Boqueria) ★★

新鮮な野菜から肉、魚介類、フルーツまでお店がぎっしりと並ぶ昔ながらの市民の台所。お目当ての店は、他店主に聞けば教えてくれる。星付きレストランのシェフも利用するという。

**ランブラス通り周辺** **MAP：P8A2**

図Ⓜ3号線LICEU 駅から徒歩3分🏠 Las Rambla 91 ☎ 93-3182017 ⏰ 8時ごろ〜20時ごろ（店舗により異なる）🈺日曜

魚介などの食材も並ぶ

ナッツ、フルーツ、肉となんでもあり

市場のことはなんでも聞いて！

ランブラス通りに位置し、アクセスも抜群

楽しみ方 **01** フィンガーフードで食べ歩き

市場にはその場でつまみ食いできるフードがいっぱい。屋台感覚で楽しもう。

## 観光のポイント

□ **混雑は必至**
朝から夜まで常に観光客で混んでいるが、朝方は比較的空いている。バルなどは空席待ちになっていることがほとんど。

□ **荷物に注意**
市場内のストリートは大勢の人であふれかえっているので、スリなど手荷物に気をつけよう。リュックやカバンは前に持って手で押えて。

□ **マップをチェック**
市場内のインフォメーション近くにマップがあるので確認を。お店は振り分けられた番号で表示されており、ジャンルごとで色分けされている。

### Ⓐ スプリム・フルーツ
●Sprim fruit

フルーツの専門店。カットフルーツの詰め合わせやココナッツ、パインなどのフレッシュジュースが揃い、店頭は色鮮やか。

€3.50

↑フォーク付きのカットフルーツ詰め合わせ

↑ラズベリー、アップル、マンゴーなど13種が揃うフレッシュジュース

€2.50

### Ⓑ フアニ ●Juani

魚介のフリットやプルポ（タコ）のアヒージョなどを扱う海鮮のお店。加工品のほか、生ガキなどの海鮮食材も並ぶ。

↓エビやイワシなどのミックスフライ

€6

### Ⓒ ラモス・ボケリア
●Ramos Boqueria

イベリコ豚のハモン（生ハム）やサラミ、チョリソなど加工肉商品を専門に扱う。店頭にいくつもぶら下がった肉が印象的。

€5

↑スペイン伝統の熟成サラミ、フエの詰め合わせ

## 楽しみ方 02　バルでお手軽ランチ

市場にはバルもあり、新鮮な食材を使ったタパスが食べられる。朝から開いているので、朝食にもおすすめ。

### キオスコ・ウニベルサル
●Kiosko Universal

エビなどの新鮮なシーフードが並ぶショーケースを前に食べられる。メインは食材の良さを生かしたシンプルな鉄板焼。

↓一本の大きなタコ足のプリプリ食感が美味な、プルポ・ア・ラ・ガジェガ

€15

↑キノコ4種。しいたけ、カマグロック、セップ、ロシニョールの炒めもの

€22

### バル・ボケリア
●Bar Boqueria

新鮮な魚介類や低温調理した肉料理が自慢のバル。カウンター席のみで日中は常に順満待ちができている。

←スペイン語で"小イカ"を意味するチビロネスのフリット

€6.90

€12.90

→イワシのフリット

### エル・キン・デ・ラ・ボケリア
●El Quim de la Boqueria

地方の郷土料理からモダンな創作料理まで、小さなバルの厨房から出てくるとは思えない本格料理が印象的。

←小イカと野菜をいためたチビロネス・コン・ベルドゥリータス・クルヒエンテス

€20.75

→ホタルイカの目玉焼き、プラート・エストレジャ・コン・チビロネス

€20.75

## 楽しみ方 03　食品みやげもGET

小さなおみやげにぴったりの商品がジャンルもさまざまに並ぶ。市場の活気とともに日本に持ち帰ろう。

### フルーツ・セク・モリージャ
●Fruits secs Morilla

ナッツやドライフルーツ、スパイスのお店。ドライフルーツは80種以上が揃い、量り売りも行っている。

←乾燥きのこのパック。セ ンデルエラスという日本では珍しい種類

€6.50

↓スパイス5種のセット

€5.50

### グラウス
●Graus

オリーブオイル、ジャム、サフラン、ピクルス、アンチョビ、スパイス、酢などカタルーニャ産を中心とした調味料全般を扱う。

↓自然素材100%のカタルーニャ産の塩

SAL amb TOFONA

€5.50

TRUFA BLANCA

€12

→白トリュフ入りのオリーブオイル

### リキド
●Liquido

市場内にはワインの専門店も。カタルーニャ産のものを中心に扱っており、サングリア€5で飲み歩きもできる。

←サングリアは、スペインみやげの定番

€9

→クラフトビール、ラ・ランブラ

€5

## 市　場　M　A　P

D
F
A
H
I
B
G
C
E

### 【市場で使えるスペイン語】

これをください
…Esto, por favor（エスト・ポル・ファボール）

いくらですか？
…¿Cuánto cuesta?（クアント・クエスタ）

割れないように梱包してください
… Envuelva para que no se rompa, por favor
（エンブエルバ・バラ・ケ・ノ・セ・ロンパ・ポル・ファボール）

1個、2個、3個
…uno,dos,tres（ウノ、ドス、トレス）

100g
…cien gramos（シエン・グラモス）

…卵類　　　　…ドライフルーツ　…シーフード
…バル&レストラン　…フルーツ&野菜　…干物
…豚肉加工品　…豆&穀物　　　…デリカテッセン
…肉　　　　　…内臓類
…その他　　　…オリーブ&保存食

まとめて買うならココ！

# 人気スーパー&デパートのグルメみやげ

**Read me!**

スペイン最大のデパート、エル・コルテ・イングレスで美食みやげをゲット。地元民御用達のスーパー、メルカドーナにもお値打ちグルメがあるので足を運んでみよう。

## Foods
食材

€13.90
**フィデウアセット [A]**
自宅でフィデウアが作れるお手軽セット

€1.20
**ヒマワリの種 [B]**
スペインではおつまみ代わりに食べるのが一般的

定番
€8.90
**アーティチョーク [A]**
スペインならではの食材、アーティチョーク

オススメ
€7.50
**トマトソース [A]**
温めて食べられるトマトソース。にんにく入り

€3.47
**グリーンオリーブ [A]**
アンチョビペースト入りのグリーンオリーブ

€13.90
**ツナ [A]**
ツナ（黒マグロ）を瓶詰めしたもの

## Sweets&Snack
スイーツ&スナック

€3.90
**クラッカー [A]**
ハーブのディルとオリーブオイルで作られたクラッカー

€9.90
**マロングラッセ [A]**
上品な甘さが楽しめるマロングラッセ

定番
€10.50
**トゥロン [A]**
アーモンド粉を使ったスペインの伝統菓子、トゥロンの詰め合わせ

€5.50
**ビスケット [A]**
ココアとオリーブオイルのヴィーガンビスケット

€1.60
**ポテトチップス [A]**
エクストラバージンオリーブオイルで揚げたポテトチップス

[A] おみやげ探しの定番スポット

### エル・コルテ・イングレス
●El Corte Inglés

スペイン全土に店を構える国内最大級のデパート。館内にはスーパーのほか上質な食材専門のコーナーもあり、お菓子や加工食品、ワインなどなんでも揃う。

[ランブラス通り周辺] MAP:P10B4

[図] [M]1・3号線CATALUNYA駅から徒歩2分
[住] Plaça de Catalunya 14
☎ 93-3063800
🕐 9時～21時30分（6～9月は～22時）[休] 日曜 [英] [日]

# Seasoning
調味料

SALSA
BRAVA
HACENDADO

定番

€1.80

**ブラバソース** [B]
パタタス・ブラバスなどにも使用されるピリ辛ソース

ILIADA
NATIVES
OLIVEN
Öl
EXTRA
EXCLUSIVE KOLLEKTION
PREMIUM
SPRAY

€8.50

**オリーブオイルスプレー** [A]
エクストラバージンオリーブオイルのスプレータイプは使い勝手◎

SAL de IBIZA

オススメ

€16

**イビサの塩** [A]
塩の名産地として知られるイビサ島の自然保護地域で作られた海塩

SALSA DE
TRUFAS
80g

€3.10

**トリュフソース** [B]
スペインならではの濃厚なトリュフソース

HACENDADO
PIMENTÓN
de la
VERA
DULCE

€1.55

**ピメントンパウダー** [B]
タコのガリシア風などに使われるパプリカパウダー

MAR TRET
Natur

定番

€4.50

**アリオリソース** [A]
カタルーニャ地方の料理の定番、ニンニク入りのマヨネーズ

# Drink
飲料

PERE VENTURA
TRESOR
ROSÉ

定番

€17.90

**カバ** [A]
スペインの発泡ワイン、カバのロゼ

YZAGUIRRE
VERMOUTH
1884

€35

**ベルムット** [A]
スペインでは食前酒として親しまれているフレーバードワイン

LA CALA
Albert Adrià
SANGRÍA
PREMIUM

定番

€9

**サングリア** [A]
ワインにフルーツを漬けたスペイン定番のドリンク

MANZANILLA CAMOMILA
SABOR A MIEL
20

€1.15

**カモミールティー** [B]
スペインでよく飲まれているカモミールティー、マンサニージャ

Tradicional
Tradicional
Tradicional

€2.10

**ガスパチョ** [B]
アンダルシア地方のトマトベースの冷製スープ。夏バテに効果ありといわれる

Salmorejo
Salmorejo
Salmorejo

€2.60

**サルモレホ** [B]
スペイン南部のコルドバが発祥とされるトマトベースの冷製スープ

---

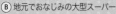

[B] 地元でおなじみの大型スーパー

## メルカドーナ

●Mercadona

スペイン全土に展開するスーパーチェーン。地元の人が普段使いするのに手ごろな値段が魅力。品質のよい自社ブランド「HACENDADO」の食品も豊富に取り揃える。

**グラシア通り周辺** **MAP:P10C3**

MERCADONA

[交] Ⓜ4号線GIRONA駅から徒歩1分
[住] C. del Consell de Cent 366
☎93-2725586
🕘9～21時
[休] 日曜 [英]

### How to レジ

**1 商品をカゴからベルトの上へ**
スーパーのレジの前にベルトがあるので、そこに自分で商品を乗せる。自分の番が来たらレジの前に運ばれていく。

**2 支払いを済ませる**
"オラ"とあいさつをして会計を済ませる。クレジットカードの場合は端末に自分でカードを差し込み、暗証番号を入力。

**3 袋につめる**
レジ袋は有料なので、エコバッグ持参がおすすめ。レジ袋が欲しいときは「ウナ・ボルサ・ポルファボール」という。

←店内ではエコバッグ€0.65も販売されている

エキスパートだからこその品揃え！

# こだわり専門店でお買いもの

**Read me!**

欲しいものが決まっているなら、やっぱり専門店がおすすめ。質、量ともに充実していて、どれにしようか迷ってしまうほど。しっかり吟味してスペシャルな逸品を手に入れよう。

## Nuts ナッツ

炒りたてのスペイン産ナッツ
### カサ・ジスペルト
● Casa Gispert

1851年創業の老舗ナッツ専門店。店内に並ぶナッツ商品は、すべてていねいに手作りされたもの。週に2回、開店当初からある店内の古い鉄の炉で炒られている。ドライフルーツやコーヒー、スパイスなどの食品も。

**ボルン地区 MAP：P9E4**

図M4号線JAUME I駅から徒歩7分
C.dels Sombrerers 23
☎93-3197535
9時30分〜20時
休日曜

オススメ

€5.20
↑塩味のローストカシューナッツ

€6.50
↑フランボワーズのチョコレートコーティング

€6
↑ミックスドライナッツのキャラメリゼ

ナッツ以外の商品もいっぱい！

↑店内の壁棚にナッツやドライフルーツ、茶葉などがズラリ

←店内ではナッツ類の量り売りも行っている

---

スペインの名物菓子、トゥロン
### ビセンス ● Visens

## Torrons トゥロン

クリスマスによく食べられるスペインの伝統菓子、トゥロンの専門店。常時150種類以上のトゥロンが並んでおり、試食もできる。定番のほか、斬新なアイデアを取り入れた商品も続々登場。

**サグラダ・ファミリア周辺 MAP：P5E2**

図M2・5号線SAGRADA FAMÍLIA駅から徒歩2分
C. Provença 427-431 ☎93-3606567
9時30分〜21時30分（日によって変更の場合あり）休なし

定番

€8.50
↑ヘーゼルナッツが入った円形のトゥロン。バラマキみやげにおすすめ

いろんな種類を試食できます

€12.75
←アーモンド入りの定番トゥロン

€9.25
→エンリケ・トマスの生ハムを使ったトゥロン

€12.50
←チュッパチャプスとコラボしたストロベリー味のトゥロン

90

# Candy キャンディ

↓くるくるキャンディはミニ€1.5〜大€12の4サイズ

キャンディ作りの様子をじっくり見学

**カラフルでキュートなキャンディ**

## パパブブレ ●Papabubble

20年前にバルセロナでオープンして以来、世界各国に支店を置く、人気アートキャンディショップ。店内でキャンディ作りの見学ができるのもユニーク。棒付き、袋入り、瓶入りなどがある。

**€8.50**

↑フルーツキャンディミックスのバルセロナ限定バージョン

**各€6.90**

↑スイカやパイン、ライムなど袋入りのフルーツキャンディ

**ゴシック地区　MAP：P8B3**

図Ⓜ3号線LICEU駅から徒歩3分
🏠C. dels Banys Nous 3
☎93-2688625
🕐11時〜14時30分、16時30分〜20時　㊡日曜　👤

---

**€6.20**

↑キャラメリゼされたアーモンドをカカオパウダーでコーティング

**各€3.25**

↑水や牛乳に溶かして飲むチョコレート

**各€6.90**

↑アルフォンス・ミュシャの作品がデザインされたパッケージがおしゃれ。中身はミルクチョコやオレンジチョコなど

# Chocolate チョコレート

**スペインで最も古いチョコレート**

## チョコレート・アマトリェー ●Chocolate Amatller

始まりは1797年、スペイン最古といわれるチョコレートブランド「アマトリェー」のショップ。同じ商品でもイラストが異なるおしゃれなパッケージも人気。ガウディ建築のカサ・アマトリェーの1階にも店舗がある。

**グラシア通り周辺　MAP：P10B2**

図Ⓜ3・5号線DIAGONAL駅から徒歩3分　🏠C,de Provença 269
☎93-4874354
🕐10〜20時（日曜は11〜14時、14時30分〜19時）　㊡なし　👤

---

# Wine ワイン

↓店内を埋め尽くすようにワインが並ぶ

**€45.80**

←ヴィノ・デ・エスパーニャの赤ワイン

**€23.95**

→牛肉に合うリベラ・デル・ドゥエロ産の赤ワイン、ベンタ・ラス・バカス

**各€5.95**

→おしゃれなデザインのワインオープナー

**好みのワインが見つかる豊富な品揃え**

## ビラ・ビニテカ ●Vila Viniteca

スペイン産を中心に世界各国のワインを取り揃えるワインショップ。全部で約3,800本あり、価格も€10程度のものから€6000ほどの高級ワインまで幅広い。スタッフに予算と好みを伝えるとていねいに教えてくれる。

**ボルン地区　MAP：P9D4**

図Ⓜ4号線JAUME I駅から徒歩8分　🏠C. dels Agullers 7
☎93-7777017　🕐8時30分〜20時　㊡日曜　👤

美食をそのままお持ち帰り

# スペイン缶詰バラエティ！

↪ユニークなパッケージも魅力的

**Read me!**

実はスペインは缶詰の種類と数が世界一の缶詰大国！ 貝やマグロ、イカなどの海鮮からオリーブや野菜までなんでも揃う。保存も効くので、おみやげとしても大人気。

←専門店、エントレ・ラタスの店内に並ぶ缶詰

| メインはシーフード | よくある缶詰ワード |
|---|---|
| スペインの多彩な缶詰のなかでも最も種類豊富なのがシーフード。北西端のガリシア地方を産地とするものが多く、保存が難しい海鮮物をそのまま持ち帰れるのがうれしい。 | • Mejillones(メヒジョネス)‥‥ ムール貝<br>• Navajas(ナバハス)‥‥ マテ貝<br>• Pulpo(プルポ)‥‥ タコ<br>• Calamar(カラマル)‥‥ イカ<br>• Atún(アトゥン)‥‥ マグロ<br>• Sardina(サルディーナ)‥‥ イワシ |

## Shellfish 貝

🐚 **ニシキ貝** Ⓑ

↓サンブリーニャス(日本語でフランスニシキガイ)と呼ばれる小さなホタテ貝の一種
€9.90

🐚 **ムール貝** Ⓐ

↓オレンジとベルムットで味付けしたムール貝の酢漬け
€9.95

🐚 **ムール貝** Ⓐ

↑ムール貝を白ワインビネガーで酢漬けしたもの。調味にパプリカパウダーも
€4.75

🐚 **コンチャ・フィナ** Ⓒ

↑ハマグリに似た貝、コンチャ・フィナの缶詰
€1.95

🐚 **アワビ** Ⓑ

↑オリーブオイル漬けのアワビ。缶詰のなかで高級な部類
€34

🐚 **マテ貝** Ⓐ

↓マテ貝のオリーブオイル漬け
€4.75

# Fish 魚

**マグロ** Ⓒ
↑トマトソースで和えたツナ。3点セットでお買い得
€2

**イワシ** Ⓐ
↑炭焼きにしたイワシを白ワインビネガーで漬けたもの
€13.80

**カツオ** Ⓑ
←缶詰とは思えないパッケージがおしゃれなカツオの缶詰
€14.50

**マグロ** Ⓐ
←マグロのオリーブオイル漬け
€8.20

**タコ** Ⓐ
↑かわいいタコのイラストが印象的。炭焼きタコのオリーブオイル漬け
€16.50

# Squid & Octopus イカ・タコ

**イカ** Ⓐ
↑イカのオリーブオイル漬け。身の中にはカットしたイカの足が入っている
€7.20

**タコ** Ⓒ
↑タコのアヒージョ3点セット
€2.95

**小イカ** Ⓑ
↑チピロンと呼ばれる小さなイカのスミあり(左)とスミなし
各€7.90

# Other その他

**オリーブ** Ⓑ
↑スペインみやげの定番、オリーブのアンチョビ入り
€3.50

**チョリソー** Ⓐ
←チョリソーのオリーブオイル漬け。栗入り
€8.10

**カラコレス** Ⓑ
→スペイン名物、カラコレス(かたつむり)の缶詰
€10.90

**アスパラガス** Ⓐ
↓ホワイトアスパラガスが豪快に入った缶詰も
€14.95

---

**専門店**

Ⓐ 品数の豊富さはダントツ
## エントレ・ラタス
●Entre Latas

2018年にこの地に移転、スペイン産を中心に多種類で上質な缶詰が揃う専門店。樽出しワインの量り売りも行っており、店内で購入した缶詰をつまみにワインを飲むこともできる。

**新市街** MAP:P5E2

Ⓜ3号線FONTANA駅から徒歩10分
C.de Torrijos 16 ☎93-0154725
⏰11〜14時、18〜21時(日曜は12〜15時)
休月曜(夏季は土曜の午後と日曜も休み)

←お店は観光の中心地から少し外れたところにある

---

**スーパー・デパート**

Ⓑ **エル・コルテ・イングレス**
DATA ▶ P88

Ⓒ **メルカドーナ**
DATA ▶ P89

安さならココ!

バルセロナ

おかいもの

スーパーマーケット

食材

雑貨

コスメ

シューズ

93

アートの街・バルセロナらしい個性が光るグッズの数々

# スパニッシュデザインに夢中♪

**Read me!**

街を歩けばいたるところにデザイン性の高いものが見つかるバルセロナ。雑貨もひと際ユニークなものが多く、機能性も抜群。思わず持ち帰りたくなるものがいっぱい！

€15.95 [A]
ユニセックスデザインのソックス。パエーリャやサラミがモチーフ

€14.95

€18 [C]
1分、2分、3分の3パターンの時間が同時に測れる、機能性バツグンの砂時計

各€1.50 [B]
バルセロナの街並みなどが描かれたポストカード

## UNIQUE GOODS ユニーク雑貨

€20 [F]
本物と間違えてしまいそうなビールの形のキャンドル

小€6、大€10 [F]
ハリネズミの姿がインパクト大のキャンドル。写真は小サイズ

各€5 [B]
高温で焼いたセラミックのマグネット。バルセロナのタイルがモチーフ

各€10 [B]
パエーリャやミロなどがモチーフになったバルセロナらしいコイン&キーケース

[A] 地元のデザイナーのモノが中心

### OMG バルセロナ

●OMG BCN

扱う商品のほとんどが、バルセロナでデザインされたもの。インテリア、キッチングッズ、カバン、服などジャンルも多彩に揃う。カテドラルの近くにもう一店舗ある。

**ボルン地区** **MAP:P9E3**

[交][M]4号線JAUME I駅から徒歩3分
[住]C. Corders 7 ☎93-1526185
[時]11時30分～21時（日曜は12時～20時30分）
[休]なし [英]

[B] バルセロナらしいおみやげが揃う

### ベ・デ・バルセロナ

●B de Barcelona

街のタイルなどをモチーフにした作品をはじめ、バルセロナらしいグッズが集まる店。市が選ぶバルセロナのおみやげショップベスト賞を受賞した経験もある。

**サグラダ・ファミリア周辺** **MAP:P5E2**

[交][M]2・5号線SAGRADA FAMíLIA駅から徒歩2分
[住]Av. Gaudi 28
☎93-6035006
[時]10時30分～14時、17時～20時30分
[休]日曜 [英]

[C] 遊び心あふれるグッズが多い

### ドス・イ・ウナ

●Dos I Una

グラシア通りの北側にあるショップ。小さな店内にキッチングッズ、ファッション雑貨など、ジャンルを問わず、ひと際ユニークなグッズが並ぶ。

**グラシア通り周辺** **MAP:P10B1**

[交][M]3・5号線DIAGONAL駅から徒歩2分 [住]C. del Rosselló 275
☎93-2177032
[時]11～15時、16～20時
[休]日曜 [英]

## KITCHEN
### キッチン

€9 (C)
サーモン型のワインオープナー。ケースもシンプルでおしゃれ

各€9 (B)
スペインらしいイラストの小皿。ビビッドな色使いがテーブルを華やかに

€65 (A)
4つ積み重ねるとコイの姿になる遊び心満載のグラス。コップは4つセットのみでばら売りはない

€15 (C)
イワシの形をしたミニフォークはオイルサーディンの缶入り

€17 (E)
フタはシリコン製のタンブラー。マタドールのデザインはスペインみやげにぴったり

各€21〜 (A)
淡い色使いがかわいい、イワシ型のキーケース。内側には骨を描くなど、細部にまでこだわっている

各€17 (A)
サグラダ・ファミリアなどが表紙にシンプルに描かれたノートブック

€19 (C)
テーブルのゴミやほこりを吸い取るクリーナー。てんとう虫の姿がかわいい

## STATIONARY
### 文房具

€6.95 (D)
ミニチュアサイズの色鉛筆セット。消しゴムと鉛筆削り付き

各€0.30〜 (D)
小さくてコロンとした形がかわいい消しゴム

€22.90 (D)
各ページにバルセロナの建物や景観が描かれているダイアリー

---

(D) バルセロナの文具店といえばここ
## ライマ
●Raima

ヨーロッパでも最大級の文房具店。手帳や便箋など、紙と紙に関する雑貨が5階建ての店内に並ぶ。最上階にはバーも備わっているので、街歩きのひと休みにも。

ゴシック地区 MAP：P9D1
Ⓜ1・4号線URQUINAONA駅から徒歩5分 C.Comtal 27
☎93-3174966
⏰10〜21時
休日曜（12月はなし）

(E) ヨーロッパ中のアンニュイ雑貨
## マル・デ・カバ
●Mar de Cava

バルセロナ出身のオーナー、マルさんが地元をはじめ、ヨーロッパ中から集めた個性的な雑貨が揃う。ほっと心和むアンニュイなデザインのものが多い。

新市街 MAP：P5D2
Ⓜ3号線FONTANA駅から徒歩4分 C.de sant Gabriel 15
☎690-880508
⏰11〜14時、16時30分〜19時30分
休日・月曜

(F) 個性派ロウソクが目白押し
## セレリア・スビラ
●Cereria Subirá

1761年創業のロウソク専門店。ハンドメイドにこだわりをもち、商品の9割以上はバルセロナ市内の工房で製造している。定番のものから一見ロウソクに見えないものも。

ゴシック地区 MAP：P9D3
Ⓜ4号線JAUME I駅から徒歩2分 Baixada de la Llibreteria 7
☎93-3152606
⏰10〜20時
休日曜

手作りの温もりある風合いが魅力的

# ハンドメイドの陶器&タイル

スペインの陶器は地方色豊か。カタルーニャ地方は落ち着いた色彩である一方、南部はカラフルで鮮やかなものが多い。ゴシック地区などにある陶器専門店で購入できる。

## EPISODE 1

紀元前にエジプトで誕生した陶器やタイルがスペインに伝わったのは8世紀、イスラム文化圏から伝来したといわれている。幾何学模様、アラベスク模様などのイスラム文化の影響がスペインの文化と混ざり合い、スペイン独特の陶器・タイルの文化が発達した。

陶器・タイルの豆知識

## EPISODE 2

現在はスペインの広い地域で生産されているが、産地によって、色や模様はさまざま。バルセロナでは20世紀末モデルニスモ建築にタイルが多く取り入れられ、芸術的な意味をもつようになった。

### Ceràmica
## 陶器

厚みのある素朴な風合いながら、色彩豊かで見る人を楽しませてくれるスペインの陶器。食卓を華やかにする手描きの陶器は、いくつもっていても重宝する。

←サグラダ・ファミリアの美しい手描き飾り皿

→セビーリャ産のカラフルなボール皿。サラダなどにぴったり

→グエル公園のドラゴンはバルセロナ名物。サイズはいろいろ

→グエル公園のガウディのデザインがモチーフになった大皿

←オリーブ柄のオリーブ入れ。左側の筒部分には楊枝やオリーブの種を入れて

←スペインらしい色合いのカラフルなマグカップはコルドバ産

### Azulejo
## タイル

道や建物の装飾、教会、お店の軒先など。スペインでは日常の中にごく当たり前にタイルが使われている。カラフルなタイルは一枚飾るだけで、スペイン風の素敵なインテリアに。

←カタルーニャのお祭りでみられる人間の塔がモチーフに

→グラシア通りで見られるガウディデザインをタイルに

←サグラダ・ファミリアが描かれており、おみやげにぴったり

←グエル公園のドラゴンがモチーフに。色がカラフル

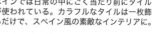

←カタルーニャ州の紋章がモチーフになっているマグネット

※上記の商品はイメージです。

# バルセロナ最大級の陶器ショップ

市内に複数店舗を展開するアルト・エスクデリェールスは、バルセロナ最大級の陶器コレクションを誇る。陶器以外のグッズも多い。

€20.81
**ポット**
淡い青が印象的なバレンシア産の陶器のポット。ぶどうやりんごが描かれている

€32.02
**置き時計**
セビーリャ焼の置き時計。カラフルな色彩と立体感のある模様が特徴

€22.67
**灰皿**
トレドの製法で焼かれた陶器の灰皿。黄色や緑がトレドの特徴

€25.51
**鍋敷き**
手作業で浮き彫り細工を施したセビーリャ焼の鍋敷き。

各€3.50
**タイル**
アルファベットのタイルは自分のイニシャルをおみやげに。上下に花が描かれているのはコルドバデザイン。より大きいサイズもある

陶器以外のグッズもいっぱい！

€11.43
**キャンドルスタンド**
サグラダ・ファミリアのピナクル（小尖塔）がモチーフ

€45.74
**写真立て**
グエル公園のドラゴンや破砕タイルをモチーフにした写真立て

€12.43
**ジョッキ**
サグラダ・ファミリアのステンドグラスをモチーフにしたジョッキ

広い店内に圧倒的な品揃え

## アルト・エスクデリェールス

●Art Escudellers

スペイン全国の陶器作品を取り揃え、タイルから小物まで、そのコレクションはバルセロナでも最大級。モデルニスモ建築をテーマにしたガラス作品やハエン地区の伝統食器などもあり、おみやげ探しにおすすめのショップのひとつ。

[ランブラス通り周辺] MAP:P8B4

[交][M]3号線LICEU駅から徒歩5分
[住]C.dels Escudellers 23-25
☎93-4126801
🕐11～23時(冬季は10～22時)
[休]なし [英]

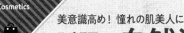

美意識高め！憧れの肌美人に

# 話題の自然派コスメをチェック

近年、スペインでは天然由来の原料を成分としたナチュラルコスメが大人気！美意識の高いみやげとしてマストバイ。おすすめのコスメショップをチェックしておこう。

お店で試すこともできますよ

多彩なブランドのヴィーガンコスメが揃う

## ガタ・コスメティカ・オルガニカ

●Gata Cosmética Orgánica

スペイン産のものを中心に、世界各国のコスメ商品を扱うセレクトショップ。エコ認証を受けた商品のみを取り扱っており、そのうち9割が、動物由来の成分を一切使用しないヴィーガンコスメ。

ランブラス通り周辺 MAP：P8A1

Ⓜ3号線LICEU駅から徒歩7分
C.del Pintor Fortuny 33
☎93-1483220
🕐11時〜14時30分、16時30分〜20時 休なし

€30.50

スペイン・ジローナ発のブランド「ジウラ」のナイトオイル。傷や肌のストレスを修復する

€21

「マタラニア」のかゆみをおさえるヘアセラム

€13

スペイン・セゴビア発のオーガニックコスメブランド「アマポーラ」の敏感肌用ローション（左）と乾燥肌用ボディクリーム（右）

€25

ホホバオイルとゴマの夜用フェイスクリーム

€23.50

アルコールフリーの肌再生ローション。オリーブが有名な土地、テルエル発のコスメブランド「マタラニア」の商品

€16.50

€7

キンセンカとハッカが入った、敏感肌用の手足用クリーム

€11.50

「アマポーラ」の肌のトーンを明るくするシャイニーエッセンス。シミ消し効果あり

各€11.50

近年人気が高まる固形シャンプー。髪質に合わせて揃う

知っておくと便利なコスメ単語

| | |
|---|---|
| ・tónico（トニコ）……化粧水 | ・facial（ファシアル）……顔の〜 |
| ・crema（クレマ）……クリーム | ・desmaquillante（デスマキヤンテ）……クレンジング |
| ・champú（チャンプ）……シャンプー | ・antiedad（アンティエダッド）……アンチエイジング |
| ・jabón（ハボン）……石けん | ・hidratante（イドラタンテ）……保湿 |
| ・sólido（ソリド）……固形 | ・regenerador（リヘナラドール）……再生 |

## オリーブオイルの名店のコスメ
### ラ・チナタ ●La chinata

スペインで人気のオリーブオイルの専門店。グルメ商品のほか、オリーブオイルを使ったコスメも豊富に取り揃えている。バルセロナにはほかに2店舗を展開している。

**ランブラス通り周辺 MAP：P8A1**
🚇Ⓜ3号線LICEU駅から徒歩7分
🏠C.dels Angels 20 ☎93-4816940
🕐10〜21時
（日曜は12〜20時、祝日は12〜19時）
㊡なし ⓔ

€4.40
エキストラバージンオリーブオイル入りのハンドクリーム

€9.90
100％天然成分使用の「OLIVITA」のボディオイル。肌に潤いを与え、肌の日焼けや炎症を抑える

↑オーガニック100%のコスメシリーズ「ORIVITA」専用のコーナー

€10.90
エキストラバージンオリーブオイル入りのフェイスクリーム。軽くマッサージしながらつける

€15.50
髪や肌など全身に使えるオイル。お風呂に数滴入れたり、ほかのフェイシャルクリームと混ぜて使うとより保湿効果アップ

€22
ハイビスカスオイルやアマニオイルを配合した夜用フェイシャルクリーム。アンチエイジングに効果的

各€5.50
ガウディのタイルをモチーフにした石けん

各€7.50
肌を落ち着かせる石けん（左）とかゆみを抑える敏感肌用の石けん（右）

17€
花びら石けんの4種入り

各€5
折って少しずつ使えるトラベル用の固形シャンプー

> 気になることはなんでも聞いてね

固形シャンプー。ベージュはノーマル、緑は乾燥する髪用、ピンクは油っぽい髪用　各€11

自分の肌に合わせて選べる石けん専門店
### サバテル ●Sabater

1937年創業の石けん工場がショップをオープン。約80種の石けんが揃い、香りも50種とバラエティ豊かな品揃え。敏感肌、乾燥肌、脂性肌など、自分の肌に合った石けんが選べる。

**ゴシック地区 MAP：P8C2**
🚇Ⓜ3号線LICEU駅から徒歩7分
🏠Plaça de Sant Felip Neri 1
☎93-3019832
🕐10時30分〜20時30分 ㊡土曜 ⓔ

---

### ➕ Plus! スーパーのコスメも！

### ヴェリタス ●Veritas

スペインのオーガニックスーパー「ヴェリタス」にもナチュラルコスメが豊富に揃う。バルセロナに複数店舗（MAP：P10A3）展開している。

➡オーガニックコスメの品質を認証する国際的な制度「コスモス認証」の商品もシャワージェル€4.29

好印象スタイルは足もとから

# 魅惑のスペインシューズたち♡

**Read me!**

クオリティが高くてハイセンスなブランドが多いスペイン。なかでもシューズブランドは個性豊か。デザインやカラーも充実していて、お気に入りに出合えること間違いなし！

€199
➔カラフルな糸を織り込んだネップツイード素材のシューズ

キュートなデザインのフラットシューズ
## プリティ・バレリーナス
●Pretty Ballerinas

上質な革靴で知られるスペインのマスカログループからできた人気のフラットシューズ専門店。デザインやカラーが充実のシューズは柔らかい生地で、履き心地のよさはもちろん、脚を美しく見せると評判。

グラシア通り周辺 **MAP：P10B1**
図Ⓜ3・5号線DIAGONAL駅から徒歩1分
🏠Passeig de Gràcia 106
☎93-4156524
🕙10時〜20時30分
（日曜は12時〜）㉯日曜 👜

€189
←バックストラップのフラットシューズはドレッシーな装いにも活躍

€179
↑水玉柄をプリントしたウロコ柄型押しレザーで上品＆キュートに

€199
↑ポインテッドゥシューズはチェーンのバックルがアクセント

€249
➔モノトーン系の糸を織り込んだネップツイード素材のローファー

花柄刺繍のレース素材がかわいい♡

履き心地とデザインを追求
## マテス
●Mates

もとはアスリートのために作り始めたという、1947年創業のスペインのスニーカーブランド。熟練の職人が一足ずつ手作りしているスニーカーは履き心地抜群で、どれもデザイン性が高い。

スペイン広場周辺 **MAP：P4B2**
図Ⓜ1号線HOSTAFRANCS駅から徒歩5分
🏠C.de Gayarre 25
☎93-4318386
🕙10時〜13時30分、17〜20時
（土曜は10時〜13時30分）
㉯日曜、8月 👜

€285
➔オリジナルの木型を使って製造された1955年発表のMossモデルの復刻版

€172
➔FCバルセロナの伝説的な選手兼コーチの意見を採用して生まれたデザイン

€152
➔アッパーにスエードレザーを使用したアトランティス・クラシック

すべてハンドメイド！

€69
➡バルセロナの象徴、パノットとよばれる花のタイルをプリントしたスリッポン

€42
➡エスパドリーユサンダルは足首のリボンを結んでエレガントに

€75
⬅カタルーニャ地方の伝統的なエスパドリーユ

€42
⬅ストライプ柄が爽やかな地中海スタイルのエスパドリーユ

エキゾチック調の柄もスタンバイ

職人が作るエスパドリーユ

## ラ・マヌアル・アルパルガテラ

●La Manual Alpargatera

1941年創業の老舗エスパドリーユ専門店。もともとは農業用に作られた麻製の縄底でできた靴はリゾートスタイルの定番アイテム。プリント地やウェッジソールなど、デザインや素材も多彩なのでお気に入りを探そう。

[ゴシック地区] **MAP:P8C3**

[交]Ⓜ3号線LICEU駅から徒歩5分

[住]C.d' Avinyó 7
☎93-3010172
🕒10～14時、16～20時
[休]日曜 [英]

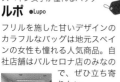

カラーバリエーションも充実

---

**Plus!** **バルセロナ発のブランドをチェック!**

個性あふれるバルセロナ生まれのバッグやジュエリーのブランドも見逃せない。

スペイン女子が憧れるバッグ

### ルポ ●Lupo

フリルを施した甘いデザインのカラフルなバッグは地元スペインの女性も憧れる人気商品。自社店舗はバルセロナ店のみなので、ぜひ立ち寄りたい。

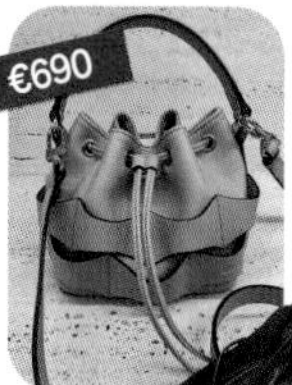

€690
⬅カサ・ミラからインスピレーションを受けたというバッグ

€1900
⬆スペインのピレネー産牛革で作ったバッグ

[グラシア通り周辺] **MAP:P10B2**

[交]Ⓜ3・5号線DIAGONAL駅から徒歩5分
[住]C.de Mallorca 257 ☎689-185808
🕒10～14時、16～20時 [休]日曜 [英]

キュートなクマがアイコン

### トウス ●Tous

1920年に誕生し、現在ではニューヨークや東京など世界28カ国に支店をもつハイブランド。ジュエリーやバッグなどの商品も充実している。

[グラシア通り周辺] **MAP:P10B1**

[交]Ⓜ3・5号線DIAGONAL駅から徒歩1分
[住]Passeig de Gràcia 99 ☎679-596155
🕒10時～20時30分 [休]日曜 [英]

# ゴシック～ボルン地区

*Gotic-Born*

## 歴史ある旧市街を散策

ゴシック地区とボルン地区は、13～15世紀の建物が残り、重厚な街並みが広がる旧市街エリア。歴史的建造物の数々を訪ね、バルセロナの歴史にふれよう。

歴史的建造物の装飾にも注目！

このエリアでしたいコト

カテドラルの周辺は細い路地が多い

ココ！

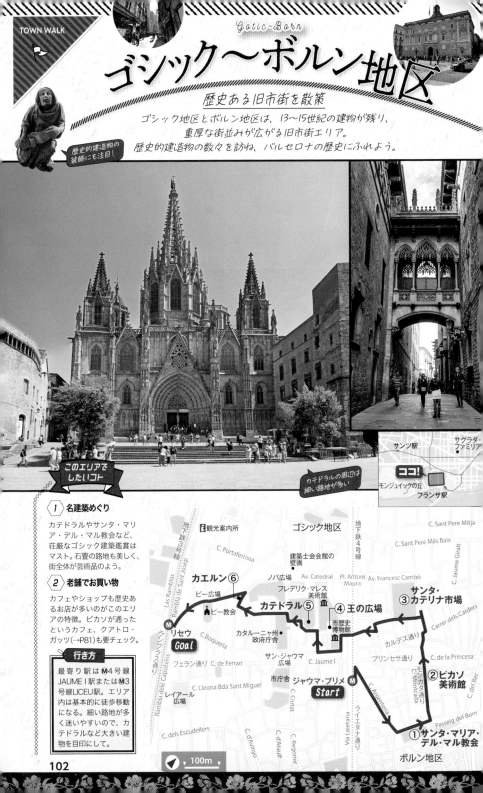

### 1 名建築めぐり

カテドラルやサンタ・マリア・デル・マル教会など、荘厳なゴシック建築鑑賞はマスト。石畳の路地も美しく、街全体が芸術品のよう。

### 2 老舗でお買い物

カフェやショップも歴史あるお店が多いのがこのエリアの特徴。ピカソが通ったというカフェ、クアトロ・ガッツ(→P81)も要チェック。

### 行き方

最寄り駅は**M**4号線JAUME I 駅または**M**3号線LICEU駅。エリア内は基本的に徒歩移動になる。細い路地が多く迷いやすいので、カテドラルなど大きい建物を目印にして。

### 地図内表記

観光案内所
ゴシック地区
建築士会会館の壁画
ノバ広場
フレデリク・マレス美術館
カエルン 6
ビー広場
ビー教会
カテドラル 5
4 王の広場
市歴史博物館
リセウ M
Goal
ラ・ボケリア
カタルーニャ州政府庁舎
サン・ジャウマ広場
サンタ・③カテリナ市場
② ピカソ美術館
市庁舎
ジャウマ・プリメ M
Start
① サンタ・マリア・デル・マル教会
ボルン地区

C. Sant Pere Mitja
C. Sant Pere Més Baix
C. Portaferrissa
Av. Catedral
Pl. Antoni Maura
Av. Francesc Cambó
C. Jaume Giralt
Carrer dels Carders
C. de la Princesa
プリンセサ通り
カルデス通り
モンカダ通り
C. Montcada
Passeig del Born
Las Ramblas
Rambla dels Caputxins
C. Boqueria
C. de Ferran
C. Jaume I
C. Argenteria
フェラン通り
C. Lleona Bda Sant Miguel
レイアール広場
C. Ciurat
C. Regomir
C. del Codols
Via Laietana
ライエタナ通り
C. dels Escudellers
C. d'Avinyo
C. d'Ataulf

サンツ駅
サグラダ・ファミリア
モンジュイックの丘
フランサ駅

100m

バルセロナ

街ガイド

ゴシック〜ボルン地区

ランブラス通り

グラシア通り

モンジュイック

# 1

まずは街の守護教会にご挨拶

## サンタ・マリア・デル・マル教会

●Basílica de Santa Maria del Mar ★★

権力者や聖職界に頼らず、港湾で働く人々の力で建てられた教会。「デル・マル」は「海の」を意味する。カタルーニャ・ゴシック様式の装飾が美しい。

**ボルン地区 MAP：P9E4**

図Ⓜ4号線JAUME I駅から歩3分 🏠 Pl. de Santa Maria 1 ☎93-3102390 Ⓣ13〜17時(日曜、祝日は14時〜) Ⓡなし €5(平日の9〜13時、17時〜20時30分、日曜・祝日の10〜14時、17〜20時は無料)

双塔とファサードが美しい

# 2

ピカソの生涯の足跡を追う

## ピカソ美術館

●Museu Picasso ★★

少年時代のデッサンや「青の時代」、キュビズム、晩年の作など、ピカソ作品の変遷がわかる美術館。油絵、版画、陶器などさまざまな作品を展示する。貴族の館を改装し、1963年にオープンした。

**ボルン地区 MAP：P9E3**

**DATA→P80**

以前は貴族の館だった建物

幅広い年代のピカソの作品が見られる

### おさんぽコース

所要4時間

Start Ⓜ4号線JAUME I駅
　↓歩いて3分
①サンタ・マリア・デル・マル教会
　↓歩いて3分
②ピカソ美術館
　↓歩いて3分
③サンタ・カテリナ市場
　↓歩いて3分
④王の広場
　↓歩いて2分
⑤カテドラル
　↓歩いて5分
⑥カエルン
　↓歩いて3分
Goal Ⓜ3号線LICEU駅

**時間がなくても ココだけは Must Go！**

2時間コース

①サンタ・マリア・デル・マル教会を見学後、ハイライトの⑤カテドラルへ。最後に⑥カエルンでひと休み。

# 4

アラゴン王宮の中心地

## 王の広場

●Plaça del Rei ★

14〜15世紀のアラゴン連合王国時代に王宮の中心とされた広場。「ティネイの間」は1493年に新大陸から戻ったコロンブスがイザベル女王に謁見したとされる歴史的な場所だ。

**ゴシック地区 MAP：P9D2**

図Ⓜ号線JAUME I駅から徒歩2分 🏠 Pl.del Rei

ゴシック様式の重厚な建物が広場を囲む

# 3

グルメな市民の台所

## サンタ・カテリナ市場

●Mercado de Santa Caterina ★

修道院跡地にある市内で2番目に古い市場。食料品を中心に扱っている。有名建築家が手がけた建物もみどころで、内部は天井が高く開放感たっぷり。

**ボルン地区 MAP：P9E2**

図Ⓜ4号線JAUME I駅から徒歩6分 🏠 Av.Francesc Cambó 16 ☎93-3195740 Ⓣ7時30分〜15時30分(夏季以外の火・木・金曜は〜20時30分、店により異なる) Ⓡ土曜の午後、日曜

波のような曲線を描く屋根が目印

# 5

旧市街のシンボル的存在

## カテドラル

●Catedral ★★

1298年から1448年まで1世紀以上の歳月をかけて完成した、カタルーニャ・ゴシック様式の教会。内部は3廊式の重厚な造りで、主祭壇の下の地下聖堂にはバルセロナの守護聖女サンタ・エウラリアの石棺が安置されている。

**ゴシック地区 MAP：P8C2**

図Ⓜ4号線JAUME I駅から徒歩3分 🏠 Pl.de la Seu ☎93-3428262 Ⓣ9時30分〜17時(日曜は14時〜16時30分)、バティオは〜19時30分 Ⓡなし(回廊・展望台などを含む特別入場は€11〜)

カタルーニャ・ゴシックの傑作とよばれるにふさわしい美しさ

# 6

スペイン菓子の老舗に寄り道

## カエルン

●Caelum ★

国内15カ所以上の修道院の修道女たちが作る焼き菓子を販売する店。昔ながらのレシピで手作りし、どれも素朴な味わい。多彩なケーキが揃うカフェスペースで休憩もできる。

**ゴシック地区 MAP：P8C2**

図Ⓜ3号線LICEU駅から徒歩5分 🏠 C.de la Palla 8 ☎93-3026993 Ⓣ12〜20時(土曜は〜20時30分) Ⓡなし 英可

ゴシック地区の路地の分岐点に位置

カフェスペースのケーキ€6.20〜は種類豊富

トレド名物のマサパンをハート形にアレンジ。€23(1箱)

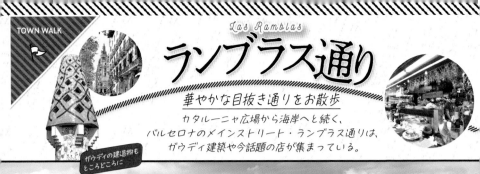

# ランブラス通り

*Las Ramblas*

## 華やかな目抜き通りをお散歩

カタルーニャ広場から海岸へと続く、
バルセロナのメインストリート・ランブラス通りは、
ガウディ建築や今話題の店が集まっている。

ガウディの建造物も
ところどころに

プラタナスの並木が
美しいランブラス通り

賑わうランブラス通
りは大道芸人の姿も

サンツ駅

サグラダ・
ファミリア

**ココ！**

モンジュイックの丘

フランサ駅

**このエリアで
したいコト**

### ① グルメスポットめぐり

サン・ジュセップ市場をはじめ、人気のレストランやカフェが集中している。ランチ、カフェ、ディナーとどの時間帯でも楽しめる。

### ② 寄り道スポットが多数

ミロが制作したモザイク画や、ガウディが手掛けた街灯が建つレイアール広場、ガウディ建築のグエル邸など、周辺はみどころも豊富。

### 行き方

ランブラス通りはM3号線と並行しており、通り沿いにLICEU駅とDRASSANES駅がある。北端にはカタルーニャ鉄道のカタルーニャ駅も。

C. Elisabets
C. Bon
Succes
Av. Portal de l'Angel

**グランハ・ヴィアデル⑦**
**サン・ジュセップ市場⑥**
**（ボケリア市場）**

Rambla dels Estudis
Rambla de Canaletes

C. del Carme

観光案内所

**ゴシック地区**

C. Portaferrissa

旧サンタ・クルス
病院

建築士会
会館の壁画

ガルドゥーニャ
広場

ノバ広場
Av. Catedral

C. de Hospital

ランブラス通り
Las Ramblas

サン・ジョセップ・
オリオール広場

カテドラル

**Goal リセウ**

通骨董
董屋

王の広場

Rambla dels Capuchins

C.Boqueria

サン・ジャウマ
広場

C. de Sant Pau

**リセウ大劇場④**
**ロカンボレスク⑤**

C. de Ferran

市庁舎

C. Jaume I

C. Nou de la Rambla

C. Lleona Bda
Sant Miguel

**③ レイアール広場**

**グエル邸②**

C. dels Escudellers

C. Arc del
Teatre

**Start**
**ドゥラサーネス** M

ロウ人形館

C. Ample

C. de la Merce

地下鉄3号線

C. Josep Anselm Clave

Pg. de Colom

ボルタル・デ・
ラ・パウ広場

コロンブス通り

**① コロンブスの塔**

⊙100m

# ① コロンブスの塔 ●Mirador de Colom ★

塔はポルタル・デ・ラ・パウ広場にある

ランブラス通りの入口にある

ランブラス通りの南端、バルセロネータ港に立つ約60mの塔。塔の上には、新大陸を発見したコロンブスの像がある。塔には上ることができ、展望台からはバルセロナの街を見渡す大パノラマが楽しめる。

**バルセロネータ　MAP：P6C3**

🚇M3号線DRASSANESから徒歩1分 Pl.Portal de la Pau ☎932-853834 展望台⏰8時30分〜14時30分 ⒽなしⒺ€7

# ② グエル邸 ●Palau Güell ★★

錬鉄製の紋章もみどころ

さまざまなアーティストがデザインしたカラフルな煙突にも注目

グエル氏から依頼を受け設計したガウディの初期作品。1890年の建設工事終了後、本質的な修理が一切行われなかったのはこのグエル邸のみという貴重なもの。グエル氏の邸宅の別館として造られたが、出来栄えに満足したグエル氏が本館として使用したという逸話も。

**ランブラス通り周辺　MAP：P8A3　DATA→P54**

繊密な鍛造技術もみどころ

## おさんぽコース

所要5時間

Start　M3号線DRASSANES駅
↓歩いて1分
①コロンブスの塔
↓歩いて7分
②グエル邸
↓歩いて2分
③レイアール広場
↓歩いて4分
④リセウ劇場
↓歩いてすぐ
⑤ロカンボレスク
↓歩いて4分
⑥サン・ジュセップ市場
↓歩いて3分
⑦グランハ・ヴィアデル
↓歩いて3分
Goal　M3号線LICEU駅

### 時間がなくても ココだけは Must Go!
2時間コース

②グエル邸を見学後、③レイアール広場へ寄り道。ランブラス通りを北上して⑥サン・ジュセップ市場でランチ。

# ④ リセウ劇場 ●Gran Teatre del Liceu ★

ファサードの美しい劇場

ランブラス通り沿いにある建物

1847年に誕生したオペラハウス。美しい外観はそのままに、最新技術を備える近代劇場として現在も使われている。演目はオペラのほか、さまざまなコンサートなどが開催される。

**ランブラス通り周辺　MAP：P8A3**

🚇M3号線LICEU駅から徒歩1分 Las Ramblas 51-59 ☎93-4859900 チケット売り場10〜19時(土曜は〜14時※公演日は開演時間まで) Ⓗ公演スケジュールによる(チケット売り場は日曜、祝日) Ⓔ演目、座席によって異なる

# ③ レイアール広場 ●Plaça Reial ★

ガウディ作の街灯に注目

多くの人が行き交う広場。スリや置き引きに注意して

ランブラス通りからゴシック地区に少し入ったところにある賑やかな広場。広場の周囲にはカフェやバル、レストランが建ち並ぶ。ガウディが初期に手がけた街灯は必見。

**ランブラス通り周辺　MAP：P8B3**

🚇M3号線LICEU駅から徒歩3分

# ⑥ サン・ジュセップ市場（ボケリア市場）●El Mercado de Sant Josep ★★

有名店シェフも御用達

「ボケリア市場」の愛称で親しまれる

星付きレストランのシェフも利用するというバルセロナを代表するグルメ市場。新鮮な野菜や肉、魚介類、フルーツなどが並ぶ昔ながらの雰囲気が魅力。市場内にバルもあり、ハシゴが楽しい。

**ランブラス通り周辺　MAP：P8A2**

**DATA→P86**

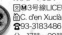
食材からスイーツまでなんでも揃う

# ⑤ ロカンボレスク ●Rocambolesc

一度は食べたい絶品アイス

イチゴとハイビスカスのシャーベット€4.20には綿菓子をトッピング(左)キャンディやマシュマロをのせたミカンとパッションフルーツのシャーベット€4.20(右)

ランブラス通り沿いにあるアイスクリーム店。世界のベストレストランNo.1に選ばれたこともある、エル・セリェール・デ・カン・ロカがプロデュースする店として知られる。フレーバーは週替わり。

**ランブラス通り周辺　MAP：P8A3**

🚇M3号線LICEU駅から徒歩1分 La Rambla 51-59 ☎93-7431125 ⏰11時30分〜21時30分(金・土・日曜は〜22時) Ⓗなし 🈺

こぢんまりとした店内

# ⑦ グランハ・ヴィアデル ●Granja M Viader

クリーム系スイーツに定評あり

マト・コン・ミエル・イ・ヌエセス€4.95。はちみつをかけたクルミと合わせて食べるレアチーズケーキ

牛乳店として1870年に創業したカフェ。乳製品を使った自家製のスイーツが自慢で、カタルーニャのチョコレートドリンク、カカオラッはこの店が発祥。

**ランブラス通り周辺　MAP：P8B1**

🚇M3号線LICEU駅から徒歩5分 C. d'en Xuclà, 4-6 ☎93-3183486 ⏰9時〜13時45分、17時〜20時45分 Ⓗ日・月曜 🈺

カタルーニャ名物のクレマ・カタラナ€5.25

バルセロナの伝説的カフェ

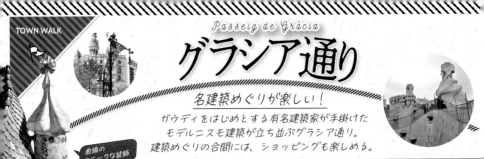

*Passeig de Gràcia*

# グラシア通り

## 名建築めぐりが楽しい！

ガウディをはじめとする有名建築家が手掛けた
モデルニスモ建築が立ち並ぶグラシア通り。
建築めぐりの合間には、ショッピングも楽しめる。

曲線の
ユニークな装飾

カラフルな建物が
並ぶ

ショッピングストリート
としても人気

バルセロナでも
特に華やかなエリア

### このエリアで したいコト

**1 名建築めぐり**

通り沿いに並ぶモデルニスモ建築は、外観の装飾を楽しめるだけでなく内部の見学が可能なところもある。見事な装飾を間近に見られるチャンス。

**2 スペインブランドの お店でショッピング**

グラシア通りにはリヤドロやロエベなど、スペインを代表するブランドが集まっている。旅の記念に憧れのブランドのアイテムを手に入れてみては？

### 行き方

通り沿いには Ⓜ1・3号線CATALUNYA駅、Ⓜ2・3・4号線 PASSEIG DE GRÀCIA駅、Ⓜ3・5号線DIAGONAL駅がありアクセス便利。

106

フランダース式の三角屋根が目印

## 1 ユニークな切妻屋根が特徴
### カサ・アマトリェー
●Casa Amatller ★

建築家・カダファルクが手掛けたゴシック様式の住宅。浅彫りのレリーフを用いた壁画や色彩豊かな切妻屋根が美しい。チョコレート職人のアントニ・アマトリェーの依頼で建設され、1階にはチョコレートショップとカフェもある。

[グラシア通り周辺] MAP:P10B3

DATA→P64

## 2 グラシア通りを象徴する建物
### カサ・リェオ・モレラ
●Casa Lleó Morera ★

カサ・アマトリェーの隣にある建物は1864年に建設され、その後建築家・モンタネールが改築したもの。曲線のバルコニーや、いくつもの柱で支えられた 冠のような屋上の塔がみどころ。内部の見学はできないので、外観の装飾を楽しんで。

[グラシア通り周辺] MAP:P10B3

DATA→P55

3階以上は住居になっている

張り出したバルコニーが特徴的

### おさんぽコース
所要5時間

Start Ⓜ2・3・4号線 PASSEIG DE GRÀCIA駅
↓歩いて3分
①カサ・アマトリェー
↓歩いてすぐ
②カサ・リェオ・モレラ
↓歩いてすぐ
③ロエベ
↓歩いてすぐ
④カサ・バトリョ
↓歩いて2分
⑤アントニ・タピエス美術館
↓歩いて7分
⑥カサ・ミラ
↓歩いて3分
⑦リヤドロ
↓歩いて1分
Goal Ⓜ3・5号線DIAGONAL駅

その見た目から「骨の家」という通称がある

## 4 壁面のガラスやタイルが美しい
### カサ・バトリョ
●Casa Batlló

色彩豊かなガラス

カサ・アマトリェー、カサ・リェオ・モレラに隣接するガウディ円熟期の作品。青や緑のガラス片、円盤型のタイルなどで装飾され、光の具合で見え方が変化する。

[グラシア通り周辺] MAP:P10B3

DATA→P60

### 時間がなくてもココだけはMust Go!
2時間コース

ひときわ目を引くガウディの代表建築④カサ・バトリョと⑥カサ・ミラはマスト。⑦リヤドロでお買い物をしたあとは、通り沿いのカフェでお茶するのもおすすめ。

## 3 スペイン王室も御用達
### ロエベ
●Loewe

憧れのブランドのアイテムをゲット

スペインを代表する高級レザーブランド。スペインピレネー山脈の高地で飼育された羊からとれる高品質のレザーを使用し、なめらかな肌触りが魅力。

[グラシア通り周辺]
MAP:P10B3

[図] Ⓜ2・3・4号線PASSEIG DE GRÀCIA駅から徒歩3分 [住]Passeig de Gràcia 35 ☎93-2160400 🕐10時30分〜20時(日曜は12時〜) [休]なし [日][英]

カサ・リェオ・モレラの1階に店を構える

## 5 スペインの現代アートを鑑賞
### アントニ・タピエス美術館
●Fundació Antoni Tàpies

屋上の巨大な針金のオブジェが目印

建築家・モンタネールが設計を担当した、建物そのものが作品となっている美術館。館内ではバルセロナ出身の現代芸術家、アントニ・タピエスの前衛的な絵画作品を中心に展示。定期的に特別展も開催する。

[グラシア通り周辺]
MAP:P10B3

DATA→P55

屋上からはバルセロナの街を見渡すことができる

## 6 自然をイメージした集合住宅
### カサ・ミラ(ラ・ペドレラ)
●Casa Milà (La Pedrera)

波打つ外観がひときわ目を引くガウディ建築。あえて外壁を彩色せず、切り出したままの粗い石を使用していることから「ラ・ペドレラ(石切場)」とも呼ばれる。

[グラシア通り周辺]
MAP:P10B2

DATA→P58

## 7 スペインを代表する磁器ブランド
### リヤドロ
●Lladró

伝統を守りつつ、独自のスタイルを確立させたポーセリン(磁器)の世界的なアートブランド。美術館のような店内には、手作業によって生み出された今にも動き出しそうな美しい人形が並ぶ。

[グラシア通り周辺] MAP:P10B1

[図] Ⓜ3・5号線DIAGONAL駅から徒歩1分 [住]Passeig de Gràcia 101 ☎93-2701253 🕐10〜20時 [休]日曜 [日][英]

1階には新作商品、2階には定番ラインが並ぶ

フラメンコ人形 Soul of Spain €685

*Montjuic*

# モンジュイック

## 丘の頂からバルセロナの街を一望

独創的なデザインのランドマークタワーから
バルセロナの街を見下ろすモンジュイックの丘へ。
絶景スポット尽くしのお散歩をスタート！

ミロ美術館があるのも
このエリア！

城塞から一望する
地中海

サンツ駅

**ココ！**

モンジュイックの丘

フランサ駅

**このエリアで
したいコト**

### ①　絶景スポットを探す

話題のビュースポット、ミラドール・トーレ・グロリアスやケーブルカーなど、眺望のよさが魅力のお散歩コース。カメラ片手にベストスポットを探して。

### ②　ミュージアムめぐり

モンジュイックの丘とふもとにはミロ美術館やカタルーニャ美術館がある。絶景を楽しみながら、アートにひたるのもおすすめ。

**行き方**

スタートは🚇1号線GLÒRIES駅。ミラドール・トーレ・グロリアスからモンジュイックの丘の上へは、🚇2・3号線PARAL·LEL駅からケーブルカーとロープウェイを乗り継ぐ。

サンツ駅
サンツ・エスタシオ

地下鉄5号線

ディアゴナル
ディアゴナル大通り
Avinguda Diagonal

エシャンプラ地区

ローマ大通り
Avinguda de Roma

Passeig de Gràcia

サグラダ・ファミリア
サグラダ・ファミリア

スペイン広場

**⑥ Goal
エスパーニャ**

Gran Via de les Corts Catalanes

パセッチ・ダ・グラシア

Carrer d'Aragó

ミラドール・
トーレ・グロリアス

①

グロリアス・カタラナス広場

コルツ・カタラナス大通り（グラン・ビア）

ウニベルシタット

カタルーニャ

アルク・ダ・トリノンフ

**Star**

③ ミロ
美術館

モンジュイック・フニクラ
（ケーブルカー）

パラレルス通り
Avinguda del Paral·lel

ラ・ランブラ

サン・ペラ通り
Ronda de Sant Pere

カテドラル

ベラ通り

リセウ
パラレル

ゴシック
地区

旧市街

マリナ

Carrer de Puj

地下鉄4号線

モンジュイック
地区

モンジュイックの丘

Montjuic
Funicular

ポートベリュ
ドック
DEL PUERTO

ドゥラサーネス

シウタデラ
公園

フランサ駅

Carrer de la Marina

②エル・シャレ・デ・モンジュイック
④モンジュイックケーブルカー
　（ロープウェイ）
⑤モンジュイック城

バルセロネータ

バルセロナ

街ガイド

ゴシック〜ボルン地区

ランブラス通り

グラシア通り

モンジュイック

# 1

展望台はバルセロナの新たなビュースポットに

テラスからの眺めもごちそう

パエーリャ料理が自慢

バルセロナで最も高い展望台

## ミラドール・トーレ・グロリアス
●Mirador torre Glòries ★

ガラスで覆われたデザインが特徴的な高層ビル「トーレ・グロリアス」。最上階の30階に展望台が2022年5月にオープンし、360°広がるバルセロナ市街の大パノラマが楽しめる。

サグラダ・ファミリア周辺　MAP：P5F3

図 M1号線GLÒRIES駅から徒歩3分 合 Av. Diagonal, 209 ☎93-4806161 ⓣ9時30分〜18時30分 ⓚなし（10〜4月は火曜）ⓕ展望台入場€15〜

ジャン・ヌーヴェル氏設計の美しいフォルムのタワー。夜はライトアップも

おさんぽコース

所要6時間

Start　M1号線GLÒRIES駅
↓歩いて3分
①ミラドール・トーレ・グロリアス
↓歩いて3分
M1号線GLÒRIES駅
地下鉄20分
M2・3号線PARAL-LEL駅
モンジュイックフニクラ
（ケーブルカー）5分
②エル・シャレ・デ・モンジュイック
↓歩いて5分
③ミロ美術館
↓歩いて5分
④モンジュイック
　ケーブルカー（ロープウェイ）
↓歩いて3分
⑤モンジュイック城
↓150番バスで約15分または
　歩いて約30分
⑥スペイン広場
↓歩いて1分
Goal　M1・3・8号線ESPANYA駅

時間がなくても
ココだけは
Must Go!

3時間コース

①ミラドール・トーレ・グロリアスを見学後、⑤モンジュイック城へ直行してタワーと丘からの絶景を満喫。広いエリアなので、時間には余裕をもって移動するのが安心。

# 2

ロケーションが魅力のレストラン

## エル・シャレ・デ・モンジュイック
●El Xalet de Montjuïc

モンジュイックの丘の中腹、ケーブルカー駅のすぐ近くにあるレストラン。抜群のロケーションが自慢で、テラス席ではバルセロナの街並みを眼下にしながら地中海料理を楽しめる。

モンジュイック　MAP：P6A3

DATA→P73

# 3

モンジュイックの丘の中腹にある美術館

ミロのアートワークにふれる

## ミロ美術館
●Fundació Joan Miró ★★

バルセロナ出身の画家、ジョアン・ミロの作品を展示する美術館。絵画、彫刻、版画、テキスタイルなど展示作品は多岐にわたる。カタルーニャ出身の建築家、ジョゼ・ルイス・セルトが設計した建物にも注目。

モンジュイック　MAP：P4B4

DATA→P82

# 4

空からバルセロナ市街を一望！

## モンジュイック
## ケーブルカー
●Telefèric de Montjuïc

モンジュイックの丘中腹から頂のモンジュイック城までを結ぶロープウェイ。眺望抜群で、バルセロナ市街やバルセロネータの海岸の景色を眺めながらの空中散歩が楽しめる。

モンジュイック
MAP：P6A3

図 M2・3号線PARAL-LEL駅からケーブルカーで5分 ⓣ10〜2時（時期により異なる）ⓚなし ⓕ往復€16

モンジュイック城まで約10分で到着

# 5

バルセロナの街を見守るかつての要塞

バルセロナ屈指のビュースポット

## モンジュイック城
●Castell de Montjuïc ★★

17世紀に造られた要塞で、古くは監視塔が置かれていた。19世紀以降は監獄としても使われたという。バルセロナ市街やバルセロナ港を一望できる。

モンジュイック　MAP：P4B4

図 Mスペイン広場からバスで20分 合Carretera de Montjuïc 66 ☎93-2564440 ⓣ10〜20時（11〜3月は〜18時）ⓚなし ⓕ€9（庭園込みで€10。第1日曜は無料）

小高い丘からはバルセロナ市街や地中海の眺めが広がる

# 6

カタルーニャ鉄道の駅もある交通の要衝

バルセロナ中心部の玄関口

## スペイン広場
●Plaça de Espana ★

噴水に彩られた交通の要。近隣にはカタルーニャ美術館やジョアン・ミロ公園のほか、闘牛場を改築した大型施設「アレナス・デ・バルセロナショッピングセンター」などのみどころがある。

スペイン広場周辺　MAP：P4B3

図 M1・3・8号線ESPANYA駅からすぐ

バルセロナから鉄道で約1時間

# フィゲラスへダリの作品に会いに行く

バルセロナの北約140kmに位置するフィゲラスは、
スペインを代表する画家、サルバドール・ダリの生まれた地として有名。
ダリが美術の勉強のためにマドリードへ出る前と、
晩年を過ごしたこの地で、奇才の世界にふれてみよう。

卵型オブジェが目印！

バルセロナを出発！
**09:00**

**10:30**

### アクセスガイド

バルセロナのサンツ駅からAve、Avantでフィゲラス・ヴィラファント駅まで約55分。列車は30分〜3時間おきに運行。

ダリの1万点超の作品を所蔵
## ダリ美術館 ●Teatre Museo Dalí ★★

劇場だった建物を改装して1974年に開館。ダリが亡くなるまでに残した1万点以上の絵画やオブジェを所蔵し、その一部を鑑賞できる。初年から晩年までのダリ作品にふれられる。

**MAP：P110**

交フィゲラス・ヴィラファント駅から徒歩20分企Plaça Gala Salvador Dalí 5☎972-677500⊙10時30分〜17時15分（7・8月は9時〜19時15分）休月曜（7・8月は無休）料€18（オンライン€17）※ダリ宝飾美術館の入場付き

---

サン・フェラン城 P111へ

100m

観光案内所

ダリ美術館 P110
ダリ宝飾美術館 P110
おもちゃ博物館 P111

ドゥラン R P111
ドゥラン・ホテル H

フィゲラス駅へ
ヴィラファント駅へ フィゲラス駅へ

**110**

---

ココも一緒に♪

ダリワールド全開の宝石たち
## ダリ宝飾美術館 ●Dalí Jewels

ダリ美術館に併設。ダリがデザインした宝飾品とデザイン画が展示されている。十字架やメダルなど多彩なモチーフの宝飾品は見応えたっぷり。美術館と入口が異なるので注意。

**MAP：P110**

交フィゲラス・ヴィラファント駅から徒歩20分企Pujada del Castell & Carrer Maria Àngels Vayreda ☎972-677505⊙10時30分〜17時15分（7・8月は9時〜19時15分）休月曜（7・8月は無休）料€18（オンライン€17）※ダリ美術館のチケットに含まれる

美術館の中庭の壁に配されたオブジェ

バルセロナに到着

## 街歩きのヒント

みどころはダリ美術館とその周辺に集まっており徒歩圏内。バルセロナからの列車が到着するのはフィゲラス・ヴィラファント駅。駅から美術館周辺に向かう通りにカフェやショップがあり、バスも運行している。

**ⓘ観光案内所**
**MAP：P110**
図 Plaça de l'Escorxador 2
☎972-503155 ⓢ9時30分〜14時、16〜18時(日・月曜は10〜14時、7〜9月は9〜20時)
⊛1月1・6日、12月24〜26日

レトロ&ユニークなおもちゃが集合

## おもちゃ博物館
●Museu del Joguet de Catalunya ★

1982年に旧ホテルパリの敷地に私設博物館として開館、1998年に常設オープンした。車や電車のレトロなおもちゃや、レトロなテーブルゲームなどを展示。

**MAP：P110**
図フィゲラス・ヴィラファント駅から徒歩20分⊛Sant Pere,1 ☎972-504585 ⓢ10時30分〜15時(土曜は〜19時)⊛日・月曜 ⊛€8(オンラインは€7)

館内ショップではグッズ販売も！

**12:00**

**13:00**

**14:30**

**18:00**

←探検気分で見学しよう

↓敷地内には街を見渡す展望スポットもある

ランチ

ダリご用達のレストランでランチ

## ドゥラン ●Restaurante Duran

ダリが友人らと足繁く通った「ドゥラン・ホテル」のレストラン。19世紀の創業時から続くコウイカとミートボールなど、カタルーニャ地方の山海の素材を使った料理が堪能できる。

**MAP：P110**
図フィゲラス・ヴィラファント駅から徒歩20分⊛C. Lasauca,5 ☎972-501250 ⓢ12時45分〜16時、20時〜22時30分 ⊛なし

↑シタビラメのムニエルレモン風味
←近海でとれた魚介を使ったパエーリャ

堅牢な丘の上の要塞

## サン・フェラン城
●Castell de Sant Ferran ★

18世紀に外国からの侵略に備えて軍事用の要塞として建造。外周は約3,125m、総面積は32万㎡。中央広場の下には最大1000万ℓの水を保持できる水槽があり、ゴムボートに乗って見学できる。約1万2000㎡の練兵場や中央広場などもみどころ。

**MAP：P110**
図フィゲラス・ヴィラファント駅から車で10分⊛Pujada del Castell, s/n ☎972-506094 ⓢ10時30分〜18時(10月末〜3月は〜15時)⊛月曜(夏期は開館)、1月1・6日、12月25・26日 ⊛€5(要予約のガイド付きツアー€16)

↑ダリ美術館からは歩いて20分ほどかかる

バルセロナから鉄道で約1時間

# モンセラットでマリア像に願いごと

バルセロナの北西約50㎞に位置するモンセラットは9世紀後半、山中の洞窟で聖母マリア像が発見されたという伝説から歴史が始まった。山に守られた聖堂にはカタルーニャ州の守護聖人、黒いマリア像が祭られている。

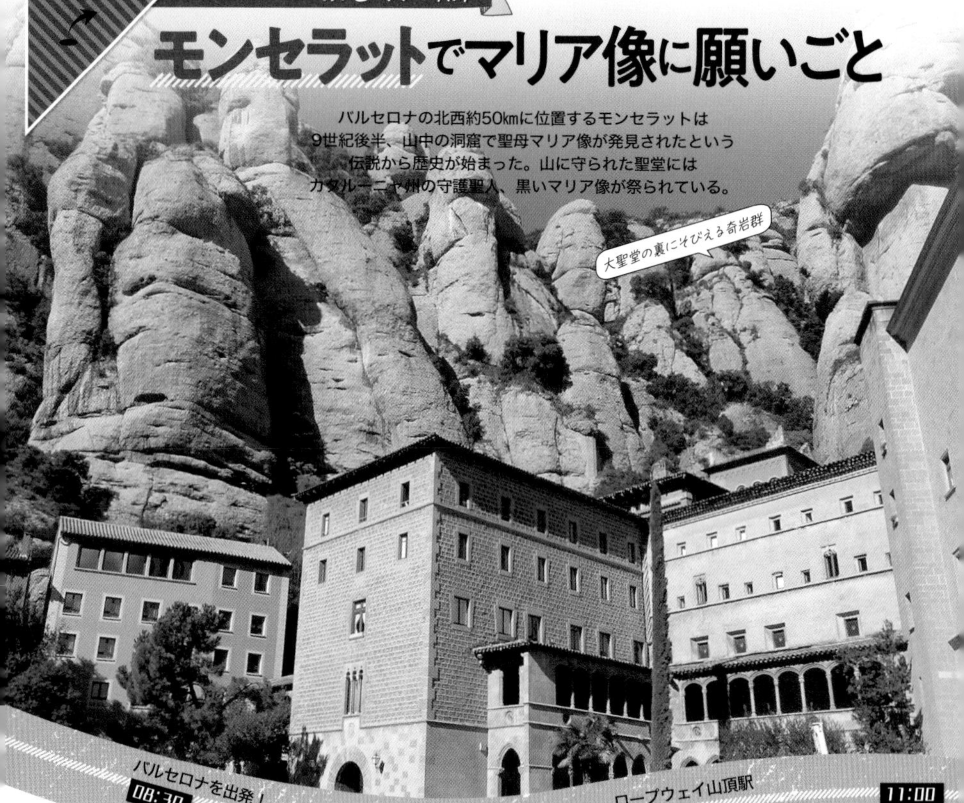

大聖堂の裏にそびえる奇岩群

08:30 バルセロナを出発！

10:00 ロープウェイ山頂駅

11:00

## アクセスガイド

バルセロナのスペイン広場からカタルーニャ鉄道でMontserrat Aeri駅まで約1時間（1時間おきに運行）。Montserrat Aeri駅からロープウェイで山頂駅まで約5分。

カタルーニャ人の信仰の中心

## 大聖堂 ●Basilica ★★

岩山に覆われた聖堂。スペイン独立戦争で大打撃を受け、19～20世紀に修復。その間は軍事病院としても利用された。**MAP:P112**

[交]観光案内所から徒歩3分 [住]Placa de Santa Maria s/n [時]7～20時（マリア像の礼拝堂は8時～10時30分、12時～18時15分。季節により異なる）[休]なし [料]€6（黒いマリア像とセット€8、少年聖歌隊とセット€8）

↑神聖な雰囲気が漂う聖堂内

### ★少年聖歌隊の歌声を聴こう

聖堂内で黒いマリア像と並び人気なのが、白衣に身を包んで賛美歌を歌う少年聖歌隊。その神々しい姿は必見。

[時]13時～13時15分 [休]土・日曜

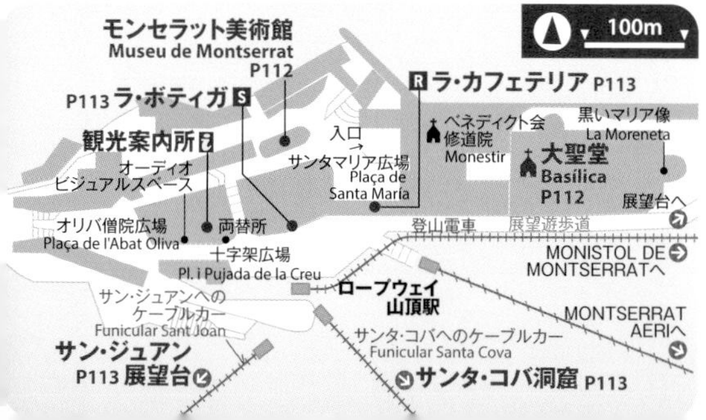

100m
モンセラット美術館
Museu de Montserrat
P112
P113 ラ・ボティガ [S]
[R] ラ・カフェテリア P113
観光案内所 [i]
オーディオビジュアルスペース
入口
サンタマリア広場
Plaça de Santa Maria
ベネディクト会修道院
Monestir
黒いマリア像
La Moreneta
大聖堂
Basílica
P112
展望台へ
オリバ僧院広場
Plaça de l'Abat Oliva
両替所
登山電車
展望遊歩道
十字架広場
Pl. i Pujada de la Creu
MONISTOL DE MONTSERRATへ
ロープウェイ山頂駅
サン・ジュアンへのケーブルカー
Funicular Sant Joan
MONTSERRAT AERIへ
サンタ・コバへのケーブルカー
Funicular Santa Cova
サン・ジュアン
P113 展望台
サンタ・コバ洞窟 P113


多彩なジャンルの作品が揃う

## モンセラット美術館 ●Museu de Montserrat ★★

ピカソやダリなどカタルーニャの画家の作品や、メソポタミア、エジプト文明の発掘品などを展示。

**MAP:P112**

[交]観光案内所から徒歩2分 [住]Placa de Santa Maria s/n ☎93-8777745 [時]10時～17時45分（季節により異なる。入場は閉館30分前まで）[休]なし [料]€8

↓個人のコレクションや寄付が中心とは思えない作品数

## 街歩きのヒント

拠点は登山列車の駅で、食事やショッピングは駅前の通りがメイン。聖堂や美術館は、通りを渡ったところの石畳の階段を上って右へ行く。

**[i]観光案内所（十字架広場）**

**MAP：P112**

[交]ロープウェイ山頂駅から徒歩1分 [住]Pl. de la Creu s/n ☎93-8777701 🕘9～18時（土・日曜は～18時45分、夏期は～19時30分）[休]なし

聖堂内に灯る巡礼者たちが供えたろうそく

キリストの12使徒の彫像

必見！

### 黒いマリア像

その昔、洞窟で発見されたマリア像を動かそうとしたが動じなかったため、ここに聖堂を建てたという伝説が残る。マリア像の持つ球にふれると願いが叶うとか。

奇岩を眺めながら空中散歩！

モンセラットを見下ろす大パノラマ

## サン・ジュアン展望台

●San Joan ★★

標高972mにある降車場には、眼下に修道院とモンセラットの大パノラマが広がる。トレッキングルートも延びている。

**MAP：P112**

[交]ケーブルカー「サン・ジュアン線」で約6分、降車場から徒歩20分 **サン・ジュアン線** 🕘10時～17時30分（冬期は～16時30分）※変動あり。10～20分間隔で運行 [料]片道€10.70、往復€16.50

→モンセラットの大パノラマ

12:00　14:30　バルセロナに到着 19:00

### ランチ&おかいもの

軽く小腹を満たしたいときはこちら

## ラ・カフェテリア

●La Cafeteria

十字架広場にあるカフェ。スペイン風サンドイッチやドリンクが充実している。基本はセルフサービス。

**MAP：P112**

[交]観光案内所から徒歩すぐ [住]Pl. de la Creu s/n ☎93-8777701 🕘8時45分～17時30分（土・日曜、祝日は9時～18時30分）[休]なし [英]

→観光案内所のすぐ近くなので利用しやすい

←モンセラットらしいグッズが揃う

モンセラットグッズはココで

## ラ・ボティガ

●La Botiga

お菓子などの食品からマグカップなど定番の品物までが並ぶみやげ物店。観光案内所の階段をはさんだ隣にある。

**MAP：P112**

[交]観光案内所から徒歩すぐ [住]Pl. de la Creu s/n ☎ 93-8777710 🕘9～18時[休]なし [英]

### ＋Plus! 時間があれば

**マリア像の伝説が残る洞窟へ**

黒いマリア像が見つかったと伝わるサンタ・コバ洞窟。ケーブルカー＋徒歩40分ほどの場所にあるので時間があればぜひ。

[交]ケーブルカー「サンタ・コバ線」で約3分、降車場から徒歩40分 **サンタ・コバ線** 🕘10時～18時30分（冬期は～17時）※変動あり。10～20分間隔で運行 [料]片道€4.10、往復€6.30

→サンタ・コバ駅から歩いて洞窟へ
↓駅まではケーブルカーで3分ほど

バルセロナから鉄道で約3時間

# バレンシアで本場のパエーリャを食べる

スペイン第3の都市・バレンシアは、温暖な気候と肥沃な土壌に恵まれている。米やオレンジの一大産地で、パエーリャ発祥の地。本場の味を体験しよう。

ミゲレテの塔から望む街並み

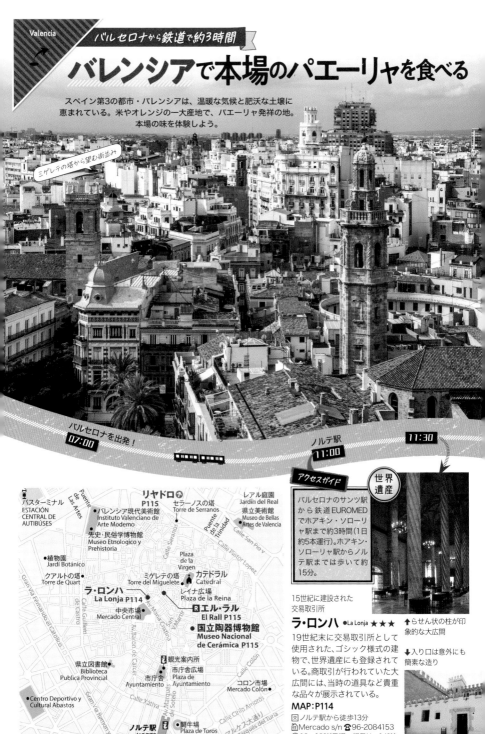

バルセロナを出発！
**07:00**

ノルテ駅
**11:00**

**11:30**

---

バスターミナル
ESTACIÓN CENTRAL DE AUTIBÚSES

Puente de las Artes

リヤドロ ↗
P115
バレンシア現代美術館
Instituto Valenciano de Arte Moderno

セラーノスの塔
Torre de Serranos

レアル庭園
Jardín del Real
県立美術館
Museo de Bellas Artes de Valencia

先史・民俗学博物館
Museo Etnologico y Prehistoria

植物園
Jardí Botánico

Plaza de la Virgen

クアルトの塔
Torre de Quart

ミゲレテの塔
Torre del Miguelete

カテドラル
Catedral

ラ・ロンハ
La Lonja P114

レイナ広場
Plaza de la Reina

中央市場
Mercado Central

エル・ラル
El Rall P115

国立陶器博物館
Museo Nacional de Cerámica P115

県立図書館
Biblioteca Publica Provincial

観光案内所

市庁舎
Ayuntamiento

市庁舎広場
Plaza de Ayuntamiento

コロン市場
Mercado Colón

Centro Deportivo y Cultural Abastos

ノルテ駅
NORTE

闘牛場
Plaza de Toros

マドリッド、
バルセロナへ

**200m**

---

アクセスガイド

世界遺産

バルセロナのサンツ駅から鉄道 EUROMED でホアキン・ソローリャ駅まで約3時間（1日約5本運行）。ホアキン・ソローリャ駅からノルテ駅までは歩いて約15分。

15世紀に建設された交易取引所

## ラ・ロンハ ●La Lonja ★★★

19世紀末に交易取引所として使用された、ゴシック様式の建物で、世界遺産にも登録されている。商取引が行われていた大広間には、当時の道具など貴重な品々が展示されている。

**MAP:P114**

📍ノルテ駅から徒歩13分
🏛Mercado s/n ☎96-2084153
🕐10〜19時（日曜、祝日は〜14時）
🚫なし 💶€2（日曜、祝日は無料）

↑らせん状の柱が印象的な大広間

↑入り口は意外にも簡素な造り

## 街歩きのヒント

ラ・ロンハなど主なみどころは、ホアキン・ソローリャ駅から徒歩15分のノルテ駅北側にある、旧市街に集中している。

**[i]市庁舎観光案内所**

**MAP:P114**

[図]ノルテ駅から徒歩5分 [住]Pl. del Ayuntamiento 1 ☎ 96-3524908 [時]9時30分～17時30分(日曜、祝日は10～14時) [休]なし

街歩きの起点はノルテ駅

市庁舎広場は市民の憩いの場

➡19世紀のバレンシアの台所を再現した3階

バレンシア陶器を展示

## 国立陶器博物館

●Museo Nacional de Cerámica

★★

バレンシアの三大陶器であるパテルナ、マニセス、アルコラ焼を展示する博物館。ドス・アグアス侯爵の旧邸宅を利用した建物は装飾も見事。

**MAP:P114**

[図]ノルテ駅から徒歩 12分 [住]Carrer del Poeta Querol 2 ☎ 96-3516392 [時]10～14時、16～20時(日曜、祝日は～14時) [休]月曜 [料]€3(土曜16時～と日曜は無料)

必食!

### パエーリャ

稲作が盛んなバレンシア地方で発祥した料理。鶏やウサギの肉、豆、トマトなど山の幸を使うのがバレンシア風。ランチにパエーリャを味わえるレストランが多い。

12:30　15:00　19:30 バルセロナに到着

⬆魚介のパエーリャ€17.50(1人前)。15～20分程度で提供される

### ランチ&おかいもの

開放的なテラス席で!

## エル・ラル ●El Rall

パエーリャとイベリコ豚の生ハムが評判のレストラン。オーダーが入ってから作りはじめるパエーリャは、底にできたお焦げと混ぜて食べるとよりおいしく味わえる。

**MAP:P114**

[図]ノルテ駅から徒歩14分

[住]Tundidores 2 ☎96-3922090

[時]12時～15時30分、19～23時

[休]なし [英]

⬅店内のほかにオープンエアのテラス席が

➡ポーセリンシティとも呼ばれるリヤドロ本社

あのブランドの本社がココに

## リヤドロ

●Lladró

スペインを代表する磁器メーカー、リヤドロの本社があり、工房を見学できる。定価商品はもちろん、アウトレット品も手に入る。工房内部の見学は公式サイトから予約を。

**MAP:P114**

[図] ノルテ駅から車で10分 [住]Ctra. dej Alboraya ☎ 96-1860421 [時]9～16時(工房は～14時15分) [休]土・日曜 [英][予]

**+Plus!** イベントも

### スペイン3大祭りの「火祭り」

牛追い祭り、春祭りと並ぶスペイン3大祭りの「火祭り」が行われるのがバレンシア。毎年3月中旬に開催される。街の広場や通りに張子人形を飾り、最終日の夜に一斉に火をつけて焼き払う。バレンシア広場の巨大な張子人形が炎に包まれると閉幕になる。

➡大小さまざまな張り子が登場する

\バルセロナから列車に乗って約1時間♪/

# タラゴナで歴史ロマンにふれる

バルセロナから南へ約90km、地中海沿いのタラゴナは街全体が世界遺産。
古代ローマ時代の貴重な遺跡や中世の面影を残す建造物をめぐって歴史探訪を満喫しよう。

**世界遺産**

*Tarragona*

## 2大必見スポット

### ローマ円形闘技場
2世紀に建造された巨大競技場

●Amfiteatre Roma ★★

**古代ローマの遺跡**

約1万4000人を収容したといわれ、剣闘士の戦いや催し物が行われていた。ローマ帝国による、街の司教と助祭の処刑場でもあった。

**タラゴナ** MAP：P116

図 タラゴナ駅から徒歩10分
⌂ Parc de Miracle s/n ☎ 977-242579
⏱ 9時30分～21時(土曜は10～19時、日曜は10～15時) 休 月曜 料 €5

### タラゴナ大聖堂
2つの建築様式が融合

●Catedral de Tarragona ★★

**中世の教会**

1171年から約160年もの歳月をかけて建造。そのためゴシック様式とロマネスク様式の2つの建築様式が混在した造りになっている。

**タラゴナ** MAP：P116

図 タラゴナ駅から徒歩20分
⌂ Pla de la Seu s/n
☎ 977-226935 ⏱ 9時30分～19時(季節によって都度変更となるため、ホームページを要確認) 休 日曜(夏期の午後を除く) 料 €5

### タラゴナってこんな街

紀元前3世紀にローマ人によって築かれ、イベリア半島最大の地方都市として繁栄し、当時はタラーコとよばれていた。現在も城壁や円形競技場など古代ローマ帝国時代の貴重な遺跡を見学することができ、2000年にはタラゴナの古代遺跡群として旧市街も含めて世界遺産に登録。地中海に面しているので、6～9月は海水浴客で賑わう。

**9月後半は サンタ・テクラ祭り**

9月後半に開催されるカタルーニャ地方を象徴する祭り。悪魔やドラゴンに扮して火渡りをする「コレフォック」や、最大9段にまで達する人間の塔「カステジェルス」、街を練り歩くパレードなどがみどころ。

### アクセス
バルセロナのサンツ駅からタラゴナ駅まで高速列車で約1時間。1～2時間おきに運行。

### 街歩きのコツ
タラゴナ駅から旧市街の入口までは歩いて10分ほど。主なみどころは旧市街と海沿いに集まっている。観光は徒歩が中心で、坂や石畳が多いので歩きやすい靴で行こう。

# マドリード

## Contents

# 行くべきエリアをチェック！

## #マドリード

スペイン王室の歴史が息づく首都マドリード。大都市ながら昔ながらの街並みが残る場所も多く、エリアごとに異なる楽しみがある。

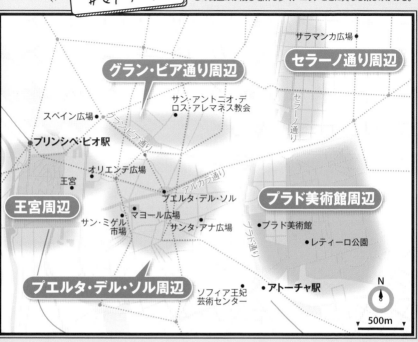

★ Madrid Area Map ★

- サラマンカ広場
- セラーノ通り周辺
- グラン・ビア通り周辺
- サン・アントニオ・デ・ロス・アレマネス教会
- スペイン広場
- プリンシペ・ピオ駅
- オリエンテ広場
- 王宮
- 王宮周辺
- プエルタ・デル・ソル
- マヨール広場
- サン・ミゲル市場
- サンタ・アナ広場
- プエルタ・デル・ソル周辺
- ソフィア王妃芸術センター
- プラド美術館周辺
- プラド美術館
- レティーロ公園
- アトーチャ駅
- N
- 500m

---

王室の風格が漂う

### 王宮周辺
●Palacio Real

最寄り駅の地下鉄ÓPERA駅の西側、王宮を中心としたエリア。王宮前にあるオリエンテ広場の周りには歴史あるカフェも多く、朝食や休憩に利用する人が多い。

マドリードの目抜き通り

### グラン・ビア通り周辺
●Gran Vía

グラン・ビアは20世紀に造られたマドリード中心部の大通りで、スペイン広場からアルカラ通りまでを結ぶ。北側にはカフェやショップが集まるおしゃれエリアがある。

---

活気あふれる観光の拠点

### プエルタ・デル・ソル周辺
●Puerta del Sol

地下鉄の駅が交差するマドリードで最も賑やかなエリア。細い路地が多く古い街並みも残る。マヨール広場を囲むようにカフェやバルが立ち並び、昔ながらのグルメスポットも多い。

街で随一の高級ストリート

### セラーノ通り周辺
●Calle de Serrano

19世紀に計画的に開発されたサラマンカ地区とよばれるエリアにある。ファッションや芸術関連の店が多く、スペインブランドをはじめ、世界の高級ブランド店も軒を連ねる。

緑に包まれたアカデミックエリア

### プラド美術館周辺
●Museo Nacional del Prado

プラド美術館を筆頭に多くの美術館、博物館が集まるエリア。世界遺産に登録されたプラド通りや広大なレティーロ公園など、水と緑に囲まれた憩いの場所も多い。

# 知っておきたいこと6

## #マドリード編

初めてでもリピーターでも押さえておきたい
マドリード観光で役立ついろいろな情報をまとめて紹介！

## 01 お得に観光する2つのポイント

MADRID CITYCARD

### マドリード・シティ・カード　Madrid City Card

右の写真のカード。期間中は、地下鉄やバスなど市内中心部（Aゾーン）の公共交通機関が乗り放題に。さらにプラド美術館、ソフィア王妃芸術センター、ティッセン・ボルネミッサ美術館など主要観光スポットで割引などの特典が受けられるので、積極的に活用しよう。
[料]24時間券€8.40、48時間券€14.20、72時間券€18.40、96時間券€22.60、120時間券€26.80

### 無料入場の曜日・時間帯

マドリードでは、無料入場の曜日や時間帯を設けている施設が多い。例えばプラド美術館は18時以降と日曜、ティッセン・ボルネミッサ美術館は月曜など。そのぶん混雑も予想されるが、日程にうまく落とし込めればお得に観光できる。

## 02 美術館でのマナー

### 写真撮影

撮影禁止のところが多い。撮影OKの美術館でもフラッシュ、三脚、自撮り棒、その他のカメラスタンドの使用が禁止されている場合が多いのでよく確認すること。プラド美術館（→P122）は館内の写真と動画の撮影は禁止。ソフィア王妃芸術センター（→P126）は別途指示される場所を除き撮影可能（フラッシュなどは禁止）。ルールを守って鑑賞しよう。

### 荷物について

多くの美術館でリュックサックや大きな荷物を持ったままの入場を禁止している。荷物はクロークに預けることになるので、貴重品などを入れる小さなバッグがあると便利。

## 03 マドリード街viewスポット

### 2階建てバスでラクラク観光

観光客向けの2階建てバス「マドリード・シティ・ツアー」で、日本語のオーディオガイドを聞きながら市内の観光スポットをひと回りできる。乗り降り自由で運行ルートは2種類ある。チケットは車内か観光案内所で購入できる。

マドリード・シティー・ツアー　Madrid City Tour
[電]913-692732　[時]9〜22時（11〜2月は10〜18時）　[料]1日券€25、2日券€30
[URL]madrid.city-tour.com/en（英語）

## 04 バルを地元流に楽しむ！

### タペオ体験

タペオとは一つのバルで料理とドリンク一杯を注文したら次の店へと移動するハシゴ酒のこと。タペオはマドリードの楽しみの一つで、バルが軒を連ねるカバ・デ・サン・ミゲル通り（→P140）へ行くのがおすすめ。各店に看板メニューがあるので、地元客に混じってタペオ体験を満喫しよう。

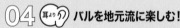

## 05 マドリードで食べるべきものはコレ！

マドリード名物といえば豪快な肉料理。仔豚を丸ごと焼いたコチニーリョ・アサードや、陶器の壺に豚肉や豆などを入れて煮込んだコシード、牛の胃袋をトマトなどと煮込んだカジョスが定番だ。

➡インパクト抜群のコチニーリョ・アサード

⬆コシードは壺から出して提供

## 06 治安について

マヨール広場、プエルタ・デル・ソル、グラン・ビア通り周辺、王宮、美術館周辺など、旅行者が多く集まる場所はスリや置き引き、引ったくり、詐欺が発生しているので注意。地下鉄車内や駅構内、ホテルのロビーや飲食店でも貴重品の管理はしっかりしよう。

知っておきたいこと6

**マドリード**

テーマ別

# モデルコース

スペインの首都・マドリードには
王宮のほかにも王室にゆかりの美術館や
教会などのみどころが満載！

➡グラン・ビア通り
周辺は買物が楽しい

## 名所も買物も！ よくばりコース

まずは見応え十分の王宮へ。教会や広場などの歴史
スポットも外せない。2日目はセラーノ通りやチュ
エカ地区などのお買物スポットをはしごしよう。

### Day 1　TIME 10時間

**Start**

`9:55` Ⓜ2・5号線ÓPERA駅

↓ 徒歩4分

`10:00` ❶ **王宮**
絢爛豪華な王宮内部の見学ができる。
ガイドツアーもあり。(➡P130)

↓ 徒歩5分

`12:00` ❷ **カスティーリャ料理でランチ**
レストラン「アサドール・レアル」で
豪快な肉料理を。(➡P142)

↓ 徒歩15分

`13:30` ❸ **サン・フランシスコ・
エル・グランデ教会**
ゴヤの作品をはじめとする
スペイン絵画が飾られている。(➡P159)

↓ 徒歩15分

`15:00` ❹ **マヨール広場**
16～17世紀に造られた広場。
周辺にはバルやカフェが多数。(➡P159)

↓ 徒歩5分

`15:30` ❺ **プエルタ・デル・ソル**
マドリードの中心部がココ。
カフェやショップが集まっている。(➡P158)

↓ 徒歩3分

`16:30` ❻ **お買物タイム**
デパート「エル・コルテ・イングレス」
などでおみやげを調達。(➡P150)

↓ 徒歩10分

`18:00` ❼ **カバ・デ・サン・ミゲル通り**
バルが軒を連ねるグルメストリート。
ハシゴも楽しい。(➡P140)

**Goal**

←➡レトロな通り沿いに
人気のバルが軒を連ねる

↑教会内部に名画が飾られている

### Day 2　TIME 10時間

**Start**

`9:50` Ⓜ2号線BANCO DE ESPAÑA駅

↓ 徒歩10分

`10:00` ❶ **プラド美術館**
マドリードが誇るアートの殿堂。
午前中入場なら早めの予約を！(➡P122)

↓ 徒歩15分

`12:00` ❷ **セラーノ通り**
スペインブランドのショップが集まる
ストリートでお買物。(➡P165)

↑洗練された
雰囲気が魅力の
セラーノ通り

↓ 徒歩20分

`13:30` ❸ **チュエカ地区でショッピング**
若者が集まるお買物ストリートで
アパレルショップめぐり。(➡P163)

↓ 徒歩5分

`15:00` ❹ **ロマン派美術館**
元貴族の館だった建物に、
絵画やアンティーク家具を展示している。(➡P163)

↓ 徒歩10分

`16:30` ❺ **グラン・ビア通り**
スペイン広場へと続く美しい
目抜き通りを散策。(➡P162)

↓ 徒歩10分

`17:00` ❻ **スペイン広場**
『ドン・キホーテ』の像が立つ、
マドリードのシンボル的広場。(➡P163)

↓ 徒歩1分

`18:00` ❼ **ジンコ・スカイ・バー**
スペイン広場に面したホテル内にある、
眺望自慢のレストラン。(➡P145)

**Goal**

↓テラスからマドリードの街並みを一望！

トレドのシンボル、カテドラル。主祭壇の彫刻は必見

←プラド美術館はマストな観光スポット。ミュージアムショップも充実

## 美術館めぐりコース

**TIME 10時間**

プラド美術館とソフィア王妃芸術センターはスペイン絵画の殿堂。じっくり絵画鑑賞を楽しむ一日プラン!

**9:50** Ⓜ2号線BANCO DE ESPAÑA駅

*Start*

↓ 徒歩10分

**10:00 ❶ プラド美術館**

当日並ばずに入場できるよう
事前予約がおすすめ。(→P122)

↓ 徒歩すぐ

**12:30 ❷ 美術館内でランチ**

プラド美術館の館内に食事が
できる「カフェ・プラド」がある。(→P129)

↓ 徒歩5分

**13:30 ❸ レティーロ公園**

プラド美術館のそばにある
広大な公園。緑が多く散歩にぴったり。(→P161)

↓ 徒歩15分

**14:30 ❹ ソフィア王妃芸術センター**

ダリやピカソなどの現代アート作品が一堂に。
シエスタの時間は比較的空いている。(→P126)

↓ 徒歩15分

**16:30 ❺ ティッセン・ボルネミッサ美術館**

7世紀にわたる西洋絵画
コレクションの美術館。(→P128)

↓ 徒歩10分

**18:00 ❻ ディナーは老舗バル**

「ラ・カサ・デル・アブエロ」で
スペイン料理のタパスを食べ比べ。(→P139)

↓王族の庭園だったという公園

→エビのアヒージョが名物!

## トレド日帰りコース

**TIME 7時間**

マドリードから列車で約30分のトレドは世界遺産の街。
路地が続く迷路のような街並みや美しい教会群がみどころ。

**9:55** トレド駅

*Start*

↓ タクシーで10分

**10:00 ❶ カテドラル**

スペインカトリック教会の総本山。
270年もの歳月をかけて造られた。(→P166)

↓ 徒歩10分

**11:00 ❷ サント・トメ教会**

教会内部に飾られた
エル・グレコの絵画は必見!(→P167)

↓ 徒歩1分

**12:00 ❸ ホタ・セラーノ**

おみやげはココで。近郊で作られる
タラベラ焼の器を買える。(→P167)

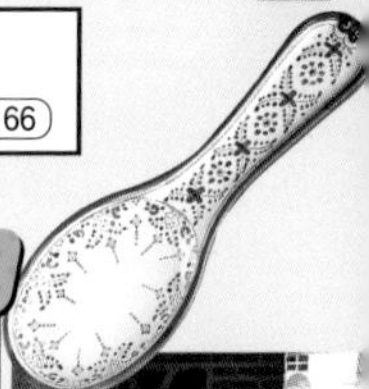

↓ 徒歩3分

**13:30 ❹ オルサ**

ラ・マンチャ地方の料理を楽しめる
レストランでランチ。(→P167)

↓ 徒歩15分

**15:30 ❺ サンタ・クルス美術館**

西洋絵画など作品は多岐にわたる。
16世紀に建設された建物もみどころ。(→P167)

*Goal*

↑テラス席もおすすめ

←↑初期ルネッサンス様式の建物が美しい

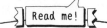

200年の歴史をもつスペインアートの殿堂

# プラド美術館で名作鑑賞

↓ベラスケス像が立つ美術館正面

**Read me!**

創立から200余年、スペイン王家の豪華コレクションを収蔵するプラド美術館は、マドリードの必訪スポット。巨匠の名画をはじめ、スペインが誇る珠玉の名作を鑑賞しよう。

↑入場は事前予約がベター

王家のコレクションがズラリ

## プラド美術館
●Museo Nacional del Prado ★★★

1819年、国王フェルナンド7世の命によりスペイン王家収集のコレクションを「王立美術館」として公開したのが始まり。所蔵作品は約2万7000点以上と世界有数の規模を誇り、うち約1150点を展示。16〜19世紀のヨーロッパ絵画が中心で、イタリア、ドイツ、フランドル(現在のベルギー)と多岐にわたる。収蔵品のなかに略奪品が1点もないというのも自慢で、世界三大美術館のひとつといわれる。

[プラド美術館周辺] **MAP:P15F4**

図M2号線BANCO DE ESPAÑA駅から徒歩10分個Paseo del Prado s/n ☎91-3302800 ⊙10〜20時(日曜、祝日は〜19時、1月6日、12月24・31日は〜14時) ⑧なし圏€15(18時〜と日曜、祝日の17時〜は無料)岡

### 地図(フロア案内)

エル・グレコ　ベラスケス

**1階(2階)**

7a 8a 9a 10a
D
2 3 4 5 6
E
8b 9b 11 12

**2階(3階)**

15 16a 17 18
a
14 15 16a ムリーリョ
H
16b
171718

94 93 92 91 90
地上階へ
85
89 88 87 86

24 25
27 28 29 S
40 41 42 43 44
ティッツァーノ
ルーベンス
M

19 20 21 22 23
ゴヤ2階へ
39
34 35 36 37 38
B A

**地上階(1階)**

ティエンダ・プラド
ソローリャ
カフェ・プラド
ヘロニモスの扉
(入口)
ボス
ムリーリョの扉
(団体専用)
中世
ゴヤ
58 56a 55
51a 51b 51c 57 56b
52a 52b 52c 51 50 49
ラファエロ
47
60 61a 62 63
61b
62b
75
ベラスケスの扉
64 65 66 67
74
73 72 71

⊡インフォメーション
○オーディオガイド
↑トイレ
↑車椅子用トイレ
↑エレベーター
Sショップ
↑クローク

---

🔶**スペイン王室との関わり**
美術館を設立したフェルナンド7世や、現在のコレクションの基礎を築いたフィリペ2世、4世など美術館とスペイン王家との関わりは深い。15世紀以降、他国の介入を受けて幾度となく国王が入れ替わったスペイン。芸術もさまざまな影響を受けて成長してきた。

🔷知っておきたい **美術館の3つのコト**

🔶**元々は博物館の予定だった**
メインの建物となるビリャヌエバ館は、18世紀後半に自然科学博物館になる予定だったもの。ナポレオン侵略により計画が頓挫していたが、フェルナンド7世の命により美術館として生まれ変わった。

🔶**プラド三大巨匠**
鑑賞のハイライトはベラスケス、ゴヤ、エル・グレコの三大巨匠の作品。ゴヤ(→P123)の所蔵作品は140点、ベラスケス(→P124)は48点、エル・グレコ(→P125)は32点所蔵している。

# プラドの**3巨匠**をcheck | ゴヤ、ベラスケス、エル・グレコ。プラドを代表する画家の主要作品をご紹介。

## ゴヤ Francisco de Goya
(1746-1828年)

サラゴサの郊外出身。43歳でカルロス4世の宮廷画家になるが、3年後に大病で聴力を失う。マドリード郊外の別荘「聾者の家」の壁に描かれた「黒い絵」とよばれる14点の壁画のすべてをプラド美術館が所蔵、展示している。

©スペイン政府観光局

©スペイン政府観光局

### Ⓐ『裸のマハ』
**La maja desnuda**
(1795〜1800年)

### Ⓑ『着衣のマハ』
**La maja vestida**
(1800〜1807年)

ミステリアスな微笑を浮かべた、同じポーズの女性の着衣の姿と裸体を描いた作品。「マハMaja」とは、流行の最先端をいく「伊達女」という意味のマドリード方言。誰がモデルかは今も謎とされている。首のあたりをよく見ると違和感があるため、体と顔のモデルは別人という説もある。

**鑑賞ポイント** この絵の依頼者は、当時の権力者だった宰相ゴドイ。ゴドイはタブーとされていた裸婦像を隠すため、同じポーズで着衣の絵を描かせたといわれている。

## Ⓒ『我が子を喰らうサトゥルノ』
**Saturno**
(1820〜1823年)

「黒い絵」とよばれる、14枚の壁画シリーズの代表作。神が自分の子を食べるというショッキングな神話がテーマ。損傷が激しいためかなりの修復が入っており、門外不出とされている。

**鑑賞ポイント** 一般的に伝わる神話よりもかなりグロテスクさが増しているが、病により聴覚を失ったことや社会への不満からといわれている。

©スペイン政府観光局

## 観光のポイント

### Webサイトでチケット購入
公式サイトで事前購入（要日時指定、変更・払い戻し不可）すれば、当日並ばずに入れる。当日券は北側の入場券売り場で購入可。
URL www.museodelprado.es/en

### 狙い目の時間
比較的空いているのはシエスタの時間にあたる14〜16時。開館直後や入場無料となる18時以降は特に混雑する。

### 入口は4カ所
一般入場はヘロニモスの扉から。ゴヤの扉は企画展専用、ムリーリョの扉と南イオニアギャラリーは公的団体専用となる。

### 公式ガイドブック
所蔵作品の解説が載る日本語版の公式ガイドブックを購入すれば、鑑賞の手引きとして便利。美術館のショップのほか、チケット売り場では「入場券＋ガイドブック」のセット券€24も販売している。

### おトクなカード
プラド美術館（常設展のみ）、ソフィア王妃芸術センター、ティッセン・ボルネミッサ美術館の入場券がセットになったパセオ・デル・アルテ・カード（Tarjeta Paseo del Arte）€32がお得。各美術館のチケット売り場で購入可。

# ベラスケス │ Diego Velázquez (1599~1660年)

セビーリャ出身。17世紀のスペイン絵画を代表する巨匠のひとりで、24歳のときにフィリペ4世に肖像画を気に入られて宮廷画家となる。宮廷官吏として騎士の位にまで出世し、61歳で没するまで王室に仕え続けた。

©Photographic Archive Museo Nacional del Prado

## ①『ラス・メニーナス』（女官たち）

### Las meninas
（1656年ごろ）

縦約3.2m、横約2.8mの大作で、明暗の対比や微妙な色彩のぼかしを駆使したベラスケスの最高傑作でもある。複雑な構成と、絵の王女に実際にスポットライトが当たっているかのような光の表現の虜になる人も多く、「ベラスケス・マジック」ともいわれている。のちにピカソがこの作品をもとに58枚の連作を描いており、バルセロナのピカソ美術館（→P80）に収蔵されている。

**鑑賞ポイント** 画家の視点ではなく、肖像画のモデルとしてキャンバスの手前に立つフィリペ4世とその妻である王妃の視点を表現した作品になっている。

◎ベラスケス本人が登場！
絵の左側で画筆とパレットを持った画家はベラスケス本人。王と王妃の肖像画を描いている最中だ。

◎主役は王女マルガリータ
タイトルは女官たちだが、本当の主役は王女のマルガリータ。絵のこちら側にいる両親にじっと視線を向けている。

◎鏡の中にいるのは？
部屋の奥の鏡に映っているのは、肖像画のモデルを務めるフィリペ4世と王妃。

## ⑤『バッカスの勝利』

### Los borrachos, o El triunfo de Baco（1628-29年ごろ）

神話に登場する酒の神バッカスと、彼を囲む一般市民たちを描いたユニークな作品。バッカスがひざまずく市民に冠を与える場面には、当時の絵画や文学の隆盛を称える意図が隠されているという。

©Photographic Archive Museo Nacional del Prado

**鑑賞ポイント** 楽しそうに杯を上げる市民たちの赤い顔から、酔っぱらっている様子がよく表されている。当時の風俗や人物を細かく表現した描写が見事だ。

©Photographic Archive Museo Nacional del Prado

# エル・グレコ
**El Greco** (1541~1614年)

ギリシアのクレタ島出身。エル・グレコとは「ギリシア人」という意味で、本名はドメニコス・テオトコプーロス。30代後半でトレド（→P166）に移住。トレドの教会の祭壇画で一躍脚光を浴びた。

## ⑤『聖三位一体』La Trinidad (1577-79年)

スペイン時代初期の作品で、トレドの教会の主催壇に飾るため描かれたもの。この絵をきっかけに次々と絵画の依頼が舞い込んだという。ミケランジェロの『ピエタ』を連想させる父子の心温まる表情が素晴らしい。

 エル・グレコの作品の特徴である、細長く描かれた人物と、赤や緑など鮮やかな色使いが見られる。上空の白い鳩が聖三位の聖霊を表している。

©Photographic Archive Museo Nacional del Prado

## ⑥『胸に手を置く騎士』
**El caballero de la mano en el pecho** (1580年ごろ)

モデルはこれまで謎であったが、近年トレドの上級公証人であるという説が唱えられるようになった。騎士の誓いを忠実に守ろうという決意の証を、胸に置いた手の指先まで繊細に描くことで表現。

**鑑賞ポイント** 作品は特に顔と手に光があたっているように表現されている。宗教画とは異なり、写実性に重きをおいて描かれている。

## まだある！ プラド美術館の注目作品

17世紀に活躍したスペイン画家ムリーリョやネーデルランドで活躍した画家ボスなど、プラド美術館には必見作品がまだまだ目白押し。

### ⑭『善き羊飼い』El Buen Pastor (1660年) ◎ムリーリョ

子供を写実的に優しく描くことを得意としたムリーリョ。描かれた幼な子の頭に後光が差しているため、彼がキリストであることがわかる。

©Photographic Archive Museo Nacional del Prado

©Photographic Archive Museo Nacional del Prado

### ⑥『快楽の園』
**Tríptico del Jardín de las delicias**
(1490〜1500年) ◎ボス

左側は命の泉や神の姿を描いたエデンの園。中央は地上で、右側には地獄を表現。上部の炎上する町が、罪を犯した人々を待ち受ける。

### ⑩『ビルチェス伯爵夫人の肖像』
**Amalia de Llano y Dotres, condesa de Vilches**(1853年)
◎フェデリコ・デ・マドラーソ

優雅な構成と自然なポーズはロマン主義のスタイル。光の焦点がモデルにあたっているので、ドレス生地の質感がよく出ている。

### ⑯『受胎告知』
**La Anunciación** ◎フラ・アンジェリコ

### ⑯『十字架降下』
**El Descendimiento** ◎ウェイデン

### ⑭『三美神』
**Las tres Gracias** ◎ルーベンス

近現代アートが集まる前衛的な美術館へ

# 天才ピカソの『ゲルニカ』を見る

**Read me!**

多くの美術館が集まるマドリードでも、ソフィア王妃芸術センターの『ゲルニカ』はマストチェック！天才画家、ピカソの名作をゆっくり鑑賞するアートな時間を楽しもう。

スペイン現代アートをリードする美術館

## ソフィア王妃芸術センター● Museo Nacional Centro de Arte Reina Sofía ★★

近現代美術作品を収蔵する美術館。名前は前国王フアン・カルロス1世妃であるソフィア王妃にちなんでいる。元は治療院だったが、1992年に美術館としてオープン。18世紀の建物を利用し独特な建物へと生まれ変わった。コレクションは新進画家たちの作品群を基礎に、ダリやミロの作品、ピカソの『ゲルニカ』などを所蔵する。

プラド美術館周辺 **MAP:P12C4**

図Ⓜ1号線ESTACIÓN DEL ARTE駅から徒歩3分⛪C.de Santa Isabel 52☎91-7741000🕙10〜21時(日曜は〜14時30分)㊡火曜㊉€12(月〜土曜の19〜21時と日曜の12時30分〜14時30分は無料。ほか無料入場日あり。公式サイトで確認可)

© 2024 - Succession Pablo Picasso - BCF(JAPAN)

Ⓐ『ゲルニカ』Guernica (1937年) ◎ピカソ

縦約3.5m、横約7.8mもある巨大絵画。ゲルニカはバスク地方にある町の名前で、1937年、ドイツ空軍の空襲を受け町の70%ほどが焼失した。ピカソが国から依頼され描き上げたこの絵は、1937年のパリ万博ではスペインパビリオン内で展示された。それぞれのモチーフが力にあふれており、泣き叫ぶ声が実際に聞こえてきそうなほどの大作だ。

**鑑賞ポイント** この絵には加害者が描かれていない。上のランプは爆弾、その下の馬は犠牲者たちを象徴しており、近代の戦争の残酷さを物語っている。あえて血や涙が描かれていない点も、悲惨さを際立たせている。

## 観光のポイント

**Webサイトでチケット購入**

公式サイトで事前購入(要日時指定、変更・払い戻し不可)すれば、当日並ばずに入れる。当日券は入り口の窓口で購入可。URLwww.museoreinasofia.es/

**狙い目の時間**

比較的空いているのはシエスタの時間にあたる14〜16時。開館前に到着し朝一番に入場するのも手。月曜は近隣の美術館が休みなので、ほかの曜日より混むことが多い。

**音声ガイドとパンフレット**

日本語版の音声ガイドはなく、英語のみで1台€4.50。パンフレットも英語のみ。説明を見ながら鑑賞したい場合は、併設のショップで解説書(英語)などを先に購入しておこう。

**配置替え**

館内は画家別ではなくテーマ別展示のため作品を探しにくい。配置替えも頻繁に行われるので、目当ての作品が見つからない場合は、近くにいる館内スタッフに確認しよう。

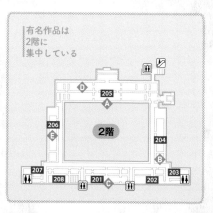

有名作品は2階に集中している

2階

# 近代画家の3巨匠をcheck

『ゲルニカ』以外にも見るべき作品はたくさん。ピカソのほか、ミロとダリの作品は要チェック。

## ピカソ Pablo Picasso (1881~1973年)

マラガ出身。幼少から卓越した才能を発揮し、バルセロナで本格的に画家としてスタート。絵画、陶芸、彫刻など多くの作品を残した。頻繁に作風が変わり「青の時代」や「キュビズム」など、時期ごとに名称が付いている。

### ⓑ『死んだ小鳥』

© 2024 - Succession Pablo Picasso - BCF(JAPAN)

Les oiseaux morts
(Los pâjaros muertos)
(1912年)

縦46cm、横65cmの小ぶりな作品。対象を頭の中で一度バラバラにし、その後再構築して描くという「キュビズム」のスタイルで描かれている。

**鑑賞ポイント**
画中の文字や2羽の鳥が見分けやすく、キュビズムのなかでは比較的わかりやすい作品。ピカソは鳥好きで鳥をモチーフにした作品を多く残している。

### ⓒ『青衣の女』Mujer en azul (1901年)

ピカソが21歳のころに描いた作品。豪華な衣装を身にまとった女性は特定の人物ではなく、ピカソの記憶の中にいるパリジェンヌを描いたものとされている。

© 2024 - Succession Pablo Picasso - BCF (JAPAN)

**鑑賞ポイント**
親友が自殺したショックで、青色ばかり用いるようになった「青の時代」の作品。暗い色使いのなか口紅の赤が毒々しく、異様さを感じる。

## ダリ Salvador Dalí (1904~1989年)

フィゲラス出身。シュールレアリズムに感化され、独特な世界観を絵画やオブジェ、映像で表現した芸術家。自ら「天才」と称するなど、奇抜な言動で知られる。

© Salvador Dalí, Fundació Gala-Salvador Dalí, JASPAR Tokyo, 2023 C4491

### ⓓ『偉大なる手淫者』

Visage du Grand Masturbateur
(Rostro del Gran Masturbador) (1929年)

ダリ自らの性的妄想を描いたとされる作品。右上の女性は後の妻ガラで、地面に鼻を突き刺しているような横顔はダリ本人であるという。バッタにたかり、ダリの顔にまで上るアリは、ダリ自身の恐怖を表している。

**鑑賞ポイント**
ダリの作品には、必ずといっていいほど「カダケスの海」が描かれている。カダケスはダリの生まれたフィゲラス近郊の漁村で、ダリはその海辺の景色を愛していた。

## ミロ Joan Miró (1893~1983年)

バルセロナ出身。18歳で療養滞在したモンロッチ村の環境に感銘を受け、画家になることを決意。パリ留学時代にキュビズムやフォービズムに影響を受け、特徴でもある対象を極限まで単純化した描き方を生み出した。

### ⓔ『パイプをくわえた男』

Pintura (Hombre con pipa) (1925年)

ミロの人気作。まるで子供が描いた絵のようにも見えるが、煙を吹かしている男性の口元が、なんともいえない絶妙な描写になっている。

© Successió Miró / ADAGP,Paris&JASPAR,Tokyo,2023 C4491

**鑑賞ポイント**
ミロの絵は、描かれた時期によって背景の色が青色と茶褐色系に大別できる。青系が若いころで、精神的にも完結しており、ポジティブだったといわれている。

マドリード3大美術館を完全制覇！

# ティッセン・ボルネミッサ美術館へ

**Read me!**

プラド、ソフィアとともにマドリード3大美術館に数えられるティッセン・ボルネミッサ美術館。こちらも訪れて、マドリードに集まる珠玉の芸術作品を余すことなく満喫しよう。

8世紀にわたる貴重なコレクション

## ティッセン・ボルネミッサ美術館
●Museo Nacional Thyssen-Bornemisza
★★

ティッセン・ボルネミッサ家が2代にわたり収集した個人コレクションが中心。イタリアルネッサンス、印象派、前衛主義など1000点近い13～20世紀の西洋絵画が、時代ごとに展示されている。

**プラド美術館周辺 MAP：P15E3**
図Ⓜ2号線BANCO DE ESPAÑA駅から徒歩8分🏠Paseo del Prado 8☎91- 7911370 ⏰10～19時(月曜は12～16時) 🅿なし 💶€13(月曜は無料)

### 鑑賞のポイント
【訪れる時間帯】
プラド、ソフィアが無料開放となる夕方以降の時間帯に訪れれば、比較的混雑は避けられる。常設展は毎週月曜に無料開放となるが混雑は必至。

↑18世紀の宮殿を美術館として改装

←プラド、ソフィアと並ぶ人気の美術館

---

## 『目覚めの一瞬前に柘榴の周りを蜜蜂が飛びまわったことによって引き起こされた夢』
Sueño causado por el vuelo de una abeja alrededor de una granada un segundo antes del despertar

サルバドール・ダリ (1944年)
静かな海の風景の岩の上に描かれている裸体の女性は、ダリの妻であるガラ。ガラが見た夢をもとに制作されたといわれている。

---

## 『アレクサンドリアの聖カタリナ』
Santa Catarina de Alejandría

カラヴァッジョ (1598～1599年)
聖女をテーマとした作品ながら、モデルは娼婦といわれており、自身を見る人に送られた視線など生身の人間らしさが描かれているのが特徴的。聖女の来ているレースのブラウスや手指の描写の精巧さは見事。

---

### 必見作品をチェック

## 『ジョヴァンナ・トルナブオーニの肖像』
Retrato de Giovanna degli Albizzi Tornabuoni

ギルランダイオ (1489～1490年)
ミケランジェロの師として知られる画家、ドメニコ・ギルランダイオの作品。アルビッツィ家の令嬢を描いたとされており、15世紀のルネッサンス時代で最も人気を集めた肖像画のひとつ。

# 3大美術館の ショップ & レストラン

3つのレストランにはそれぞれオフィシャルショップがあるので要チェック。
見学に少し疲れたら館内のレストランでひと息つこう。

## プラド美術館

**Shop**
🕙10〜20時
（日曜は〜19時）
㊡なし

各€19
プラド美術館オリジナルのポーチ

€28
ベラスケス作『ラス・メニーナス』の扇子

45€
トートバッグ

各€6.50
作品のなかに描かれた文様をデザインしたメモ帳

各€9
展示作品がプリントされた眼鏡ケース

各€2
しおりは種類豊富

**Restaurant**
美術館の1階にあるセルフサービスのカフェ・レストラン。
🕙美術館の閉館30分前まで㊡なし

## ソフィア王妃芸術センター

**Shop**
🕙10〜21時
（日曜は〜14時30分）
㊡火曜

各€15.50
ピカソ、ダリ、ミロ作品のエコバッグ

€11.90
『ゲルニカ』のジグソーパズル

€12.95
ダリのイラストがユニークな靴下

€15
『ゲルニカ』のマグカップ

€3.90
ダリの作品がモチーフのマグネット

**Restaurant**
地中海＋多国籍のフュージョン料理が中心。入場料なしで利用可能。
🕙9時30分〜24時（金・土曜は〜翌2時、日曜は〜18時）㊡火曜

ディッププレート €13

## ティッセン・ボルネミッサ美術館

**Shop**
🕙10〜19時30分
（日曜は〜19時）
㊡なし

€20.90
エドガー・ドガ作『バランスをとる踊り子』のクッションカバー

€6.50
ゴッホの作品が描かれたマウスパッド

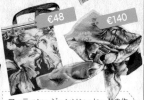

€48　　€140

マーティン・ジョンソン・ヒードの作品『山の滝の近くの蘭とハチドリ』からインスピレーションを得た、シルク100％のスカーフとトートバッグ

€5.50
フランツ・マルクの作品『夢』をモチーフにした定規とえんぴつ削り

€4

**Restaurant**
春から秋の始まりにかけてはテラス席もオープンする。
🕙10〜19時（月曜は〜16時）㊡なし

ポーチドエッグが乗ったサラダ €11

**129**

スペイン王のロイヤルパレス

# スペイン王室の栄華を物語る王宮

**Read me!**

1700年に即位したブルボン王朝初代国王フェリペ5世の時代から、代々国王が暮らした宮殿。贅の限りを尽くした絢爛豪華な王宮内部は見学できる。庭園散策もお忘れなく。

以前イスラム教徒の城であったアルカサルの跡地に建てられた

華麗なる宮廷生活を垣間見る

## 王宮
●Palacio Real de Madrid ★★★

フェリペ5世の命により1734年に着工し、歴代のスペイン国王が住居として使った宮殿。天井のフレスコ画や貴重な調度品など見事な装飾の数々が、当時の王宮の栄華を象徴している。現在は公式行事などで使用されており、饗宴の間など一部の部屋が見学できる。

**王宮周辺 MAP：P14A3**

図Ⓜ2・5号線ÓPERA駅から徒歩4分Ⓐ C.de Bailén s/n ☎91-4548700 ⏰10～19時、10～3月は10～18時（日曜は～16時）※最終入館は1時間前まで Ⓗ公式行事の日Ⓔ€12（ガイドツアー付きは€16）※公式行事の日は見学不可。日程は直前に決定することもあるので、Webサイトで確認を URLwww.patrimonionacional.es/

**Plus!** 衛兵交代式が見られたらラッキー！

王宮の衛兵が交代する際の厳粛な儀式が、毎週の水・土曜日に行われる。アルフォンソ12・13世の時代の衣装に身を包み、楽隊の音楽に合わせて行進する様子などを見られる。特別公式行事や悪天候で中止の場合があるので、事前に要確認。Ⓐ王宮内アルメリア広場⏰11～14時

# 王侯貴族気分で 王宮めぐり

所要 約1時間

ヴェルサイユ宮殿を参考に造られたという王宮内部には
3000もの部屋があるとか！

## 1 大階段

王宮の玄関口にあたる巨大な空間。大理石の階段はイタリアの建築家サバティーニが設計した。見事な天井画はイタリア人画家ジャクイントによるもの。

## 2 饗宴の間

3つの天井画が描かれた大広間。現在も宮中晩餐会が開かれる。天井画のうちの1つは、コロンブスが地球に見立てた青い球体をイザベル女王に手渡す場面が描かれている。

## 3 ガスパリーニの間

サテンに銀糸の縫い取りが施された壁や陶器の天井、30年の歳月をかけて造られたモザイクのテーブルなど装飾が見事な部屋。18世紀当時のものが残されている。

**ココがPOINT**

頭上の美しい天井画にも注目！

## 4 玉座の間

王と王妃の玉座がある部屋。銀糸の刺繍入りのビロードの壁や、ヴェネツィアングラスでできたシャンデリアなどが見どころ。天井画はイタリア人画家ティエポロによるもの。

**ココがPOINT**

当時流行していたオリエンタル調の豪華なシャンデリアは必見！

## 5 王室礼拝堂

プラド美術館の建設を手掛けたベントゥラ・ロドリゲスがデザインした、儀礼のための部屋。1749〜1757年にかけて建設された。天井画は聖母戴冠を題材にしている。

ベルナベウ・ツアーで気分もアップ

# レアル・マドリードを体感!

**Read me!**

1902年に創設されたレアル・マドリード。チームカラーの白をとって「エル・ブランコ」ともよばれる。スタジアムツアーに参加してチームの歴史や試合の熱気にふれてみよう。

## レアル・マドリード
*Real Madrid*

各国の代表選手が所属し、華麗で迫力ある試合を繰り広げる世界を代表するメガクラブ。20世紀最高のクラブにも選ばれている。欧州一を決めるチャンピオンズリーグでは歴代最多の14回の優勝を誇り、リーガ・エスパニョーラは35回制覇している。

## 観戦ガイド

### ホームスタジアム

#### サンティアゴ・ベルナベウ
◉Estadio Santiago Bernabéu ★★

レアル・マドリードの本拠地。約8万1000人収容可能な巨大スタジアム。近年の改修工事により開閉屋根や格納式ピッチが導入される。地下鉄の駅から近いので気軽に足を運びやすい。

市街地外辺 **MAP：P13F3**

Ⓜ10号線SANTIAGO BERNABÉU駅から徒歩1分 Concha Espina 1 ☎91-3984300

### チケットの購入方法

公式サイトからオンライン購入するかスタジアムの窓口で購入する方法がある。人気の高い試合でなければ当日でも購入できる場合もある。料金は試合のカテゴリや座席によって異なる。
URL www.realmadrid.com/ja.JP

# ベルナベウ・ツアー
## 4つの楽しみ

ツアーではミュージアム見学、チャンピオンズリーグ優勝トロフィーとの記念写真、スタジアムのパノラマビューなどが楽しめる。ツアーは全部で3種類あり、ガイド付きツアーのプレミアム以外は自由に見て回れる。チケットはクラブ公式サイトでの購入が基本。

チケットはクラブ公式サイトで購入したほうがお得。スタジアムのチケットオフィスで買う場合は、34番窓口で（異なる場合あり）

🕘9時30分〜19時（日曜、祝日は10時〜18時30分）🄫クラシック€25（窓口€28）、クラシック・フレキシブルタイム€30（窓口€33）、プレミアム€37（窓口€40）

### 1 ミュージアムでチームの歴史にふれる

クラブ創設から現在までを写真やスクリーンを使って紹介。チャンピオンズリーグの14のトロフィーをはじめ、貴重な展示品を見学できる。

トロフィーがずらり！☆

### 2 スタジアムのパノラマビューを満喫

上階席からスタジアムの全景を一望できる。新しい開閉式の屋根や、ピッチを丸ごと地下に格納した様子なども要チェック。

### 3 スター選手とフォトモンタージュ

スタジアムを背景にお気に入りの選手と写真を撮った気分を味わえるコーナーもある。

※写真はイメージ

### 4 オフィシャルショップでグッズをGet!

ユニフォームのレプリカやマフラーなど観戦アイテムのほか、人気のトラックトップ＆パンツなどウエアも充実。前シーズンのスタジアムの芝生といったユニークな商品も。☎91-1713653 🕘10時〜20時30分🄫なし

€25 チャンピオンズリーグ勝利記念マフラー

€10 クレストキーリング

€15 コーヒーマグカップ

€25 チームのロゴと創立年が入ったトラッカーキャップ

€12 ペット用の車輪のおもちゃ

€20 ステンレス製ボトル（550㎖）

## ＋Plus! 注目選手はコチラ！

### ジュード・ベリンガム
●Jude Bellingham
背番号5 MF

2023年夏に加入。抜群の身体能力とスキルを兼ね備えたMFの完成形とも称される若きミッドフィルダーで、レアルの中心的存在。イングランド代表でも活躍。

### ルカ・モドリッチ
●Luka Modrić
背番号10 MF

2012年夏に加入し、2023年10月にレアル・マドリードで通算500試合を達成。シュート、パス、運動量など攻撃でも守備でもハイレベルのプレーができる万能型。

### ティボー・クルトワ
●Thibault Courtois
背番号1 GK

2018年から在籍。ハイボールの処理能力、守備範囲の広さなど、高い能力を発揮するチームの守護神で、世界屈指と評されている。ベルギー代表のゴールも守る。

本場のフラメンコを体験

# タブラオで情熱のフラメンコを観る!

**Read me!**

スペイン南部発祥のフラメンコは、魂を震わせる歌声、リズミカルで美しい踊り、繊細なギターの音色が三位一体となった伝統芸能。間近で観るなら「タブラオ」へGO!

## フラメンコ鑑賞のコツ

**【そもそもフラメンコって?】**
15世紀、インド北部から放浪してきた人々がアンダルシア伝統の舞踊音楽をアレンジしたのが始まり。切なく激しい歌や踊りには、迫害を受けてきたロマ族の悲しみが込められている。

**【どこで観られる?】**
「タブラオ」とよばれる店で鑑賞できる。食事をしながらショーを観る店、ショーの前に食事を出す店、ドリンクのみの店と形態はさまざま。ショーは20〜21時ごろから始まるのが一般的。

**【予約は必要?】**
人気のタブラオは予約するのがベター。電話のほかに、Webサイトから予約ができる店もある。

**【鑑賞のマナー】**
ショーが始まってからの入退場は鑑賞の邪魔になるのでNG。写真撮影のルールは店により異なるがフラッシュは控えよう。ドレスコードはないが、カジュアル過ぎる服装は避けたい。

## フラメンコの3つの要素

歌、踊り、楽器演奏の3つがフラメンコの構成要素!

**その1 バイレ** Baile

踊りのこと。さまざまなテクニックを使いながら、音楽にのせて体全体で躍動的に踊る。女性の踊り手を「バイラオーラ」、男性の踊り手を「バイラオール」と呼ぶ。

**その2 カンテ** Cante

歌のこと。伝統的で深刻な内容の「カンテ・グランデ」と軽妙なリズムの「カンテ・チーコ」がある。魂の宿った歌声が観客を魅了する。

**その3 トケ** Toque

フラメンコギターの奏法のこと。ギターの表面を指で叩く「ゴルペ」、弦をかきならす「ラスゲアード」などの奏法がある。

## フラメンコのテクニックに注目

踊り手はさまざまなテクニックを駆使する。多彩な技に注目して！

### ブラソ ●Brazo

フラメンコの基本的な動きの一つで、踊り手の腕や手の動きのこと。顔の表情などと合わせて喜怒哀楽を表現する。

### パルマ ●Palma

パーカッションのように手を打ち鳴らす。大きな高音とこもった低音でアクセントをつけている。

### ピートス ●Pitos

指を打ち鳴らして音を出すこと。中指や薬指を親指に当てて音を出し、メロディーに合わせてリズムを付ける。

### ファルダ ●Falda

フラメンコ衣装のスカートのこと。裾を軽快にさばく動作は、バイラオーラの見せ場の一つ。足技との組合せにも注目して。

### サパテアード ●Zapateado

ステップのこと。靴音を自在に操ってリズムを刻む。力強い音が客席まで響く、フラメンコで最も魅力的なテクニック。

### 「ハレオ」してみて!

ハレオは舞台を盛り上げるかけ声のこと。素晴らしい演技には拍手をし、かけ声を送る。代表的なのは次の5つ。

**¡Olé!**【オレ】
「お見事！ 素晴らしい！」

**¡Bien!**【ビエン】
「いいぞ！」

**¡Bonito!(a)**【ボニート(タ)】
「きれい！」

**¡Vamos!**【バモ】
「がんばれ!」

**¡Guapa!(o)**【グアパ(ポ)】
「いい女！(いい男！)」

## おすすめのタブラオ in マドリード

歴史と格式を誇る一軒

### コラル・デ・ラ・モレリア

オススメ!

●Corral de la Morería

1956年創業の老舗タブラオ。連日一流の踊り手が出演し、王族をはじめとする著名人も多く訪れる。チケットは€49.95(飲食代別)。

王宮周辺 MAP:P12A3

図Ⓜ2・5・R号線ÓPERA駅から徒歩15分㊟C. Moreria 17☎91-3658446⏰ショーは19時30分～、22時30分～(金・土曜は19時30分～、23時15分～)㊡なし 英 英 予

マドリードを代表するタブラオ

### トーレス・ベルメハス

●Torres Bermejas

ハイレベルなショーが繰り広げられる、国内屈指の有名タブラオ。ディナー付きのセットが€70～、タパスメニュー€50～、ドリンクのみ€35～。ショーのみ€25。

プエルタ・デル・ソル周辺 MAP:P14C2

図Ⓜ3・5号線CALLAO駅から徒歩3分㊟C. Mesonero Romanos 11☎91- 5323322⏰ショーは17時～、19時～、21時～、土・日曜のみの15時～(予約時要確認)㊡なし 英 英 予

手に汗握るエンターテインメント!
# 白熱の闘牛にエキサイト!

## Read me!

勇猛な牡牛と華麗な衣装をまとった闘牛士が繰り広げる命がけの舞台、闘牛。見学方法やみどころを知れば、よりいっそう闘牛鑑賞を楽しめること間違いなし。

## 闘牛鑑賞のコツ

【そもそも闘牛とは?】
アンダルシアで発祥した伝統行事。中世までは貴族のスポーツだったが、徐々に大衆化していった。

【シーズンをチェック】
毎年3月に行われるバレンシアの火祭りとともに開幕し、10月のサラゴサのピラール祭りで終了する。マドリード、セビーリャでは基本的に毎週日曜、日没の2時間前に開催する。

【注意すること】
夏場は日差しが強いので、日陰の席がおすすめ。競技中のフラッシュは控えること。服装はカジュアルでOK。座布団のレンタルもできる。

## 闘牛の4つのポイント

英雄と称賛される闘牛士。そのなかには種類があり、役割も異なる。

### マタドール ●Matador

闘牛士の花形である正闘牛士。真っ赤なムレータ(牛を操るマント)で牡牛を操り、真剣で牡牛のとどめを刺す。

### ノビジェロ ●Novillero

見習い闘牛士。入場行進の後、カポーテ(ピンクと黄色のマント)で牡牛を挑発。これによって牛の性格を把握する。

### ピカドール ● Picador

槍を刺す闘牛士。防具を付けた馬にまたがり、向かってきた牡牛と闘い背中に槍を数回刺す。

### バンデリジェロ ●Banderillero

マタドールの助手の闘牛士。牡牛の死角である正面から、バンデリーリャとよばれる銛を牡牛の背中に打ち込む。

# 闘牛の展開とみどころ

闘牛には場面展開があり、芸術性も高い。クライマックスまでの流れをチェック。

## 1 入場

音楽隊のファンファーレとともに、闘牛士がアレナ(砂場)に登場する。マタドールを先頭にピカドール、バンデリジェロと続く。

## 2 カポーテの場

ノビジェロが布を翻して牡牛を挑発し、牛の習性や癖、スピードを知るための演技を行う。カポーテは表がピンク、裏が黄色のマントのこと。

## 3 槍方の場

ピカドールが登場する。牡牛の首を槍で突き体力を奪い、ムレータ(赤いマントのこと)に目がいくよう頭を下げさせる。

## 4 銛打ちの場

バンデリジェロが飾りの付いた銛を2本ずつ牡牛の背中に打ち込み、体力を奪われた牡牛を奮い立たせる。

## 5 ムレータの場

マタドールが登場し、約15分間にわたる牡牛との1対1の真剣勝負を披露。ムレータを揺らし牡牛を操る。

## 6 真実の瞬間

クライマックスはマタドールが牡牛にとどめを刺す。牛の肩甲骨約5cmの隙間に真剣を刺して心臓を貫通させ、絶命させる。

ここで見る! 1927年に建設された歴史ある闘牛場

### ラス・ベンタス闘牛場 ●Plaza de Toros de las Ventas ★★

スペイン最大規模を誇り、約2万3000人を収容する。通年見学ツアーが行われ、闘牛場や闘牛博物館の見学ができる。闘牛を鑑賞するには別途チケットが必要で、値段は席によって異なる(€10程度から)。チケットは闘牛場の券売所で販売するほか、オンラインでも購入可能。

市街地外辺　MAP:P13F1

交Ⓜ2・5号線VENTAS駅からすぐ 住C.de Alcalá 237 ☎687-739032 ⓓ見学ツアー10～18時(11～3月は～17時)※日やシーズンによって異なる 休なし 料€16

地元民から愛されるお店をご紹介

# マドリードのとっておきバル

**Read me!**

マドリードの夜もやっぱりバル！ 地元民にも愛されるお店が多く、料理はもちろん、活気あふれる雰囲気を楽しめる。なかでも観光客も立ち寄りやすいおすすめバルをご紹介。

↑天井にビールのボトルが飾られたユニークなインテリアが目を引く店内
→カウンター上のメニュー板にさまざまな種類のビールが

たくさん飲んで食べてね

←ラ・マンチャ地方のチーズ、ケソ・マンチェゴ€7（ハーフ）

**ハーフ€9.50**

## ハモン・イベリコ
Jamón Ibérico

生ハムの中でも最高級のイベリコ豚はぜひ味わいたい

オーナーのアンヘラ＆ハビエル夫婦とスタッフのホセさん

150種類のビールが味わえる

### セルベセリア・ラ・マヨール
●Bar Cervecería la Mayor

スペインだけでなく世界各地の地ビールを味わえる、ビールがテーマのバル。アイリッシュ・パブのようなカジュアルな雰囲気のなか、ビールにあうスペイン料理が楽しめる。

**オススメ**

王宮周辺 MAP：P14A4

図M1・2・3号線SOL駅から徒歩5分 @C. Mayor 77 ☎91-1302435 ⊙13〜24時（金・土曜は〜翌1時）㊡なし

豚の耳が名物の大衆店酒屋

### ラ・オレハ・デ・ハイメ
●Bar la Oreja de Jaime

オレハ（耳）と店名にあるように、豚の耳の鉄板焼が看板料理のバル。イカやエビ、ムール貝などを使った魚介のタパスも評判で、バルらしい賑やかな雰囲気のなかでくつろげる。

プエルタ・デル・ソル周辺 MAP：P14C4

図M1・2・3号線SOL駅から徒歩3分 @C.de la Cruz 15 ☎なし ⊙12〜16時、19時30分〜24時金・土曜は12〜17時、19時30分〜24時30分、日曜は12〜17時、19時30分〜24時）㊡なし

鉄板焼料理を食べてみて！

↑天井からトウガラシやニンニクがぶら下がるバルらしい雰囲気
→小イカをグリルしたチビロネス・ア・ラ・プランチャ€9

€7.50

## オレハ・エスペシアル・デ・ラ・カサ
Oreja Especial de la Casa

スペインではポピュラーな豚の耳とジャガイモの鉄板焼

↓ピミエントス・デ・パドロン€5はシシトウの素揚げ

気さくなオーナーさん

↑まずはカウンターで注文を。主なメニューは店内の鏡に書かれている

←各種タパスは入口横のカウンターで調理。アツアツを供してくれる

↑エビを串揚げにしたバンデリーリャ・デ・ランゴスティーノ€8.90

エビのタパスで知られる名物タパス

## ラ・カサ・デル・アブエロ
●La Casa del Abuelo

1906年創業の老舗バル。店内は基本的に立ち飲みで、名物のエビ料理をつまみにビールで1杯、というのが地元流だ。通りの向かいにテーブル席メインの支店もあり、好みで使い分けることもできる。

プエルタ・デル・ソル周辺 MAP：P14C4

Ⓜ1・2・3号線SOL駅から徒歩3分 ⌂C. Victoria 12 ☎91-0000133 ⌚12〜24時(木・金曜は〜翌1時) ㊡なし

**€10.90**

### ガンバス・アル・アヒーリョ
Gambas al Ajillo

名物料理のエビのオイル煮。ニンニクが利いたオイルはパンに付けて

---

←アストゥリアス風トルティーリャ€4(1ピース)はグリーンピース入り

←イノシシやヤギの剥製が飾られた店内もアストゥリアス風

←シドラは高い所から勢いよく注ぐのがポイント!

**€16**

### ファバダ・アストゥリアーナ
Fabada Asturiana

インゲン豆とチョリソ、モルシージャを煮込んだボリュームたっぷりの伝統料理

素朴な郷土料理とシドラで乾杯!

## カサ・パロンド
●Casa Parrondo

スペイン北部のアストゥリアスがテーマ。チョリソやチーズ、豆などを使った素朴なアストゥリアス料理が味わえる。シドラ(リンゴの発泡酒)は専用の機械を使い自分で注ぐスタイル。

これが本場のシドラの注ぎ方!

プエルタ・デル・ソル周辺 MAP：P14B3

Ⓜ2・5号線ÓPERA駅から徒歩5分 ⌂C. de Trujillos 9 ☎91-5226234 ⌚13〜24時(日・月曜は〜17時) ㊡なし

---

↑店内はテーブル席のみの座れるバル

豪快な料理とお手頃な値段が魅力

## ラ・バルカ・デル・パティオ
●La Barca del Patio

白と緑のカラートーンやコルドバのパティオなど、アンダルシアな雰囲気が漂うバル。料理はリーズナブルな値段に対して量が多いのが魅力で、数人でシェアして食べるのがおすすめ。

プエルタ・デル・ソル周辺 MAP：P12B4

Ⓜ5号線LA LATINA駅から徒歩3分 ⌂Plaza de Cascorro 19 ☎633-886910 ⌚10〜24時 ㊡なし

**€6**

### イワシの串刺し
Espeto de Sardinas

カンタブリア地方のイワシの串刺し4〜6尾€6。土に串を刺して焼くアンダルシア風

↓なすのフリットにはちみつをかけたスペインタパスの定番 ハーフ€8

139

Cava de San Miguel

バルが立ち並ぶ屈指のグルメストリート

# カバ・デ・サン・ミゲル通りでタペオ体験

**Read me!**

マヨール広場の西側に延びるカバ・デ・サン・ミゲル通り（MAP/P14B4）は、レトロなバルがいくつも隣り合う飲み屋街として有名。地元の人に交じって、バルをハシゴする"タペオ"体験を。

↓スペインならではの豪快に盛られたプルポ(タコ)
€20.80

↑メニューはカスティーリャ料理が中心。こちらはマドリード名物、カジョス€14.90

## What's タペオ？

一つのバルで料理1品とドリンク1杯を注文したら次の店へと移る、いわゆる"ハシゴ酒"のこと。地元の人たちは一般的に店ごとに互いにおごり合いながらハシゴ酒を楽しんでいる。

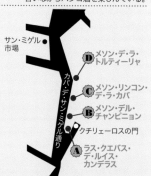

サン・ミゲル市場

**D** メソン・デ・ラ・トルティーリャ

**C** メソン・リンコン・デ・ラ・カバ

**B** メソン・デル・チャンピニオン

クチリェーロスの門

**A** ラス・クエバス・デ・ルイス・カンデラス

➡店の前ではスペインの伝統衣装を着たスタッフがお出迎え

**A**
400年以上前の建物を利用した老舗

## ラス・クエバス・デ・ルイス・カンデラス
●Las Cuevas de Luis Candelas

かつての義賊・ルイス・カンデラスの隠れ家とされた場所を利用したバル&レストラン。建物は1600年初期の頃のもので、創業時のモザイク壁画や鎖で結ばれた銀皿など、当時の面影が今も残る。

プエルタ・デル・ソル周辺　MAP：P14B4

図Ⓜ1・2・3号線SOL駅から徒歩7分
🏠C.cuchilleros 1　☎91-3665428
🕐13時～23時30分　㊡なし

➡店内の手前がバル、奥がテーブル席のレストランスペースになっている

140

→バルの外観は要塞
の入口のよう

香ばしいマッシュルームが美味
## メソン・デル・チャンピニョン
●Mesón del Champiñón

アルバセテから仕入れるこだわりのマッシュルームを使った鉄板焼「チャンピニョン」が看板料理。自家製サングリアはグラスで€2。料理や飲み物の値段は席により異なる。

`プエルタ・デル・ソル周辺` **MAP：P14B4**
図M1・2・3号線SOL駅から徒歩7分 Cava de San Miguel 17 ☎91-5596790 ⏰11時〜翌0時30分(金・土曜は〜翌1時30分) 休なし

←おつまみにもぴったりの
素揚げのししとう

↑チャンピニョン・ア・ラ・プランチャ€6.90〜。大きなマッシュルームを2本のようじを使って食べる

↑エビを油で炒めたお店の人気メニュー、ガンバス・アル・アヒーリョ€8.50(ハーフ)

→5種のシーフードを揚げたフリトゥーラ・バリアーダ €10(ハーフ)

↑店内は歴史を刻んだ風格ある佇まい

スペインの代表的なタパスが揃う
## メソン・リンコン・デ・ラ・カバ
●Mesón Rincón de la Cava

17世紀の建物を利用した歴史感じるバル。芝エビをニンニク入りオイルで煮たガンバス・アル・アヒーリョがおすすめ。ハーフサイズの場合は必ず注文時に伝えること。カバの小ボトルは€6.50。

`プエルタ・デル・ソル周辺` **MAP：P14B4**
図M1・2・3号線SOL駅から徒歩7分 Cava de San Miguel 17 ☎91-3665830 ⏰12時〜翌2時 休なし

←店内奥は、アーチ型の天井が続く洞窟のような造りになっている

↓ひとりで素早くトルティーリャを作り続ける手さばきは見事

スペイン名物トルティーリャの名店
## メソン・デ・ラ・トルティーリャ
●Mesón de la Tortilla

スペイン風オムレツ、トルティーリャが名物。ふわふわの生地の中にはジャガイモやハムが入ってボリューム満点で、1人前から注文可能。サングリア€3.50も人気。

`プエルタ・デル・ソル周辺` **MAP：P14B4**
図M1・2・3号線SOL駅から徒歩7分 Cava de San Miguel 15 ☎91-5471008 ⏰19〜24時(金・土・日曜は13時〜16時30分の昼営業あり) 休なし

↑トルティーリャ2人前€11。サイズは4種類ある

---

**✛ Plus!** 　**もう一つの通りもチェック**

カバ・デ・サン・ミゲル通りの南側に延びるカバ・バハ通り。16世紀半ばにマドリードが首都として発展したころに多くの旅籠が並んだ通りで、今も古い建物を利用した老舗バル・レストランが数多く集まる。こちらにもぜひ足を延ばしてみよう。

→マドリードの歴史とともに栄えたカバ・バハ通り

↑各界の著名人が訪れる老舗もあるエリア

老舗レストランで伝統の味を堪能
# 名店で味わうカスティーリャ料理

**Read me!**

マドリードがあるカスティーリャ地方の伝統料理は、大地の恵みを生かした力強く素朴な味わいが特徴。肉料理のバリエーションが豊富で、塩味が強いこってり系の家庭料理が主流。

1725年創業の老舗レストラン
## ボティン
●Botín

「世界最古のレストラン」としてギネス記録をもつ有名店。仔豚を丸ごと1匹使ったコチニーリョ・アサードが看板料理で、店の前に行列ができるほどの人気ぶり。生後21日以内の仔豚をじっくりと2時間以上石窯で焼き上げる。

プエルタ・デル・ソル周辺 **MAP:P14B4**

図Ⓜ1・2・3号線SOL駅から徒歩10分 住C. de Cuchilleros 17
☎91-3664217 ⏲13～16時、20時～23時30分 休なし 英日英予

↑2階には常連だった作家ヘミングウェイの席も

It's best!

€27.15

**コチニーリョ・アサード**
Cochinillo Asado

パリパリの皮とジューシーな肉、どちらも味わえる。1頭で6人前、テーブルで切り分けてくれる。

↓コチニーリョは店内の大きな石窯で焼き上げる

お目当ては薪釜で焼いた肉料理
## アサドール・レアル
●Asador Real

大きな薪窯を用いた豪快な料理が人気のレストラン。牛、仔羊、仔豚など好みの肉料理を付け合わせの野菜料理とともに楽しもう。窯で焼いたプリンなどデザート類も大人気。

王宮周辺 **MAP:P14B3**

図Ⓜ2・5号線ÓPERA 駅から徒歩1分
住Plaza Isabel II 1 ☎91-5471111
⏲13～24時(日・月曜は13～17時)
休8月 英英予

↑王立劇場に近く、音楽関係者の利用も多い

It's best!

€50.95 (2人前)

**乳のみ仔羊の炭火焼**
1/4 de Cordero Lechal Asado

香りのいい仔羊肉のグリル。塩のみのシンプルな味付けで肉のうまみを堪能できる。

€4.95

**フラン・デ・ラ・カサ**

デザートの人気メニューは自家製プリン。王道のおいしさ。

こちらも一緒に!

伝統の味を受け継ぐ老舗

## ラ・ボラ

●La Bola

1日150食も作られるというコシードが看板料理の、1870年創業のレストラン。メニューには一番人気のコシードのほか、仔羊の丸焼きやカジョスなど伝統的なカスティーリャ料理が並ぶ。要予約で、ランチは2部制。

[王宮周辺] MAP:P14A2

[図]Ⓜ2・5号線ÓPERA駅から徒歩5分
[住]C. de la Bola 5 ☎91-5476930
🕐13時30分〜と15時30分〜の2部制(夜営業は木〜土曜のみで17時30分〜21時) [休]なし [日][英][英][予]

It's best!

€24

**マドリード風コシード**
Cocido Madrileño

豚肉、チョリソ、ジャガイモ、ヒヨコ豆を4時間煮込んだ料理。まずはスープを味わい、次に肉と野菜を味わうのが定番のスタイル。

➡この場所で4代続くという老舗レストラン

⬅古い写真やポスターが飾られたクラシックな店内

闘牛士も御用達の歴史ある店

## カサ・アルベルト

●Casa Alberto

『ドン・キホーテ』の作者・セルバンテスがかつて暮らした建物で、1827年から続く老舗。手前がバル、奥がテーブル席になっており、風情ある空間で伝統料理を楽しめるのが魅力。

[プエルタ・デル・ソル周辺] MAP:P15D4

[図]Ⓜ 1号 線ANTÓN MARTÍN駅から徒歩3分 [住]C. Huertas 18 ☎91-4299356
🕐13時30分〜16時、20〜23時(バルは12〜23時) [休]月曜、日曜の夜、1月の1週目、8月の3週間 [英][英][予]

It's best!

€21.50

**マドリード風カジョス**
Callos a la Madrileña

カジョスはマドリードの庶民派料理の代表格。牛の胃袋やチョリソなどをじっくり煮込んだ、こってりとした味わい。

€22.50

こちらも一緒に!

**ラボ・エストファド**

牛テールの煮込み料理もこの店の名物。しっとりとやわらかな食感。

⬆昔から闘牛関係者の利用が多く、壁にはマタドールの写真も

レンガ造りの隠れ家レストラン

オススメ!

## ラス・クエバス・デル・デューケ

●Las Cuevas del Duque

19世紀に造られたワインカーブをそのまま利用した隠れ家的な店。サラマンカ産の生ハムやバカラオ(塩干しダラ)など、内陸部ならではの郷土料理を味わうことができる。ハウスワインのグラスは€3.50。

[グラン・ビア通り周辺] MAP:P12A2

[図]Ⓜ3号線VENTURA RODRíGUEZ駅から徒歩3分
[住]C. de la Princesa 16
☎91-5595037
🕐13〜16時、20〜23時(木〜土曜は〜24時)
[休]月曜、日曜の夜 [英][英]

➡店内はアーチ状の天井でムード満点

€8

**ソパ・カスティリャーナ**
Sopa Castellana

ハムや卵、パン、ニンニクが入ったカスティーリャ地方独特のスープ。しっかりとした味付けが特徴。

It's best!
las cuevas del DUQUE

€24

**イベリコ豚の生ハム**

生ハムも定番メニュー。ハーフサイズ€14でもオーダーできる。

こちらも一緒に!

↓1920年代の邸宅を利用したレストラン

首都マドリードでスペシャルな夜を過ごす

# 地元で評判の美食レストラン

首都マドリードに数あるレストランのなかでも、ぜひ足を運んでもらいたいのがこちらの4軒。地元民も太鼓判を押すレストランで、とっておきのひとときを楽しんで。

## オペラ ～Opera～

美しく迫力ある歌声が響き渡る

### ラ・ファボリータ
●La Favorita

プロのオペラ歌手がウェイター・ウエイトレスを務め、食事の合間に本格的なオペラを披露してくれる。メニューはナバラ料理が中心。2種類のコース料理があるが、それぞれから好きな皿をセレクトもできる。

↑思わず聞き入ってしまうオペラの披露

セラーノ通り周辺 **MAP：P12C1**

図Ⓜ4・5・10号線ALONSO MARTINEZ駅から徒歩7分 🏠C. de Covarrubias 25 ☎91-4483810 🕐21～24時(土曜は13～16時、21～24時)🏖日～水曜 💺🍴

↑平日はディナー営業のみ

↑左／コースメニューの山羊のスモークチーズ添え(手前)とナバラ産ホワイトアスパラガス。コースは€54と€75の2種類↑右／コースメニューのそら豆入りコーンスープ。低温調理のポーチドエッグ乗せ

↓2022年11月にオープンしたレストラン

## バスク ～Basque～

↓気品あふれる店内

美食の街・バスク地方の料理

### エネコ・バスク・マドリード
●Eneko Basque Madrid

↓伝統的なバスク料理をルーツとする、独創的な料理の数々。コースの方がリーズナブルでおすすめ

↓お店はアトーチャ駅のほど近くにある

バスク出身の三ツ星シェフ、エネコ・アチャ氏監修のレストラン。地中海とバスク地方の料理が中心で、特にバスク産の牛肉を使った料理が好評。また、料理によっては和のテイストも取り入れている。

プラド美術館周辺 **MAP：P12C4**

図Ⓜ1号線ESTACION DEL ARTE駅から徒歩3分 🏠C. Atocha 123 ☎91-2984800 🕐13～16時、20～23時 🏖日・月曜 💺🍴

↑地下鉄駅から徒歩すぐで
アクセス便利

マドリード市街が一望のバー

## ジンコ・スカイ・バー
●Ginkgo Sky Bar

スペイン広場に面したホテルに
備わるレストラン&バー。店内は
モダンで洗練された雰囲気が漂
い、テラスからはマドリードの街
並みを見晴らせる。1日2回の音
楽ライブも開催。入場料は€4(金・
土曜は€8)。

**グラン・ビア通り周辺** MAP：P14A1

図Ⓜ3・10号線PLAZA DE ESPAÑA駅
から徒歩すぐ 📍Plaza de España 3
☎91-5955512 ⏰13時～翌1時(金・
土曜は～翌2時30分) ㊡なし

ルーフ
トップ
~Roof Top~

↑スペイン広場のすぐそばに立つホテル最上階の
ルーフトップバー

←左／カクテルのほか、スパニッシュやアジアン
など多彩なディナーも楽しめる ←右／20種以上の
オリジナルカクテルを用意

↓店内からも街並みを見晴らせる

---

フュージョン
料理
~Fusion~

➡マドリード名物コシードの餃子仕立て、
ギョーザ・デ・コシード€7(2個入り)

➡スペイン産えびの天ぷらのキムチソー
スがけ、タルタル・デ・ランゴスティー
ノ・エン・テンプラ€19

↑こじんまりとした店内はテーブル席
とカウンター席が半分ずつ

←サーモンのタルタルとウナギの蒲焼
き入りタコス、ハポ・タコ€7.50

スペイン×日本のフュージョン料理

## タベルナ・リスカル
●Taberna Riscal

2023年12月にオープンしたカジュ
アルモダンなレストラン。スペイ
ンの食材と日本やメキシコなどの
食文化を融合させたフュージョン
料理が特徴で、醤油、しそ、鰹節
などの和の調味料も使用する。

**セラーノ通り周辺** MAP：P16A3

図Ⓜ5号線RUBEN DARIO駅から徒歩す
ぐ 📍C. Marqués de Riscal 6 ☎697-
783206／91-4911529 ⏰13時30
分～16時、20時30分～翌0時30分
㊡日曜

スペインのおいしい！が集まる

# 活気あふれる メルカドで食べ歩き

## 観光のポイント

● **混雑する時間帯**
市場内は常に混雑して
いるが、開店直後と夕
方ごろの時間帯は比較
的空いている。また、
商品はすべて価格が付
いているので値切った
りする行為はNG。

● **荷物には注意**
ピーク時には市場内が
人で埋め尽くされるほ
ど混雑するので、荷物
は最小限で訪れるなど。
買い物などした際は、
一旦ホテルに戻るなど。

100年の歴史を持つ老舗市場

## サン・ミゲル市場
● Mercado de San Miguel

生ハムやバカラオなどのタパスのほか、スイーツ、ワイン
を売る店など約20の店が集まる。中央にテーブル席があり、
いろいろな店で買った料理をその場で食べ比べもできる。

→市場内にはバーやテーブ
ル席も備わる

**プエルタ・デル・ソル周辺 MAP：P14B4**

Ⓜ1・2・3号線SOL駅から徒歩6分 🏠Plaza de san Miguel s/n
☎91-5424936 🕙10～24時（金～土曜は～翌1時）休なし 🔲🔲

↑カニの身、ワカメ、キャビア
入りのバーガー、アンブルゲサ・
デ・カングレホ€3.50

**カニ**

### クラブ・クラブ・クラブ
● Crab Crab Crab！
サラダやサンドイッチなど、
さまざまな料理にアレンジ
したカニ尽くしの店。

**オリーブ**

### ラ・オラ・デル・ベルムー
● La Hora del Vermut
スペイン各地のオリーブを扱う。フレ
ーバードワインのベルムットも名物。

→うずらやエビなどと挟んだ
オリーブの串刺し1個€4～

→オリーブと相
性ばっちりのベ
ルムット€4.50

**トルティーリャ**

### ピコリスト
● Picolisto
スペインのタパスの定番、トルティー
リャのお店。伝統的なものからア
レンジしたものまで揃う。

→ミニサイズの
フライパンに乗
ったトルティー
リャ€9

→各種トッピングが乗
ったミニトルティーリ
ャ8つセット€10

**肉**

### カラスコ
● Carrasco
サラマンカ地方のイベリコ豚を扱う
カラスコ社と腸詰めメーカーのマス
社が共同経営出店。生ハム、ブティ
ファラ、チョリソなど品数豊富。

→三角コーン入りの
チョリソは€15～
（量り売り）

→乾パン付きの
イベリコ豚生ハ
ム€17

↑お店の前に料理のジャンルを示す看板がかかっている

→バーも併設しておりビールは€3.50〜。開放的なテラス席で一杯楽しみたい

オシャレなビル型メルカド
# サン・イルデフォンソ市場
●Mercado San Ildefonso
3階建ての建物に、魚介料理、串焼き料理、肉料理など14の専門店が集まっている。お店は店名ではなく、アジアン、スペイン料理、魚介などフードジャンルで分かれている。

グラン・ビア通り周辺 **MAP：P15D1**
Ⓜ M1・10号線TRIBUNAL駅から徒歩3分 C.Fuencarral 57
☎91-5591300 ⏰13〜24時(金・土曜は〜翌1時) 休なし

イベリコ豚
↓イベリコ豚の炭焼き、プルマ・イベリカ€24。ソースはアルゼンチンのチミチュリソース

ペルー
←ライムで味付けしたマッシュポテト、カウサ・リメーニャ€9。ペルーの名物料理

プルポ
→ガリシア産の茹でタコ(プルポ)にピメントンパウダーをかけた、プルポ・ア・ラ・ガジェガ€16

+ **Plus!** こちらのメルカドもチェック

チュエカ地区のスタイリッシュ市場
# サン・アントン市場
●Mercado de San Antón
チーズやシーフード、ハムなどを扱う市場。2階はフードコート形式で小さなバルがずらりと並び、各種タパスが楽しめる。屋上にはオープンエアーのカフェバーもある。

グラン・ビア通り周辺 **MAP：P15D2**
Ⓜ M5号線CHUECA駅から徒歩1分 C.de Augusto Figueroa 24 ☎91-3300730 ⏰9時30分〜21時30分(フードコートは12〜24時) 休日曜(フードコートは無休)

↑古い建物をモダンに改装

↑テーブルや椅子は自由に利用できる

↑1階は食料品市場、2階がフードコートとなっている

Sweets

伝統orモダンはお好みで！

# 絶品スイーツは新旧の名店へ

Read me!

王室御用達の歴史ある老舗から、スターパティシエがプロデュースするモダン系まで、マドリードのスイーツはバラエティ豊か。街歩き途中の休憩に立ち寄るのもおすすめ！

定番

時代を超えて愛される王道コンビ

## チョコラテリア・サン・ヒネス

●Chocolateria San Ginés

創業1894年のチュロス専門店。揚げたてサクサクのチュロスをホットチョコレートに浸して食べるのが定番。朝食、おやつ、お酒の後にと、いつも行列が絶えない人気店だ。

プエルタ・デル・ソル周辺 **MAP:P14B3**

[交]Ⓜ1・2・3号線SOL駅から徒歩5分
[住]Pasadizo de San Ginés 5 ☎91-3656546
🕒8時30分～翌1時30分（月～水曜は8時～23時30分）[休]なし [英][英]

↑レジで注文と支払いを済ませ、レシートを受け取りテーブルへ

€5.50

**チョコラーテ・コン・チュロス**

チュロスとホットチョコレートのセット。チュロスより太いポラスも人気。テイクアウトもOK

→ミニケーキは1個€1程度。ショーケースから選んでティーサロンで味わえる

定番

伝統菓子が揃う王室御用達店

## エル・リオハーノ

●El Riojano

1855年創業の老舗パティスリー兼カフェ。スタッコ装飾やステンドグラスが美しいクラシカルなティーサロンで、王室御用達の伝統菓子を楽しむことができる。

プエルタ・デル・ソル周辺
**MAP:P14B3**

[交]Ⓜ1・2・3号線SOL駅から徒歩1分
[住]C. Mayor 10 ☎91-3664482
🕒9～21時 [休]6～9月の日曜、8月 [英]

↑優雅な雰囲気のティーサロン

€1.90～

**ソレティーリャ**

チョコラーテにつけて食べるやわらかいビスケットで、マドリードの定番

€2.60～

**チョコラーテ**

ココアから手作りする本格派ホットチョコレート

フランス仕込みの至福のスイーツ **オススメ！**

## サンタ・エウラリア
●Santa Eulalia

パリのル・コルドン・ブルーで修業したホセ・アルベルト・トラバンコ氏が腕を振るうベーカリー＆スイーツ店。12世紀の市壁の遺構を利用した広い店内は雰囲気がある。

**王宮周辺** MAP:P14B3

🚇M2・5号線ÓPERA駅から徒歩1分
🏠C. del Espejo 12 ☎91-1385875
🕐8時30分〜20時 ㊡月曜

➡静かで居心地のよい空間

**€8.50**

**ババ**
ラム酒をしみこませたケーキで黄色いチョコカップのなかはフルーツ入り。上に乗ったカカオチョコも手作り

➡りんごの酸味が楽しめるタティン・デ・マンサーナ€8.50

**€6.40**

**クアトロ・テクストゥーラ**
食感や風味の異なる4種のチョコレートを組み合わせたムース

伝統を受け継ぐ最旬スイーツ

## ラ・ドゥケシータ
●La Duquesita

マリア・クリスティーナ王妃も通った1914年創業の菓子店。2017年よりスペイン随一のパティシエ、オリオル・バラゲール氏が店を受け継ぎ、伝統とモダンが融合したスイーツを提供する。

**グラン・ビア通り周辺** MAP:P15E1

🚇M4・5・10号線ALONSO MARTINÉZ駅から徒歩3分
🏠C. Fernando VI 2
☎91-3080231 🕐9時〜20時30分
（土曜は9時30分〜、日曜は10時〜）
㊡なし

⬆おみやげ用チョコレートもスタンバイ！

ビスケットの老舗が作るスイーツ

## エル・ペロ・イ・ラ・ガジェタ
●El Perro Y La Galleta

スペインのマリービスケットの老舗、フォンタネダ社が手がけるレストラン。ビスケットを使ったスイーツを販売するベーカリーが隣接し、テイクアウトのほかレストランでも味わえる。

**プラド美術館周辺** MAP:P13D2

🚇M9号線PRINCIPE DE VERGARA駅から徒歩2分
🏠C. Castello 12 ☎610-181711
🕐13〜24時（土・日曜は10時〜）
㊡なし

**€7**

**タルタ・デ・ケソ**
ビスケットがのったチーズケーキ。粉状のビスケットが入ったアイスクリーム付き

➡店内にはイートインスペースもある

⬆チョコレートムースにビスケットを乗せたタルタ・デ・ママ€7

⬅ベーカリーの左右の棚にビスケットが並ぶ

巨大デパートに広がるフードパーク

# グルメ・エクスペリエンスで美食めぐり

**Read me!**

エル・コルテ・イングレスの上階に広がる食のテーマパークへ。並ぶレストランのレベルはいずれも高く、ショップの商品も上質。スペインの美食をたっぷりと満喫できる。

➡フロアに並ぶレストラン

⬆明るい光が差し込むフードコート

➡デパートの入口からエレベーターで9階へ

## スペインの美食が一堂に会す **グルメ・エクスペリエンス（カジャオ店）** ●Gourmet Experience(Callao)

「エル・コルテ・イングレス」カジャオ店の9階にある美食フロア。全部で11店舗のカフェ・レストランが軒を連ねており、バスク料理やハンバーガーなどバラエティ豊か。広々とした食品売り場もあり、食事と買物が同時に楽しめる。眺望の良さも魅力。

**プエルタ・デル・ソル周辺　MAP：P14C2**
🚇Ⓜ3・5号線CALLAO駅から徒歩1分
🏠Plaza del Callao 2
☎91-3798000
🕐10〜22時 ⑯なし

➚グラン・ビア通りのシンボル、メトロポリスビルが目の前に

# Shopping

フロアに入って手前が食品売り場。エル・コルテ・イングレスのオリジナルブランド商品など、高級志向の食材やお菓子が揃う。

€14.90
**オリーブオイル**
エクストラバージンオリーブオイルを使用

**イワシの缶詰**
イワシ（サーディン）のオリーブオイル漬け。持ち帰りやすくおみやげにおすすめ

€2.90

**ボンボンショコラ**
なかにイチジクが入ったひと口サイズのチョコ

€10.90

€11.90
**フランボワーズチョコ**
フリーズドライのラズベリーをホワイトチョコレートにディップ

➡リオハやガリシアなどスペイン産のワインが豊富

# Eat

食品売り場の先にある、全11店舗のフードエリア。生ハム、タパス、アーティチョークなどスペインならではの料理が満載。

フードコートスペースでは各レストランの料理のほか、食品売り場で購入した商品も食べられる。

€18.90

**アンブルゲサ・ヘイ・ブエイ&キムチ [B]**
Hamburguesa Hey Buey Kimchi
牛肉、フライドオニオン、焼き卵、チェダーチーズ、キムチソースなどが入った豪快なハンバーガー

€19

**タブラ・デ・ケソ [A]**
Tabla de queso
スペイン産チーズの盛り合わせ

€3

**ピンチョ・デ・トルティーリャ・デ・パタタス [D]**
Pincho de toltilla de patatas
スペインの名物タパス、トルティーリャのピンチョス

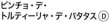

€3

**ヒルダ [A]**
Gilda
オリーブ、アンチョビ、青トウガラシをようじに刺した、スペイン北部の名物

€27

**タブラ・デ・ハモン [A]**
Tabla de Jamon
スペイン料理の定番、生ハムはビールなどと一緒に

€3.95

**チストーラ・デ・オリオ(後ろ) [C]**
Txistorra de Orio
バスクで"チストーラ"とよばれるソーセージのピンチョス

€4.50

**ピンチョス・チャカ・ブランカ(手前) [C]**
Pintxos Txaca Blanca
魚のすり身のマヨネーズあえ、チャカ・ブランカのピンチョス

€18.50

**フロレス・デ・アルカチョファス・コンフィターダス [C]**
Flores de alcachofas confitadas
アーティチョークを砂糖漬けにしたもの

## [A] エレデロス・デル・マルケス・デ・リスカル

●Herederos del Marques de Riscal

老舗ワイナリー「マルケス・デ・リスカル」が手掛けるお店。タパスとワインが充実。

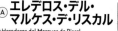

## [B] アンブルゲサ・ノストラ

●Hamburguesa Nostra

スペイン国内で十数店舗を展開する、人気のハンバーガー専門店。

## [C] イマノル

●Imanol

バスクなど、スペイン北部の料理を扱う。ピンチョスメニューが豊富。

## [D] ラ・マキナ

●La Maquina

1982年創業の「ラ・マキナ」グループのバル。スペイン定番タパスのほか、海鮮も有名。

**+ Plus!** 近くのNEWスポットもチェック

エル・コルテ・イングレスのプレシアドス店にも新たなフードエリアが誕生。カジャオ店から徒歩5分なのでのぞいてみよう。

### ラス・ヌベス・マーケット ●Las Nubes Market

2023年の夏、エル・コルテ・イングレスプレシアドス店8階のフードエリアがリニューアル。米、グリル、ピザ、魚などバラエティに富んだ料理が入口から並んでおり、自由に選んでテーブルまで運ぶスタイル。

[プエルタ・デル・ソル周辺] **MAP:P14C3**

[交][M]1・2・3号線SOL駅から徒歩2分
[住]C.Preciados 3-10 ☎91-3798000 🕘10〜22時 [休]なし

⬆出来立ての料理が多く、キッチンのライブ感も楽しめる

あらゆるモノが集まるストリートマーケット

# ラストロでお宝ハンティング

脇道にもお店が並んでいるからチェックして！

**Read me!**

マドリードで毎週日曜と祝日のみ開催される蚤の市、ラストロ。マドリード最大規模の市として知られ、道からあふれるほど多くの人々でにぎわう。宝物を探しに訪れてみよう。

思わぬ掘り出し物が見つかるかも

## ラストロ ●El Rastro ★★

マヨール広場より南に徒歩10分。坂道になったリベラ・デ・クルティドレス通り周辺で、日曜と祝日のみ開催されるマドリード最大の蚤の市。通り沿いに約1000軒もの露店が立ち並び、日用雑貨から骨董品までなんでも揃う。

**プエルタ・デル・ソル周辺** **MAP：P12B4**

Ⓜ5号線LA LATINA駅から徒歩1分
⏱9〜15時ごろ
📅月〜土曜　　⬇通り一帯は買い物客とお店の人との活気でにぎわう

## 観光のポイント！

### ☑ ラストロの由来

ラストロは"跡"の意味。昔はこの地区は屠殺場で、引きずられる動物の血が跡となって残ったことが名の由来だという。"カルネロ（羊）"通りなど、周辺の通りに家畜の名がついているのはその名残。

### ☑ おすすめの時間帯

11〜14時は道を埋め尽くすほどの大混雑となるので、朝の早い時間に訪れるのがおすすめ。ただし、まだ開いていないお店もあるので注意。

### ☑ スリに注意

人込みのなかではスリに注意。手荷物には細心の注意を払い、鞄やリュックは前で持つようにしよう。

### ☑ クレジットカードは使えないことも

お店によるが、クレジットカードを使用できない場合も多い。あらかじめ現金を用意しておこう。

### ☑ 値切りはマナーを守って

今では値切りを行うのは一般的ではない。特に値札が付いているものをなんでも値切るのはマナー違反。数点まとめて購入したときにお願いしてみる程度にしておこう。

## 知っておくと便利なスペイン語

**これをください**
Deme esto, por favor　デメ エスト ポル ファボル

**いくらですか？**
¿Cuánto es?　クアント エス

**手にとってもいいですか？**
¿Puedo cogerlo?　プエド コヘールロ？

こんなモノ見つけた！

**€13〜**

**パエーリャ鍋**
パンとよばれるパエーリャ
専用の鍋。大小さまざまな
サイズがズラリ

**€10.95〜**

**レザーシューズ**
スペイン伝統のレザー
シューズ。ファー付き
は€11.95

**€3**

**おたま入れ**
メトロ（地下鉄）マー
クをモチーフにした
ものなど、デザイン
は多彩

**€15**

**フラメンコシューズ**
子ども用サイズのフラメン
コシューズ

**€15**

**タラベラ焼**
庭にくる鳥用の水飲み場。
インテリアとしても

**€6**

**オイル入れ**
スペインの家庭で
よく使われている
オイル入れ

**コーヒーミル**
年季の入った
アンティークの
コーヒーミル

**€3**

**コルク製ペン**
コルクでできたペン。スペインはコ
ルク樫の産地として有名。そのほか
ポーチ（左）や眼鏡ケースなども

---

**+ Plus!**

**アンティーク探しながらココもぜひ**

ストリートマーケット沿いにはアンティークコレクターに
人気のギャラリーがある。こちらもぜひ！

アンティーク好き必見のスポット
## ガレリアス・ピケール
●Galerias Piquer

リベラ・デ・クルティドレス通
りの中間地点にある、複数のア
ンティークショップが集まった
ギャラリー。伝統的なカスティ
ーリャ家具からアールヌーヴォ
ー様式の作品まで幅広く揃う。

➡アンティーク
の置き時計

プエルタ・デル・ソル周辺　**MAP：P12B4**
🚇Ⓜ5号線LA LATINA駅から徒歩7分
🏠C. de la Ribera de Curtidores 29
🕐11〜14時、17〜20時
❌土・日曜の午後 🔸

Goods

伝統の磁器人形から手作りのファブリックまで

# ほっこりかわいいスペイン雑貨

**Read me!**

スペインの伝統品といえば、リヤドロのかわいらしい磁器人形。素朴な陶器や手作りのファブリック製品もどことなく温かみが感じられ、どれにしようか迷ってしまう。

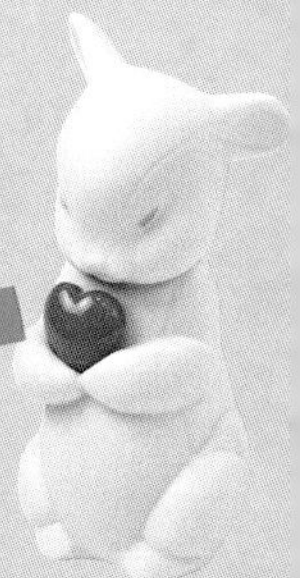

€115
ちょこんとハートを抱えた姿がキュートな白ウサギのリヤドロ作品 Ⓐ

€19.50
陶器の村、エル・プエンテ・デル・アルソビスポ(トレド県)で作られた宝石箱 Ⓒ

€1640
かわいいお花屋さんの少女。リヤドロらしい繊細な花細工が施されている Ⓐ

各€32
ベラスケス作『ラス・メニーナス』をモチーフにした置物 Ⓑ

各€34
ビビッドなカラーがかわいい定期・小銭入れ Ⓓ

€360
リヤドロのスタンドライト。USBコードで充電可能 Ⓐ

€685
今にも踊り出しそうなフラメンコダンサーのリヤドロ人形。スペイン国内限定品 Ⓐ

€22
タラベラ焼の塩こしょう入れ Ⓑ

€14.50
スペインの昔ながらのクラシカルなシューズ Ⓕ

Ⓐ 店内のシャンデリアもリヤドロ製

## リヤドロ ●Lladró

ポーセリンアート(磁器芸術)で有名なリヤドロの直営店。上品な色彩と繊細な花細工、美しい曲線が特徴のリヤドロ作品はすべて手作りで、定番デザインのほかスペイン限定商品もある。

[セラーノ通り周辺] **MAP:P16B3**

[図]Ⓜ4号線SERRANO駅から徒歩10分
[住]C.de Serrano 76
☎91-4355112
🕐10〜20時
[休]日曜 [日][英]

Ⓑ スペインらしいおみやげが揃う

## アルテ・スティロ ●Arte Stilo

陶磁器を中心に各地の工芸品を揃えるみやげ店。2階にはスペイン各地の焼き物が並んでおり、スペインブランドのバッグやアクセサリーなども扱っている。

[プラド美術館周辺] **MAP:P15E4**

[図]Ⓜ1号線ANTÓN MARTÍN駅から徒歩10分 [住]Paseo del Prado 12
☎91-4296646
🕐10〜21時
[休]なし [英]

各€53
マドリード発ブランド、カスピエルの牛革の携帯ポーチ D

€5.30

€8.30

アマポーラ柄を施したハエン焼きのおちょこ（左）と器（右）C

€455
飛び立とうとするハチドリが乗ったリヤドロのつぼ A

€250
花をくわえた犬のリヤドロ作品 A

各€29.90
バスク地方の帽子メーカー「ボイナス・エロセギ」のベレー帽。カラーバリエーションも豊富 F

€9.75
夏の定番、エスパドリーユのスリッポン E

各€75
仔羊の皮で作られた上質な手袋。黒が男性用、赤が女性用 D

€29.50
セビーリャ焼の置時計は、スペインらしい闘牛がモチーフ B

### E とりこになる履き心地
## カサ・エルナンス ●Casa Hernanz

1845年創業、エスパドリーユとよばれる植物で編んだスペインならではのシューズの専門店。色や柄などのデザインが豊富で人気が高い。

プエルタ・デル・ソル周辺　MAP：P14B4

図M1・2・3号線SOL駅から徒歩7分
C.Toledo 18
93-3665450
9時～13時30分、16時30分～20時
（土曜は10～14時）
日曜

### C 手頃な陶器が豊富に揃う
## カンタロ ●Cantaro

日常でも使いやすい陶器を、手頃な価格で手に入れられる。カスティーリャ地方やバレンシア、アリカンテ、ムルシアなどスペイン各地の陶器が集まる。

グラン・ビア通り周辺　MAP：P14A2

図M3・10号線PLAZA DE ESPAÑA駅から徒歩2分　C. Flor Baja 8
91-5479514　10時30分～14時、17時～20時30分（土曜は11～14時のみ）
日曜

### D 人気ブランドやスペイン雑貨まで
## レパント ●Lepant

有名ブランドのバッグから雑貨、菓子類まで、スペインみやげを幅広く揃える。オリジナルの革製品は品質が高く、観光客から人気。

王宮周辺　MAP：P14A3

図M2・5号線ÓPERA駅から徒歩3分
Plaza de Ramales 2　91-5417427
9時30分～13時30分、14時30分～18時30分（日曜は9時30分～13時30分のみ）　なし

### F スペインの伝統を感じるグッズの数々
## レアル・ファブリカ・エスパニョーラ ●Real Fábrica Española

ファブリック製品を中心に、スペインで昔から使われてきたものを現代風にアレンジした商品が揃う。すべて手作りで、温かみを感じるものが多い。

プラド美術館周辺　MAP：P15D4

図M1号線ANTON MARTIN駅から徒歩5分
C. de Cervantes 9
91-1252021
11～21時
なし

マドリード　おかいもの　食材　蚤の市　雑貨　ファッション

**155**

マドリード随一のブランドストリート

# セラーノ通りでショッピング

di Do
4785
HMK

↓マドリード随一のショッピングスポット

**Read me!**

国内外のハイブランドが軒を連ねるセラーノ通りは、マドリードでも特にショッピングが楽しいエリア。買物の途中にひと休みできるスポットも多い。

## セラーノ通りMAP

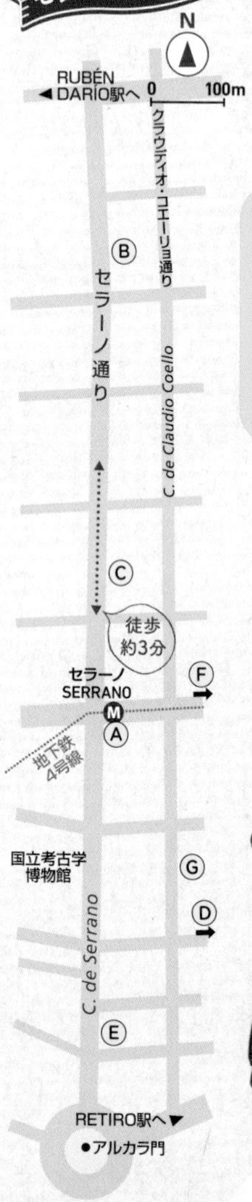
N
RUBÉN DARÍO駅へ
0
100m
クラウディオ・コエーリョ通り
B
セラーノ通り
C. de Claudio Coello
C
徒歩約3分
セラーノ SERRANO
F
M
A
地下鉄4号線
国立考古学博物館
G
D
C. de Serrano
E
RETIRO駅へ
●アルカラ門

## 観光のポイント

### ☑ アクセス

[M]4号線SERRANO駅はセラーノ通りのちょうど中間あたりにある。2号線RETIRO駅から歩きながら北上するのもいい。セラーノ通りにはバスも通っている。

### ☑ 歩き方

碁盤の目のように通りが交差しているので歩きやすい。南北に延びるセラーノ通りから東に入ったゴヤ通り、アラヤ通りなどにもショップやバルが多い。

→通りには洗練された雰囲気が漂う

←アルカラ門があるインディペンデンス広場がセラーノ通りの南側の入口

Ⓐ スペインを代表する高級レザーブランド

### ロエベ ●Loewe

スペイン王室からも愛される、ラグジュアリーレザーブランド。職人が伝統技で作り出す皮革製品は、流行を取り入れた新作も。その機能性や美しいフォルムは世界中のセレブにもファンが多い。

[セラーノ通り周辺] **MAP:P16B4**

[交][M]4号線SERRANO駅から徒歩3分
[住]C. de Serrano 34 ☎91-5776056
[時]11～20時(日曜は12～19時)
[休]なし [日][英]

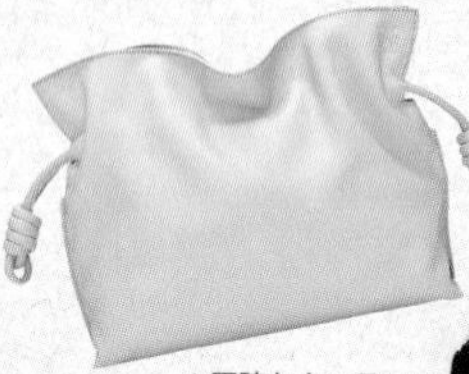

←ナパカーフスキン製のフラメンコクラッチ€2000。コイル状の結び目が特徴

LOEWE

→正確なカッティング技術が作り出す幾何学的なラインが特徴的なパズルバッグ・スモール €2600

←リヤドロの人気コレクション「THE GUEST」の専用コーナーもある

↑可憐な人形の繊細な装飾に思わず目を奪われる

Ⓑ 美術館も所蔵する磁器アート

### リヤドロ ●Lladró

ヨーロッパ磁器の伝統を守りつつ、独自のスタイルを確立させたポーセリン(磁器)アートブランド。ひとつひとつ手作業で生み出される作品は、繊細な花細工や曲線美が高く評価されている。

[セラーノ通り周辺] **MAP:P16B3**

DATA ▶ P154

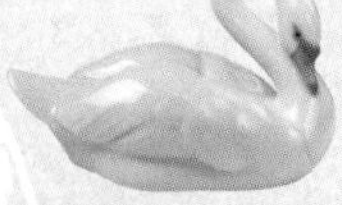

→エレガントなスワン €95

Ⓒセレブも愛用のリュクスブランド

## トウス ●Tous

TOUSベアがシンボルとして知られるリュクスブランド。ジュエリーを中心に、バッグ、フレグランスなど幅広く展開。さりげないくまのモチーフが若い女性からマダムまで人気。

[セラーノ通り周辺] MAP:P16B4

[図]Ⓜ4号線SERRANO駅から徒歩3分
[住]C. de Serrano 50
☎93-4319242
🕘10時～20時30分（日曜、祝日は12～20時）
[休]なし [英]

←鮮やかなピンクやシンプルなホワイトベースなど種類豊富なショルダーバッグ各€89

↑天然石で作られたシンボルのくまのネックレス€69

←バレエシューズは種類豊富。靴底がゴムでできているものもあり、歩きやすい

→パーティー用シューズ€499。ダチョウの毛のファーとスワロフスキーのクリスタルがラグジュアリーな雰囲気を演出

Ⓓフラットシューズならココ

## プリティ・バレリーナス
●Pretty Ballerinas

上質な革靴で知られるマスカログループからできたフラットシューズ専門店。デザイン性と機能性を備えたシューズが揃う。

[セラーノ通り周辺] MAP:P16B4

[図]Ⓜ4号線SERRANO駅から徒歩3分
[住]C. de Lagasca 30
☎91-4319509
🕘10時30分～20時30分（8月は10時30分～14時30分、17～20時）
[休]日曜 [英]

ココでひと休み

Ⓔ朝食の利用にも便利

## マヨルカ ●Mallorca

マヨルカ島発の老舗菓子店が手がける、人気のカフェレストラン。軽食のほかランチメニューもある。赤い看板が目印。

[セラーノ通り周辺] MAP:P13D2

[図]Ⓜ2号線RETIRO駅から徒歩5分
[住]C. de Serrano 6 ☎91-5771859 🕘9～21時 [休]なし [英][英]

↑テラス席でのんびりひと休み

Ⓕイベリコ豚ハム・腸詰め専門店

## ビアンダス・デ・サラマンカ ●Viandas de Salamanca

生ハムやサラミのほか、舌の上でとろけるような生ハムをはさんだボカディーリョ（スペイン風サンドイッチ）が評判。

[セラーノ通り周辺] MAP:P16C4

[図]Ⓜ4号線VELÁZQUEZ駅から徒歩すぐ
[住]C. de Goya 43 ☎91-0616081
🕘9時30分～21時（日曜は11～15時）
[休]なし [英]

←店内には大量の肉が並ぶ

↓ボカディーリョ€4.50。生ハムとチーズのダブルは€4.90

Ⓖスペイン南部の味を忠実に再現

## ラ・ヒラルダ ●La Giralda

陶器のタイルやシェリー樽のテーブルなど、アンダルシア風のインテリアが可愛い郷土料理店。本格的な料理をバルでも味わうことができるのが魅力。金曜の夜はフラメンコショーも。

[セラーノ通り周辺] MAP:P16B4

[図]Ⓜ4号線SERRANO駅から徒歩5分
[住]C. Claudio Coello 24
☎91- 5764069
🕘13～16時、20～24時
[休]日曜の夜、祝日の夜
[英][英]

↑スタッフにアンダルシアのおすすめのお酒を聞いてみよう

↓アンダルシアの定番タパス。エビ、イワシ、イカなどを使った魚介のフリット2～3人前€37.40

*Puerta del Sol*

# プエルタ・デル・ソル

## マドリードの中心部をぐるっと

プエルタ・デル・ソル周辺は、王宮を中心に王室ゆかりの
修道院や劇場、広場が集まる旧市街。
創業100年を超えるレストランやバルも多数！

観光の拠点となるエリア

多くの人でにぎわう
マドリードの中心部

プリンシペ・
ピオ駅

ココ！

ラス・ベンタス
闘牛場

王宮
マヨール
広場

プラド美術館

アトーチャ駅

### このエリアでしたいコト

**① 王室ゆかりのスポットを訪ねる**

王宮、王立の美術館、美しい教会など、由緒正しい歴史スポットを訪ねることで、マドリードの歴史にふれることができる。

**② 老舗バルを体験**

名物バルが集まるカバ・デ・サン・ミゲル通り（→P140）をはじめ、地元の人々に愛されるお店が多い。休憩がてらサクッと利用するのが通！

### 行き方

プエルタ・デル・ソルに Ⓜ1・2・3号線SOL駅があり、アクセス便利。王宮やマヨール広場も徒歩圏内。

カリャオ

グラン・ビア
Gran Via

バンコ・デ・
エスパーニャ

王立
エンカルナシオン
修道院

王宮⑤

オリエンテ
広場

カサ・ラブラ③

① プエルタ・デル・ソル

オペラ

C. del Arenal

ソル

Ⓜ

セビーリャ

C. de Alcalá

アルメリア
広場

アルムデナ
大聖堂

カンポ・
デル・モロ

C. Mayor

カバ・デ・
サン・ミゲル
通り ④

マヨール広場

Start

② 王立サン・
フェルナンド
美術アカデミー

C. San Jerónimo

アテナス公園

C. de Segovia

ティルソ・デ・
モリーナ

C. de las Huertas

アントン・
マルティーン

サン・イシドロ教会

サン・フランシスコ・
エル・グランデ教会 ⑥

モロス広場

ラ・ラティーナ

カスコーロ
広場

ラバピエス

C. de Argumosa

Av. Gran Via de San Francisco

Ronda de Segovia

C. de Toledo

トレドの門
プエルタ・デ・トレド

Goal

Ronda de Toledo

地下鉄5号線

エンバハドレス

ソフィア王妃
芸術センター

▲ 200m

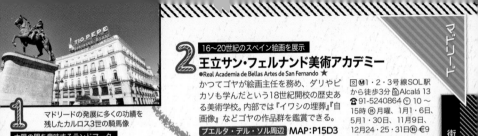

マ・ド・リ・ー・ド

街ガイド

プエルタ・デル・ソル

プラド美術館周辺

グラン・ビア通り

サラマンカ地区

# 1

マドリードの発展に多くの功績を残したカルロス3世の騎馬像

**太陽の門を意味するランドマーク**

## プエルタ・デル・ソル ●Puerta del Sol ★★

マドリードの中心にあり、かつて街が城壁で囲まれていた時代に、太陽が昇る東側の門があったことに由来している。広場には街の整備に尽力した名君カルロス3世像や、市の紋章でもある山桃とクマ像が立ち、いつも多くの人で賑わう。

プエルタ・デル・ソル周辺 **MAP：P14C3**

🚇M1・2・3号線SOL駅から徒歩すぐ

# 2

**16〜20世紀のスペイン絵画を展示**

## 王立サン・フェルナンド美術アカデミー

●Real Academia de Bellas Artes de San Fernando ★

かつてゴヤが絵画主任を務め、ダリやピカソも学んだという18世紀開校の歴史ある美術学校。内部では『イワシの埋葬』『自画像』などゴヤの作品群を鑑賞できる。

プエルタ・デル・ソル周辺 **MAP：P15D3**

🚇M1・2・3号線SOL駅から徒歩3分 🏛Alcalá 13 ☎91-5240864 ⏰10〜15時 🗓月曜、1月1・6日、5月1・30日、11月9日、12月24・25・31日 💶€9

荘厳な建物にも注目

---

**おさんぽコース** 所要6時間

Start 🚇M1・2・3号線SOL駅
↓歩いてすぐ
①プエルタ・デル・ソル
↓歩いて10分
②王立サン・フェルナンド美術アカデミー
↓歩いて10分
③カサ・ラブラ
↓歩いて6分
④マヨール広場
↓歩いて8分
⑤王宮
↓歩いて10分
⑥サン・フランシスコ・エル・グランデ教会
↓歩いて6分
Goal 🚇M5号線PUERTA DEL TOLEDO駅

---

**時間がなくても ココだけは Must Go!** 3時間コース

①プエルタ・デル・ソルからスタートし、④マヨール広場のあとに⑤王宮へ。王宮は見ごたえ満点のため、1時間以上はみておきたい。事前に予約しておくのがスムーズ。

---

バカラオのコロッケは1個€1.30、フリッター€1.90もおすすめ

# 3

**名物バルでタパスを**

## カサ・ラブラ ●Casa Labra

バカラオ（塩干しダラ）を使ったタパスで有名な1860年創業のバル。名物のバカラオのフリッターとコロッケは1個単位で注文できる。ドリンクは生ベルモット€2.30が人気。※2023年12月現在、レストラン営業は休業中。バルのみ営業

プエルタ・デル・ソル周辺 **MAP：P14C3**

🚇M1・2・3号線SOL駅から徒歩1分 🏛Tetuán 12 ☎91-5310081 ⏰11時30分〜15時30分、18時30分〜22時30分 🗓なし

開店と同時に行列ができる人気店。ドリンクはバルカウンターで注文する

# 4

**フェリペ3世の命で造られた**

広場にカフェやバルが並ぶ

## マヨール広場 ●Plaza Mayor ★★

16〜17世紀に整備された壮麗な広場。かつてはマドリード最大の市が立ち、国王の宣誓や闘牛、異端審問裁判なども行われたといわれている。中央にフェリペ3世の騎馬像が立ち、17世紀の集合住宅が四方を囲んでいる。

プエルタ・デル・ソル周辺 **MAP：P14B4**

🚇M1・2・3号線SOL駅から徒歩5分 🏛Plaza Mayor

# 5

アルメリア広場に面した王宮の正面玄関

**スペイン王室の栄華を物語る**

## 王宮 ●Palacio Real de Madrid ★★★

3000室近くある部屋の一部が公開されており、大階段や玉座の間などで豪華な内装を見ることができる。

王宮周辺 **MAP：P14A3**

DATA→P130

衛兵の交代式が見られるかも

# 6

**17〜19世紀の名画が見事**

## サン・フランシスコ・エル・グランデ教会

●Real Basílica de San Francisco el Grande ★★

中世の修道院を18世紀に教会に改築。内陣は6つの礼拝堂に囲まれており、それぞれの礼拝堂に初期のゴヤ作品をはじめとするスペイン絵画の名作が飾られている。

プエルタ・デル・ソル周辺 **MAP：P12A4**

🚇M5号線LA LATINA駅から徒歩5分 🏛C. Gran vía de San Francisco 19 ☎91-3853800 ⏰10時30分〜12時30分、16時〜17時30分（7〜9月は10時30分〜14時30分、16時〜17時30分）🗓月曜、日曜のミサ 💶€5（木曜日は無料）

ゴヤ作『アラゴン王に説教するシエナの聖ベルナルディーノ』は必見

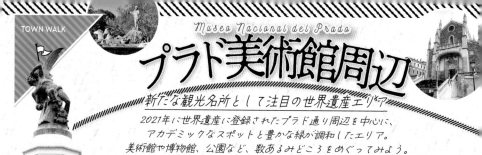

*Museo Nacional del Prado*

# プラド美術館周辺

## 新たな観光名所として注目の世界遺産エリア

2021年に世界遺産に登録されたプラド通り周辺を中心に、
アカデミックなスポットと豊かな緑が調和したエリア。
美術館や博物館、公園など、数あるみどころをめぐってみよう。

シベレス宮殿の展望台から街並みを一望♪

### このエリアでしたいコト

**1 3大美術館めぐり**

マドリード3大美術館とよばれるプラド美術館 →P122、ソフィア王妃芸術センター →P126、ティッセン・ボルネミッサ美術館 →P128 はプラド通り沿いにある。一日ですべてを見るのは難しいが、日にちをわけて訪ねてみよう。

**2 世界遺産のプラド通りを散策**

16世紀にヨーロッパの都市で初めての並木道として建造されたプラド通り。現在は車道に挟まれた中央が緑豊かな並木道になっており、歩くだけでも気持ちいい。

### 行き方

北側は2号線のRETIRO駅とBANCO DE ESPAÑA駅、南側は1号線のATOCHAとESTACIÓN DEL ARTE駅が最寄り。スペイン国鉄のレンフェの駅、ATOCHA駅もこのエリアにある。

ラス・ベンタス闘牛場

プリンシペ駅

王宮

王宮マヨール広場

**ココ！**

プラド美術館

アトーチャ駅

アルカラ門 ⑦

**Start & Goal**

シベレス広場 ⑥

バンコ・デ・エスパーニャ

地下鉄2号線

独立広場

アルカラ通り

Ⓜ レティロ

セビーリャ Ⓜ C. de Alcalá

ティッセン・ボルネミッサ美術館 ④

カスティーリョ広場

レアルタド広場

Paseo del Prado

アルフォンソ12世像

Paseo Argentina

セシリオ・ロドリゲス庭園

⑤ 海軍博物館

アントン・マルティン Ⓜ

プラド美術館 ③

Paseo de Venezuela

ベラスケス館

Paseo República Cuba

ソフィア王妃芸術センター

ムリーリョ広場

① レティーロ公園

C. de Atocha

クリスタル宮殿

バラ園

エスタシオン・デル・アルテ Ⓜ

② 王立植物園

アルフォンソ12世 プラド通り

ア・デ・シウダード

Ⓜ アトーチャ

地下鉄1号線

Ⓜ アトーチャ駅

▲ 200m

1

王族の庭園だった公園

アルフォンソ12世の像は撮影スポットに

## レティーロ公園 ●Parque de El Retiro ★★

かつては王族の庭園として館や宮殿が建てられていた。その後王家からマドリード市に譲渡され、緑豊かな憩いの場に。園内にはアルフォンソ12世の記念碑が立つ池やクリスタル宮殿がある。

[プラド美術館周辺] MAP:P13D3

[図]Ⓜ2号線RETIRO駅から徒歩1分 🏢Plaza de la Independencia,7 🕐6～24時(10～3月は～22時) [休]なし [料]無料

展示スペースとして使われるクリスタル宮殿

2

世界各国の植物で彩られた公園

## 王立植物園 ●Real Jardín Botánico ★

1755年にフェルナンド6世によって設立された植物園。テーマ別に分かれた園内には温室も複数あり、世界中から集めた5000種以上の植物を鑑賞できる。スペイン最大の植物標本館は見逃せない。

[プラド美術館周辺] MAP:P13D4

[図]ATOCHA駅から徒歩10分 🏢Plaza de Murillo,2 ☎91-4203017 🕐10～21時(4・9月は～20時、3・10月は～19時、11～2月は～18時) [休]なし [料]入園€4(火曜の10～13時は無料)

マドリードの発展に貢献した国王、カルロス3世の像

多彩な植物に囲まれた園内は歩くだけで楽しい

### おさんぽコース

所要7時間

Start Ⓜ2号線RETIRO駅
↓歩いて1分
①レティーロ公園
↓歩いて13分
②王立植物園
↓歩いて1分
③プラド美術館
↓歩いて7分
④ティッセン・ボルネミッサ美術館
↓歩いて7分
⑤海軍博物館
↓歩いて2分
⑥シベレス広場
↓歩いて5分
⑦アルカラ門
↓歩いて2分
Goal Ⓜ2号線RETIRO駅

3

珠玉の芸術作品に出合う

## プラド美術館 ●Museo Nacional del Prado ★★★

スペイン王家が誇る至高のコレクションが見られる美術館。館内には本格的な料理を楽しめるレストランもあり、ランチにもおすすめ。

[プラド美術館周辺]
MAP:P15F4
DATA→P122

美術館前には宮廷画家のベラスケスの像が

戦艦の模型やアフリカ大陸を初めて書いた海図など貴重な展示が目白押し

5

スペイン海軍の歴史にふれる

## 海軍博物館 ●Museo Naval ★★

1932年に開館したスペイン海軍付属の博物館。新大陸の発見から大航海時代、レパント海戦、そして現代の海軍までの歴史を貴重な資料とともに紹介している。館内にはミュージアムショップも。

[プラド美術館周辺] MAP:P15F3

[図]Ⓜ2号線BANCO DE ESPAÑA駅から徒歩4分 🏢Paseo del Prado, 3 ☎91-5238516 🕐10～19時(8月は～15時) [休]月曜 [料]€3

帆船のオブジェが目印

### 時間がなくてもココだけはMust Go!

3.5時間コース

芸術鑑賞メインなら**③プラド美術館、④ティッセン・ボルネミッサ美術館**へ。エリアの雰囲気を楽しむなら**①レティーロ公園、②王立植物園**へ行き、プラド通りを北上して**⑥シベレス広場、⑦アルカラ門を回る。**

4

7世紀にわたる貴重なコレクション

## ティッセン・ボルネミッサ美術館 ★★

●Museo Nacional Thyssen-Bornemisza

ティッセン・ボルネミッサ家の個人コレクションが中心。イタリアルネッサンス、印象派、前衛主義など1000点近い西洋絵画が、時代ごとに展示されている。

[プラド美術館周辺]
MAP:P15E3
DATA→P128

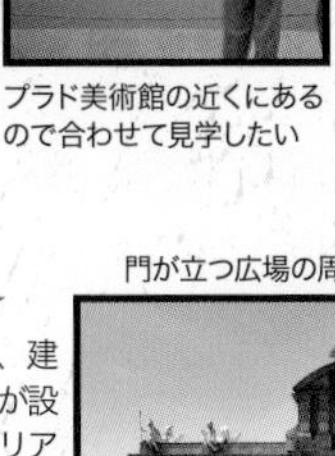

プラド美術館の近くにあるので合わせて見学したい

カラヴァッジョの名作も鑑賞できる

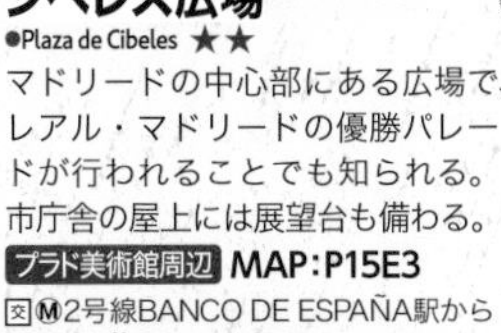

白亜の姿が美しい、現マドリード市庁舎のシベレス宮殿

6

広場の噴水や宮殿は街の象徴

## シベレス広場

●Plaza de Cibeles ★★

マドリードの中心部にある広場で、レアル・マドリードの優勝パレードが行われることでも知られる。市庁舎の屋上には展望台も備わる。

[プラド美術館周辺] MAP:P15E3

[図]Ⓜ2号線BANCO DE ESPAÑA駅から徒歩3分 🏢Plaza de Cibeles

7

表裏の異なる意匠が美しい

## アルカラ門 ●Puerta de Alcalá ★

カルロス3世の命により1778年、建築家フランシスコ・サバティーニが設計した5つの重厚なアーチ。イタリアのバロック様式の流れを汲み、王宮と同じ白い御影石で造られている。

[プラド美術館周辺] MAP:P15F2

[図]Ⓜ2号線RETIRO駅から徒歩2分 🏢Plaza de la Independencia

門が立つ広場の周辺にはカフェが集まる

# グラン・ビア通り

*Gran Via*

## お買物が楽しい目抜き通りへ

グラン・ビア通りはマドリードの中心部を東西にのびる大通り。
アパレルのショップ、ホテル、映画館などで賑わう
都会的なエリアで、マドリードの流行を体感しよう。

ドン・キホーテ
の像を発見!

このエリアで
したいコト

グラン・ビア通り
のシンボル、メト
ロポリス・ビル

ココ！

### 1 お買物三昧

グラン・ビア通り沿いには世界中
のアパレルブランドが集まってい
るので、ショップクルーズが楽し
い。CHUECA駅周辺も人気の買
物スポットとして注目されている。

### 2 モダンなグルメスポット

おしゃれなカフェやレストラン
が多いのもこのエリアの特徴。
マドリードの街を望むルーフト
ップのレストランやモダンなグ
ルメ市場などをチェックして。

### 行き方

グラン・ビア通りにはⓂ3・
10号線PLAZA DE ESPAÑA
駅、Ⓜ3・5号線CALLAO駅、
Ⓜ1・5号線GRAN VIAがあ
る。チュエカ地区へはⓂ5号
線でCHUECA駅で降りる。

**200m**

- **Start** プラサ・デ・エスパーニャ
- スペイン広場 ①
- ③ グラン・ビア通り
- ② ジンコ・スカイ・バー
- サン・アントニオ・デ・ロス・アレマネス教会 ④
- チュエカ地区 ⑤
- ⑥ ロマン派美術館
- **Goal** ⑦ サン・アントン市場

ドン・キホーテの像は記念写真スポット

街を見下ろす抜群のロケーションが魅力

おさんぽコース　所要5時間

Start **M3・10号線**
PLAZA DE ESPAÑA駅
↓歩いてすぐ
①スペイン広場
↓歩いて1分
②ジンコ・スカイ・バー
↓歩いてすぐ
③グラン・ビア通り
↓歩いて10分
④サン・アントニオ・デ・ロス・アレマネス教会
↓歩いて10分
⑤チュエカ地区
↓歩いて5分
⑥ロマン派美術館
↓歩いて8分
⑦サン・アントン市場
↓歩いて1分
Goal **M5号線**CHUECA駅

# ① スペイン広場 ●Plaza de España ★

『ドン・キホーテ』の作者セルバンテス没後300年を記念して造られた広場。ロシナンテに乗ったドン・キホーテの像が立つことでも有名。

**グラン・ビア通り周辺** MAP:P14A1

図M3・10号線PLAZA DE ESPAÑA駅から徒歩すぐ ⬦Pl. de España

フレスコ画の題材は「聖アントニオの奇跡」

バロックの至宝に出会える穴場

# ④ サン・アントニオ・デ・ロス・アレマネス教会

●Iglesia de San Antonio de los Alemanes ★★

聖アントニオを祭る、17世紀建造の教会。壁や天井一面に描かれたフレスコ画は「マドリードのシスティーナ礼拝堂」と例えられ、国宝に指定されている。

**グラン・ビア通り周辺** MAP:P14C2

図M3・5号線CALLAO駅から徒歩5分 ⬦C.de la Puebla 22 ☎91-5223774 ⏰10〜14時、17〜19時 休日曜 €5（英語オーディオガイド付き）

小さなアパレルショップも多数

お買物ストリート

# ⑤ チュエカ地区 ●Chueca

ショッピングエリアとして若者たちで賑わう。メインストリートのフエンカラル通りとオルタレサ通りを中心に、個性的なブティックが集まっている。スペイン発のアパレルブランドをチェックして。

エル・ガンソなどのスペインブランドが人気

**グラン・ビア通り周辺** MAP:P15D2

図M5号線CHUECA駅からすぐ

マドリード市街を一望！

# ② ジンコ・スカイ・バー ●Ginkgo Sky Bar

スペイン広場に面したホテル内にあるレストラン&バー。店内はモダンで洗練された雰囲気が漂い、ルーフトップのテラスからはマドリードの街並みを見渡すことができる。21種のオリジナルカクテルが揃い、一日2回の音楽ライブも開催する。入場料€4（金・土曜は€8）が必要。

**グラン・ビア通り周辺** MAP:P14A1

DATA→P145

スペインのほか、多国籍な料理を楽しめる

周辺にはホテルも多く、旅行者で賑わう

# ③ グラン・ビア通り ●GRAN VÍA

スペイン広場からシベレス広場まで続く大通り沿いに、話題のお店が集まる。ランドマークはグラン・ビア通りとアルカラ通りの交差点にあるメトロポリス・ビル。優雅な彫刻とドーム屋根が美しい。

**グラン・ビア通り周辺** MAP:P14B2

図M1・5号線GRAN VÍA駅からすぐ

時間がなくても
**ココだけは**
Must Go!
2時間コース

①スペイン広場からスタートして③グラン・ビア通りをお買い物しながらブラブラ。⑤チュエカ地区まで歩きながらお気に入りのお店を探そう。

貴族たちの生活を体感

展示室そのものが見ごたえがある

# ⑥ ロマン派美術館 ●Museo Romantice ★

ベガ・インクラン伯爵のコレクションを展示する美術館。19世紀ロマン派絵画や、貴族の豪華な調度品、宝飾品を見学できる。

**グラン・ビア通り周辺** MAP:P15D1

図M1・10号線TRIBUNAL駅から徒歩4分 ⬦San Mateo 13 ☎91-4481045 ⏰9時30分〜20時30分(11〜4月は〜18時30分、日曜・祝日10〜15時 休月曜 €3（土曜の14時〜と日曜は無料）

吹き抜けの空間はショッピングセンターのようなおしゃれな雰囲気

各国グルメが一堂に集まる

# ⑦ サン・アントン市場 ●Mercado de San Antón

スペイン風コロッケやイタリアン、寿司、フレッシュジュースなど3階建てのビルの中に小さなお店が多数集まるモダンな市場。2階がフードコートとなっており、3階にはレストランもある。

**グラン・ビア通り周辺** MAP:P15D2

DATA→P147

手軽なタパスも充実

マドリード

街ガイド

プエルタ・デル・ソル

プラド美術館周辺

グラン・ビア通り

サラマンカ地区

# *Salamanca* サラマンカ地区

## マドリードを代表する高級エリア

19世紀後半に開発され、「ゴールデン・マイル」として知られる
サラマンカ地区にはハイブランドのショップやホテルなどが集結。
優雅で気品あふれる雰囲気を楽しみながら散策しよう。

ソローリャの名画とご対面

メインストリートのセラーノ通り

コロンブス像が見守っている

ソローリャ美術館の中庭でひと休み

## このエリアでしたいコト

### 1 スペインブランド探し

サラマンカ地区のメインストリート、セラーノ通り→P156はスペインを代表するブランドが集結。ファッション系のほか、磁器ブランドのリヤドロ→P154もある。

### 2 新鋭デザイナーのアイテムチェック!

サラマンカ地区は道路が碁盤目状になっているので目的地を探しやすい。セラーノ通りと平行する通りや交差する通りにもショップが点在。チェックしながら散策も満喫。

### 行き方

Ⓜ4号線SERRANO駅がセラーノ通りのちょうど真ん中あたりにあるため、アクセスしやすい。Ⓜ2号線RETIRO駅から歩きながら北上するのもいい。

地下鉄7号線

グレゴリオ・マラニョン Ⓜ　マリア・デ・モリーナ通り C. de Maria de Molina

① ソローリャ美術館

② ラサロ・ガルディアナ美術館

C. de García de Paredes
Po. de la Castellana
Po. General Martínez Campos

C. del Gral

ミケル・アンヘル通り

アメリカ大使館

C. de Serrano
C. de Claudio Coello
C. de Lagasca
C. de Velázquez
C. de Diego de

ルベン・ダリオ Ⓜ
Po.Eduardo Dato
## Start & Goal

C. de Juan Bravo
ヌニェス・デ・バルボア

地下鉄5号

⑤ メルカドーナ

C. de Padilla

Ⓢ リヤドロ

③ セラーノ通り

ヌニェス・デ・バル

ホセ・オルテガ・イ・ガセット
C. de José Ortega y Gasset

C. Jenner
地下鉄1号線
Po. de la Castellana
Po. de la Castellana

Marqués de Villamagna
C. de Monte Esquinza
C. de Almagro

ベラスケス通り
C. de Serrano

C. de Ayala
ラ・パス市場

ベラスケス

アヤラ通り

アガタ・ルイス・デ・ラ・プラダ Ⓢ

C. de Velázquez
C. de Hermosilla

コロンブス像
コロン Ⓜ
ろう人形館 血

Ⓢ セラーノ
Ⓢ ロエベ
ゴヤ通り
Ⓜ　C. de Goya
ベラスケス 地下鉄4号

発見の庭園

④ コロン広場

血 国立考古学博物館

C. de Jorge Juan

レコレトス

プリンシペ・ピオ駅へ

ココ!

ラス・ベンタス闘牛場

王宮　マヨール広場　プラド美術館

アトーチャ駅

ソローリャ作『馬の入浴』(1909年)

マ・ドリード

街ガイド

プエルタ・デル・ソル

プラド美術館周辺

グラン・ビア通り

サラマンカ地区

# 1 "光の画家"の作品を鑑賞

## ソローリャ美術館 ●Museo Sorolla ★★

"光の画家"とよばれるホアキン・ソローリャの作品を展示。彼が住居兼アトリエとして使った建物を利用しており、実際に使っていた画材や家具、古い写真や手紙など貴重なコレクションも公開されている。

**セラーノ通り周辺 MAP:P16A2**

図M5号線 RUBÉN DARÍO駅から徒歩5分 General Martínez Campos 37 ☎91-3101584 ⏱9時30分～20時（日曜、祝日は10～15時）休月曜 €3（土曜の14時～と日曜は無料）

アンダルシア風の庭園の散策もおすすめ

# 2 建物にも注目の邸宅美術館

## ラサロ・ガルディアーノ美術館 ●Museo Lázaro Galdiano ★★

ホセ・ラサロ・ガルディアーノ氏の3万点にもおよぶコレクションを展示。ゴヤやモリーリョ、エル・グレコなどの絵画、ナスル朝時代のタペストリーや古代の壺など展示品多彩。ただし貸出などのため見られないこともある。

**セラーノ通り周辺 MAP:P16B1**

図M5号線NÚÑEZ DE BALBOA駅から徒歩9分 Serrano 122 ☎91-5616084 ⏱9時30分～15時 休月曜 €7

当時の見事な家具調度も飾られている

### おさんぽコース
所要5時間

Start　M5号線RUBÉN DARÍO駅
↓歩いて5分
①ソローリャ美術館
↓歩いて10分
②ラサロ・ガルディアーノ美術館
↓歩いて12分
③セラーノ通り
↓歩いて10分
④コロン広場
↓歩いて13分
⑤メルカドーナ
↓歩いて7分
Goal　M5号線RUBÉN DARÍO駅

かつては住居として使われていた建物

スペインを代表する画家の作品鑑賞も楽しみ

### 時間がなくても ココだけは Must Go!
2.5時間コース

①ソローリャ美術館、または②ラサロ・ガルディアーノ美術館のどちらか好みの画家の作品がある美術館へ。芸術鑑賞後は③セラーノ通りでショッピングを満喫しよう。

# 4 コロンブスの記念碑がシンボル

## コロン広場 ●Plaza de Colón ★

大理石のコロンブスの記念碑がそびえる広場。彫刻は1881～85年にアルフォンソ12世の結婚祝いのために造られた。コロンブスが航海した帆船、サンタ・マリア号をモチーフにしたモニュメントもある。

**セラーノ通り周辺 MAP:P16A4**

図M4号線COLÓN駅から徒歩1分 Plaza de Colón

広場中央に立つコロンブスの像

# 3 高級ショッピングストリート

## セラーノ通り ●Calle de Serrano

スペインはもちろん、世界中の一流ブランドのショップが軒を連ねる通り。ブティックや靴、バッグなどファッションアイテムがずらり。街路樹が美しい優雅な通りは散策も楽しい。

**セラーノ通り周辺 MAP:P16B1～4**

図M4号線SERRANO駅からすぐ

カジュアル過ぎる服装は避けたほうがベター

# 5 大型スーパーマーケット

## メルカドーナ ●Mercadona

スペインのスーパーチェーン。地元の人が普段使いするので手頃な値段が魅力。品質のよい自社ブランドの食品やコスメなどの品揃えも充実している。

**セラーノ通り周辺 MAP:P16B2**

図M5号線RUBÉN DARÍO駅から徒歩3分 C. de Serrano 61 ☎91-7164862 ⏱9時～21時30分 休日曜

バラマキ用のみやげ探しにも重宝しそう

# 世界遺産 中世の街トレドで歴史さんぽ

マドリードから鉄道で約30分

古代ローマ時代から要塞都市として栄えたトレド。
タホ川に囲まれた小高い丘の上に、キリスト教、ユダヤ教、
イスラム教など異なる宗教文化が混在する独特の街並みが広がる。
教会や博物館を訪ね、歴史の街を体感しよう。

中世の面影を残す要塞都市

マドリードを出発！
**09:00**

**10:00**

**アクセスガイド**

マドリードのアトーチャ駅から
トレド駅までAVANTで35分。平
日は1日15本、土・日曜は1日10
本運行している。またはⓂ6号線
PLAZA ELÍPTICA駅前のバスタ
ーミナルから、トレド行きのバス
が出ている。所要約1時間30分。

13〜15世紀に建設された
トレドのシンボル

## カテドラル ●Catedral
★★★

完成まで約270年かけて
造られた大聖堂。総大理
石の床、約750枚ものステンドグ
ラスなどの装飾が内部を彩る。貴
重な絵画や宝物の展示もみどころ。

**MAP：P166**

🚇ソコドベル広場から徒歩5分
🏛C. del Cardenal Cisneros 1
☎925-222241
🕐10時〜18時30分(日曜は14時〜)
㊡ミサの時間 ㋰€10

➡アユンタミ
エント広場から見
たカテドラル
⬅美しい天井画
や絵画で飾られ
た香部屋

★**主祭壇は必見**

彫刻芸術の至
宝といわれる主
祭壇はお見逃
しなく。聖体祭
ではキリストの
体を表すパンを
収める。

--- 地図内テキスト ---

Po. del Circo Romano
ビサグラ新門
サンタ・クルス美術館 P167
トレド駅へ
Po. del Cristo de la Vega
アラブ城壁
太陽の門
C. Gerardo
Subida del Granja
C. Carretas Lodo
クリスト・デ・ラ・ルズ回教寺院
観光案内所
ソコドベル広場 Pl. de Zocodover
サン・ファン・デ・ロス・レイエス教会
Alférez Provisional
カテドラル
アユンタミエント広場 P166 Pl. del Ayuntamiento
アルカサル Alcázar de Toledo
観光案内所
市庁舎
サン・セバスティアン教会
サン・ルカス教会
トランシト・ユダヤ教会
エル・グレコ博物館 El Museo de Greco
C. San Cipriano
C. de San S
Paseo de la Incurnia
ホタ S セラーノ P167
サント・トメ教会 P167
Río Tajo
R オルサ P167
ミラドール(展望台)
一方通行
C. de Circunvalación
H パラドール・デ・トレド P211
C. de Cobisa
**200m**

11世紀の要塞、アルカサル

## 街歩きのヒント

移動は主に徒歩。カテドラルの鐘楼を目印に歩こう。街を一周する観光バス「トレインビジョン」はソコドベル広場から出発し所要約40〜45分。30〜45分間隔で運行（途中下車不可）。€8（日本語オーディオガイド付き）。

**ℹアユンタミエント広場観光案内所**

**MAP:P166**

🏠Plaza del Consistorio 1 ☎925-254030 🕘10時〜15時30分（土曜は〜18時）[休]12月24・25日・31日、1月1・6日

路地裏散策も楽しい

### カテドラル

必見！

トレドの街の中心にそびえるカテドラル（大聖堂）。スペインにおけるカトリック教会の総本山であり、世界中のキリスト教徒が参拝に訪れる。

11:00

➡参列者の中でこちらに視線を向けているのがグレコ自身といわれている。探してみて

グレコの名画に出合える

## サント・トメ教会

●Iglesta de Santo Tomé ★★

サント・トメ教会の建設に貢献したトレド出身のオルガス伯爵の葬送が題材となった、エル・グレコによる『オルガス伯爵の埋葬』（1586〜1588年）が飾られている。

**MAP:P166**

[図]ソコドベル広場から徒歩10分 🏠Plaza del Conde 4 ☎925-256098 🕘10時〜18時45分（10月中旬〜2月は〜17時45分、12月24・31日は〜13時）[休]なし [料]€3

⬆絵画は教会の内部に飾られている

12:30

タラベラ焼をおみやげに

## ホタ・セラーノ

●J. Serrano

タラベラ焼をはじめとする、トレド県内の陶器を扱う店。タラベラ焼はトレド近郊のタラベラ・デ・ラ・レイナ村発祥の器で、素朴で色鮮やかなデザインが特徴。

**MAP:P166**

[図]ソコドベル広場から徒歩15分 🏠San Juan de Dios 16 ☎925-227535 🕘10〜18時（土曜は〜18時30分、日曜は〜14時30分）[休]なし [英]

➡店は11世紀の家屋を利用している⬇木べらやおたまを置くトレイ€23〜

14:00

各時代の至宝が集まる

## サンタ・クルス美術館

●Museo de Santa Cruz ★★

16世紀に造られた病院を美術館として公開。3世紀のモザイク画などの古代ローマ時代の遺跡、スペイン全土の陶器、エル・グレコの絵画など展示品は多岐にわたる。

**MAP:P166**

[図]ソコドベル広場から徒歩1分 🏠C. Miguel de Cervantes 3 ☎925-221402 🕘10〜18時（日曜は9〜15時）[休]なし [料]€4（5月18日、31日は無料）

⬅初期ルネッサンス様式の建物にも注目⬇プラテレスコ様式を取り入れた繊細な装飾が見事な階段

### ランチ&おかいもの

サント・トメ教会からすぐ

## オルサ

●La Orza

主な観光地からアクセスしやすいラ・マンチャ料理のレストラン。夏はテラス席で食後酒を楽しむのがおすすめ。

**MAP:P166**

[図]ソコドベル広場から徒歩15分 🏠C. de Descalzos, 5 ☎925-223011 🕘13時30分〜16時、20〜23時 [休]6〜8月の日曜の夜 [英][英]

➡ペルティスヘアカアシイワシャコのシチュー€23.10

17:00 マドリードに到着

### Plus! 1泊するなら

**トレドの街を一望する「パラドール」へ**

パラドール（→P210）は歴史的に価値の高い建築物を改装した国営ホテル。丘の上に立ち、客室やレストランなど至る所からトレドの美しい街並みを眺めることができる。夏は開放的な屋外プールも利用でき、リゾート感満点。

⬆ラ・マンチャ地方の伝統的な調度品が素敵

La Mancha

# ラ・マンチャ地方で風車の村をめぐる

荒涼とした大地に映える青い空に、力強く立ち並ぶ白い風車。
セルバンテスの小説『ドン・キホーテ』の舞台となった
ラ・マンチャ地方は最もスペインらしい風景に出合える場所。
物語に想いをめぐらせながら風車の村を訪ねてみよう。

巨大風車がお出迎え

マドリードを出発！
**09:00**

**11:15**

## アクセスガイド

マドリードのアトーチャ駅からアルカサル・デ・サン・ファン駅まで
MD（中距離列車）で約1時間30分。マドリードを8時40分発の列車に
乗車すると、アルカサル・デ・サン・ファン駅に10時12分に到着する。

名作に描かれた広大な大地

## カンポ・デ・クリプターナ ●Campo de Criptana
★★

小説『ドン・キホーテ』の舞台として有名な街。丘の
上には今もいくつもの白い風車が残る。風車の町と
しては唯一、列車で行くことができ、カンポ・デ・
クリプターナ駅から風車までは徒歩で30分ほど。駅
を出て左方向に向かい、あとは標識に従って進もう。

**MAP：P168**

図アルカサル・デ・サン・
ファンから鉄道で6分、
または車で15分

←草原にはドン・キホー
テ像も

→今はほとんどの風車が稼働していない。

### 地図

- マドリード Madrid
- アランフェス Aranjuez
- トレド Toledo
- **コンスエグラ** P169
- エル・トボソ El Toboso
- ラ・ベンタ・デル・キホーテ La Venta del Quijote
- モタ・デル・クエルボ Mota del Cuervo
- プエルト・ラピセ Puerto Lápice
- ベンタ・デル・キホーテ P169
- **カンポ・デ・クリプターナ** P168
- トメリョソ Tomelloso
- シウダッド・レアル Ciudad Real
- アルカーサル・デ・サン・ファン Alcázar de San Juan
- アルマグロ Almagro

いろんな
像を探そう

マドリードから

少し遠くへ

トレド

ラ・マンチャ地方

セゴビア

サン・セバスティアン

↑なだらかな
丘に並ぶ白い
風車が印象的

従者サンチョの姿も

**周遊のヒント**

起点はマドリードからの列車が乗り入れている、アルカサル・デ・サン・ファンALCAZAR DE SAN JUAN駅。駅前でタクシーをチャーターして回ろう。風車のある村はカンポ・デ・クリプターナとコンスエグラが有名。

なだらかな丘陵地に白亜の風車が佇む
## コンスエグラ ●Consuegra ★★

丘の麓にある小さな町。複数の風車と古城が丘の尾根にきれいに並ぶ。丘の上は見晴らしがよく、隣街までくっきりとみえる。時間があれば丘を下りてブドウ畑の間の道を歩くのも楽しい。
### MAP：P168
図アルカサル・デ・サン・ファンから車で25分

マドリードに到着
17:30

13:00　14:30

ランチ

←挽いた豆粉に生ハムなどが入る郷土料理のガチャス

セルバンテスが泊まった旅籠でランチ
## ベンタ・デル・キホーテ ●Venta del Quijote

『ドン・キホーテ』の作者セルバンテスが宿泊したという旅籠を利用したレストランで、ラ・マンチャ地方の郷土料理が味わえる。庭にはドン・キホーテの像もあるので、記念撮影を忘れずに。
### MAP：P168
図アルカサル・デ・サン・ファン駅から車で30分 🏠El Molino 2, Puerto Lápice ☎620-887714 🕘9時30分～17時30分(月曜は9～17時) 休火～木曜(祝日の場合は営業)

→昔ながらの雰囲気が漂う

+
## Plus! 『ドン・キホーテ』とは？

ミゲル・デ・セルバンテス(1547～1616年)が、1605年に発表した小説。自分を勇敢な騎士だと思い込む初老の男ドン・キホーテが、やせ馬ロシナンテにまたがり憧れの姫君ドルネシアを探しにラ・マンチャ地方を旅する物語。人間の真実や現実を厳しくとらえた手法は、近代小説の出発点といわれる。

→ラ・マンチャ地方ではドン・キホーテ関連の像やタイル装飾が見られるので探してみよう

169

**世界遺産** 古都**セゴビア**の名城と水道橋を訪ねる

古代からカスティーリャ王国時代にわたり、
重要都市として栄えたセゴビア。
堅牢な石造りの建物がそびえる、古都の風情が魅力。
世界的に有名な美しい「あの名城」も見に行こう。

歴史的建造物が
出迎える美しい古都

マドリードを出発！
**09:00**

**10:00**

**アクセスガイド**

マドリードのチャマルティン駅からセゴビア駅までAVEやAVANTで約30分。

→遺跡と一体になった街並み

スペイン最長の水道橋

### ローマ水道橋
●Acueducto Romano
★★★

世界遺産！

1世紀ごろに古代ローマ人によって建設された水道橋。接着剤を一切使わず、石を積み上げただけで造られているという。保存状態がよく、19世紀まで実際にそのまま使用された。

**MAP：P170**
図マヨール広場から徒歩10分

←橋の前は広場になっており、旅行者で賑わう

▲200m

🏠サンタ・クルス修道院

ℝリモン・イ・メンタ
P171

モレス川
Paseo de Santo
Domingo de Guzmán

de Serafín

**アルカサル**
P171

**カテドラル**
P171

ロソーヤの塔

**ローマ
水道橋** P170

隠蔽の門

Velarde

アルケス通り

メルセ

マヨール
広場
Pl. Mayor

Juan
Bravo

観光案内所

レイナ・ビクトリア
エウヘニア広場

Po. de Ronda

旧ユダヤ人街

クラモレス川 Río Clamores

セゴビア駅へ

Av. de
Fernández
Ladrada

### 街歩きのヒント

旧市街は2本の川の浸食でできた小高い丘の上にある。基本は徒歩で回れるが坂道や石畳が多いので歩きやすい靴で行こう。

**[i]観光案内所**

**MAP:P170**

[住]Pl. Azoguejo 1 ☎921-466720 [時]10～14時、16～18時(土曜は10～18時、日曜は10～15時) [休]12月25日、1月1・6日

↑セゴビアの旧市街

↑外壁の装飾も美しい

優美な古城の内部を見学！

## アルカサル ●Alcázar ★★

丘の上にそびえる12世紀に建築された城。円錐型の屋根をいただいた尖塔が印象的。内部の見学も可能で、ムデハル様式の天井装飾や玉座の間は必見。ディズニー映画『白雪姫』の城のモデルともいわれ、一躍注目を集めた。

**MAP:P170**

[図]マヨール広場から徒歩10分 [住]Plaza de la Reina Victoria Eugenia s/n ☎921-460759 [時]10～20時(11～3月は～18時。休館日前日は～14時30分。チケット販売は～19時30分) [休]1月1・6日、6月12日、12月24・31日 [料]€7(塔の見学付きは€10)、オーディオガイドは€3.50(日本語あり)

11:00　12:00　14:00　16:00 マドリードに到着

↑幅50m、奥行き105mの建物外観。シルエットが美しい

200年以上を経て完成！

## カテドラル ●Catedral ★★

16世紀に着工し、200年以上をかけて完成した大聖堂。ゴシック様式のカテドラルとしてはスペインで最も新しい。貴重な美術品で飾られた聖堂内部は必見。

**MAP:P170**

[図]マヨール広場から徒歩すぐ [住]Marqués del Arco 1 ☎921-462205 [時]9時30分～18時30分(行事の日は時間短縮あり) [休]なし [料]€4(4～10月の日曜9～10時、11～3月の9時30分～10時30分は無料)[英]

ひと休み

歩き疲れたらひと休み

## リモン・イ・メンタ ●Limón y Menta

カテドラルから歩いてすぐのマヨール広場にあるパティスリー兼カフェ。セゴビアの伝統スイーツやコーヒー€1.70で休憩しよう。

**MAP:P170**

[図]マヨール広場から徒歩1分 [住]Isabel la Católica 2 ☎921-462141 [時]9時～20時30分(土・日曜は～21時) [休]なし[英]

→アーモンド粉の乾燥菓子、メルリトーネス€2.10(手前左)

# サン・セバスティアン

スペイン随一の美食タウン

バルの聖地

**アクセス**

飛行機…マドリードから約1時間25分、バルセロナから約1時間15分。
鉄道…マドリードから約5時間〜、バルセロナから約5時間45分〜。

## 旧市街
### Parte Vieja

サン・セバスティアンの歴史地区で、碁盤目状の石畳の通りにバルがひしめき合う。名物のピンチョスとチャコリ(微発泡白ワイン)を求めて世界中から人々が集まり、夜遅くまで賑わっている。

**MAP：P175**

サン・セバスティアン／ドノスティア駅から徒歩15分

バルの密集地帯で名物ピンチョスを満喫

チャコリ片手にピンチョスを味わって

---

←イワシのマリネのピンチョスは1つ€2.20〜

↓オリーブなどを楊枝に刺したヒルダ€2.20

老舗バルで絶品ピンチョス

## BAR
### チェペチャ ●Bar Txepetxa

1932年に創業。アンチョビのマリネが看板メニューで、カリッと焼いたパンとの相性も抜群。アンチョビマリネにはイクラやウニなど多彩なトッピングが楽しめる。

**MAP：P175**

サン・セバスティアン／ドノスティア駅から徒歩16分 Arrandegi, 5 943-422227 12〜15時、19〜23時 日曜の夜(7・8月は昼も休み)、月曜、火曜の昼

↑名物ドリンクのチャコリは1杯€2.30

---

## BAR
### ゴイス・アルギ ●Bar Goiz Argi

鮮度抜群のエビを使った料理が評判。エビの串焼きに細切りした野菜のマリネをのせたエビのブロチェッタは必食メニューのひとつ。

**MAP：P175**

サン・セバスティアン／ドノスティア駅から徒歩16分 Fermin Calbeton Kalea, 4 943-425204 11時30分〜16時、18時30分〜23時金・土曜は〜24時、7〜9月の金・土曜は〜翌1時30分 なし

↑地元客からも愛される人気店

↓マヨネーズベースのエビ入りタルト€2

↓サーモンとアンチョビのマリフリ€3.60

エビのタパスで大満足！

↓エビのブロチェッタ€3.60

地元ではバスク語でドノスティアDonostiaとよばれる、スペイン北部バスク州を代表する街。ビスケー湾に面した美景はもちろん、食の街としても知られている。薄切りパンにつまみをのせたピンチョスが楽しめるバルから、美食家が注目する有名店まで多彩な食文化を体験しよう。

**観光案内所**

サン・セバスティアン観光案内所
[住] Alameda del Boulevard 8
☎943-481166
🕘10〜18時(日曜は〜14時)
[休]なし MAP P175

**街の歩き方**

鉄道駅のサン・セバスティアン/ドノスティア駅やグロス駅を起点に、バルやみどころは徒歩で回れる。バルめぐりは夜がメインになるので、貴重品の管理はしっかりして飲み過ぎに注意しよう。

独創的なピンチョスを
おしゃれバルで体験

おいしそうなピンチョスがずらり!

## グロス地区

Gros

ウルメア川を挟んで旧市街の東側に位置するグロス地区。地元住民が暮らすエリアで、旧市街と同様にバルが密集している。店内はモダンな雰囲気で、オリジナリティあふれるピンチョスを提供する店が多いのも特徴。 MAP:P175
[交]サン・セバスティアン/ドノスティア駅からグロス駅まで電車で4分

↓米入りモルシージャ €3.30

新鮮な食材で作るピンチョスに舌鼓

→羊チーズのケソス・デ・カセリオ€10.20

BAR

### ボデガ・ドノスティアラ・グロス

●Bodega Donostiarra Gros

賑やかな雰囲気が地元客や観光客から支持される一軒。店内にはテーブル席もあり、ゆっくり楽しめるのも魅力だ。炭火で焼いたグリル料理もおすすめ。

**MAP:P175**

[交]グロス駅から徒歩7分[住]Peña y Goñi Kalea, 13☎943-011380🕘9〜24時[休]日曜

↑定番のチャコリは1杯€1.55

BAR

### ベルガラ

●Bar Bergara

1950年に創業し、1982年までは高級レストランとして営業。毎日約50種類のピンチョスが用意されており、和風ピンチョスもあるなどバラエティ豊か。カバ1杯€4.50。

**MAP:P175**

[交]グロス駅から徒歩7分[住]General Artetxe Kalea 8 ☎943-275026🕘10時30分〜23時[休]水曜

↓ゆったりスペースの店内。テラス席もある

↓筒に入ったカニ肉のムース€4

↓車エビの春巻き€4は醤油味

↑フィデウア・コン・アリオリ€5

地元客に愛される人気店

# サン・セバスティアン グルメ&立ち寄りスポット

*San Sebastián*

↓コースのデザートの一例

➡岩をモチーフ
にしたという前
菜の一例

↑白身魚のソテーを磯風味
の煎餅で包んだひと品

## RESTAURANT
### アルザック ●Arzak

世界一のレストランともいわれる名店。ホア
ン・マリ・アルザックが祖父から店を受け継
ぎ、現在は娘のエレナ・アルザックとともに
営む。毎日内容が替わるコースは€270。

**MAP:P175**

🗺サン・セバスティアン／ドノスティア駅から車で6分🏠Av. Alcalde
J. Elosegui, 273☎943-278465🕐13時15分～15時に入店（～
18時）、20時45分～22時30分に入店（～翌1時）🗓日・月曜、2月4
～13日、6月16日～7月3日、11月3～27日

↑コースから前菜の一例

## RESTAURANT
### ココチャ ●Kokotxa Jatetxea

世界を旅して着想を得るという
シェフ、ダニエル・ロペスが腕
をふるう旧市街のレストラン。
メニューは€98と€148のコー
ス2種類のみ。ワイン€50～。

**MAP:P175**

🗺サン・セバスティアン／ドノス
ティア駅から徒歩20分🏠Calle
del Campanario, 11 ☎ 943-
421904🕐13時30分～14時
30分に入店、20時30分～22
時に入店※閉店はお客によって
変わる🗓日・月曜（10～3月は日・
月・水曜）

↑旧市街の中心部にありアクセス
のよさも魅力

↑メイン料理の一例。ワイ
ンとともに味わいたい

↓サプライズ感あふれる料理に出合える

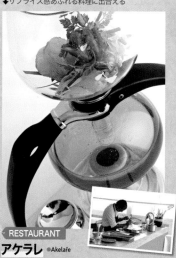

## RESTAURANT
### アケラレ ●Akelañe

ビスケー湾を見渡す、眺めのよいレストラン。
ヌエバ・コシーナ（新しい料理）を提唱してきた
ペドロ・スビハナが手がける斬新な料理を堪能
できる。メニューは2種類のコース€295。

**MAP:P175**

🗺サン・セバスティアン／ドノスティア駅から車で
15 分 🏠 Padre Orkolaga Ibilbidea, 56 ☎
943-311209🕐13時30分～
14時30分に入店、20時30分
～21時30分に入店※閉店はお
客によって変わる🗓日曜の夜、
月曜・火曜（6～10月は日・月曜）
※2023年12月17日～2024年
2月22日、2024年12月15日
～2025年2月末（予定）

➡1970年にオープン。その後、ホ
テルのレストランに

CAFÉ

## カフェ・ボタニカ ●Kafe Botanika

草花に包まれた前庭を眺めながらひと休みできる居心地のよいカフェ。カウンターの黒板にその日のおすすめが記されている。ケーキ€4.50～、紅茶€2.50。
MAP:P175

[交]サン・セバスティアン／ドノスティア駅から徒歩3分[住]Paseo Árbol de Gernika, 8☎943-443475🕘9時～23時30分(金・土曜は～24時、日・月曜は～17時)[休]火曜[英]

CAFÉ

## ラ・ギンダ ●La Guinda

旬の果物を使ったフレッシュジュース€4.50や、自家製レモネード€3が人気。料理2皿にデザートとドリンクが付く日替わりランチ€16も用意されている。
MAP:P175

[交]グロス駅から徒歩10分[住]Zabaleta Kalea, 55☎843-981715🕘8時30分～23時(土曜は9時～、日曜は～17時、10～6月の火・水曜は～17時)[休]月曜

↑自家製のケーキを味わいながらひと休み

←ウッディにまとめられた店内。テラス席もある

200m
スリオラ海岸
ラ・ギンダ [C] P175
Pasealeku Berria
[S] サポレハイ P175
[R] チェペチャ P172
[R] ゴイス・アルギ P172
ベルガラ [R] P173
Zurriola Hiribidea
Nafarroa Hiribidea
Secundino Esnaola Kalea
Kolon Pasealekua
グロス地区
Puente Del Kursaal
ビクトリア・エウヘニア劇場
旧市街
観光案内所
[R] ボデガ・ドノスティアラ・グロス P173
[R] ココチャ P174
Okendo Kalea
[H] ホテル・マリア・クリスティーナ, ラグジュアリー・コレクション・ホテル, サンセバスチャン P217
Ategorrieta Hiribidea
アルザック [R] P174へ
グロス駅
ギプスコア県庁
ギプスコアプラザ
サンタ・カタリナ橋
Aldakonea K
アルデルディ・エデル公園
Nazaret Fundazioa
サン・セバスティアン
ウルメア川
Konkorrenea Kalea
カフェ・ボタニカ [C] P175
Gernikako Arbola Pasealekua
Frantzia Pasealekua
Mandasko Dukearen Pasealekua
[R] アケラレ P174
[R] モンテ・イゲルド P175へ
[H] ホテル・シルケン・アマラ・プラザ P217へ
サン・セバスティアン/ドノスティア駅

SHOP

## サポレハイ ●Zapore Jai

地元産をはじめ、スペイン北部の食材が揃う。バスク産のカツオやマグロのオイル漬けは人気で、みやげにおすすめ。北部名産の微発泡白ワインのチャコリも要チェック。
MAP:P175

[交]サン・セバスティアン／ドノスティア駅から徒歩17分[住]San Jerónimo, 21☎943-422882🕘10時30分～20時(土曜は10時～19時30分)[休]日曜

→イサス・メンディ7のチャコリ€24.45

↓マルティネス・デ・ルコ社のカツオの缶詰€27.50

←食材みやげ探しにぜひ訪れたい

SPOT

## モンテ・イゲルド ●Monte Igueldo

コンチャ湾の西端にあるイゲルド山。頂上には展望台があり、湾曲する美しいビーチとサン・セバスティアンの街を見渡すことができる。
MAP:P175

[交]サン・セバスティアン／ドノスティア駅から車で15分

↓コンチャ湾の東端にそびえるウルグル山も望む

世界がひろがる！ **Column**

お気に入りの
ワインを見つけよう！

# スペインワイン

スペインは世界第3位の生産量を誇るワイン大国。旅行中にバルでワインを味わったり、
おみやげに購入したりする際に、知っておくと役立つ基礎知識をご紹介。

**ワインの主な産地**

変化に富んだ
気候が多彩な
ワインを生む

**① リアス・バイシャス**
*Rías Baixas*
スペイン北西部ガリシア州のワイン
産地。アルバリーニョ種から造る白
ワインはフルーティーで香り高い。

**② リオハ** *Rioja*
エブロ川流域に位置。スペイン原産
のテンプラニーリョ種で造るしっか
りとしたボディと濃い味わいの赤ワ
インが有名。

**③ ナバーラ** *Navarra*
北は緑深い丘陵地帯で、南は乾燥
した平野という変化に富んだ気候が
特徴。ロゼがよく知られている。

**④ ペネデス** *Penedes*
カタルーニャ州の産地。シャンパー
ニュと同じ瓶内二次発酵で造るスパ
ークリングワインのカバが有名。

**⑤ リベラ・デル・
ドゥエロ**
*Ribera del Duero*
リオハと並ぶ高品質ワイ
ンの産地。収穫から1年未
満から5年以上熟成させ
たものまで多彩な赤ワイ
ンを造っている。

**⑥ ルエダ** *Rueda*
ルエダ地域で古くから栽培されてきた
固有品種のベルデホ種から造る白ワイ
ンはフレッシュ＆フルーティーな味わい。

**⑦ ラ・マンチャ** *La Mancha*
栽培面積と生産量はスペイン最大。ア
イレン種やマカベオ種から造る白ワイン
を中心に赤ワインも多くバラエティ豊か。

**⑧ ヘレス** *Jerez*
酒精強化ワインのひとつシ
ェリーの産地で、ソレラ・シ
ステムと呼ばれる熟成方法
が特徴。アンダルシア原産
のパロミノ種を使用。

シェリーは
熟成期間と
味わいによって
4つのタイプが
ある。

**フィノ** *fino*
フレッシュな辛口

**マンサニーリャ** *manzanilla*
キリッとした酸味の辛口

**アモンティリャード** *amontillado*
ナッツのような風味

**オロロソ** *oloroso*
酸化熟成タイプ。
琥珀色で甘口・辛口がある

注文や買物に役立つ！
**ラベルの見方**

→ **ワイン名**
→ **生産地**
→ **熟成度**

**熟成の分類**
**グラン・レゼルバ** *Gran Reserva*
(赤：5年以上、白：4年以上)
**レゼルバ** *Reserva*
(赤：3カ月以上、白：2年以上)
**クリアンサ** *Crianza*
(赤：2年以上、白：1年半以上)

→ **ブドウの収穫年**

→ **格付け**　品質や生産地に応じて
　　　　　　大きく6つのカテゴリーに分かれている

**ビノ・デ・パゴ** *Vino de Pago/VP*
(単一ブドウ畑限定高級ワイン)

**デノミナシオン・デ・オリヘン・カリフィカーダ**
*Denominación de Origen Calificada/DOCa*
(特選原産地呼称ワイン)

**デノミナシオン・デ・オリヘン**
*Denominación de Origen /DO*
(原産地呼称ワイン)

**ビノ・デ・カリダ・コン・インディカシオン・ヘオグラフィカ**
*Vino de Calidad con Indicacion Geografica/VC*
(地域名称付き高級ワイン)

**ビノ・デ・ラ・ティエラ** *Vino de la Tierra/VT*
(カントリーワイン)

**ビノ・デ・メサ** *Vino de Mesa*
(テーブルワイン)

飲んだり、
買ったりは
ココで！

**バルセロナ**
飲 バル体験→P66
飲 ブライ通り→P68
買 エル・コルテ・イングレス→P88
飲 ビラ・ビニテカ→P90
**マドリード**
飲 カバ・デ・サン・ミゲル通り
　　→P140
飲 メルカド(市場)→P146
買 グルメ・エクスペリエンス→P150

スペイン北部バスク地方を
代表する微発泡の白ワイン、
チャコリは魚介系の料理と
相性抜群。エスカンシアと
よばれる高いところからグラ
スに流し落とす注ぎ方はシ
ャッターチャンス♪

# グラナダ／アンダルシア地方

## Contents

## Mapで図解！ 行くべきエリアをチェック！

### #アンダルシア

イスラム文化の影響が色濃く残るスペイン南部のアンダルシア。歴史を物語る建築物やエキゾチックな街並みなど、魅力がいっぱい。

★ Andalucia Area Map ★

コルドバ

セビーリャ

グランダ

ロンダ

ミハス

ハエン。

○カルモナ

モンテフリオ

シエラ・ネバダ山脈

アルコス・デ・ラ・フロンテーラ

フリヒリアーナ

ヘレス・デ・ラ・フロンテーラ

サロブレーニャ

○マラガ

ネルハ

カディス◎

カサレス

○トレモリノス

エステポナ

フエンヒローラ

マルベーリャ

アルヘシラス○

ジブラルタル

地中海

ジブラルタル海峡

N

モロッコ

100km

---

**みどころが充実したイスラム王朝終焉の地**

### グランダ
● Granada

世界遺産のアルハンブラ宮殿は、イスラム芸術の粋を集めた宮殿でアンダルシア地方最大のみどころ。アラビア文字や草花などをモチーフにした装飾が美しい。エキゾチックな雰囲気が魅力のアルバイシン地区は散策が楽しい。

**イスラム文化の面影と白壁の街並みは必見**

### コルドバ
● Córdoba

8世紀中ごろから11世紀初頭の後ウマイヤ朝の首都として栄えた。イスラム教のモスクとキリスト教の聖堂が融合したメスキータは、この地ならではの文化遺産。白壁の家並みの旧ユダヤ人街にはレストランやショップが集まる。

**アンダルシアの中心都市**

### セビーリャ
● Sevilla

アンダルシアの州都。1492年のコロンブスの新大陸発見を機に、スペインと新大陸を結ぶ拠点として発展した。16〜17世紀には優れた芸術家を輩出。カテドラルなど観光スポットのほか、闘牛やフラメンコも有名。

**メルヘンの世界に誘うフォトジェニックな白い村**

### ミハス
● Mijas

海抜420mの山麓にあり地中海を一望するコスタ・デル・ソルの小さな村。白壁の家が続く街並みが美しく、撮影スポットとしても人気を集めている。名物のロバタクシーでの観光もおすすめ。

# 知っておきたいこと6

## #アンダルシア編

初めてでもリピーターでも押さえておきたい
アンダルシアを楽しむためのお役立ち情報をピックアップ。

## 01 アンダルシアのアクセス早見表

アンダルシアの各地への移動は鉄道またはバスの利用がメイン。運行本数が少ないので、時間に余裕をもって計画を立てよう。

```
                   列車で約45分、        コルドバ        列車で
                   バスで約2時間                        約1時間50分
                                   列車で約1時間、
                                   バスで1時間30分
  セビーリャ                         ～2時間30分              グラナダ
              列車で
              約2時間30分～3時間、                      列車で
              バスで約3時間                            約1時間20分、
                                                     バスで約1時間30分
   列車で約2時間、          マラガ                       ～2時間30分
   バスで約2時間30分～4時間
```

## 02 キーワードで知るイスラム建築

アンダルシア地方に残るイスラム支配時代の建築物を見学する際に、知っておくとより楽しめるキーワードをピックアップ。

### ミナレット

モスクに付随する塔。人々に祈りの時間を知らせる役割をもつ。

### ミフラーブ

壁に造られたくぼみで、イスラム教徒たちが祈りを捧げるメッカの方向を示している。

### アーチ

馬蹄型や多弁型などアーチの多彩さはもちろん、アーチの連鎖にも注目。

### 装飾

幾何学模様やアラベスク模様、アラビア文字を用いた文字装飾が特徴。

### 庭園

イスラム教徒にとっての天国、楽園を再現。水路や花、果実がある。

## 03 アンダルシアの必食グルメ

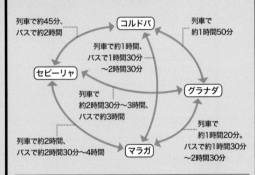

闘牛が盛んなことから牛肉を使った料理が多く、オックステールを煮込んだラボ・デ・トロはその代表メニュー。また地中海と大西洋に面しているので魚介類が豊富。バルでは魚介のフライは定番で、サクッと軽い口当たりで素材のうま味が味わえる。

➡魚介のフライはたいていのバルにはある

↑牛のテール肉を煮込んだラボ・エ・トロ

## 04 情熱の舞と音色！フラメンコを鑑賞

スペインの伝統文化として知られるフラメンコはアンダルシア地方が発祥。グラナダのアルバイシン地区には洞窟を利用したタブラオがあり、より本場の雰囲気を体験できる。

## 05 一面に咲くひまわりとご対面

アンダルシアらしい風景といえば丘陵地や平原に咲く満開のひまわり。セビーリャから北東へ約40kmのカルモナ（MAP：P2C4）は広大なひまわり畑に囲まれた花の名所で、6月下旬～7月が見頃。セビーリャ～カルモナ～コルドバ間の平原でも見られる。

## 06 治安について

スペインの都市部に比べると比較的治安は良いほうだが、鉄道駅やバスターミナル、飲食店での置き引きやスリ、引ったくりには要注意。入り組んだ路地が多いグラナダのアルバイシン地区やコルドバの旧ユダヤ人人街は引ったくりやスリに特に気を付けたい。

# テーマ別 モデルコース

グラナダではアルハンブラ宮殿や
アルバイシン地区を中心に街歩きを楽しもう。
セビーリャやコルドバへは日帰りもOK。

↓丘の上に立ち、街を見下ろす
アルハンブラ宮殿

## 世界遺産を訪ねる王道1泊2日コース

世界文化遺産に登録されているアルハンブラ宮殿内には、複数の宮殿や庭園があり見応え十分。じっくり見学した後は、眼下に望むアルバイシン地区を散策しよう。

↑アルハンブラ宮殿の一番のみどころはナスル朝宮殿

↑アルハンブラ宮殿を最も美しく見られるという展望台

### Day 1　TIME 9時間

**8:30頃** Start　イサベル・ラ・カトリカ広場
▼ バス10分

**9:00** ① **アルハンブラ宮殿**
混雑必至のため、Webでの
事前予約がおすすめ。(→P182)
▼ バス+徒歩30分

**13:00** ② **眺めのいいレストランへ**
アルハンブラ宮殿を望む「カルメン・ミラドール・
デ・アイサ」でランチ。(→P194)
▼ 徒歩5分

**14:30** ③ **サン・ニコラス展望台**
アルバイシン地区にある、
グラナダ屈指のビュースポット。(→P189)
▼ 徒歩1分

**15:00** ④ **アルバイシン地区**
ゆるやかな坂になっているので、
歩きやすい靴がベター。(→P188)
▼ 徒歩5分

**16:00** ⑤ **カルデレリア・ヌエバ通り**
みやげ物店が立ち並ぶ賑やかな
ストリートでお買物。(→P189)
▼ 徒歩3分

**18:00** ⑥ **バルで夜ごはん**
グラナダ式バルでディナー。
(→P192) Goal

↓「ラ・リピエラ」は地元の人々
も足繁く通う人気バル

### Day 2　TIME 6時間

**9:55** Start　ヌエバ広場
▼ 徒歩5分

↓ルネッサンス
様式の壮大な建物

**10:00** ① **カテドラル**
ステンドグラスが美しい
聖堂内部も見学できる。(→P190)
▼ 徒歩1分

**11:00** ② **王室礼拝堂**
イサベル女王の棺がある礼拝堂。
絵画のコレクションにも注目。(→P190)
▼ 徒歩1分

**12:00** ③ **マドラサ**
ナスル朝時代に造られた旧イスラム神学校。
ムデハル様式の装飾が美しい。(→P190)
▼ 徒歩5分

**13:00** ④ **エレガントなレストラン**
ムデハル様式の内装が美しい「プエルタ・デル
・カルメン」でランチ。(→P195)
▼ 徒歩5分

**14:30** ⑤ **アルカイセリア**
アラブ風アイテムが集まる
お買物ストリートで掘出し物探し!(→P191)
▼ 徒歩10分

**16:00** ⑥ **カフェでひと休み**
カフェ「カサ・イスラ」でグラナダ
銘菓ピオノを味わおう。(→P191) Goal

↓ナスル王朝時代のイスラム教の学校だったマドラサ

↓セビーリャの中心部はグアダルギビール川のほとりにある

←円柱の森とよばれるメスキータ内部にある礼拝堂

## セビーリャ日帰りコース

**TIME 8時間**

セビーリャはグラナダから列車で2時間30分～3時間、バスで約3時間。みどころはカテドラル周辺に集まっている。

**9:45** サンタ・フスタ駅 Start

↓ タクシーで15分

**10:00** ─ **① アルカサル**
イスラム様式のペドロ1世宮殿やゴシック様式の宮殿がみどころ。（→P199）

↓ 徒歩1分

**11:00** ─ **② カテドラル**
コロンブスの墓やドーム天井が美しい参事会室などを見学できる。（→P198）

↓ 徒歩3分

**12:00** ─ **③ サンタ・クルス街**
かつてユダヤ人が暮らしていた地区を散策。白壁の石畳の道が続く。（→P200）

↓ 徒歩5分

**13:00** ─ **④ ランチはアンダルシア料理**
「メソン・セラニート」は名物のセラニートが味わえるレストラン。（→P201）

↓ 徒歩10分

**15:00** ─ **⑤ フラメンコ舞踏博物館**
アンダルシア発祥のフラメンコを紹介するショーも上演される。（→P201）

↓ 徒歩10分

**16:30** ─ **⑥ マエストランサ闘牛場**
18世紀に建てられたという格式ある闘牛場。場内を見学できる。（→P201）

↓ 徒歩6分

**18:00** ─ **⑦ 黄金の塔** Goal
川のほとりにあるランドマーク。内部は海洋博物館になっている。（→P200）

↓セビーリャならではの歴史スポット

↓サンタ・クルス街にはショップやカフェが集まる

## コルドバ日帰りコース

**TIME 8時間**

グラナダからコルドバは列車で1時間45分。コルドバの街の中心部は歩いて回れる。

**9:50** コルドバ駅 Start

↓ タクシーで10分

**10:00** ─ **① カラオラの塔**
川の向こうにメスキータを望むビューポイント。（→P204）

↑世界遺産の街を見渡すイスラム時代の要塞

↓ 徒歩10分

**11:00** ─ **② メスキータ**
東西の様式美が融合した世界最大級のモスクに圧倒される！（→P202）

↓ 徒歩7分

**12:30** ─ **③ アルカサル**
14世紀に王宮として建設され、コロンブスが女王に謁見した場所として知られる。（→P204）

↓ 徒歩8分

**13:30** ─ **④ バルでランチ**
「ボデガス・メスキータ」でコルドバの伝統料理にトライ！（→P205）

↓ 徒歩5分

**15:30** ─ **⑤ 聖バルトロメ教会**
イスラム教とカトリックの様式が融合したムデハル様式の教会。（→P203）

↓ 徒歩1分

**16:30** ─ **⑥ シナゴーグ**
スペイン国内でもめずらしいユダヤ教の教会を見学できる。（→P203）

↓ 徒歩5分

**17:30** ─ **⑦ 花の小道でお買い物** Go
旧ユダヤ人街にあり、白壁の小道が美しい。ショップもあり。（→P203）

↑花の小道には「メルヤン」などのおみやげショップが

イスラム文化薫る大宮殿

# アルハンブラ宮殿で歴史さんぽ

## Read me!

イスラム時代の面影を色濃く残す壮大な宮殿は、グラナダ観光の最大のハイライト。エキゾチックな紋様や精緻な装飾、重厚な門など、大宮殿にはイスラムの薫りが満ちている。

サン・ニコラス展望台(⇒P189)から
**アルハンブラ宮殿の全景を一望**

↑22時からの夜の部の見学では、ライトアップされた宮殿も見学できる。ライトに照らされた建築や彫刻群は幻想的。

ライトアップも！

世界遺産

イスラム建築の美の結晶

## アルハンブラ宮殿
●La Alhambra ★★★

14世紀に完成した、イベリア半島最後のイスラム王朝、ナスル王朝(グラナダ王国)の大宮殿。丘の上の1万4000㎡もの敷地に、緻密な装飾が美しい宮殿群や、堅牢な城塞、水路や噴水を多用した庭園などが点在し、イスラム建築の最高傑作として名高い。1492年、キリスト教軍のレコンキスタ(国土回復運動)により、アルハンブラ宮殿は陥落。王朝の栄華と哀愁が漂う歴史遺産として、ヘネラリフェ、アルバイシン地区とともに世界遺産に登録されている。

**グラナダ** MAP:P19E3

🚌イサベル・ラ・カトリカ広場からC3線のバスで約10分。€1.50。🏛Real de la Alhambra s/n ☎ 958-027971／858-889002🕐昼の部：8時30分〜20時(冬期は〜18時)。夜の部：火〜土曜の22時〜23時30分(冬期は金・土曜の20時〜21時30分)※チケット販売は閉館の1時間前まで⑯なし💰昼の部：€18(ナスル朝宮殿、アルカサバ、ヘネラリフェ3カ所共通)。夜の部：ナスル朝宮殿€10、ヘネラリフェと庭園€7

## 観光のポイント

### 事前予約はマスト

スペイン屈指の名所であるアルハンブラ宮殿は、特にハイシーズンでは当日券は売り切れのことが多い。必ず事前に予約、購入しておこう。右記公式サイトから購入する際は見学タイプ、希望の日付、ナスル朝宮殿の入場時間など必要事項を入力。二次元コードをスマホで提示、またはチケットを印刷し、当日入場口へ。パスポートも必要。電話予約や印刷できない場合は、当日ナスル朝宮殿の入場時間の1時間前までに、チケット売場そばの受取所で受領。予約時に使ったクレジットカード(現物)が必要。
URL tickets.alhambra-patronato.es/en

### 歩きやすい格好で

みどころ満載の宮殿はとにかく広いのでスニーカーなどの歩きやすい靴と軽装で訪れるのがベスト。夏は帽子や水分補給など暑さ対策も忘れずに。逆に真冬は凍てつく寒さになるため、服装は重ね着で上手に調節しよう。

### ナスル朝宮殿は時間制

敷地内はナスル朝宮殿のみ時間指定制で、チケットに記載された指定時刻から30分以内に入場しなければならない。なおアルハンブラ宮殿内は、ナスル朝宮殿、アルカサバ、ヘネラリフェ以外は無料で見学できる。

### アクセスはバスが便利

街の中心から、アルハンブラ宮殿とアルバイシン地区を結ぶ「アルハンブラバス」が運行しているので利用しよう。運賃は€1.50。

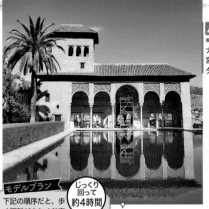

## パルタル宮

●Palacio del Partal

ナスル朝宮殿の出口付近にあるアルハンブラ最古の宮殿。長方形の池の奥に、ダマスの塔を配するパルタル宮がたたずみ、水面に映る姿が美しい。

### モデルプラン

じっくり回って **約4時間**

下記の順序だと、歩く距離が少なく効率も良い。①→③→④→⑤のショートプラン（約3時間）もあり。

1 **アルカサバ**

　徒歩5分

2 **カルロス5世宮殿**

　徒歩5分 ── 入場の指定時刻に注意

3 **ナスル朝宮殿**

　徒歩3分

4 **パルタル宮**

　徒歩15分

5 **ヘネラリフェ**

　徒歩15分 ── ランチやカフェタイムを満喫

6 **パラドール・デ・グラナダ**

## ヘネラリフェ → P187

●Generalife

アルハンブラ宮殿よりもさらに高台にあるスルタンの夏の別荘。

アルハンブラ宮殿 全体マップ

チケット売り場

七層の門

ワインの門

裁きの門

グラナダ門

## ナスル朝宮殿 → P184

●Palacios Nazaries

アルハンブラ宮殿のハイライト。ライオンの中庭や二姉妹の間などがある。

## パラドール・デ・グラナダ → P210

●Parador de Granada

イスラム時代の貴族の館を改修した15世紀の修道院跡で、チャペルや回廊を見学できる。現在は国営ホテルのパラドールとして宿泊や食事ができる。

## アルカサバ

●Alcazaba

ウマイヤ朝がグラナダ防衛のために築いた城塞。9世紀にはその原型が完成し、ナスル時代に増改築された。城壁からはグラナダの街を見晴らす絶景が広がる。

## カルロス5世宮殿

●Palacio de Carlos V

グラナダ陥落後の16世紀にカルロス1世（神聖ローマ皇帝カール5世）が建設したルネッサンス様式の宮殿。円形の中庭が特徴で、内部はグラナダ芸術美術館になっている。

# ナスル朝宮殿を徹底解剖

歴代の王が暮らした王宮。緻密なレリーフや彫刻など、
往時の栄光を今に伝える最高峰のイスラム建築をじっくり見て回ろう。

## 1 メスアールの間
●Sala de Mexuar

アラビア語でマスワールといわれた行政や裁判が行われていた部屋。裁かれた罪人たちがここで厳しい刑罰を受けたとする説もある。長方形の部屋の右奥からメスアールの中庭へ抜けられる。

**ココも check!**

細かい模様の木組みの天井や、壁と床のタイル装飾に注目。色が薄くなっているように見える部分には、建築当初のオリジナルのものもある。

←キリスト教時代には礼拝堂に改修され、上部には聖歌隊席の欄干跡が残る

↑部屋の中へは入れないので通路から見学を

## 2 祈祷室
●Oratorio

イスラム教の礼拝をする部屋。入口右手にメッカの方角を示すミフラーブがある。壁面の装飾が美しく、アーチ窓の外にはアルバイシン地区（→P188）の家並みが広がる。

## 3 メスアールの中庭
●Patio de Mexuar

壁面に精巧な文様が敷き詰められた中庭。中央には大理石の噴水がある。アルハンブラ宮殿で最も素晴らしい手工技術が施された部分といわれる。

↓シンメトリックな空間美が見事

**ココも check!**

中庭に面するファサード一面に植物などをモチーフにした繊細なアラベスク模様が施されている。往時は鮮やかに彩色されていたという。

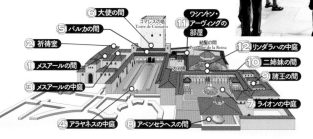

⑥ 大使の間　コマレスの塔 Torre de Comares　⑪ ワシントン・アーヴィングの部屋　綺髪の間 Peinador de la Reina
⑤ バルカの間
② 祈祷室　⑫ リンダラハの中庭
① メスアールの間　⑩ 二姉妹の間
③ メスアールの中庭　⑨ 諸王の間
⑦ ライオンの中庭
④ アラヤネスの中庭　⑧ アベンセラヘスの間

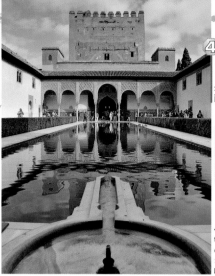

## ④ アラヤネスの中庭
●Patio de Arrayanes

「アラヤネス」は天人花の意で、左右に四角く刈り込んだ植物のことを指す。長さ34m、幅7mの長方形の池のフォルムが印象的。2階に窓がある両サイドの建物は女性用の住居だったとされる。

 撮影ポイント

記念写真はコマレスの塔を正面に望む池の対岸から。水面に映る美しいアーチや周囲の緑を左右対称に写すのがポイント。

←ミルテ（植物）の庭、池の庭などさまざまな名称で呼ばれてきた

## ⑤ バルカの間
●Sala de la Barca

王が玉座につく際にアッラーの祝福を祈ったといわれる細長い部屋。アラビア語で祝福を意味するアルバラカに由来。その形がバルカ（船）に似ているからという説も。天井の幾何学模様の寄せ木細工が素晴らしい。

↑1890年の火災でオリジナルが全焼し、1965年に復元された

## ⑥ 大使の間
●Sala de Comares

宮殿内で最大の約121㎡の広さがあるサロン。玉座の間ともよばれ、王に謁見するために来た大使が通されたという。部屋に面するアーチの奥にはバルコニー風のスペースがある。

### ココも check!

天井から床までびっしりと埋め尽くされた細密なアラベスク模様は圧巻。装飾の一部にはコーランの一節も彫られている。

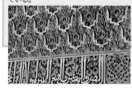

←星空のような木組みの天井は一見の価値あり

## ⑦ ライオンの中庭
●Patio de los Leones

コーランに書かれた楽園をイメージして造られた中庭。当時は草花が植えられていた。この庭を囲む各スペースは王以外の男性が入れないハーレムだったという。水時計でもあった円形の水盤を、ライオンの像が背中で支える噴水は人気の撮影スポット。

### ココも check!

白大理石のライオン像は、かつて黄金に彩色されていた。ほかと比べて彫刻技術がやや古拙に見えるのは、11世紀ごろの建物から転用したためといわれている。

←宮殿内でも特に見事なイスラム技術が見られる

 撮影ポイント

ライオン像と漆黒の装飾が一枚に収まる地点が撮影ポイント。順番待ちとなっていることもしばしば。

185

## ナスル朝宮殿を徹底解剖

### 8 アベンセラヘスの間
●Sala de los Abencerrajes

豪族アベンセラヘス一族が最後の王ボアブディルに惨殺されたという伝説にちなみ、16世紀からアベンセラヘスの間とよばれている。

**ココも check!**

噴水についた薄茶色の染みは、アベンセラヘス一族の血だといわれ、かつての惨殺事件を彷彿させる。

**ココも check!**

天井を覆う巧妙な装飾はモカラベ様式。立体的で複雑な構造から蜂の巣天井ともよばれる。

↑星をイメージしたという16角の天井の鍾乳石飾りが見事

### 9 諸王の間
●Sala de los Reyes

王の居住空間で、3つの寝室につながっている。内部は鍾乳石造りのアーチが美しく、天井には革に描かれた10人の王の絵画が残されている。

→この絵が法廷の場面を描いているという説から、別名「裁きの間」とも

### 10 二姉妹の間
●Sala de Dos Hermanas

中庭に面した2階建ての夏の住居。左右にまったく同じ大理石の敷石があることからこの名が付いた。8角のモカラベ様式の天井が美しい広間の壁にはいくつもの詩が刻まれている。

↑天井装飾のモチーフは花や星が中心。アラビア文字のカリグラフィも見事

### 11 ワシントン・アーヴィングの部屋
●Habitación de Washington Irving

アメリカの作家ワシントン・アーヴィングが、公使館書記官としてスペインに渡り、1829年7月から3カ月間滞在した部屋。ここでの体験を宮殿にまつわる伝説を交えて書いた『アルハンブラ物語』は、多数の言語に翻訳されている。内部見学不可。

←扉の上には「ワシントン・アーヴィング」と記されている

### 12 リンダラハの中庭
●Patio de la Lindaraja

1526年に設置された小さな噴水を幾何学模様の植木で囲んだ小さな庭。アルハンブラ宮殿のなかでカトリック的な要素をもつ場所。

↓修道院の回廊と中庭を思わせるたたずまい

**ココも check!**

二姉妹の間の奥にはリンダラハの望楼がある。望楼の天井はステンドグラスで色彩豊かに装飾され、眼下にリンダラハの中庭を望む。

# 水の宮殿「ヘネラリフェ」

ナスル朝宮殿のあとは、もうひとつのみどころヘネラリフェも訪ねたい。
さわやかな水の流れと可憐な花々が宮殿を美しく飾る。

**歴**代の王たちが私的な休暇を過ごした夏の別荘。アルハンブラ宮殿の城壁の外、坂道を上った高台にある。シエラ・ネバダ山脈の雪解け水を利用した水路や噴水が設けられ、別名"水の宮殿"とも。心地よい水音が響く庭園内には、イスラムならではの華麗な建築物が点在している。

## ここがみどころ

### アセキアの中庭 ●Patio de la Acequia

約50mの長方形のアセキア（掘割）を中心に、ブーゲンビリアが咲き乱れる美しい庭。迷宮をイメージして造られた。中庭に面する回廊は、イスマイル1世の時代（1314～1325年）に建造。北側の建物は壁の石膏技術の模様が一見の価値あり。

↓アセキアの中庭の先にかつての王の間と見晴らしの塔が立つ

↓アラベスク装飾が素晴らしい、見晴らしの塔内部。窓の外には絶景が広がる

### スルタナの中庭

●Patio del Cipres de la Sultana

かつて浴場があった場所で、カトリック時代にバロック様式の庭園に改築。コの字型の用水路の中央に噴水があり、イスラムとカトリックの様式が融合している。

↑スルタナは王妃の意。かつてここで王妃が若者と密通したという伝説が残る

←上の庭へと続く門には2頭のライオン像が

### 水の階段 ●Escalera del Agua

上の庭にある階段は、造園当時のまま残されている貴重な遺構。手すりの部分が水路になっており、山脈から引かれた水が勢いよく流れる。途中にある小さな噴水も風景に彩りを添えている。

→水は水路を通り、宮殿内の隅々まで届けられる ↓色とりどりの草花に覆われた上の庭

---

## ＋ Plus!

### ショップ＆レストランにも立ち寄り

ミュージアムショップには、アルハンブラ宮殿グッズがズラリ。疲れたらレストラン＆カフェでひと息つこう。

#### ミュージアムショップ

アルハンブラ宮殿ならではのおみやげを買うなら、宮殿内のショップ「ティエンダ・デ・ラ・アルハンブラ」がおすすめ。ヌエバ広場の近くにも店舗がある（→P197）。

#### パラドールのレストラン

「パラドール・デ・グラナダ」にはレストランがあり、軽食やドリンク類も揃う。テラス席からはヘネラリフェも見える。

アルハンブラ宮殿を望む白い街並みが美しい

# 迷路のようなアルバイシン地区へ

↓旧市街らしい風情あふれる街並み

**Read me!**

かつてのイスラム教徒居住区で、グラナダ最古の街といわれるアルバイシン地区。小道に白壁の家が連なるイスラム風の街並みが広がり、エキゾチックな雰囲気が楽しめる。

↑花や焼き物の色彩が白壁に映える ↓細い路地が迷路のように入り組む

## 街歩きRoute

1 ヌエバ広場
   徒歩約3分
2 カルデレリア・ヌエバ通り
   徒歩約3分
3 カスバ
   徒歩約15分
4 サン・ニコラス教会
   徒歩1分
5 メスキータ
   徒歩1分
6 サン・ニコラス展望台

…見学 …カフェ

街歩きの起点はここ！

### 1 ヌエバ広場
●Plaza Nueva ★

市内の観光名所を回るアルハンブラバスの停留所があり、観光の拠点となるのがヌエバ広場。広場の周りにはホテルや飲食店が集まり、賑やかな雰囲気。広場の北側に広がるアルバイシン地区を歩き、サン・ニコラス展望台を目指す。

**グラナダ MAP：P18C3**
図カルデレリア・ヌエバ通りから徒歩3分

### アルバイシン地区

サルバドール教会
サクロモンテの丘へ
メスキータ
C.San Nicolas
C.Nuevo S. Nicolas
C.Callejón Tomasas
サン・ニコラス展望台
サン・ニコラス教会
C.Guinea
C.Aljibe de Trillo
C.Olleras
C.Tiña
C.San Juan de los Reyes
C.Yanguas
C.Sta Ines
C.San Buenaventura Alta
C.Oidores
C.Gallada
C.Carne
C.Calida
C.Cobertizo
サン・ホセ教会
C.S. Gregorio
アラブ浴場跡
Carrera del Darro
アルハンブラ宮殿
カスバ
ボアブディル
カルデレリア・ヌエバ通り
ヌエバ広場
50m

↑広場は裁判所などの歴史的建造物に囲まれている
←広場近くの交差点にはイザベル女王の銅像が立つ

エキゾチックなムード漂う

## 2 カルデレリア・ヌエバ通り
●Calderería Nueva ★★

石畳の小路の両脇にみやげ物店が立ち並ぶ賑やかな通りへ。アラブ風のかわいい小物が目白押しで、なかなか次へ進めないほど！思わず写真を撮りたくなる、絵になるスポットも多数。

**グラナダ MAP：P18C2**
図ヌエバ広場から徒歩3分

↓薄暗い室内から放たれる空気はアラブの香り

↑モロッコ風のバブーシュやティーセットなど雑貨が豊富 ←約200mの通りに小さなショップが軒を連ねる

アラブ風カフェで休憩タイム

## 3 カスバ
●Kasbah

アラブショップが立ち並ぶ一角にある隠れ家のようなテテリア（ティールーム）。メニューはモロッコのお茶やケーキなどのお菓子類、軽食などが充実している。

**グラナダ MAP：P18C2**
図ヌエバ広場から徒歩4分値C.Caldereria Nueva 4☎958-227936
⏰12時～翌1時（金・土曜は～翌2時30分）㉭なし

↓美しい装飾タイルに注目

↓礼拝堂など内部の見学も可能

ビュースポットの鐘塔も！

## 4 サン・ニコラス教会
●Iglesia de San Nicolás ★

1525年建築のムデハル様式の白い教会。落雷のため崩壊し19世紀に再築されたといわれる。サン・ニコラス展望台に面し、鐘塔に上るとグラナダの街を見渡すことができる。

**グラナダ MAP：P19D1**

図ヌエバ広場から徒歩 15 分値Mirador de San Nicolás 1⏰11時～12時30分、18時～21時30分㉭なし㉫€2.50

←鐘楼は展望台にも劣らぬビュースポット

ひっそりとたたずむ礼拝堂

## 5 メスキータ
●Mezquita de Granada ★

サン・ニコラス展望台からアルハンブラ宮殿を右手に見て、左側に小さなイスラム様式の庭園を配するモスクがある。グラナダ在住のイスラム教徒が礼拝に訪れる、地元民の心のよりどころ。

**グラナダ MAP：P19D1**
図ヌエバ広場から徒歩15分
値Panaderos 36
☎958-202526
⏰11～14時、18～21時㉭なし

アルハンブラ宮殿の全容を見渡す

## 6 サン・ニコラス展望台
●Mirador de San Nicolás ★★

ここから見るアルハンブラ宮殿に勝るものはないと名高い絶景スポット。白壁に赤い屋根のアルバイシン地区の街並みも一望にできる。

**グラナダ MAP：P19D1**
図ヌエバ広場から徒歩15分（またはタクシーで5分）

↓グラナダの街並みの眺望が見事

↓住宅街を抜けると突如現れる展望台

キリスト教とイスラム文化にふれる

# カテドラル周辺でミックス文化を体験!

ナスル王朝の都として反映したグラナダは、今もイスラムの面影が色濃く残る街。一方でキリスト教の大聖堂も威風堂々たる姿でそびえ、独特の街の景観を形成している。

**モデルコース【所要4時間】**

1. カテドラル
   徒歩1分
2. 王室礼拝堂
   徒歩1分
3. マドラサ
   徒歩2分
4. メディエボ
   徒歩3分
5. アルカイセリア
   徒歩5分
6. カフェテリア・アルハンブラ
   徒歩5分
7. ロス・アラヤネス

⋯見学　⋯カフェ

↑カテドラルの宗教画

↑町のいたるところからカテドラルの塔が見える

↑アラビアンな雰囲気漂うアルカイセリア

高さ約115m、幅約67mの壮大な建物

### ステンドグラスが美しい
## 1 カテドラル
●Catedral de Granada ★★★

イスラム寺院の跡地に建てられたキリスト教の大聖堂。1506年の最初のプランではゴシック様式だったが、建築家が変わりルネッサンス様式の聖堂に。礼拝堂の上部を彩るステンドグラスは神秘的な美しさ。

`グラナダ` MAP:P18B3

🚇ヌエバ広場から徒歩5分🏠C.Gran Via de Colón 5☎958-222959🕐10時～18時15分(日曜は15時～)㊏なし€5

↓主祭壇の周りに小さな礼拝堂が並ぶ

### イザベル女王が眠る礼拝堂
## 2 王室礼拝堂
●Capilla Real

スペイン史上最も重要な人物の1人、イザベル女王が眠る棺がある。奥は博物館になっており、イザベル女王がグラナダ攻略の際に身に着けた王冠や、女王の個人コレクションだったフランドル絵画などを展示。

`グラナダ` MAP:P18C3

🚇ヌエバ広場から徒歩5分🏠C.Oficios s/n☎958-227848🕐10時～18時30分(日曜、祝日は11時～)㊏なし€6

↑礼拝堂中央部には横たわるイザベル女王らの大理石像がある　←建物はカテドラルに隣接している

### イスラム教のかつての教育機関
## 3 マドラサ
●Madrasa ★★

グラナダの最盛期といえる14世紀にユースフ1世によって建てられたイスラム教の大学。バロック様式のファサードやムデハル様式の格子天井など、当時の姿がそのまま残されている。

`グラナダ` MAP:P18C3

🚇ヌエバ広場から徒歩5分🏠C.Oficios 14🕐9～21時(土曜は11～14時、17時30分～20時30分)㊏日曜の午後

→精緻な装飾が施されたイスラム教の祈祷室

### **4 メディエボ**
アラブの茶葉や香辛料をゲット
●Medievo

カテドラルの正面にある茶葉やコーヒー、スパイスのお店。モロッコティーやザクロの種が入ったグラナダの紅茶、アラブ料理に使用される香辛料など、ほかではあまり見かけない商品が販売されている。

**グラナダ** MAP：P18B3

図ヌエバ広場から徒歩5分 値Plaza de Pasiegas 2 ☎686-242857 ⓣ9～21時 ㉠なし

↑カテドラルの目の前なので分かりやすい
←アラブの伝統料理クスクスなどに使われる香辛料。100g€2

←小さな路地がスークのよう

### **5 アルカイセリア** ★★
イスラム風市場で掘り出し物を
●Alcaiceria

イスラム時代のバザール跡地に小さな店が軒を連ねるショッピング街。エキゾチックな革細工やショールなど、グラナダらしいみやげ物が並ぶ。

**グラナダ** MAP：P18B3

図ヌエバ広場から徒歩5分 ⓣ10時～21時30分ごろ ㉠店により異なる

↑店先にエキゾチックな商品が並ぶ

### **6 カフェテリア・アルハンブラ**
甘いチョコラテでほっとひと休み
●Cafeteria Alhambra

スペイン名物チュロスが人気のカフェ。1900年代初頭にお祭りの屋台から始まったという古い歴史をもつ。広場にテラス席もあり、朝食や夕方ごろは地元の人や観光客で賑わう。

**グラナダ** MAP：P18B3

図ヌエバ広場から徒歩5分 値Plaza Bib-Rambla 27 ☎958-523929 ⓣ8～24時 ㉠なし

↑多くの人でにぎわう人気店

↑チュロス＆チョコレート €5.50

グラナダ観光の休憩に利用してね

### **7 ロス・アラヤネス**
ほっこり素朴なグラナダ焼き
●Los Arrayanes

自家工場ですべて手作りのグラナダ焼きが店内にズラリと並ぶ。日用品から壁飾りまでジャンルもさまざま。➡P196

↑グラナダのシンボル、ザクロを形どった陶器も

- カテドラル①
- 王室礼拝堂②
- メディエボ④
- ③マドラサ
- アルカイセリア⑤
- カフェテリア⑥ アルハンブラ
- ⑦ロス・アラヤネス
- 市役所

C. de san Jeronimo／グラン・ビア・デ・コロン通り／Gran Via de Colon／トリダ広場／C. Mesones／ビブ・ランブラ広場／ライエス・カトリコス通り／イサベル・ラ・カトリカ広場／C. Almona

N
50m

---

**+ Plus!** 　**ローマ法王ゆかりのお菓子**

グラナダ伝統菓子でひと休み
### **カサ・イスラ** ●Casa Ysla

伝統的なスイーツが揃うカフェ。ローマ法王ピオ9世の即位を記念して考案された小さなロール状のスポンジケーキ「ピオノノ」が名物。ピオノノ1個€1.50～。

**グラナダ** MAP：P18C4

図ヌエバ広場から徒歩15分 値C. Acera del Darro 62 ☎958-523088 ⓣ8～21時 ㉠なし

Bar

ドリンクと一緒にタパスも出てくる！

# 地元で愛されるグラナダ式バル

## Read me !

スペイン国内にバルは星の数ほどあるけれど、グラナダのバルは少し違う。なんとタパスが無料で食べられるのだ！安くておいしいグラナダのバルをハシゴしてみよう。

グラナダに来たらぜひ訪れて！

### グラナダ式バルとは？

グラナダのバルではドリンクを注文すると、タパスが無料で付いてくる。それも1回限りではなく、注文するたびに。お店によってタパスのサイズは異なるが、お腹を満たすのには十分なボリュームのタパスが出てくることも。

↓豚肉のチョリソー
小サイズ€2.30
（下）大サイズ€9.50

€9.50

おすすめ
メニュー

**アルボンディガ**
Albondiga
豚の肉を使ったミートボール。小さいサイズ€2.30は、ドリンクのお通しとしても提供される

食べ応え十分の豚肉料理が人気

## ラ・リビエラ
●La Riviera

1992年の創業当時のウェイターが現オーナーを務めるバル。豚肉を使った料理が主流で、昼食時や夕食時には行列ができるほど人気。国内外のビールを約60種類取り揃えている。予約は不可。

`グラナダ` **MAP：P18C2**
🚶ヌエバ広場から徒歩2分
🏠C. Cetti Meriem 7
🕐12時15分〜24時
休なし

↑そら豆と生ハムを乗せたグラナダの定番料理、アバス・コン・ハモン€12

ゆっくりくつろげる雰囲気が魅力

## ボアブディル
●Boabdil

家族で経営するアットホームなバル＆レストラン。使用する素材は全て地元産で手作り。カウンター席のほか広いテーブル席もあり、ゆっくり食事が楽しめる。日曜はパエーリャのタパスもあり。

`グラナダ` **MAP：P18C2**
🚶ヌエバ広場から徒歩2分 🏠C.Hospital
Corpus Christi 2B ☎610-579555
🕐10〜24時（日曜は〜18時）休月曜

€18

おすすめ
メニュー

**ラボ・デ・トロ**
Rabo de Toro
2、3日前からじっくり煮込んだトロトロのオックステール

↑店内に入って手前がカウンター席、奥がテーブル席になっている

グラナダ料理を楽しんで

192

➡昼食時は満席必至の人気店

すぐ満席になるか
ら早めの来店がお
すすめだよ！

おすすめ
メニュー
€17

**カラマリトス・プランチャ**
Caramaritos Plancha

新鮮なイカにオリーブオイルを塗って
グリルにしたもの

地元客が通う海鮮タパスのバル

# ロス・ディアマンテス
●Los Diamantes

バル通りとよばれるラス・ナバス通り
の一角に位置。毎日仕入れる新鮮魚介
を使ったタパスが中心で、カウンター
席のみのこじんまりとした店内は多く
の常連客ですぐに満席となる。

⬆カタクチイワシの
フリット€16

グラナダ MAP：P18C4

🚇ヌエバ広場から徒歩7分🏠C. Navas
28🕐13〜16時、20〜23時㊡日・月曜
👤

➡焼きアサリの
タパス €12

おすすめ
メニュー
€14

**フラメンキン**
Flamenquin

チーズとロース
ハムを豚肉で巻
いたアンダルシ
アの郷土料理

⬅豚の手を煮込んだ
マノ・デ・セルド。
(左)ハーフ€8、大
€12

⬅開店してすぐに混み合う

種類豊富なお通しタパスがうれしい

# アビラ
●Ávila

グラナダに数店舗を展開する家族経営のバル。ハモ
ン・アサードやカジョスなど、グラナダ名物の豚肉
料理が特に人気。ドリンクとセットで無料で提供さ
れるタパスは約20種もある。

グラナダ MAP：P18B4

🚇ヌエバ広場から徒歩15分🏠C.Veronica de la Virgen
16🕐12〜17時、20〜24時㊡日曜👤

➡カタツムリを煮込
んだ、スペインの名
物タパス。(右)ハー
フ€8、大€12

兄弟で営業して
いるよ！

Restaurante 🍴

料理はもちろん、ロケーションや装飾も魅力的♪

# グラナダのとっておきレストラン

Read me!

スペインのなかでも独特の文化、地形をもつグラナダ。個性的なレストランも数多く、アルハンブラ宮殿を眺めながらのディナーは、きっと忘れられない思い出になるはず。

⬇テラス席からの眺めは特に見事

とっておきポイント

**グラナダ随一の眺望**

どのテーブルからでもアルハンブラ宮殿を眺めながら食事を楽しめる、眺望のよさがなによりの魅力。夜にはライトアップされた宮殿が夜の空に浮かび、幻想的な光景が目の前に広がる。

⬆ディナーのほか、ランチ利用もおすすめ

⬇マグロ赤身のたたき €27

➡サン・ニコラス展望台を下りたところにある

⬆マグロ赤身のたたき€28.50。地中海カディス県で漁獲されたタイセイヨウクロマグロを使用

丘の上のアルハンブラ宮殿を一望

## カルメン・ミラドール・デ・アイサ

オススメ

●Carmen Mirador de Aixa

サン・ニコラス展望台のそばにあるロケーション抜群のレストラン。地中海で水揚げされたマグロを使用した、見た目も華やかな創作料理が中心。目の前の景色とレベルの高い料理が特別なひとときを演出する。

[グラナダ] MAP:P19E1

[交]ヌエバ広場から徒歩20分 [住]C. de San Agustín 2 ☎ 958-049810 🕒 13時～15時30分、19時～22時30分（土曜の夜は20時～） [休]なし [英][英][予]

←木々に頭上を覆われた屋外のテラス席

↑まるで隠れ家へと誘われるようなエントランス

静けさに包まれたレストラン

## カルメン・ミラドール・デ・モライマ
●Carmen Mirador de Morayma

アルバイシン地区の丘の中腹にたたずむ隠れ家風レストラン。小部屋から大ホールまで5つの部屋すべてでアルハンブラ宮殿を展望できる。地元産の食材を使った料理が中心で、自家製の有機栽培ワインもおすすめ。

**グラナダ** MAP：P19E1

🚇ヌエバ広場から徒歩20分
🏠C. Pianista Garcia Carrillo 2
☎958-228290 ⏰13時30分〜22時30分 休日・月曜 😊😊😊

←ドライフルーツと鶏肉のパイ、パステラ・モルノ・デ・ポジョ€21

### とっておきポイント

#### 木々に抱かれた旧邸宅
森に囲まれ、目の前にはアルハンブラ宮殿という抜群のロケーション。建物は、中庭が付いたグラナダ特有の邸宅"カルメン"を利用したもので、心落ち着く静かな雰囲気のなか料理が楽しめる。

↑外に目を向ければアルハンブラ宮殿を望む贅沢なひととき

←左 ひと際エレガントな雰囲気を放つレストラン
右 アルプハラ地方の美術家によって手作業で描かれた天井画

↓店内のいたるところに精緻な装飾が見られる

インテリアに飾られた映画のような空間

## プエルタ・デル・カルメン
●Puerta del Carmen

支庁舎前のカルメン広場に立つ、2002年創業のエレガントなレストラン。地中海沿岸の国々で使われる食材をスペイン料理と融合させたメニューが中心で、200種以上が揃うワインコレクションも自慢。

**グラナダ** MAP：P18B4

🚇ヌエバ広場から徒歩7分 🏠Plaza del Carmen 1 ☎958-223737 ⏰13時〜翌1時 休なし

↓タコの炭火焼きマッシュポテト
€22.90

### とっておきポイント

#### ムデハル様式の店内
かつて闘牛愛好家たちが集うサロンとして使われていた建物をムデハル様式に改装した店内は、まるで映画の世界に飛び込んだかのような華やかな空間。すべて手作業で描かれた天井画にも注目しよう。

イスラム文化薫るアイテムが目白押し！

# エキゾチックな**グラナダみやげ**

**Read me!**

イスラム文化の影響を受けて発展したグラナダの伝統工芸。今ではモダンなデザインを取り入れた、おしゃれなグッズも数多い。ショップをめぐり、お気に入りを見つけよう。

**各€26**
タラセアの技法を用いた直径20cmのお盆 Ⓐ

**―タラセアとは？**
自然の木を組み合わせて作るグラナダの伝統工芸"寄木細工"のこと。中世にアラビア人によって伝えられたとされており、アルハンブラ宮殿の装飾にも用いられている。

**2点セット€18.95**
グラナダのシンボル、ザクロを形どった花瓶 Ⓑ

**各€2.50**
タラセアの模様を施したコルク栓 Ⓐ

**€16.90**
タラセアのフォトスタンド Ⓐ

**緑€11 青€9**
グラナダ焼の伝統色、青と緑のティーカップ Ⓑ

**€22**
アラベスク模様の水彩画を施したクッションカバー Ⓓ

**各€17.50**
アラベスク模様がおしゃれな水筒500ml Ⓒ

**各€14**
アルハンブラ宮殿の装飾をモチーフにした壁飾り Ⓓ

---

Ⓐ タラセアの伝統を受け継ぐ家族経営のお店
## ゴンサレス ●Gonzales

1920年創業、家族で経営するタラセアの老舗。4種の自然木を用いた工房手作りのタラセア製品が、お盆や小箱、チェス盤などバラエティ豊かに揃う。過去には木製工芸品の最優秀賞受賞歴もあり。

**グラナダ** MAP：P18C3
図ヌエバ広場から徒歩3分
🏠Cta. de Gomérez 12
☎958-872391
⏰10時30分～20時
㊡日曜 👤

Ⓑ 手作りの風合いが魅力のグラナダ焼のお店
## ロス・アラヤネス ●Los Arrayanes

店内に並ぶグラナダ焼は、全て自家工場で手作りされたもの。日用品から壁飾りなどのインテリアまで幅広く揃う。国際宅配サービスを行っているのもうれしい。

**グラナダ** MAP：P18B3
図ヌエバ広場から徒歩7分
🏠C.Alhondiga 16
☎958-984871
⏰10～14時、17～21時
㊡日曜 👤

€18.95
グラナダ焼のサラダボール。グラナダでは壁に掛けてインテリアとしても使われている [B]

€24.90
コンパクトに折り畳めるタラセアのチェス盤 [A]

€14.75
グラナダ焼のスポンジ入れ [B]

各€5.95
サイズ感がかわいいタラセアの小箱 [A]

各€6
ザクロとアラベスク模様のマグネット [D]

€6.50
フラメンコ模様のコップは小スプーン付き [C]

€19
バターナイフセット [C]

€65
オリジナルシリーズ「ラス・ガセラス・コレクション」の絹スカーフ [D]

各€7.50
アラベスク模様の眼鏡ケース [C]

[C] 伝統×モダンなグラナダみやげ

## ダウロ ●Dauro

職人とデザイナーが共同でオープンしたショップ。それだけに伝統工芸と現代的なデザインを組み合わせた洗練されたアイテムが揃う。グラナダに数店舗ある。

[グラナダ] MAP:P18B3

[交]ヌエバ広場から徒歩5分
[住]Pl. de BibRambla 2
☎665-241543
[時]10～22時(冬期は～21時)
[休]なし [英]

[D] アルハンブラ宮殿グッズならココ

## ティエンダ・リブレリア・デ・ラ・アルハンブラ ●Tienda Libreria de la Alhambra

アルハンブラ宮殿の公式ショップ。アルハンブラ宮殿の装飾や展示品などをモチーフにしたグッズが多数揃う。宮殿から出土した水瓶「ラス・ガセラス」をモチーフにしたコレクションなど、限定オリジナル商品も。

[グラナダ] MAP:P18C3

[交]ヌエバ広場から徒歩3分
[住]Reyes Católicos 40
☎958-227846 [時]10～21時
[休]なし [英]

## カテドラル ★★★

Catedral

世界遺産

異なる宗教文化が折衷する大聖堂

イスラム時代のモスクを基礎に、15世紀に約100年かけ建造された大聖堂。建設には巨万の富がつぎ込まれ、その規模はスペイン最大を誇る。内部は豪華な装飾で埋め尽くされ、スペインを代表する画家たちの宗教画コレクションも必見だ。

**MAP：P201**

観光案内所から徒歩2分
Avda. de la Constitución s/n
902-099692　11〜18時(日曜は14時30分〜)、夏期は変更の場合あり　なし(特別なミサの日は休み)
C12(オンラインC11)

大航海時代に繁栄を極めた華麗なる都

# セビーリャ

## 2つの世界遺産

**アクセス**

飛行機…マドリードから約1時間10分。バルセロナから約1時間40分。空港から市内までは車で約30分。
鉄道(高速列車AVE)など…マドリードから約2時間30分、バルセロナから約5時間30分。

## 見学ルート

### 1 コロンブスの墓

●Los Restos de Cristóbal Colón

堂内に入ってすぐ右手。コロンブスの棺をかつぐのは、当時スペインを構成していた王国の4人の王。

### 2 聖杯の礼拝堂

●Sacristía de los Cálices

セビーリャ派の画家による宗教画が並び、奥の祈祷所には聖杯や盆などのコレクションを展示している。

### 3 主聖具納室

●Sacristía Mayor

聖職者たちの着替え部屋。中央祭壇にはペドロ・デ・カンパーニャ『十字架降下』、両壁にはムリーリョの作品を展示。

【見取り図】
ペルドン門 Puerta del Perdón
アラビア式噴水
オレンジの中庭 Patio de los Naranjos
ヒラルダの塔 **6** La Giralda
サン・アントニオ礼拝堂 Capilla de San Antonio
パロスの門 Puerta de los Palos
サン・ペドロ礼拝堂 Capilla de San Pedro
聖歌隊席 **5** El Coro
主祭壇 **5** Capilla Mayor
王室礼拝堂 Capilla Real
コロンブスの墓 **1** Los Restos de Cristóbal Colón
参事会室 **4** Sala Capitular
サン・クリストバル門 Puerta de San Cristobal
入口
聖杯の礼拝堂 **2** Sacristía de los Cálices
主聖具納室 **3** Sacristía Mayor

### 4 参事会室

●Sala Capitular

スペイン・ルネサンスを代表する建築で、浮き彫りなどの装飾が施された部屋。ムリーリョの『無原罪の御宿り』がある。

**Check**
床はミケランジェロのデザインと同じ模様が用いられている

**Check**
世界最大といわれる主祭壇の飾り壁

### 5 主祭壇と聖歌隊席

●Capilla Mayor y el Coro

1000体以上の彫像と45のレリーフで聖書のエピソードを再現した飾り壁は必見。両側のパイプオルガンも見事。

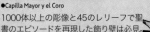

### 6 ヒラルダの塔

●La Giralda

モスク時代のミナレットを16世紀にルネサンス様式へ改築した高さ約94mの鐘塔。塔の上には風見鶏としてアテネ像を設置。

歌劇『カルメン』や『セビーリャの理髪師』の舞台として知られるアンダルシアの州都。コロンブスが活躍した大航海時代に街は活気づき、16～17世紀にはベラスケスなど優れた芸術家を輩出した。フラメンコや闘牛の本場としても名高い。

### 観光案内所

トリウンフォ広場
🏛 Plaza del Triunfo 1
☎954-787578
🕘9時～19時30分(土・日曜、祝日は9時30分～15時)
❌なし MAP P201

### 街の歩き方

街の中心はカテドラル一帯で、カテドラルの周辺にはバルなどの飲食店が多く賑わやかだ。主な観光スポットは徒歩で回ることができるが、馬車で周遊するのもおすすめ(約1時間€45程度)。

**世界遺産**

イスラム芸術を結集した豪華な宮殿

# アルカサル ★★★
Real Alcázar

9～11世紀にイスラム王の王宮として建設。13世紀以降はキリスト教王の居城となり、14世紀にペドロ1世が大改築を行い、ほぼ現在の姿となった。みどころはペドロ1世宮殿で、その美しさはムデハル様式建築の最高傑作として名高い。 **MAP：P201**

🚶カテドラルから徒歩3分 🏛Patio de Banderas s/n ☎954-502324
🕘9時30分～19時(10～3月は～17時) ❌なし 💶€13.50(現金不可)

**見学ルート**

## 1 ペドロ1世宮殿
●Palacio de Pedro I

ペドロ1世の住まい。宮殿中央の「乙女の中庭」を取り囲んで執務室や居室が設けられている。

## 2 ゴシック宮殿
●Palacio Gótico

キリスト教王によるゴシック様式の建物はイスラム色が排除されている。ボールト・ルームの腰壁を飾るタイルが見事。

## 3 庭園 ●Jardines

16～17世紀にイタリア人建築家ベルモンド・レスタによって造られた。大小7つの庭にはそれぞれ名前がある。

### 大使の間 ●Salón de los Embajadores

宮殿の中枢をなす部屋で、ペドロ1世が宮殿内で最も豪華に仕立て上げた。16世紀にカルロス5世はこの部屋で結婚式を挙げた。

### 人形の中庭 ●Patio de las Muñecas

グラナダの職人による瀟洒なパティオで、王族たちのプライベートな空間。上階は19世紀に増築。

### 乙女の中庭 ●Patio de las Doncellas

王族の冬の住まいとして利用された。1階は14世紀のムデハル様式、16世紀に増築された2階はルネサンス様式。

ショップ
出口

マーキュリー池

❸庭園
Jardines

ゴシック宮殿❷
Palacio Gótico

ダンスの庭

カルロス5世天井の間
Salón del techo de Carlos V

トロイの庭

ペドロ1世宮殿❶
Palacio de Pedro I

乙女の中庭
Patio de las Doncellas

狩猟の中庭
Patio de la Montería

ショップ
入口

人形の中庭
Patio de las Muñecas

ガレーの庭

ライオン門
Puerta del León

王子の間
Cuarto del Príncipe

大使の間
Salón de los Embajadores

フェリペ2世天井の間

# セビーリャ 立ち寄りスポット

Sevilla

SPOT

## スペイン広場 ●Plaza de Espana ★

1929年の博覧会のために造営された、比較的新しい広場。スペインの4つの王国の紋章を描いたタイル装飾が各所に配され、写真スポットとして人気が高い。

**MAP:P201**

[交]カテドラルから徒歩15分

イベロ・アメリカ博覧会の会場

↓水路がめぐらされ、ボートで周遊できる。

海運で栄えた歴史を今に伝える

↑かつて金色の陶器パネルで覆われていたことが名の由来

SPOT

## 黄金の塔(海洋博物館)

●Torre del Oro ★★

グアダルキビール川のほとりに立つ塔。アルカサルと港を結ぶ軍事拠点として、検問や防衛の役割を担っていた。現在は海洋博物館。

**MAP:P201**

[交]カテドラルから徒歩15分 [住]Paseo de Colón s/n ☎954-222419 🕘9時30分～19時(入場は18時45分まで) [休]なし [料]なし(€1～の寄付)

→セビーリャ産オレンジ100%のマーマレード。小瓶100g €3.95

↓試食もOK

SPOT

## サンタ・クルス街 ●Barrio de Santa Cruz ★

15世紀ごろまでユダヤ人たちが居住していたエリア。花やセビーリャ焼の皿が飾られ、風情ある街並みが広がる。

**MAP:P201** [交]カテドラルから徒歩3分

細道が続く ノスタルジックな街並み

←細く入り組んだ石畳の道は迷路のよう

↓アンダルシアの花々に彩られた通り

セビーリャの特産品が集合

SHOP

## プロドゥクトス・デ・ラ・シエラ

●Productos de la Sierra

オリーブオイルや、ハム、ソーセージ、チーズなど、セビーリャ周辺の特産品が豊富に揃う。オレンジワインも人気。

**MAP:P201**

[交]カテドラルから徒歩7分 [住]C.Adriano 18 ☎955-276281 🕘10時30分～21時(金・土曜は～20時、日曜は10～19時) [休]なし [英]

## アンダルシア発祥の舞踏を知る

SPOT

### フラメンコ舞踏博物館

Museo del Baile Flamenco ★

映像や立体展示を駆使したユニークな展示でフラメンコの魅力を紹介する。気軽に楽しめるフラメンコショーも開催している。

**MAP:P201**

[交]カテドラルから徒歩5分 [住]C. Manuel Rojas Marcos 3 ☎954-340311 🕐11時～18時30分(毎月第一月曜は16時～。チケット販売18時まで)、ショーは17時～、19時～、20時45分～ [休]なし [料]€29(ショーのみ€25)

↓1万2000人収容のスペイン有数の闘牛場

## 闘牛発祥の地を肌で感じよう

SPOT

### マエストランサ闘牛場 ★★

Plaza de Toros de la Real Maestranza

18世紀に建てられた格式ある闘牛場。闘牛はイースター翌週の日曜～10月2日の期間に開催。開催時以外は内部見学ができる。

**MAP:P201**

[交]カテドラルから徒歩10分 [住]Paseo de Colón 12 ☎954-210315 🕐9時30分～21時30分(闘牛がある日は9時30分～15時30分) [休]なし [料]€10

↓店内は闘牛関連のものでいっぱい

BAR

### メソン・セラニート

Meson Serranito

マエストランサ闘牛場の近く、生粋の闘牛ファンが集まるバル。セビーリャ風サンドイッチのセラニート€7.50～が名物。

**MAP:P201**

[交]カテドラルから徒歩5分 [住]C. Antonia Díaz 11 ☎954-211243 🕐12～24時(土・日曜は～24時30分) [休]なし [英][英]

## 鮮やかな絵柄の手作り陶器

SHOP

### セラミカス・セビーリャ

Ceramicas Sevilla

カラフルな色使いと厚みのある凸凹が特徴のセビーリャ焼の老舗店。温かなタッチで花や植物、鳥などを描いた陶器が並ぶ。

**MAP:P201**

[交]カテドラルから徒歩3分 [住]C. Gloria 5 ☎683-321842 🕐10～18時 [休]不定休 [英]

↑豊富な品揃えで価格も手頃

## 名物のセラニートが味わえる

↑セラニートは豚肉、玉子、生ハムのサンドにポテトが付く

イスラム文化の中心地として栄えた古都

# コルドバ

## メスキータ ★★★
Mezquita

世界遺産

イスラム教とキリスト教の美が共存する祈りの殿堂

街全体が世界遺産

後ウマイヤ朝時代の785年に建設が始まり、約200年にわたって増改築が繰り返された。レコンキスタ完了の13世紀以降はキリスト教の聖堂となった。総面積は約2万3400㎡を誇り、内部は異なる宗教建築が混在する独特の空間。

MAP:P205
🚇 観光案内所から徒歩すぐ
🏛 C. Cardenal Herrero 1
📞 957-470512 🕐 10～19時（日曜、祝日は8時30分～11時30分、15～19時）。11～2月は10～14時、16～18時（土曜は10～18時、日曜、祝日は8時30分～11時30分、16～18時）
❌なし 💰13（月～土曜の8時30分～9時30分は無料、入場は9時20分まで）

### アクセス
鉄道(高速列車AVEなど)…マドリードから約1時間50分、バルセロナから約5時間。
バス…セビーリャから約2時間、グラナダから約2時間45分。

## 見学ルート

### 1 鐘塔
●Torre Campanario

モスクのミナレットとして建設され、のちにキリスト教徒が鐘を設置した高さ54mの塔。塔は街で最も高く、塔の上からはコルドバの街並みを一望できる。💰€3

**Check**
円柱の多くは古代ローマ時代の神殿などから移築

### 3 円柱の森
●Arco de los Bosque

イスラム時代の礼拝の空間で、かつては2万5000人の信者を収容したという。白と赤を組み合わせた馬蹄形のアーチを支える円柱が約850本並び立つ姿が圧巻。

### 2 オレンジの中庭
●Patio de los Naranjos

130m×60mの広々とした中庭で、内部の円柱と同じ向きにオレンジの木が並んでいる。イスラム教徒が礼拝前に身を清めた泉がある。オレンジのほかヤシやオリーブの木も。

### 4 中央祭壇
●Altar Mayor

16世紀にメスキータの中央部に建造されたキリスト教の礼拝堂。ゴシック様式の楕円ドーム、バロック様式の祭壇など、異なる様式が調和している。聖歌隊席のマホガニー彫刻も見逃せない。

**Check**
祭壇には地元産の紅色大理石が用いられている。天井の精緻な彫刻にも注目を

### 地図
教区
サグラリオ門
⑤ ミフラーブ Mihrab
④ 中央祭壇 Altar Mayor
④ マクスラ Maqsula
サン・ミゲル門
大聖堂 Catedral
聖歌隊席 Coro
サン・エステバン門
③ 円柱の森 Arco de los Bosque
出口
サンタカタリナ門
シュロの門
デアネス門
② オレンジの中庭 Patio de los Naranjos
アルマンソール門
乳の門
チケット売場
① 鐘塔 Torre Campanario
免罪の門

### 見学アドバイス
チケットは当日購入が一般的だが、ハイシーズンは窓口に行列ができることもある。下記公式サイトで事前購入も可能。月～土曜の無料時間帯はミサの時間のため礼拝堂は入場不可。🔗tickets.mezquita-catedraldecordoba.es/en

**Check**
唐草模様やアラビア文字の装飾、モザイクや透かし彫りは圧巻の美しさ

### 5 マクスラとミフラーブ
●Maqsula y Mihrab

ミフラーブはメッカの方角を示すくぼみで、コーランの一節が刻まれた馬蹄型のアーチ。マクスラはミフラーブを強調する空間。

アンダルシア第3の都市コルドバ。ローマ時代以前から街が拓かれ、8世紀中頃の後ウマイヤ朝の時代には首都として栄えた。メスキータやアルカサル、白壁の家並みが美しい旧ユダヤ人街など、栄華を謳歌したイスラム時代の遺構を見ることができる。

### 観光案内所

メスキータ横
🏠 Plaza del Triunfo s/n
☎ 902-201774 ⏰ 9〜19時（土曜は9時30分〜14時30分、日曜は9時〜14時30分）
休なし MAP P205

### 街の歩き方

主なみどころはメスキータを中心とする旧市街に集まっており、徒歩で回ることができる。コルドバ駅から旧市街までは徒歩で30分程度かかるので、タクシー利用が便利。

中世の面影が残る花々が彩る街を散策

### 世界遺産

## 旧ユダヤ人街 ★★
### La Judería

10〜15世紀にかけてユダヤ人居住区だったメスキータの北側一帯で、世界遺産「コルドバ歴史地区」の一部。迷路のような白壁の通りには建物が連なり、伝統的な様式の邸宅を見ることもできる。 MAP：P205
🚶 メスキータから徒歩1〜5分

### 必見スポット

#### Check
細かい模様が刻まれた壁面にも注目。模様の中にはヘブライ文字も見られる

2階は女性用の祈祷室

## 2 シナゴーグ ●La Sinagoga

アンダルシア唯一、国内でも数少ないユダヤ教会。建造はカトリック統治時代だが、壁の模様など建物の随所にイスラム建築の影響を見ることができる。

MAP：P205
🚶 メスキータから徒歩5分 📍 C. de los Judíos 20 ☎ 957-749015 ⏰ 9〜21時（日曜、祝日と夏期は〜15時）休 月曜
休なし

↓ 幾何学模様のタイルで覆われた礼拝堂

## 3 聖バルトロメ教会 ●Capilla de San Bartolomé

14〜15世紀建造のキリスト教の礼拝堂。イスラムとカトリックの様式が融合したムデハル様式の建物。

MAP：P205
🚶 メスキータから徒歩5分 📍 Averroes s/n ☎ 957-218753 ⏰ 10時30分〜13時30分、15時30分〜18時30分（日曜、夏期は10時30分〜13時30分のみ）休 日曜の午後、夏期の月曜 €1.50（土・日曜、祝日は€2）

## 1 花の小道 ●Calleja de las Flores

人が1人通れるほどの道幅で、わずか約20mの小道。細い路地の両脇に並ぶ建物の外壁には、花咲く鉢植えが飾られ、撮影スポットとしても大人気。

MAP：P205
🚶 メスキータから徒歩1分

→花の鉢植えは住民によって飾られたもの。小路を抜けると古い噴水のあるパティオに出る

### 旧ユダヤ人街

100m N

C. Rey Heredia
C. Tejon y Marin
C. Judios
C. Almanzor
C. Deanes
C. Romero
C. Pastor
C. Céspedes
C. Bosco
C. Encarnación
C. Rey Heredia

3 聖バルトロメ教会
花の小道 1
★メルヤン
ボデガス・メスキータ
エル・カバーリョ・ロホ
コルドバ職人協会
ラファエル・モラル
ティベリアデス広場
2 シナゴーグ
バラカ
城壁
C. Tomás Conde
C. Martínez
C. Cardenal Herrero
C. Torrijos
メスキータ

# コルドバ立ち寄りスポット

*Cordoba*

**SPOT**

## アルカサル ●Alcázar de los Reyes Cristianos ★★

歴史の舞台となった城塞

14世紀に王宮として建てられた城塞。15世紀にはイサベル女王がグラナダ攻略の拠点とし、ここでコロンブスが女王に謁見した場所でもある。

**MAP：P205**

⊠メスキータから徒歩10分 🏠Plaza Campo Santo de los Mártires s/n ☎957-420151 ⊕8時15分～20時(土曜は9時～18時、日曜は8時15分～14時45分) 休月曜 料€5(木曜の18時～は無料)

↑水音が心地よいアラブ式の庭園は必見

世界遺産

世界遺産の街並みを一望

**SPOT**

## カラオラの塔 ●Torre de la Calahorra ★

グアダルキビール川をはさんでメスキータの向いに立つイスラム時代の要塞。現在はコルドバ市民の生活を再現したジオラマやメスキータの復元模型などを展示する博物館として公開されている。

**MAP：P205B2**

⊠メスキータから徒歩8分 🏠Puente Romano s/n ☎957-293929 ⊕10～14時、16時30分～20時30分(10・3～5月は10～19時、11～2月は10～18時) 休なし 料€4.50

←塔の前は全長230mのローマ橋➡屋上からはメスキータと旧市街の絶景が楽しめる

←幾何学模様が型押しされた正方形の箱€56.80

**SPOT**

## ビアナ宮殿 ●Palacio de Viana ★

コルドバ貴族の館を利用した博物館。庭園とテーマの異なる12のパティオ(中庭)を見学できる。建物内部では伝統的な銀細工や陶磁器を展示。

**MAP：P205**

⊠メスキータから徒歩20分 🏠Plaza de Don Gome 2 ☎957-496741 ⊕10～19時(7・8月は9～15時。日曜は～15時) 休月曜 料€11(宮殿または庭園のみは€7)

季節の花々が彩るパティオが美しい

↑6500㎡の敷地内に個性あふれるパティオが

ユニークなハンドメイドの革製品

**SHOP**

## メルヤン ●Meryan

花の小道にある型押し細工の店。羊や山羊の革にイスラムの幾何学模様などを型押しした革細工は椅子や鏡などの家具から、バッグや財布などの小物類まで多彩。

**MAP：P205**

⊠メスキータから徒歩1分 🏠Calleja de Las Flores 2 ☎957-475902 ⊕9時30分～20時(土曜は9時30分～14時30分) 休日曜

➡色や柄が異なる豊富なラインナップ

➜生ハムとロース肉を揚げたフラメンキン€14.55は必食

の雰囲気も◎

◎カウンター

## BAR

# ボデガス・メスキータ
◎Bodegas Mezquita

40のタパス、60のワインを揃えた充実度満点のバル。気軽な雰囲気の店でコルドバの伝統料理やワインに挑戦してみよう。グラスワインは€2.30〜。

**MAP：P205**

**カジュアルにコルドバの味を満喫**

☒メスキータから徒歩すぐ 🏠C.
Céspedes 12 ☎ 957-490004 ⏰
13時〜23時30分(金・土曜は〜24
時) ㊡なし 📋

## RESTAURANT

# エル・カバーリョ・ロホ　El Caballo Rojo

メスキータの向かいに立つ、1962年創業の格式あるレストラン。西欧とイスラムを折衷したモサラベ料理を中心に、地元の家庭料理やジビエ料理とメニューも多彩。

**MAP：P205**

☒メスキータから徒歩すぐ 🏠C.Cardenal Herrero 28
☎957-475375 ⏰13〜16時、20〜24時 ㊡月・火曜 📋

➜オックステールの煮込み€26。やわらかい肉が美味

↓1階はカフェバーで2階が300席あるレストラン

**伝統を守り伝える郷土料理の老舗**

↑コルドバ駅へ　トリニダ広場
PL. Trinidad

ビアナ宮殿
P204へ

シナゴーグ P203

Ⓢコルドバ職人協会

旧ユダヤ人街
P203

C. Barroso

C. de Rey Heredia

サンタ・ビクトリア教会

考古学博物館🏛

Ⓗユーロスターズ・パレス・ホテル
P217へ

聖バルトロメ教会
P203

Ⓢラファエル・モラル
P205

マイモニデス広場
Pl.Maimónides

Av. Doctor

C. Cairuan

花の小道
P203

Ⓢメルヤン
P204

バラカ
P205

Ⓡ メスキータ
P202

エル・
カバーリョ・ロホ
P205
Caballerizas
Reales

C. Torrijos

サン・ラファエルの勝利塔

Ⓡボデガス・メスキータ P205

ⓘ観光案内所

橋の門

イサナ通り Ronda de Isasa

アルカサル公園
Jardines del Alcázar

アルカサル通り

Av. del Alcázar

アルカサル

グアダルキビール川
Rio Guadalquivir

ローマ橋

ラストロ広場
Pl. del Rastro

●カラオラの塔
P204

◀ 100m

## SHOP

# ラファエル・モラル　●Rafael Moral

細い銀の糸をレース状に編んだ伝統的な銀細工のフィリグラーナ(金糸編み)が有名。指輪やネックレスなど豊富に揃う。ほかにもオニキスやサンゴと組み合わせたアクセサリーなども種類豊富。

**MAP：P205**

☒メスキータから徒歩5分 🏠C. Deanes 4 ☎957-
293962 ⏰10時〜20時30分 ㊡なし

**伝統ある銀細工のアクセサリー**

←細かい細工が施された花形ピアス€15

➜ブレスレット€11〜など手頃な価格の商品が多い

## SHOP

# コルドバ職人協会　●ZOCO Asociación Cordobesa de Artesanos

アンダルシアの伝統的な邸宅に地元アーティストたちの工房兼ショップが集まる。各店舗では革、銀、陶器などの伝統工芸に現代的なアレンジを加えた作品を販売。

**MAP：P205**

☒メスキータから徒歩5分 🏠C. Judíos s/
n ☎ 957-204033
⏰10〜20時 ㊡なし

➜邸宅自体もみどころで、白壁の中庭が撮影スポットに

**アンダルシア風の建物にも注目**

## SHOP

# バラカ　●Baraka

コルドバの4人のアーティストの作品が並ぶショップ。革細工、陶器、金銀細工のアクセサリーや絵画など、幅広いジャンルの一点ものが揃う。

**MAP：P205**

☒メスキータから
徒歩4分
🏠C.Manriquez s/n
☎637-737053
⏰11〜19時
㊡なし 📋

**アーティストの一点ものをゲット**

➜オリジナリティあふれる商品が並ぶ

白壁の家々が連なるメルヘンチックな町

# ミハス

**アクセス**

セビーリャからAVANTでマラガまで約2時間。マラガからバスで約1時間20分。またはフエンヒローラからバスで約25分。

絵のように美しい
フォトジェニックな通り

## サン・セバスチャン通り
**Calle San Sebastián** ★★

石畳の道の両側に白壁の建物が続く通りで、絵はがきなどの風景にも使われる人気の撮影スポット。道は少し坂になっているので、坂の下から上に向かって撮影しよう。

**MAP：P206**

🚌 バスターミナルから徒歩8分 📍 C. San Sebastián

**撮影スポット**

↑通りの入口にある白亜のサン・セバスチャン教会が目印

←通り沿いの店がオープンする時間帯は彩り豊かになり写真撮影におすすめ

↓白い壁と色鮮やかな花のコントラストもキレイ！

↑バスターミナルへ
P

ビルヘン・デ・ラ・ペーニャ広場
Pl. Virgen de la Peña

ロバタクシー乗り場 ●

● 観光案内所

サン・セバスチャン通り
P206

C. Alegre
C. del Pilar
C. Carril
C. Coín
C. Fuente del Algarrobo
C. Cantera
C. Muro
C. Málaga

✉ サン・セバスチャン教会

コンスティトゥシオン広場
Pl. de la Constitución

Av. del Compás
Av. del Compás

ラ・ペーニャ礼拝堂
P207

闘牛場
P207

C. Vistamar

Camino de las Canteras

100m

高台からの眺望もフォトジェニック！

コスタ・デル・ソルの内陸側、地中海を見渡すミハス山麓の中腹に位置する小さな町ミハス。イスラム支配時代の面影を残す白壁の家々が並ぶ美しい街は、色鮮やかな花々が彩る通りや、ロバタクシーが行き交う様子など、絵になる風景にあふれている。

**観光案内所**
ミハス観光案内所
🏠 Plaza Virgen de la Peña 2 ☎952-589034 ⏰9～18時（土・日曜、祝日は10～14時）⊛なし MAP：P206

**街の歩き方**
主なみどころは徒歩圏内。フォトジェニックな街並みを撮影するなら、サン・セバスチャン通りとコンスティトゥシオン広場周辺がおすすめ。

# ミハス 立ち寄りスポット

### 街の守護聖母を祀る洞窟礼拝堂

`SPOT`
**ラ・ペーニャ礼拝堂** ●Ermita de la Virgen de la Peña ★

↑石を積んだ素朴な建物

ミハスの守護聖母ペーニャに捧げられた洞窟礼拝堂。1656～82年にカルメル会の僧が岩を掘って造ったといわれている。向かって右手には展望台があり、白壁の家々が連なる眺望も楽しめ。

**MAP：P206**
🚌バスターミナルから徒歩4分 🏠Paseo el Compás ☎952-589034 ⏰10～14時、16～20時 ⊛なし 無料

➡毎日多くの参拝者が訪れ、祭壇には花が絶えない

↓客席の上部からは町の景色や海も見える

`SPOT`
### 楕円形が珍しい闘牛場

**闘牛場 ★**
●Plaza de Toros

ラ・リベルタ広場の南側にあり、1900年に完成。世界最小の闘牛場ともいわれ、楕円形をしているのが特徴。関連グッズを売るショップも併設。

**MAP：P206**
🚌バスターミナルから徒歩10分 🏠Paseo de las Murallas 1 ☎951-979546 ⏰10時30分～19時（夏期は11～21時、夏期の土・日曜は～19時）、闘牛やイベント開催日は開催時間1時間前に閉場 ⊛なし ⊛€4

➡周囲に合わせて客席は白色に。砂場に入って記念撮影もできる

**＋ Plus!** 　**名物ロバタクシーにトライ！**

街なかをゆっくり周遊するロバタクシーはミハスの名物。白壁が連なる歴史地区や街周辺の案内をしてもらえる。乗り場は観光案内所の付近にあり、料金は1人乗り€15、数人で乗れる車付き€20。

アトラクション気分♪

↑ロバの背中に揺られてのんびり街をめぐろう

207

# ロンダで渓谷ビュー

峻険な景色は
息を飲むほどの美しさ！

グアダレビン川の浸食で造られた、深さ約150mの渓谷によって二分されたロンダ。
断崖絶壁の上に佇む街では自然が造り出した壮大な景観を満喫しよう。

## Ronda

四方を山に囲まれたアンダルシアの小さな街、ロンダ。カトリック両王時代のレコンキスタ（国土回復運動）ではキリスト教徒がこの地を奪還。アラブ時代の名残をとどめる旧市街はグアダレビン川の南側、16世紀以降に発達した新市街が川の北側に広がる。2つのエリアは3つの橋でつながっており、なかでも「新しい橋」を意味するヌエボ橋からの眺めは抜群。

市民の憩いの場、アラメダ・デル・タホ公園内からは変化に富んだロンダらしい景観が楽しめる。
🚶スペイン広場から徒歩3分
🕐8〜22時（夏期は〜24時）
㊡なし ⓥ無料

### アクセス
セビーリャからAVANTでマラガまで約2時間、マラガから列車で約1時間。またはセビーリャ駅からバスで約2時間15分。

### 街歩きのコツ
街の中心はスペイン広場。新市街のみどころや眺望スポットを回ったら、ヌエボ橋を渡って旧市街をのんびり散策しよう。

### 闘牛場
●Plaza de Toros
★
18世紀の建築で、2階建ての観客席には136本の石柱が並ぶ。隣接する闘牛博物館では闘牛士の衣装などを展示。
🚶スペイン広場から徒歩4分
🏠Virgen de la Paz 15
☎952-874132 🕐10〜20時（3・10月は〜19時、11〜2月は〜18時）
㊡9月のペドロ・ロメロ祭（闘牛祭）期間の金〜日曜 ㊎€9

### ヌエボ橋
●Puente Nuevo
★★
18世紀に40年以上かけて建造されたグアダレビン川に架かる橋。谷底から最も高いところで98m。橋の上からの眺望は圧巻。
🚶スペイン広場からすぐ
🏠Puente Nuevo

（地図内ラベル）
ロンダ駅、バスターミナル方面
Calle Virgen de la Paz（ビルヘン・デ・ラ・パス通り）
Calle Virgen de los Remedios（ビルヘン・デ・ロス・レメディオス通り）
闘牛場
新市街
スペイン広場
ヌエボ橋
グアダレビン川
ビエホ橋
ロマノ橋
Calle Almirante（アルミランテ通り）
旧市街

View Point
パラドール・デ・ロンダのレストランのテラス席から、ヌエボ橋や荒涼とした大地を一望。

View Point
渓谷沿いの展望台からは迫力満点のヌエボ橋が目の前に。橋の全景と崖の上の建物を一緒にカメラに収めよう。

# ホテル

## Contents

歴史薫るクラシカルなホテルへ

# パラドールで憧れステイ!

Read me!

スペインでは、中世の修道院や貴族の館に宿泊する夢のような体験も可能。ほかにはない唯一無二のホテルで、歴史を感じながら優雅にくつろぐ非日常のときを楽しもう。

### ☑ パラドールとは

城や宮殿などの歴史的建造物を、宿泊施設にリノベーションした国営ホテルのこと。国内に100カ所近くあり、星の数によってランク付けされている。

### ☑ パラドールの楽しみ方

パラドール宿泊は人気が高く、予約は必須。代理店を通して日本から予約も可能。宿泊客以外も見学・利用できる庭園やレストランもあり、各パラドールの歴史的景観や装飾を見て回るだけでも楽しい。

日本での予約問合先　**イベロ・ジャパン**　URL www.iberotour.jp/

↑回廊に囲まれた噴水のある中庭

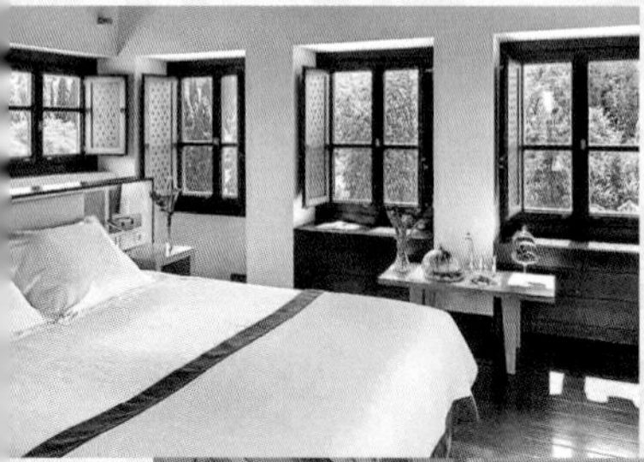

世界遺産に宿泊する特別なひととき

## パラドール・デ・グラナダ　修道院

★★★★

●Parador de Granada

アルハンブラ宮殿(→p182)の敷地内にある、15世紀に建てられたサンフランシスコ修道院を改装したパラドール。イスラム文化の雰囲気に満ちた優雅な時間を過ごせる。非常に人気が高く早めの予約が必須。

グラナダ　**MAP:P19F3**
交 グラナダ駅から車で20分
住 C.Real de la Alhambra s/n
☎ 958-221440
料 要問合せ　客室数 40　英

←モダンにリノベーションされた客室

←王宮の一室だったというナサリの間。入口部分は当時のまま

↓敷地内にある緑豊かなレストラン

↓ライトアップされた夜のパラドールは幻想的な雰囲気を醸す

パラドールのテラス
から眺める旧市街

↑調度品はラ・マン
チャ地方やトレドの
伝統的なものを使用

貴族の邸宅

タホ川が流れる美しい古都を一望
## パラドール・デ・トレド
★★★★
●Parador de Granada

中世の都トレド(→P166)の丘の上に立ち、客室からの眺めは抜群。建物はカスティーリャ地方の伝統的な建築様式を取り入れており、貴族の邸宅を改装して造られた。マドリードからのアクセスもよいので、特に人気が高い。

| トレド | MAP:P166 |

図 トレド駅から車で10分
🏠 Cerro del Emperador s/n
☎ 925-221850
🅿 €110〜　客室数79 🛁

↑夏は開放的な屋外プールも利用できる

カフェテラスからはカル
モナの街が見渡せる

人気観光地にたたずむ古城
## パラドール・デ・カルモナ
★★★★
古城

●Parador de Carmona

ひまわり畑で有名な町・カルモナにあり、14世紀にペドロ1世のために建設された城を再建、復元した建物。ムハデル様式の噴水や内装などアラブの雰囲気が漂う。プールやレストランも完備し、一年中予約が絶えない。

| カルモナ | MAP:P2C4 |

図 セビーリャからバスで
30〜40分、下車後
徒歩20分
🏠 Alcazar s/n
☎ 95-4141010
🅿 €110〜
客室数63 🛁

←客室は落ち着
いたクラシック
な内装

←リゾート感あふれる
プール

改修工事を経て、2020
年にリニューアルした
館内

最も美しく荘厳なパラドール
## パラドール・デ・レオン
★★★★★
修道院

●Parador de Leon

ベルネスガ川のほとりに立つ、旧サン・マルコス修道院を利用したパラドール。パラドールのなかで数少ない5つ星ホテルで、中世の華麗で荘厳な装飾の回廊や教会が当時の姿のまま残る。館内に飾られた貴重な美術品の数々もみどころ。

←回廊に囲まれた中庭

| レオン | MAP:P2C1 |

図 レオン駅から車で5分
🏠 Plaza de San Marcos 7
☎ 987-237300
🅿 €206〜　客室数51 🛁

←歴史的建造物のなか
にある客室は、気品に
満ちた雰囲気

旅の拠点、どこにする？

# バルセロナのホテルを検索！

地下鉄が市内中心部に延びているので基本アクセスに困ることはないが、ランブラス通りやゴシック地区のホテルだと、観光の拠点としてより便利。

★=ホテルのランク。1～5ツ星までの5段階
○=あり　×=なし　△=一部あり

| エリア | ホテル名 | MAP | DATA | 冷蔵庫 | ドライヤー | セーフティーボックス | 日本語スタッフ | Wi-Fi |
|---|---|---|---|---|---|---|---|---|
| グラシア通り周辺 | サー・ビクトル・ホテル<br>★★★★★<br>●Sir Victor Hotel | P10B1<br> | 光使いが見事な空間が広がるエレガントなホテル。<br>[住]C. del Roselló 265 ☎93-2711244<br>[料]€275～ [客室数]91室<br>[URL]https://www.sirhotels.com/en/victor/ | ○ | ○ | ○ | × | ○ |
| ランブラス通り周辺 | エスパーニャ<br>★★★★<br>●Hotel España | P8A3<br> | 1856年の建物を20世紀の初めにモンタネールが改築、その後ホテルに。<br>[住]C. de Sant Pau 9-11<br>☎93-5500000 [料]€120～ [客室数]83室<br>[URL]https://www.hotelespanya.com/ | ○ | ○ | ○ | × | ○ |
| グラシア通り周辺 | マンダリン・オリエンタル・バルセロナ<br>★★★★★<br>●Mandarin Oriental Barcelona | P10B3<br> | グラシア通り沿いで、サグラダ・ファミリアやゴシック地区も徒歩圏内。[住]Passeig de Gràcia 38-40<br>☎93-1518888 [料]€925～<br>[客室数]120室+スイートルーム<br>[URL]https://www.mandarinoriental.com/ja/barcelona/passeig-de-gracia | ○ | ○ | ○ | ○ | ○ |
| グラシア通り周辺 | エル・パレス<br>★★★★★<br>●El Palace 5*GL | P10C4<br> | ロビーには1920年頃のアンティークが配され、格式ある雰囲気が漂う。<br>[住]Gran Via de les Corts Catalanes 668<br>☎93-5101130 [料]€350～ [客室数]120室<br>[URL]https://www.hotelpalacebarcelona.com/ | ○ | ○ | ○ | × | ○ |
| グラシア通り周辺 | カサ・フステル<br>★★★★★<br>●Hotel Casa Fuster | P5D2<br> | 建物は、建築家モンタネールの最後の作品。<br>[住]Passeig De Gracia 132<br>☎93-2553000 [料]€390～ [客室数]105室<br>[URL]https://www.hotelcasafuster.com/en/ | ○ | ○ | ○ | × | ○ |
| グラシア通り周辺 | クラリス ホテル&スパ 5*GL<br>★★★★★<br>●The Claris Hotel & Spa 5*GL | P10B2<br> | 19世紀に建てられた邸宅を改装したホテル。<br>[住]C. de Pau Claris 150 ☎93-4876262<br>[料]€250～ [客室数]124室<br>[URL]https://www.hotelclaris.com/ | ○ | ○ | ○ | × | ○ |
| バルセロネータ | アーツ<br>★★★★★<br>●Arts Barcelona | P5E4<br> | ベイエリアのランドマーク。44階建てで、どの部屋も眺望抜群。<br>[住]C. de la Marina 19-21<br>☎93-2211000 [料]€375～ [客室数]483室<br>[URL]https://www.hotelartsbarcelona.com/ | ○ | ○ | ○ | △ | ○ |
| モンジュイック | インターコンチネンタル・バルセロナ・IHG・ホテル<br>★★★★★<br>●InterContinental Barcelona, an IHG Hotel | P4B3<br> | モンジュイックの丘近くに位置するホテル。<br>[住]Avenida Ruis I Taulet 1-3 ☎93-4262223<br>[料]€250～ [客室数]273室<br>[URL]https://barcelona.intercontinental.com/ | ○ | ○ | ○ | × | ○ |
| グラシア通り周辺 | オラ・エイサンプル<br>★★★★★<br>●Ohla Eixample | P10A1<br> | モダンで都会的なスタイルのブティックホテル。<br>[住]C. de Corsega 289 ☎93-7377977<br>[料]€190～ [客室数]94室<br>[URL]https://www.ohlaeixample.com/ | ○ | ○ | ○ | △ | ○ |

# ホテル選びのヒント

**❶ ホテルの立地で選ぶ**
街の雰囲気を楽しむなら中心部のホテルがおすすめ。都市間移動が多いなら、ターミナル駅周辺もよい。

**❷ 階級も参考に**
スペインのホテルは、1〜5ツ星まででランク付けされている。ホテル選びの参考にしよう。

**❸ 料金は変動が大きい**
ホテルの料金は変動が激しい。祭りやイベントの時期だと、ローシーズンと比べて倍以上になることも。

| エリア | ホテル名 | MAP | DATA | 冷蔵庫 | ドライヤー | セーフティーボックス | 日本語スタッフ | Wi-Fi |
|---|---|---|---|---|---|---|---|---|
| 市街地外辺 | **ヒルトン・バルセロナ** ★★★★★ ●Hilton Barcelona | P4B1 | ディアゴナル大通りに面した機能的な高級ホテル。 🏠Av. Diagonal 589, 591 ☎93-4957777 料平均価格€296〜 客室数290室 URL https://www.hilton.com/en/hotels/bcnhitw-hilton-barcelona/ | ○ | ○ | ○ | × | ○ |
| グラシア通り周辺 | **マジェスティック・ホテル & スパ・バルセロナ** ★★★★★ ●Majestic Hotel & Spa Barcelona | P10B2 | グラシア通り沿いという理想的なロケーション。 🏠Passeig De Gracia 68 ☎93-4922244 料€361.90〜 客室数258室 URL https://majestichotelgroup.com/en/barcelona/hotel-majestic | ○ | ○ | ○ | × | ○ |
| グラシア通り周辺 | **ルネッサンス・バルセロナ・ホテル** ★★★★★ ●Renaissance Barcelona Hotel | P10B3 | 和風のインテリアを採用。随所に日本の客間を彷彿させる。 🏠C. de Pau Claris, 122 ☎93-2723810 料€200〜 客室数211室 URL https://www.marriott.com/en-us/hotels/bcndm-renaissance-barcelona-hotel/overview/ | ○ | ○ | ○ | × | ○ |
| 新市街 | **H10・イタカ** ★★★★ ●H10 Itaca | P4C2 | アクセスに便利な立地で、モダンな建物のホテル。 🏠Avenida Roma 22 ☎93-2265594 料平均価格€148〜 客室数95室 URL https://www.h10hotels.com/en/barcelona-hotels/h10-itaca | ○ | ○ | ○ | × | ○ |
| バルセロネータ | **H10・マリーナ・バルセロナ** ★★★★ ●H10 Marina Barcelona | P5E4 | モダンな雰囲気のホテルで、吹き抜けのロビーが開放感がある。シウタデラ公園は徒歩圏内。 🏠Avenida Bogatell 64-68 ☎93-3097917 料平均価格€227〜 客室数235室 URL https://www.h10hotels.com/en/barcelona-hotels/h10-marina-barcelona | ○ | ○ | ○ | × | ○ |
| 新市街 | **U232・ホテル** ★★★★ ●U232 Hotel | P4C2 | カタルーニャ広場およびランブラス通りから車で5分圏内。 🏠Comte D'urgell 232 ☎93-3224153 料平均価格€199〜 客室数102室 URL https://www.u232hotel.com/es | ○ | ○ | ○ | × | ○ |
| 新市街 | **ペスターナ・アレーナ・バルセロナ** ★★★★ ●Pestana Arena Barcelona | P4B3 | ターミナル駅であるバルセロナ・サンツ駅のほど近くに位置。 🏠C.Consell de Cent 51-53 ☎93-2893921 料平均価格€180〜 客室数84室 URL https://www.pestana.com/en/hotel/pestana-arena-barcelona | ○ | ○ | ○ | × | ○ |
| 市街地外辺 | **AC・ホテル・ソム** ★★★★ ●AC Hotel Som | P4A3 | 市街中心部から少し離れたところにあるモダンなホテル。 🏠Arquitectura 1-3, L'Hospitalet de Llobregat ☎93-4458200 料€135〜 客室数102室 URL https://www.marriott.com/es/hotels/bcnsm-ac-hotel-som/overview/ | ○ | ○ | ○ | × | ○ |
| 郊外 | **ハイアット・リージェンシー・バルセロナ・タワー** ★★★★★ ●Hyatt Regency Barcelona Tower | P4A3 | 最大のコンベンションセンターを備えたシティーホテル。 🏠Avinguda de la Granvia de l'Hospitalet 144 ☎93-4135000 料€170〜 客室数280室 URL hyattregencybarcelonatower.com/ | ○ | ○ | ○ | × | ○ |

※料金は1泊1室あたり。季節や曜日などで変動する

# マドリードのホテルを検索！

旅の拠点、どこにする？

観光の拠点として使い勝手がよいのは、プエルタ・デル・ソル周辺。
都市間移動の予定があるならアトーチャ駅近くもおすすめ。

★＝ホテルのランク。1〜5ツ星までの5段階
○＝あり ×＝なし △＝一部あり

| エリア | ▼ホテル名 | ▼MAP | ▼DATA | 冷蔵庫 | ドライヤー | セーフティーボックス | 日本語スタッフ | Wi-Fi |
|---|---|---|---|---|---|---|---|---|
| プラド美術館周辺 | ウェスティン・パレス ★★★★★ ●The Westin Palace | P15E4 | 世界中の著名人が数多く利用するラグジュアリーホテル。 🏨Pl. de las Cortes, 7 ☎91-3608000 💴平均価格€450〜 客室数470室 URL https://www.westinpalacemadrid.com/ | ○ | ○ | ○ | ○ | ○ |
| プエルタ・デル・ソル周辺 | ミー・マドリード・レイナ・ビクトリア ★★★★ ●Me Madrid Reina Victoria | P14C4 | プエルタ・デル・ソルの近くで観光やショッピングに便利。 🏨Pl. de Sta. Ana 14 ☎91-7016000 💴要問合せ 客室数200室 URL https://www.melia.com/es/hoteles/espana/madrid/me-madrid-reina-victoria | ○ | ○ | ○ | × | ○ |
| プエルタ・デル・ソル周辺 | ザ・マドリード・エディション ★★★★★ ●The Madrid EDITION | P14B3 | マドリードの中心部にある、屈指のラグジュアリーホテル。 🏨Plaza de Celenque 2 ☎91-9545420 💴€550〜 客室数200室 URL https://www.editionhotels.com/madrid/ | ○ | ○ | ○ | △ | |
| プエルタ・デル・ソル周辺 | フォーシーズンズ・ホテル・マドリード ★★★★★ ●Four Seasons Hotel Madrid | P15D3 | 市内中心部にある、1880年代の建物を利用したホテル。 🏨C. de Sevilla 3 ☎91-0883333 💴€700〜 客室数239室 URL https://www.fourseasons.com/madrid/ | ○ | ○ | ○ | × | ○ |
| プラド美術館周辺 | マンダリン・オリエンタル・リッツ・マドリード ★★★★★ ●Mandarin Oriental Ritz Madrid | P15F4 | 1910年にスペイン国王アルフォンソ13世が創設した、市内屈指の高級ホテル。 🏨Pl. de la Lealtad 5 ☎91-7016767 💴€770〜 客室数153室 URL https://www.mandarinoriental.com/en/madrid/hotel-ritz | ○ | ○ | ○ | × | ○ |
| プエルタ・デル・ソル周辺 | NH コレクション・パラシオ・デ・テパ ★★★★★ ●NH Collection Palacio de Tepa | P14C4 | プエルタ・デル・ソルやバルが並ぶサンタ・アナ広場に至近のホテル。 🏨C. de San Sebastian 2 ☎91-3984661 💴€400〜 客室数83室 URL https://www.nh-hotels.com/en/hotels/madrid | ○ | ○ | ○ | × | ○ |
| プラド美術館周辺 | ホテル・アーバン 5*GL ★★★★★ ●Hotel Urban 5*GL | P15D3 | ガラスに覆われたスタイリッシュな外観が特徴的。 🏨Carrera de San Jeronimo 34 ☎91-7877770 💴€250〜 客室数96室 URL https://www.hotelurban.com/ | ○ | ○ | ○ | × | ○ |
| セラーノ通り周辺 | インターコンチネンタル・マドリード ★★★★★ ●InterContinental Madrid | P16A1 | 18世紀の宮殿を改装した、クラシックな雰囲気のホテル。 🏨Paseo de la Castellana 49 ☎91-7007300 💴€250〜 客室数302室 URL https://madrid.intercontinental.com/ | ○ | ○ | ○ | × | ○ |
| 王宮周辺 | パラシオ・デ・ロス・ドゥケス・グラン・メリア - ザ・リーディング・ホテルズ・オブ・ザ・ワールド ★★★★★ ●Palacio de los Duques Gran Melia - The Leading Hotels of the World | P14A2 | 13世紀の修道院と19世紀の宮殿を利用したホテルは王宮とも徒歩圏内。 🏨Cuesta de Santo Domingo 5 Y 7 ☎91-5416700 💴€400〜 客室数189室 URL https://www.melia.com/en/hotels/spain/madrid/palacio-de-los-duques-gran-melia | ○ | ○ | ○ | × | ○ |

| エリア ▼ | ホテル名 ▼ | MAP ▼ | DATA ▼ | 冷蔵庫 ▼ | ドライヤー ▼ | セーフティーボックス ▼ | 日本語スタッフ ▼ | Wi-Fi ▼ |
|---|---|---|---|---|---|---|---|---|
| プラド美術館周辺 | ホテル・ビジャ・レアル 5* ★★★★★ ●Hotel Villa Real 5* | P15E4 | 客室内には英国アンティーク家具や大理石などを使用。<br>🏠Plaza de las Cortes 10 ☎91-4203767<br>㊟€150〜 [客室数]115室<br>[URL]https://www.hotelvillareal.com/ | ○ | ○ | ○ | × | ○ |
| セラーノ通り周辺 | ホテル・フェニックス・グラン・メリア - ザ・リーディング・ホテルズ・オブ・ザ・ワールド ★★★★★ ●Hotel Fenix Gran Melia - The Leading Hotels of the World | P16A4 | 内装は落ち着いたトーンで統一され、高級感が漂う。<br>🏠C. de Hermosilla 2 ☎91-4316700<br>㊟平均価格€590〜 [客室数]189室<br>[URL]https://www.melia.com/en/hotels/spain/madrid/fenix-gran-melia | ○ | ○ | ○ | ○ | ○ |
| 市街地外辺 | メリア・マドリッド・プリンセサ ★★★★★ ●Melia Madrid Princesa | P12A2 | プリンセサ通り沿いにある近代的な大型ホテル。<br>🏠C. de la Princesa 27 ☎91-5418200<br>㊟€200〜 [客室数]273室<br>[URL]https://www.melia.com/en/hotels/spain/madrid/melia-madrid-princesa | ○ | ○ | ○ | × | ○ |
| 市街地外辺 | NH・マドリッド・リベラ・デル・マンサナレス ★★★★ ●NH Madrid Ribera del Manzanares | P12A4 | 市街地からやや離れたマンサナレス川沿いに位置。広々とした庭園が魅力。<br>🏠P.º de la Virgen del Puerto 57<br>☎91-3643248 ㊟€150〜 [客室数]224室<br>[URL]https://www.nh-hotels.com/en/hotel/nh-madrid-ribera-del-manzanares | ○ | ○ | ○ | × | ○ |
| プラド美術館周辺 | アグマール・ホテル ★★★★ ●Agumar Hotel | P13D4 | アトーチャ駅近くでアクセス便利。客室はユニークな内装で明るい。<br>🏠Paseo Reina Cristina 7 ☎91-5526900<br>㊟€100〜 [客室数]245室<br>[URL]https://www.hotelmadridagumar.com/ | ○ | ○ | ○ | × | ○ |
| セラーノ通り周辺 | ウェリントン・ホテル & スパ・マドリード ★★★★★ ●Wellington Hotel & Spa Madrid | P13D2 | レティーロ公園北にあるクラシックな外観のホテル。<br>🏠C. Velázquez 8 ☎91-5754400<br>㊟€300〜 [客室数]238室<br>[URL]https://www.hotel-wellington.com/ | ○ | ○ | ○ | × | ○ |
| 市街地外辺 | メリア・カスティリャ ★★★★ ●Melia Castilla | P13F3 | レアル・マドリードのスタジアムから車で5分ほどのところに位置。<br>🏠C. del Poeta Joan Maragall 43<br>☎91-5675000 ㊟要問合せ [客室数]909室<br>[URL]https://www.melia.com/en/hotels/spain/madrid/melia-castilla | ○ | ○ | ○ | × | ○ |
| プラド美術館周辺 | ラディソン・レッド・マドリード ★★★★ ●Radisson RED Madrid | P12C4 | アトーチャ駅に近く、ソフィア王妃芸術センターやプラド美術館も徒歩圏内。<br>🏠C. Atocha 123 ☎91-2984800<br>㊟平均価格€133〜 [客室数]260室<br>[URL]https://www.radissonhotels.com/en-us/hotels/radisson-red-madrid | ○ | ○ | ○ | × | ○ |
| セラーノ通り周辺 | ハイアット・リージェンシー・エスペリア・マドリード ★★★★★ ●Hyatt Regency Hesperia Madrid | P16A1 | ビジネス街とショッピングエリアの中心であるカスティリャーナ通りに位置。<br>🏠Paseo de la Castellana, 57 ☎ 91-2108800<br>㊟€270〜 [客室数]169室<br>[URL]https://www.hyatt.com/en-US/hotel/spain/hyatt-regency-hesperia-madrid/madrm | ○ | ○ | ○ | × | ○ |

※料金は1泊1室あたり。季節や曜日などで変動する

## 旅の拠点、どこにする？
# アンダルシア&バスクのホテルを検索！

グラナダでは観光の移動は基本、徒歩やタクシーになるので
立地重視で選ぶのもひとつの手。イスラム文化を感じるホテルも多い。

★=ホテルのランク。1〜5ツ星までの5段階
○=あり　×=なし　△=一部あり

| エリア | ホテル名 | MAP | DATA | 冷蔵庫 | ドライヤー | セーフティ・ボックス | 日本語スタッフ | Wi-Fi |
|---|---|---|---|---|---|---|---|---|
| グラナダ | ホテル・パラシオ・デ・サンタ・パウラ、オートグラフ コレクション ★★★★★<br>●Hotel Palacio de Santa Paula, Autograph Collection | P18B2 | グラナダの中でも古い地区に位置する、伝統的な様式の建物のホテル。⌂Gran Via De Colon 31 ☎958-805740 ㊋€380〜 客室数75室 https://www.marriott.com/en-us/hotels/grxpa-hotel-palacio-de-santa-paula-autograph-collection/overview/ | ○ | ○ | ○ | × | ○ |
| グラナダ | バルセロ・グラナダ・コングレス ★★★★★<br>●Barceló Granada Congress | P18A4 | グラナダの中心部近くに位置するホテル。⌂C. Maestro Montero 12 ☎958-187400 ㊋€106〜 客室数253室 URL https://hotelbarcelogranadacongress.com/ | ○ | ○ | ○ | × | ○ |
| グラナダ | アーバン・ドリーム・グラナダ・ホテル ★<br>●Urban Dream Granada Hotel | P18A3 | グラナダの中心部にあり、ジムやプールなど施設も充実。⌂Camino de Ronda 107 ☎958-100148 ㊋€40〜 客室数103室 URL https://www.urbandreamgranada.com/ | ○ | ○ | ○ | × | ○ |
| グラナダ | ホテル・アバデス・ネバダ・宮殿ホテル ★★★★<br>●Hotel Abades Nevada Palace | P18B4 | モダンな雰囲気が好評のホテル。⌂C. de la Sultana 3 ☎958-327200 ㊋€80〜 客室数258室 URL https://www.abadeshotels.com/en/hotel-abades-nevada-palace-in-granada/ | ○ | ○ | ○ | × | ○ |
| グラナダ | ホテル・アルハンブラ・パレス ★★★★★<br>●Hotel Alhambra Palace | P19E3 | アルハンブラ宮殿まで徒歩圏内の好立地が魅力。⌂Plaza Arquitecto Garcia De Paredes 1 ☎958-221468 ㊋€293〜 108室 URL https://www.hotelalhambrapalace.com/en/ | ○ | ○ | ○ | × | ○ |
| グラナダ | グラン・ホテル・ルナ・デ・グラナダ ★★★★<br>●Gran Hotel Luna de Granada | P18A2 | グラナダのショッピングエリア近くに位置。⌂Plaza del guitarrista Manuel Cano 2 ☎958-282913 ㊋€90〜 客室数365室 URL https://www.delunahotels.com/en/granada/hotels/gran-hotel-luna-de-granada | ○ | ○ | ○ | × | ○ |
| グラナダ | サライ・ホテル ★★★★<br>●Saray Hotel | P18B4 | 国会議事堂に近く、市の中心へもわずかの距離。⌂C. Prof. Tierno Galvan 4 ☎958-130009 ㊋€70〜 客室数221室 URL https://www.hotelgranadasaray.com/ | ○ | ○ | ○ | × | ○ |
| グラナダ | ポルセル・アリクサレス ★★★★<br>●Porcel Alixares | P19F4 | アルハンブラ宮殿に近く、グラナダの中心部へも徒歩15分ほどの立地。⌂Paseo de la Sabica 40 ☎958-225575 ㊋€85〜 客室数197室 URL https://www.hotelalixares.com/ | ○ | ○ | ○ | × | ○ |
| グラナダ | ホテル・グラナダ・パレス ★★★★★<br>●Hotel Granada Palace | P19D4 | モナチルにある、広々としたプールを備えるラグジュアリーホテル。⌂C. Diego de Siloé s/n ☎958-301222 ㊋€85〜 客室数113室 URL https://granadapalace.com/en/homeuk/ | ○ | ○ | ○ | × | ○ |

| エリア | ホテル名 | MAP | DATA | 冷蔵庫 | ドライヤー | セーフティーボックス | 日本語スタッフ | Wi-Fi |
|---|---|---|---|---|---|---|---|---|
| グラナダ | ブティック・ホテル・ルナ・グラナダ・セントロ ★★★★<br>●Boutique Hotel Luna Granada Centro | P18B4 | グラナダの中心地に位置する新しいブティックホテル。<br>🏠C. Acera del Darro 44 ☎958-282913<br>®€150〜 客室数34室<br>URLhttps://www.delunahotels.com/granada/hoteles/boutique-hotel-luna-granada-centro | ○ | ○ | ○ | × | ○ |
| セビーリャ | バルセロ・セビーリャ・レナシミエント ★★★★★<br>●Barcelo Sevilla Renacimiento | P201 | ニューヨークのグッゲンハイム美術館を彷彿とさせる建物が特徴的。<br>🏠Avenida de Alvaro Alonso Barba, s/n<br>☎954-462222 ®€80〜 客室数295室<br>URLhttps://www.barcelo.com/es-ww/barcelo-sevilla-renacimiento/ | ○ | ○ | ○ | × | ○ |
| セビーリャ | ホテル・アルフォンソ XIII, ラグジュアリー・コレクション・ホテル,セビーリャ ★★★★★<br>●Hotel Alfonso XIII, a Luxury Collection Hotel, Seville | P201 | 客室は3つの異なった伝統的な様式で装飾。<br>🏠San Fernando 2 ☎954-917000<br>®€300〜 客室数148室<br>URLwww.hotel-alfonsoxiii-seville.com | ○ | ○ | ○ | × | ○ |
| セビーリャ | ホテル・コロン・グラン・メリア ★★★★★<br>●Hotel Colon Gran Melia | P201 | セビーリャの中心部に位置し、主要観光地へ徒歩圏内。<br>🏠Canalejas 1 ☎954-505599<br>®要問合せ 客室数186室<br>URLhttps://www.melia.com/en/hotels/spain/seville/colon-gran-melia | ○ | ○ | ○ | × | ○ |
| セビーリャ | クールルームズ・パラシオ・ヴィラパネス ★★★★★<br>●CoolRooms Palacio Villapanes | P201 | 18世紀に建てられた建物を使用したホテル。<br>🏠Calle Santiago 31 ☎954-502063<br>®€270〜 客室数50室<br>URLhttps://coolrooms.com/palaciovillapanes/en/ | ○ | ○ | ○ | × | ○ |
| セビーリャ | ホテル・YIT・ヴィア・セビージャ・マイレナ ★★★★<br>●Hotel YIT Via Sevilla Mairena | P201 | カテドラルおよびアルカサルから車で15分圏内。<br>🏠Avenida de los Descubrimientos, s/n<br>☎955-417954 ®€60〜 客室数119室<br>URLhttps://www.hotelviasevillamairena.com/EN/home.html | ○ | ○ | ○ | × | ○ |
| コルドバ | ユーロスターズ・パレス・ホテル ★★★★★<br>●Eurostars Palace Hotel | P205 | スタイリッシュなデザインの客室は清潔で快適。<br>🏠Paseo de la Victoria, s/n ☎957-760452<br>®€79〜 客室数162室<br>URLwww.eurostarspalace.com | ○ | ○ | ○ | × | ○ |
| サン・セバスティアン | ホテル・シルケン・アマラ・プラザ ★★★★<br>●Hotel Silken Amara Plaza | P175 | モダンな建物で、サン・セバスティアン中心街へのアクセスも良い。<br>🏠Plaza Pio XII, 7 ☎943-464600<br>®€80〜€550 客室数162室<br>URLhttps://www.hoteles-silken.com/en/hotel-amara-plaza-san-sebastian/ | ○ | ○ | ○ | × | ○ |
| サン・セバスティアン | ホテル・マリア・クリスティーナ、ラグジュアリー・コレクション・ホテル、サンセバスチャン ★★★★★<br>●Hotel Maria Cristina, a Luxury Collection Hotel | P175 | ウルメア川を望む立地にあるホテル。<br>🏠Paseo Republica Argentina, 4<br>☎943-437600 ®€320〜 客室数139室<br>URLhttps://www.marriott.com/en-us/hotels/easlc-hotel-maria-cristina-a-luxury-collection-hotel-san-sebastian/overview/ | ○ | ○ | ○ | × | ○ |

※料金は1泊1室あたり。季節や曜日などで変動する

パラドール

バルセロナのホテル

マドリード&トレドのホテル

アンダルシア&バスクのホテル

旅の拠点、どこにする?

# スペインのホステルを検索!

ホテルよりも比較的リーズナブルに宿泊できるホステルをチェック。
快適に過ごすのに十分な設備が整っている。

★=ホテルのランク。1〜5ツ星までの5段階
○=あり　×=なし　△=一部あり

| エリア | ホステル名 | MAP | DATA | 個室 | 専用シャワー | 専用トイレ | 朝食提供 | Wi-Fi |
|---|---|---|---|---|---|---|---|---|
| バルセロナ | ホスタリン・バルセロナ・グラン・ヴィア ★★★ ●Hostalin Barcelona Gran Via | P7E1  | モダニズムスタイルの堂々とした建物が特徴。 住Gran Via de les Corts Catalanes 657 ☎93-1925040 料€60〜 客室数14室 URL https://www.hostalin.com/en/gran-via/ | ○ | ○ | ○ | ○ | ○ |
| バルセロナ | ホスタル・リヴ・バルセロナ ★★ ●Hostal Live Barcelona | P4C3  | ホテルを出てすぐ地下鉄駅の入口がある。 住Gran Via de les Corts Catalanes 547 ☎93-5327707 料€60〜 客室数12室 URL https://athotel.com/hotels/15122289/Hostal-Live-Barcelona | ○ | ○ | ○ | ○ | ○ |
| バルセロナ | ホスタル・アルゴ ★★ ●Hostal Argo | P10C2  | カサ・バトリョまで徒歩圏内。 住C. Valencia 305 Principal ☎93-4576799 料€55〜 客室数13室 URL https://www.hostalargo.com/ | ○ | ○ | ○ | ○ | ○ |
| マドリード | ホスタル・リスボア ★★★ ●Hostal Lisboa | P15D4  | 広々としたベッドが快適な睡眠をサポート。 住C. Ventura de la Vega 17 ☎91-4294676 料€65〜 客室数22室 URL https://www.hostallisboa.com/es/ | ○ | ○ | ○ | × | ○ |
| マドリード | ホスタル・バスケス・デ・メラ ★★ ●Hostal Vázquez de Mella | P15D2  | マドリードの観光に最適なロケーション。 住Plaza Pedro Zerolo 1, 3 piso ☎91-5227390 料€53〜 客室数28室 URL https://www.hostalvazquezdemellamadrid.com/es/ | ○ | ○ | ○ | × | ○ |
| マドリード | ファー・ホーム・アトーチャ ★★ ●Far Home Atocha | P15D4  | アトーチャ通り沿いにあるモダンなデザインのホステル。 住C. Atocha 45 ☎91-6217542 料€43〜 客室数70室 URL https://farhomehostels.com/hostel-atocha-far-home-madrid/ | ○ | △ | △ | ○ | ○ |
| マドリード | ホテル・バレスタ ★★ ●Hostal Ballesta | P14C2  | 観光の中心、チュエカ地区の近くにある。 住C. Ballesta 5 ☎91-5323604 料€54〜 客室数47室 URL https://www.hostalballesta.com/es/ | ○ | ○ | ○ | △ | ○ |
| グラナダ | ホスタル・ヴェローナ ★★ ●Hostal Verona | P18B4  | グラナダの中心部に位置。 住C.Recogidas 9-1 Izqda ☎958-255507/252509 料€45〜 客室数11室 URL https://hostalverona.es/ | ○ | ○ | ○ | × | ○ |

※料金は1泊1室あたり。季節や曜日などで変動する

# 旅のきほん

## Contents

乗継便で18時間〜の空の旅
# 日本からスペインへ

まずは必ず確認しておくべき項目をチェック。日本からスペインの直行便はなく乗り継ぎが必要。それをふまえて旅のプランニングをしよう。

## スペインへの入国条件

**重要**
出発の前にチェック

観光目的であれば、基本的にはビザなしで入国できる。

### パスポートの残存有効期間
シェンゲン領域国の出国予定日から3カ月以上必要

### ビザ(査証)
観光目的で、シェンゲン領域国での滞在日数の合計が直近180日のうち90日以内であればビザ不要。

## ETIASとは?

2025年半ばからスペインを含むヨーロッパ諸国に渡航する際、欧州渡航情報認証制度「ETIAS(エティアス)」の申請が必要になる予定。直近180日のうち、合計90日以内の滞在が認められる。

**対象国**:日本を含む約60カ国
**申請費用**:€7(予定)
　　　　　　※18歳未満と70歳以上は無料
**申請方式**:オンライン
URL travel-europe.europa.eu/etias_en

## 機内持ち込みと預け入れ荷物

利用する航空会社によって規定が異なるので事前にチェックしておこう。

> 航空会社で違いあり

### 機内持ち込み荷物のサイズと重量制限
機内持ち込み手荷物は、座席の上や下の収納スペースに入る大きさであること。荷物の数はほとんどの航空会社で1個のみ。重量制限もそれぞれ違うので、詳しくは利用する航空会社で確認を。

> 無料のサイズも違いあり

### 預け入れ荷物
利用する航空会社によって預け入れが可能な荷物の大きさや重さ、個数の制限が異なるので、事前に公式サイトなどで確認を。制限を超えると追加料金が発生する。

主な航空会社のサイズ・重量は一覧を見てね

**機内持ち込みNG**
- 日用品のスプレー缶製品
- ハサミ、ナイフ、カッターなどの刃物
- 100㎖以上の液体物

液体物は、100㎖以下の個々の容器に入れ、1ℓ以下のジッパー付きの透明なプラスチック製の袋に入れれば、持ち込みOK。詳細は国土交通省のWebサイトをチェック。
URL www.mlit.go.jp/koku/15_bf_000006.html

| 袋は1ℓ以下 | 一人一袋のみ |
| 容器は100mℓ以下 |

100ml以下

・ビニール袋は縦横合計40cm以内が目安。
・液体物は100㎖以下の個々の容器に入っていること。
・一人一袋のみ→手荷物検査の際に検査員に提示する。

## 手荷物制限一覧

| 航空会社 | 略号 | 機内持ち込み手荷物 | | | 機内預け入れ手荷物 | | |
|---|---|---|---|---|---|---|---|
| | | サイズ | 個数 | 重量 | サイズ | 個数 | 重量 |
| 日本航空 | JL | 3辺の和が115cm以内 W55cm×H40cm×D25cm以内 | 1個まで | 10kgまで | 3辺の和が203cm以内。キャスターと持ち手を含む | 2個まで | 各23kgまで |
| 全日本空輸 | NH | 3辺の和が115cm以内 W55cm×H40cm×D25cm以内 | 1個まで | 10kgまで | 3辺の和が158cm以内。キャスターと持ち手を含む | 2個まで | 各23kgまで |
| エミレーツ航空 | EK | 3辺の和が115cm以内 W55cm×H38cm×D22cm以内 | 1個まで | 7kgまで | 3辺の和が150cm以内。キャスターと持ち手を含む | 重量制 | 20〜35kgまで |
| カタール航空 | QR | W50cm×H37cm×D25cm以内 | 1個まで | 7kgまで | 3辺の和が300cm以内。キャスターと持ち手を含む | 重量制 | 25kgまで |

※機内持ち込み手荷物は身の回り品を除く　※エコノミークラス(カタール航空はエコノミー Classic)の場合。他社運航便(コードシェア便)の場合は、原則、運航航空会社の規定に従う。詳細は予約内容を要確認　※許容総重量内であれば、個数の制限がないのが重量制

旅のきほん

入出国

バルセロナの空港・交通

マドリードの空港・交通

スペイン国内交通

お金のこと

旅のあれこれ

## スペイン入国の流れ

### ① 入国審査
#### IMMIGRATION

到着したらEntradaの標識に従って進み、入国審査を受ける。EU加盟国以外の国民「No EU Nations」のカウンターに並び、パスポートを提示するだけ。ただし、スペインはヨーロッパ内の出入国手続きを簡素化するシェンゲン協定を実施しているため、最初に入国したシェンゲン領域国でのみ入国手続きを行えばOK（例えば、フランス経由でスペインに入国する際は、フランスで入国審査を済ませる）。

↓

### ② 荷物受取
#### BAGGAGE CLAIM

入国審査が終了したら、利用便名が表示されているターンテーブルで荷物を受け取る。

↓

### ③ 税関
#### CUSTOMS

申告する物がない場合は「Equipaje Etiqueta Verde」と書かれた緑のゲートへ進む。申告する物がある場合は「Objetos a declarar（Aduana）」と書かれた赤のゲートへ進む。荷物を調べられることはほとんどない。外貨を含む通貨の持ち込み・持ち出し制限は、いずれも€1万相当まで。それ以上の額を所持している場合は必ず申告をすること。

↓

### ④ 到着ロビー
#### ARRIVAL LOBBY

到着ロビーには両替所や観光案内所がある。

P224、226を参照

## シェンゲン協定とは

ヨーロッパの一部の国家間で締結する検問廃止協定のこと。シェンゲン領域国間の移動は、国境の通行が自由化されている。これにより、日本などシェンゲン領域国以外から入国する場合は、最初に到着したシェンゲン領域国の空港でのみ入国の手続きを行う。また出国の際は、最後に出国するシェンゲン領域国で出国手続きを受ける。

### シェンゲン領域国 （2023年12月現在）

アイスランド、イタリア、エストニア、オーストリア、オランダ、ギリシア、スイス、スウェーデン、スペイン、スロヴァキア、スロベニア、チェコ、デンマーク、ドイツ、ノルウェー、ハンガリー、フィンランド、フランス、ベルギー、ポーランド、ポルトガル、マルタ、ラトビア、リトアニア、リヒテンシュタイン、ルクセンブルク、クロアチア
※2024年3月より、ルーマニア、ブルガリアが加わる予定

## スペイン入国時の免税範囲

主なもの（成人1人あたり）。免税範囲を超える場合は申告を。

| 品名 | 数量または価格 |
|---|---|
| 酒類 | 度数22%以上の酒1ℓ、または度数22%未満の酒2ℓ、非発泡性ワイン4ℓ、ビール16ℓまで（18歳以上） |
| たばこ | 紙巻たばこ200本、または小型葉巻（1本あたり最大3g）100本、または葉巻50本、または刻みたばこ250gまで（18歳以上） |
| 通貨 | €1万相当以上は要申告 |
| その他 | みやげ品は€430（空路の場合、15歳未満は€150）相当まで |

## 主な持ち込み禁止品

□ 麻薬や覚醒剤
□ 猟銃以外の銃砲類
□ 公序良俗に反する出版物

### CHECK

## オンラインチェックインで時間短縮

各航空会社では、公式サイトから事前にチェックイン手続きができる。搭乗開始の48〜24時間前から60分前まで（※）利用可能でこの時、座席指定もできる。空港ではチェックインカウンターではなく、オンラインチェックイン完了のカウンターに並ぶので、待ち時間が短くてかなり便利。
※チェックイン開始時間などは航空会社によって異なる。

# 免税手続きも忘れずに！
# スペインから日本へ

空港には出発時刻の2〜3時間前までに到着するようにしたい。
免税手続きや出国審査に時間がかかるので、余裕をもって行動しよう。

## スペイン出国

### 1 チェックイン CHECK IN
利用航空会社のカウンターでパスポートと航空券（eチケット控え）を提示し、搭乗手続きを行う。スーツケースなどの荷物は預けて、搭乗券と手荷物引換証（クレームタグ）を受け取る。

↓

### 2 免税手続き TAX REFUND
申告するものがある場合は、税関で免税書類・購入品のレシート・パスポート・搭乗券または航空券（eチケット控え）・未使用の購入品の状態を提示し、免税書類に印を押してもらう。購入品を機内預け入れにする場合は、チェックインの前に免税手続きを済ませること。

↓

### 3 手荷物検査 SECURITY CHECK
手荷物を機械に通して検査を受ける。検査所でパスポートと搭乗券を提示する。液体物は機内への持ち込み制限があるので注意しよう。

↓

### 4 出国審査 IMMIGRATION
パスポートと搭乗券を提示して、出国スタンプを押してもらう。パスポートと搭乗券を受け取ったら搭乗口へ。シェンゲン領域国を経由する場合は、出国審査は最終出国地で行う。

↓

### 5 搭乗 BOARDING
時間には余裕をもっておこう。搭乗時には搭乗券のほか、パスポートの提示を求められることもある。

## 日本入国

### 1 入国審査 IMMIGRATION
入国審査ブースでパスポートを提示。または顔認証ゲートおよび自動化ゲートを利用。

↓

### 2 荷物受取 BAGGAGE CLAIM
利用便名が表示されているターンテーブルの前で荷物を待つ。預けた荷物が出てこない、破損している場合は税関を通る前に航空会社職員に申し出ること。

↓

### 3 税関 CUSTOMS
動植物やその加工品を持ち帰った人は税関検査の前に検疫カウンターで検査を受ける。それ以外の人は税関審査へ。「携帯品・別送品申告書」の提出が必要。用紙は機内で配布されるので到着前に記入しておこう。「Visit Japan Web」から電子申請もできる。

## 免税手続きについて

スペインでは商品の購入などの際、4%、10%、21%の3種類の付加価値税が課される。一定の条件を満たす旅行者は、最大で購入金額の13%の付加価値税が還付される。購入日より3カ月以内にEU非加盟国へ持ち出す旅行者が個人の使用を目的とした購入品で、出国時に未使用であることが条件。

### 手続きの手順
数社の免税手続き会社があり、加盟店には「TAX FREE SHOPPING」のマークが掲示されている。必要書類を発行してもらい、空港で手続きする。払い戻し手続きは、店舗で発行される書類に沿って行う。下記はグローバルブルー社の場合。

①お店で
会計時にパスポートを提示し、免税書類（Tax Free Form）を発行してもらう。

②空港で
税関で免税書類、購入品のレシート、パスポート、搭乗券または航空券（eチケット控え）、未使用の状態の購入品を提示して税関の手続きをしてもらう。免税書類を払い戻しカウンターへ提出する。原則として現地通貨またはクレジットカードの銀行口座への入金で、所定の手数料を引いた額が支払われる。

※シェンゲン領域国を経由する場合は、最終出国地の空港の税関で手続きを行う。
※空港によって手続きの流れは異なる。
※現在は自動認証マシン「DIVA」（ディーバ）が導入されており、係員の代わりに機械で免税手続きをすることが可能。

### そのほかの方法
成田、羽田、関西、中部の各空港の到着ロビーなどにある「付加価値税払い戻し専用ポスト」に税関印の押された書類を投函すると、後日、小切手またはクレジットカードの銀行口座に払い戻しを受けることができる。

グローバルブルー：
URL cs.globalblue.com/s/submit-your-request?language=en_US（英語のみ）

# 携帯品・別送品申告書の書き方

日本帰国時に必要となる書類。機内で配布されるので到着前に記入しておけば、旅の終わりがスムーズ。

A面

**(A面)**

日本税関
税関様式C第5360号

## 携帯品・別送品申告書

下記及び裏面の事項について記入し、税関職員へ提出してください。家族が同時に検査を受ける場合は、代表者1枚提出してください。

| 搭乗機(船)名 | AB123 | 出発地 | バルセロナ |
|---|---|---|---|
| 入国日 | 2024年02月15日 | | |

フリガナ セカイ タロウ
氏名 **世界 太郎**

現住所（日本での滞在先）
**東京都江東区豊洲5-6-36**
電話 090(1234)5678

職業 **会社員**
生年月日 1990年07月20日
旅券番号 SE1234567
同伴家族 20歳以上 0名 6歳以上20歳未満 0名 6歳未満 0名

※ 以下の質問について、該当する□に"✓"でチェックしてください。

1．下記に掲げるものを持っていますか？ はい いいえ
① 麻薬、銃砲、爆発物等の日本への持込みが禁止されているもの（B面1．を参照） □ ✓
② 肉製品、野菜、果物、動植物等の日本への持込みが制限されているもの（B面2．を参照） □ ✓
③ 金地金又は金製品 □ ✓
④ 免税範囲（B面3．を参照）を超える品物 □ ✓
⑤ 商業貨物・商品サンプル □ ✓
⑥ 他人から預かったもの（スーツケースなど運搬用具や荷物を含む） □ ✓
 ＊ 上記のいずれかで「はい」を選択した方は、B面に入国時に携帯して持ち込むものを記入してください。

2．100万円相当額を超える現金、有価証券又は1kgを超える貴金属などを持っていますか？ はい いいえ □ ✓
 ＊「はい」を選択した方は、別途「支払手段等の携帯輸出・輸入申告書」を提出してください。

3．別送品 入国の際に携帯せず、郵送などの方法により別に送った荷物（引越荷物を含む。）がありますか？
 □ はい（ 個 ） ✓ いいえ

 ＊「はい」を選択した方は、入国時に携帯して持ち込むものをB面に記入したこの申告書を2部、税関に提出して、税関の確認を受けてください。（入国後6か月以内に輸入するものに限る。）確認を受けた申告書は、別送品を通関する際に必要となります。

**【注意事項】**
海外又は日本出国時及び帰国時に購入したもの、預かってきたものなど日本に持ち込む携帯品・別送品については、法令に基づき、税関に申告し、必要な検査を受ける必要があります。申告漏れ、偽りの申告などの不正な行為がある場合は、処罰されることがあります。

この申告書に記載したとおりである旨申告します。

署名 **世界 太郎**

B面

**(B面)**

※入国時に携帯して持ち込むものについて、下記の表に記入してください。（A面の1．及び3．ですべて「いいえ」を選択した方は記入する必要はありません。）

（注）「その他の品名」欄は、申告を行う入国者本人（同伴家族を含む。）の個人的使用に供する購入品等に限り、1品目毎の海外市価の合計額が1万円以下のものは記入不要です。また、別送品も記入不要です。

| 酒 | 類 | | 本 | ＊税関記入欄 |
|---|---|---|---|---|
| | 紙 巻 | | 本 | |
| たばこ | 加熱式 | | 箱 | |
| | その他 | | グラム | |
| 香 水 | | | オンス | |
| その他の品名 | 数 量 | 価 格 | | |

＊税関記入欄

円

### 1．日本への持込みが禁止されている主なもの
① 麻薬、向精神薬、大麻、あへん、覚醒剤、MDMA、指定薬物など
② 拳銃等の銃砲、これらの銃砲弾や拳銃部品
③ 爆発物、火薬類、化学兵器原材料、炭疽菌等の病原体など
④ 貨幣・紙幣・有価証券・クレジットカードなどの偽造品など
⑤ わいせつ雑誌、わいせつDVD、児童ポルノなど
⑥ 偽ブランド品、海賊版などの知的財産侵害物品

### 2．日本への持込みが制限されている主なもの
① 猟銃、空気銃及び日本刀などの刀剣類
② ワシントン条約により輸入が制限されている動植物及びその製品（ワニ・ヘビ・リクガメ・象牙・じゃ香・サボテンなど）
③ 事前に検疫確認が必要な生きた動植物、肉製品（ソーセージ・ジャーキー類を含む。）、野菜、果物、米など
＊ 事前に動物・植物検疫カウンターでの確認が必要です。

### 3．免税範囲（一人あたり。乗組員を除く。）
・酒類3本（760mlを1本と換算する。）
・紙巻きたばこ200本（外国製、日本製の区分なし。）
 ＊ 20歳未満の方は酒類とたばこの免税範囲はありません。
・海外市価の合計額が20万円の範囲に納まる品物（入国者の個人的使用に供するものに限る。）
 ＊ 海外市価とは、外国における通常の小売価格（購入価格）です。
 ＊ 1個で20万円を超える品物は、その全額に課税されます。
 ＊ 6歳未満のお子様は、おもちゃなど子供本人が使用するもの以外は免税になりません。

携帯品・別送品申告書の記載に御協力頂きありがとうございました。日本に入国（帰国）されるすべての方は、法令に基づき、この申告書を税関に提出していただく必要があります。引き続き税関検査への御協力をよろしくお願いします。

---

## 日本帰国時の免税範囲（成人1人当たり）

| 品名 | 数量など |
|---|---|
| 酒類 | 3本（1本760mlのもの）。20歳未満の免税なし。 |
| たばこ | 紙巻たばこ200本、または葉巻たばこ50本。加熱式たばこのみの場合、個装等10個「アイコス」のみ、または「グロー」のみの場合は200本、「プルームテック」は50個まで。その他の場合は総量が250gを超えないこと。20歳未満の免税なし。 |
| 香水 | 2オンス（1オンスは約28ml）。オーデコロン、オードトワレは含まない。 |
| その他 | 1品目ごとの海外市価の合計額が1万円以下のもの全量。海外市価の合計額20万円までが免税。 |

## オンラインサービス Visit Japan Web

税関申告は「Visit Japan Web」を利用した電子申請でも行える。アカウント作成・ログイン後、パスポートなど利用者情報や入国・帰国予定、携帯品・別送品申告書に必要な情報を登録すると、二次元コードが作成される。この二次元コードを税関検査場にある電子申告端末で読み取る。スムーズに手続きを行えるが、これを利用しない場合は紙の申告書を書いて提出する。

## 日本への持ち込み禁止と規制品

規制品には身近な肉類や植物も含まれるので事前に把握しておこう。

| 機内持ち込みNG | ・オリーブオイル<br>・ワイン ※容量による |
|---|---|

**禁止品**
麻薬、大麻、覚醒剤、鉄砲類、爆発物や火薬、通貨または証券の偽造・変造・模造品など、わいせつ物、偽ブランド品など。

**規制品**
ワシントン条約に該当する物品。対象物を原料とした漢方薬、毛皮・敷物などの加工品も同様。ワニ、ヘビなどの革製品、象牙、はく製、ラン、サボテンなどは特に注意。土付きの植物、果実、切花、野菜、ハム・ソーセージといった肉類などはほとんどの場合、持ち込めない。乳製品も検疫対象。
医薬品及び医薬部外品は個人が使用するものでも数量制限があり、外用剤、毒薬、劇薬および処方せん薬以外の医薬品は2カ月分以内（外用薬は1品目24個以内）。化粧品は1品目24個以内。
※詳細は税関の公式サイト URL www.customs.go.jp/ を参照

## 空の玄関口と市内交通を確認！
# バルセロナの空港と交通

バルセロナの中心地から南西約12kmに位置するエル・プラット国際空港。
空港から市内中心部への主な移動手段は4つ。市内交通も把握しておこう。

## エル・プラット国際空港

Aeropuerto Josep Tarradellas
Barcelona-El Prat

第1ターミナルと第2ターミナルがあり、ターミナル間は所要時間約10分の無料シャトルバスが走っている。主要航空会社は第1ターミナルからの発着がほとんど。到着（出発）時は荷物も多いので、市内との交通手段はカタルーニャ広場、スペイン広場へ直行してくれるエアポートバスか、タクシーが便利。

## 交通早見表

所要時間は目安。道路の混雑状況により異なる。

| 交通機関 | | 特徴 | 運行時間/所要時間 | 料金(片道) |
|---|---|---|---|---|
| 国鉄 | | 国際列車も走るスペインの国鉄、通称「RENFE」。市内へ出るには第2ターミナルのエリアBにある空港(Aeroport)駅から乗車。バルセロナ・サンツ駅またはパセジ・ダ・グラシア駅下車で地下鉄への乗り換えが可能。 | バルセロナ・サンツ駅(5時42分〜23時38分)まで所要約20分 | €4.60 |
| エアポートバス | | 空港からスペイン広場などを経てカタルーニャ広場までを結ぶ。チケットは乗り場の券売機で購入、またはバス運転手から現金でも購入可能。大きな荷物は車内の所定の位置へ置くことができる。 | カタルーニャ広場(24時間。深夜と早朝を除き5分間隔)まで所要約30分 | €6.75 |
| 路線バス | | 複数の路線が存在するが、第1・2ターミナル両方から出る46番バスがスペイン広場まで行く。エアポートバスより停留所が多く、都心まで時間もかかるが、料金は手ごろ。 | スペイン広場(5時30分〜23時50分、20分間隔)まで所要時間約40分 | €2.40(Bitllet Senzill) |
| タクシー | | 料金はやや割高だが便利。黒と黄色の車体が目印で、空車は緑のランプがついている。空港ならターミナル1、2両方のメインターミナル出口に停まっている。 | 市内中心部まで約30分 | カタルーニャ広場まで約€30。荷物1個につき€1と空港使用料€3.10が加算される |

## 空港案内図　T1(ターミナル1)

| 3階 Planta 3 | (日本の4階部分) 出発フロア |
|---|---|

駐車場●
駐車場●
エアポートバス停留所
チェックインカウンター
セキュリティチェック
出国審査
空港シャトルバス停留所

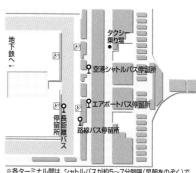

| 地上階 Planta 0 | (日本の1階部分) バス・タクシー乗り場 |
|---|---|

地下鉄へ←
タクシー乗り場
空港シャトルバス停留所
エアポートバス停留所
長距離バス停留所
路線バス停留所

※各ターミナル間は、シャトルバスが約5〜7分間隔(早朝をのぞく)で運行している。

地図マークの凡例　♀バス停留所　ⓘインフォメーション　ⓔエスカレーター

# 市内交通

## 地下鉄 Metro

バルセロナ市内を網羅する最も便利な交通手段。早朝や夜間など利用者が少ない時間帯は1人で乗るのは避けたい。混雑時の置き引きやスリにも要注意。

### 地下鉄の乗り方

**❶ 駅を探す**

地下鉄の入口には「M」の赤いマークがある。カタルーニャ鉄道はオレンジのマーク。

↓

**❷ 切符を買って改札を通る**

券売機で切符を購入。改札に切符を入れ、出てきた切符を取るとドアが解除される。

↓

**❸ ホームへ**

構内の案内に従ってホームへ。次の電車があと何分で来るかが電光掲示板に表示される。

↓

**❹ 乗車・下車**

ドアは手動。押しボタンのタイプとレバーのタイプがある。改札を出るときに切符は回収されない。

### 路線の種類

> 路線は全8路線あるが、市内中心部は Ⓜ1～5号線が走る。運行時間は5～24時ごろ(平日)。

## タクシー Taxi

黄色と黒の車がタクシー。台数が多く、比較的すぐにつかまる。乗るときは流しのタクシーを拾うか、広場や駅前にあるタクシー乗り場から。土・日曜、祝日や20時～翌8時は割高になる。

> **タクシー料金** 料金は平日の初乗りが€2.30。以降1kmごとに€1.21～1.45加算される。

### タクシーアプリ

**FREENOW**
ヨーロッパ9カ国で展開している、タクシー予約アプリ。

## 切符の種類

地下鉄駅で購入できる切符は地下鉄以外にも、市内のバスやトラム、市内のカタルーニャ鉄道でも利用できる。公共交通が乗り放題になるきっぷもある。

**1回券** Bitllet Senzill **€2.55**
ゾーン1(バルセロナ市内)の場合、改札を通ってから75分以内なら乗り換え可能。

**1日券** T-Dia **€11.20**
移動が多い日は1日券を買うと便利。

**10回券** T-casual **€12.15**
10回券は使いきれないと無駄になるので、旅程に合わせて購入しよう。

**乗り放題パス** Hola Barcelona Travel Card
**48時間券€17.50、72時間券€25.50、96時間券€33.30、120時間券€40.80**
期間中バルセロナ市内の地下鉄(空港線含む)、バス、カタルーニャ鉄道(ゾーン1)、フニクラ、トラムが乗り放題になる。

**バルセロナ・カード** Barcelona Card
**72時間券€55、96時間券€65、120時間券€77**
公共の交通機関が乗り放題になり、美術館等の主要観光スポットの入場料が割引になる。

## バス Autobús

路線が多くわかりづらいが、通りの100mおきくらいにバス停があるので、よく使う路線がわかれば非常に便利な手段。グエル公園やモンジュイックの丘など、地下鉄が通っていない場所へ行く際にも使える。

## そのほか

**●カタルーニャ鉄道 FGC**
バルセロナ市内から郊外の町へ行く際に使う。路線は2つあり、モンセラット行きはスペイン広場に始発駅がある。カタルーニャ広場から北上する路線も。バルセロナ市内なら10回券(T-casual)で利用できる。

**●フニクラ Funicular**
地下鉄2・3号線のPARAL-LEL駅とモンジュイックの丘を結ぶケーブルカー。切符は地下鉄などと共通。

**●トラム Tram**
路線は全部で6本。フランセスク・マシア広場から西側を走るT1～3と、地下鉄4号線 CIUTADELLA VILAOLÍMPICA駅から東側を走るT4～6がある。切符は地下鉄などと共通。

**●テレフェリコ Teleférico**
ロープウェイのこと。モンジュイックの丘とバルセロナ港の2路線ある。切符は地下鉄などとは別。

旅のきほん

入出国

バルセロナの空港・交通

マドリードの空港・交通

スペイン国内交通

お金のこと

旅のあれこれ

# 空の玄関口と市内交通を確認！
# マドリードの空港と交通

マドリード中心部から北東約13kmに位置するバラハス国際空港。
空港から市内中心部への主な移動手段は5つ。市内交通も把握しておこう。

## バラハス国際空港
### El Aeropuerto de Madrid Barajas

スペイン最大の空港で、第1〜4まで4つのターミナルがあり、第1〜3は連結されている。第4とのターミナル間は無料シャトルバスが24時間運行。第1・2・4の到着ロビーには観光案内所や両替所、ホテル予約カウンターなどもあるため目的に合わせて有効活用しよう。市内へ移動する場合、荷物が多い旅行者はタクシーが安全かつ値段が手頃。

## 交通早見表

所要時間は目安。道路の混雑状況により異なる。

| 交通機関 | | 特徴 | 運行時間/所要時間 | 料金（片道） |
|---|---|---|---|---|
| 地下鉄 | | メトロ8号線がヌエボス・ミニステリオス駅まで運行。他のメトロ路線や近郊線に乗り継ぎ可能。ただし、大きな荷物を持って早朝・深夜の利用は注意が必要。 | 6時5分〜翌1時30分まで運行。所要約25分 | €4.50〜5（空港使用料含む） |
| 国鉄 | | マドリードの主要駅であるアトーチャ駅とチャマルティン駅に向かう場合は、ターミナル4から出ている「RENFE」近郊線C-1が便利。上記2つの駅から国際列車も出ている。 | 6時2分〜0時2分に20〜30分間隔で運行。アトーチャ駅まで所要約30分 | €2.60 |
| エアポートバス | | ターミナル4から2と1を経由してアトーチャ駅を結ぶ（深夜便はシベレス広場MAP/P15E3が終点）。チケットは乗り場の券売機で購入、または停留所のスタッフやバス運転手から現金で購入できる。 | 24時間運行（23時30分〜翌6時はシベレス広場行き）。所要約40分 | €5 |
| 路線バス | | 地下鉄が通っていないエリアも含めてほぼ全域を網羅。空港からはターミナル1〜3なら200番、ターミナル4も200番の市バスがアベニータ・デ・アメリカ駅のバスターミナルまで運行している。 | 5時10分〜23時30分に約10〜15分間隔で運行。所要時間約50分 | €1.50 |
| タクシー | | 空港から市内へのアクセスで、最も手軽で便利な交通手段。空港からマドリード市内（環状線M30号線内）までは定額制で、市内から空港へ向かう場合も同じく定額制となる。 | 市内中心部まで約20〜30分 | 市内までは一律€30 |

## 空港案内図

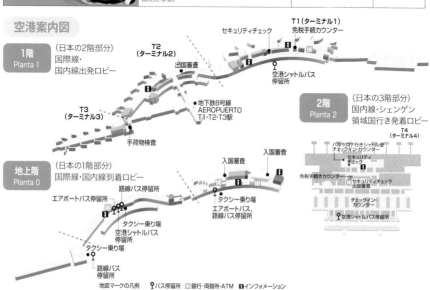

**1階** Planta 1
（日本の2階部分）国際線・国内線出発ロビー

**2階** Planta 2
（日本の3階部分）国内線・シェンゲン領域国行き発着ロビー

**地上階** Planta 0
（日本の1階部分）国際線・国内線到着ロビー

T1（ターミナル1）免税手続カウンター
セキュリティチェック
T2（ターミナル2）
出国審査
空港シャトルバス停留所
T3（ターミナル3）
地下鉄8号線 AEROPUERTO T1・T2・T3駅
手荷物検査
入国審査
入国審査
路線バス停留所
タクシー乗り場
エアポートバス、路線バス停留所
エアポートバス停留所
タクシー乗り場
空港シャトルバス停留所
タクシー乗り場
路線バス停留所

T4（ターミナル4）
バルセロナ行きシャトル便チェックイン・カウンター
セキュリティチェック
免税手続きカウンター
セキュリティチェック出国審査
チェックイン・カウンター
空港シャトルバス停留所

地図マークの凡例　♀バス停留所　🏦銀行・両替所・ATM　ℹインフォメーション

# 市内交通

## 地下鉄 Metro

市内の主な観光スポットは地下鉄の駅から徒歩で行ける距離にあるところがほとんどなので便利。人の少ない早朝や深夜の利用は避けたほうがよい。

### 地下鉄の乗り方

#### ❶ 駅を探す

駅に降りる階段には、「Metro」のマークと駅名の表示がある。

↓

#### ❷ カードを買って改札を通る

券売機でカードを購入するか、手持ちのカードにチャージするか選ぶ。改札でカードをかざしてから回転バーを押して中に入る。

↓

#### ❸ ホームへ

駅構内の案内で路線や行き先を確認し、ホームへ進む。

↓

#### ❹ 乗車・下車

電車のドアは手動で、押しボタンのタイプとレバーのタイプがある。電車を下りたら「Salida(出口)」の表示に従って進む。改札を出るときに切符は回収されない。

#### 路線の種類

地下鉄の路線は全部で13本あり、市内を網羅している。

## タクシー Taxi

マドリードの正規タクシーは、白い車体にドアの赤い斜線が目印で、そのほかは非正規。早朝や夜間、休日、エリアにより料金は異なる。車体上の「TAXI」マークが緑に点灯していて、フロントに「LIBRE」とあれば空車。手を挙げると止まるが、大通りではタクシー乗り場から乗車しよう。

**タクシー料金** 料金はメーター制で、初乗りが€2.50、その後1kmごとに€1.30が加算される。

### タクシーアプリ

 **TxMad**
マドリード市公式の、タクシー予約アプリ。

---

### きっぷの種類

マドリードの地下鉄・バスの乗車券はチャージ式の乗車カードのみ。初めにカード本体を€2.50で購入し、そのあと1回券または10回券をチャージして繰り返し使う。ほかに、公共交通が乗り放題になるきっぷもある。

**1回券** 1 VIAJE
**€1.50〜2**
距離により異なるが、中心部は€1.50

**10回券** 10 VIAJES
**€12.20**
地下鉄・バス共通で使える回数券。複数人で使うこともできる

**マドリード・シティ・カード** Madrid City Card
**24時間券€8.40、48時間券€14.20、72時間券€18.40、96時間券€22.60、120時間券€26.80**
期間中は市内中心部(Aゾーン)の公共交通機関が乗り放題になり、美術館等の主要観光スポットの入場料が割引になる。

## バス Autobús

市内を網の目のように走る路線バス。地下鉄の駅がない場所へは便利だが、路線が複雑でアナウンスがスペイン語のみなので上級者向け。乗車券は€1.50の1回券または地下鉄共通の乗車カード。

### バスの乗り方

#### ❶ バス停を探して路線を確認

何番のバスが止まるか、バス停に表示されている。路線図も貼ってあるので行先を確認しよう。

↓

#### ❷ 乗車する

前のドアから乗車して、車内の読み取り機にカードをかざす。

↓

#### ❸ 下車する

車内アナウンスはないことが多い。車内に駅名のデジタル表示がある。降りる停留所の手前でボタンを押して知らせる。

旅のきほん

入出国

バルセロナの空港・交通

マドリードの空港・交通

スペイン国内交通

お金のこと

旅のあれこれ

街から街へ、ショートトリップ
# スペイン国内交通

地方色豊かなスペイン。時間があれば、ぜひ各地をめぐってみたい。飛行機や鉄道、バスなど、予算や目的に合わせて自分に合った移動手段を見つけよう。

## 鉄道 Ferrocarriles

長距離移動に最適なスペイン国鉄「レンフェ(Renfe)」。鉄道網はマドリードを起点に、約1万5000kmにも及ぶ。セキュリティ上の問題から、鉄道内での写真撮影は避けたい。カメラを携帯しているだけで警備員に呼び止められることもあるので、バッグにしまおう。

## 列車の種類

### ●アベ (AVE) /アバント (AVANT)

マドリードからセビーリャ、バレンシアなどを結ぶ高速列車がAVE。マドリードからトレド、コルドバからセビーリャなど中距離ルートを結ぶ高速列車はAVANT。どちらも全席指定制で、座席の種類は主に4種類。グレードは上からプレミアム、チョイス、ベーシックの順で、チョイスはさらにスタンダードとコンフォートに分かれている。座席のほか、キャンセル返済額などサービス内容が異なる。

### ●メディア・ディスタンシア Media Distancia/

中央部、カタルーニャ、アンダルシア、ガリシアなど、各地方内の都市間を運行する地方高速列車。最高速度250kmで走るアバントAvantなどがある。

### ●ラルガ・ディスタンシア Larga Distancia

マドリードからバルセロナ、マドリードからバレンシアなどを結ぶ長距離列車で、夜行列車もある。スペインの主要都市間を結ぶアルビア(Alvia)や、地中海沿岸の都市を結ぶユーロメッド(Euromed)など。

### ●セルカニアス Cercanías

バルセロナやマドリード、セビーリャなど大都市の近郊を結ぶローカル線。

## チケットを買う

窓口は高速列車(AVE)、長距離線(Larga Distancia)、近郊線(Cercanías)など分かれている。購入には整理券が必要なため、当日券とそれ以外を選択して発券機で発券する。その後整理券の番号が呼ばれたら、希望するチケットの窓口に並び購入する。

## チケットの種類

全席指定の高速列車や長距離列車、一部を除く中距離列車は、運賃と座席指定料、種類によって特急料金や車内サービス料が一体となった包括運賃チケットになる。他に、短距離や1区間の往復に適し、ゾーンによって料金の異なる1回券などがある。

## 列車の乗り方

### ❶ 切符を買う

中・長距離など座席指定のある列車は満席になる場合があるので、事前にWebサイトで予約しておくか、駅構内にある窓口でチケットを購入しておくのが安心。レンフェのマークのある旅行会社でも購入できる。大都市の駅では列車によってチケット売り場が分かれていることも。

**券売機での買い方…**
地方線や近郊線のチケットは自動販売機でも購入できる場合もある。行き先(駅名)などを選択してから、お金を支払う。

↓

### ❷ 案内板を確認してホームへ

切符の購入後は必ず一度、発車掲示板で出発の時間やホーム番号を確かめよう。その後、ホームへ向かう。

↓

### ❸ 乗車する・下車する

乗車する列車が発車するホーム(Vía)、列車の種類などを確かめて乗車。指定席の場合は、チケットに記載された座席番号に座る。大都市の路線では乗車時、混雑することが多いが、慌てずに乗降したい。

旅のきほん

入出国

バルセロナの空港・交通

マドリードの空港・交通

スペイン国内交通

お金のこと

旅のあれこれ

## 乗車＆車内での注意点

### ●長距離列車は荷物のX線検査が必要

AVEなどの高速列車や長距離列車では、乗車前に手荷物検査が行われる。ホームの手前で、空港と同様のX線による簡単な検査を受ける。検査の時間も考慮して早めに駅に着くように心がけて。

### ●設備とサービス

車内には、座席前方に荷物置き場がある。大きい荷物がある場合は、すぐに置いて場所を確保しよう。高速列車では、出発するとイヤホンが配布され、音楽や映画（車両・クラスによる）を楽しむことができる。また、AVEなどではクラスにより、雑誌・新聞、食事・飲料などのサービスもある。

### ●車内は禁煙

AVEを含むスペイン国内の列車は全席禁煙。駅構内でも全面禁煙なので注意しよう。駅によっては喫煙エリアがあるので、そちらを利用。違反した場合には、€30以上の罰金が科せられる。

## 飛行機 Avión

国内線はイベリア航空、エア・ヨーロッパ、ブエリングなどのLCCが運航している。バルセロナ～マドリード間は1時間程度で、早朝便もある。パスポートが必要になるので、必ず持参する。

### ●航空券の予約と購入

現地の各航空会社窓口や旅行会社で直接購入することができる。夏のバカンスシーズンや週末の利用には事前予約を。各航空会社の公式サイトなどから予約できる。購入はカード決算となる。

## バス Autobús

ほぼ全国を網羅し、料金もリーズナブル。大都市間の運行本数は充実しているが、地方への路線バスは本数が少ないことも。事前にしっかり確認しよう。チケットは主要バスターミナルで購入可能。各バス会社の公式サイトなどから事前に予約することもできる。

### ●中距離バス

大都市と近郊都市を結ぶ。小都市や人口の少ない地方の村へも行くことができる。基本的に指定席で、運転手にチケットを見せて乗り込む。

### ●長距離バス

バルセロナ～マドリードなど大都市間を結ぶ。トイレを備え、途中でサービスエリアなどで休憩もはさむ。

## レンタカー Alquiler de Coches

郊外に出かける場合に便利。空港や主要駅にあり、手続きにはパスポート・国際運転免許証・日本の運転免許証・クレジットカードが必要になる。2年以上の運転経験がある23歳以上を条件とする会社が多い。右側通行・左ハンドルだが、交通ルールはほとんど日本と同じ。

## オプショナルツアーでらくらく周遊＆観光

**申し込み** マイバス社 **URL** mybus-europe.jp

限られた滞在期間で効率よく各都市を観光できるのが、現地発着のオプショナルツアー。安心の日本語ガイドで旅がもっと楽しくなる♪

### 【プライベート】サグラダ・ファミリアとグエル公園 バルセロナ市内観光午前ガイド（シーフードパエリアランチ、専用車付）

サグラダ・ファミリアとグエル公園を日本語ガイドと専用車で観光。シーフード・パエリアのランチ付き。

出発/到着地 バルセロナ発着　催行日 毎日（除外日あり）
料金 1人€405（2名参加時）

### 【プライベート】世界遺産サグラダ・ファミリアとコロニアル・グエル＆絶景モンセラットを巡る1日観光（観光ガイド・専用車、パエリアディナー付）

1日でサグラダ・ファミリア、グエル公園、コロニアル・グエル、モンセラットを巡る。シーフード・パエリアディナー付き。

出発/到着地 バルセロナ発着　催行日 毎日（除外日あり）
料金 1人€625（2名参加時）

### 【プライベート】モンセラット観光午前/午後ツアー（観光ガイド・専用車付）

専用車で行くからアクセスしやすく時間を有効活用できる、モンセラット観光。

出発/到着地 バルセロナ発着　催行日 毎日（除外日あり）
料金 1人€220（2名参加時）

### サグラダファミリア・エレベーター入場！世界遺産を堪能する午前ツアー（日本語観光ガイド付）

サグラダ・ファミリアの受難の塔エレベーターに搭乗する午前半日ツアー

出発/到着地 バルセロナ発着
催行日 月・水・金（除外日あり）　料金 1人€95

### 展望台からの眺めは絶景！世界遺産トレド観光午後ツアー（日本語観光ガイド付）

古都トレドに半日で行く日帰りツアー。大聖堂、サント・トメ教会にも入場。

出発/到着地 マドリード発着　催行日 4・5・6・7・8・9月の金・土・日、10月の月・金・土・日　料金 1人€95

### 【プライベート】世界遺産アルハンブラ宮殿 入場観光 午前/午後半日（日本語観光ガイド付）

なかなか取れないチケットも一緒にお任せ、専用日本語ガイドとまわるアルハンブラ宮殿観光。

出発/到着地 グラナダ発着　催行日 毎日（除外日あり）
料金 1人€240（2名参加時）

オプショナルツアーは2023年のもの。申込の際は公式サイトで最新の料金や内容を確認しよう。また、一部の祝日は不催行のツアーもある。料金に含まれるもの、キャンセル料、集合場所などの詳細は申込時に確認を。

物価は高い？両替はどこで？

# スペインのお金のこと

どこで両替するのがお得なのか、食事や買物の物価など、
現地のお金にまつわる情報をしっかり頭に入れて、旅の予算を考えよう。

## スペインの通貨とレート

### 通貨単位はユーロ(€)

EU統一通貨のユーロ(€)が導入されている。補助単位はユーロセント(¢)で€1=100¢。€100、200は2019年5月から新デザインが流通している。また、ほとんどのお店でクレジットカードが利用できる。

## €1＝約157円

（2024年1月現在）

紙幣は6種類あり、デザインはEU加盟国共通。欧州の時代と建築様式を象徴する架空の建築物が描かれ、表面は窓と門、裏面は橋。硬貨は8種類あり、表面のデザインはEU加盟国共通だが、裏面のデザインは国によって異なる。スペインの場合、50、20、10¢には文豪セルバンテスがデザインされている。

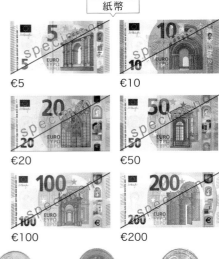

紙幣

€5　€10　€20　€50　€100　€200

硬貨

1¢　2¢　5¢
10¢　20¢　50¢　€1　€2

## 両替はどうする　現地で両替できるところも多いので安心を。

| 空港 | 街なかの両替所 | ホテル | ATM | その他 |
|---|---|---|---|---|
| 必要な分だけ！ | 場所を確認しよう | いつでも両替可 | 便利に使える | 銀行はどこもほぼ同じ |
| 空港の両替所は、銀行が空港窓口として開設。そのため、レートや手数料は市中銀行と変わらずレートはあまりよくない。 | レートや手数料は店によって異なる。レートがよくても手数料が高い、またはその逆の場合もあるので注意が必要。 | 4～5ツ星以上のホテルで両替可能。レートは悪いが、通常フロントで24時間受け付けているため、急を要する場合に便利。 | 街中のいたるところにある。レートや手数料は両替所よりよい場合が多い。壁に埋め込まれているタイプが多く見かけられる。 | レートや手数料はどこの銀行でもほぼ同じ。カウンターで両替を申請しよう。 |

### 両替のオキテ

① 日本のほうが両替レートがよいので、必要分は日本出国前に空港などで用意したい。

① 基本的に両替には手数料がかかるのでなるべくまとめて両替しよう。レシートは必ず受け取るように。

① 両替所で表示されているレートは手数料を含んでいる場合と、別途必要になる場合があるので必ず確認を。

① チップやタクシーなど小額紙幣が必要になる場合もしばしば。両替時は€5、€10紙幣を多く含めてもらおう。

## ATMでお金をおろす

スペインには都市部を中心に街なかのいたるところにATMがある。提携（CirrusやPLUSなど）の国際キャッシュカードなら自分の銀行口座からユーロで現金を引き出せて便利。

**1 ATMのマークを確認＆カードを挿入**

持参したカードが使えるか、ATM画面やATM周辺のマークで確認後、カードを挿入する。

**2 言語を選択**

英語やスペイン語などから選択可能。日本語はない。

**3 暗証番号（PIN）を入力**

機種によっては、引き出しの項目選択が先の場合もある。

**4 「CASH WITHDRAWAL」を選択**

「GET CASH」と表示される場合もある。

**5 金額を選択**

自分で入力したい場合は「OTHER」を選択する。最低金額が定められている場合もある。

**6 現金とカード、明細書を受け取る**

カードはすぐに取らないと、セキュリティのためATMに吸い込まれることがあるので注意。

### ●ATMお役立ち単語帳

| | |
|---|---|
| 暗証番号 | PIN/ID CODE/ SECRET CODE/ PERSONAL NUMBER |
| 確認 | ENTER/OK/ CORRECT/YES |
| 取消 | CANCEL |
| 取引 | TRANSACTION |
| 現金引出 | WITHDRAWAL/ GET CASH |
| 金額 | AMOUNT |
| キャッシング | CASH ADVANCE |
| 預金 | SAVINGS |

## スペインでの予算

旅行客が多く訪れる観光地の物価は日本と比較しても高い。一方、地元の人が利用するバルやスーパーなどは日本より安い傾向にあったが、円安などの状況によってはかなり割高になる。場所・為替によって予算は大きく異なるので、旅のプランに合わせた見積もりを。

### ■ 食事代の目安

安く済ませるなら立ち飲みバルや、ローカルなお店がおすすめ。観光地周辺のレストランでは、予算が一人 €30 を超えることも多い。

| レストラン | パエーリャ1人前€20〜 |
|---|---|
| スイーツ | ケーキ€5〜7ほど |
| バル(タパス) | ひと皿€10〜20ほど。〜€5ほどの小さいタパスがあることも |
| バル(ドリンク) | ビールやグラスワインは立ち飲み€3〜、着席€5〜 |

### ■ 交通費の目安

街なかの移動はバルセロナとマドリードは地下鉄＋徒歩、グラナダは徒歩が基本。タクシーは距離にもよるが1回の移動で€15程度。

| タクシー | 約€15 |
|---|---|
| 地下鉄 | 1日€10.50 |

### ■ 観光費の目安

遺跡や美術館など、多くの観光スポットでは入場料が必要となる。教会は無料のところが多い。

| サグラダ・ファミリア | €26 |
|---|---|
| プラド美術館 | €15 |
| アルハンブラ宮殿 | €18(昼の部) |

■ ＋ ■ ＋ ■ ＝1日あたり約**1〜2万円**

## 物価の目安

食品は品目によって、日本の物価とほぼ変わらないものもあれば、高いものも。

ミネラルウォーター (500ml)
€1〜

カフェのコーヒー
€1.50〜

生ビール (グラス一杯)
€3〜

タクシー初乗り
€2.30〜

入出国

バルセロナの空港・交通

マドリードの空港・交通

スペイン国内交通

お金のこと

旅のあれこれ

出発前にも、現地でもチェック！

# 知っておきたい旅のあれこれ

トイレ事情や飲酒・喫煙マナーなど、気になるスペインのローカルルール。
基本的な情報に加えて、トラブル時の対処方法についても確認しておこう。

## 基本のローカルルール

しっかりチェックしておきたいのは喫煙・飲酒・交通など法律に関わるルール。
日本とは異なる習慣などにも注意が必要。

### 電圧・電源

スペインは電圧220V、周波数50Hz。日本の電化製品を使用するには基本的に変圧器が必要となる。プラグの形は2本のCまたはSEタイプ。

### 喫煙

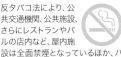

反タバコ法により、公共交通機関、公共施設、さらにレストランやバルの店内など、屋内施設は全面禁煙となっているほか、バルセロナはビーチも禁煙。屋外のテラス席などは喫煙できる。

### 飲料水

水道水は飲むことができるが、体調を崩しやすい人はミネラルウォーター（Agua）の購入が無難。炭酸なしは「Agua sin gas」、炭酸入りは「Agua con gas」。

### 飲酒

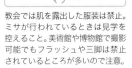

スペインでの飲酒は18歳以上。

### 交通ルール

右側通行・左ハンドルだが、交通ルールはほとんど日本と同じ。レンタカーを借りるにはパスポート・国際運転免許証・日本の運転免許証・クレジットカードが必要。2年以上の運転経験がある23歳以上を条件とする会社が多い。

### 治安

人ごみや夜間は注意が必要。バルセロナなど旅行者が多く集まる街なかや地下鉄では、スリや置き引きに注意しよう。夜間やシエスタの時間はタクシーを使った方が安全。

### トイレ

公衆トイレは少ない。バルなどで借りる際は、何か注文するのがマナー。ミネラルウォーターなどの購入でもOK。入口に管理人がいる場合は50¢程度のチップを渡そう。

### マナー

教会では肌を露出した服装は禁止。ミサが行われているときは見学を控えること。美術館や博物館で撮影可能でもフラッシュや三脚は禁止されているところが多いので注意。

### ビジネスアワー

スペインでは“シエスタ”とよばれる習慣があり、レストランは15時30分〜20時ごろ、ショップは14〜16時ごろに昼休みをとることが多いので注意しよう。

## インターネット接続

大抵のホテルではWi-Fiの接続サービスがあり、ほとんどが無料。チェックイン時にWi-FiのIDとパスワードを確認しよう。大都市ではカフェやファストフード店も無料で使えるところが多い。接続IDとパスワードが必要な場合はスタッフに確認を。スマートフォンやタブレットで常時インターネット接続を希望する場合は、日本で海外用Wi-Fiをレンタルする、海外でも使えるデータプランに加入する、現地用のeSIM／SIMカードを購入するなどの対策が必要。

## 郵便・宅配便の出し方

### ●郵便

郵便局（Correos）またはタバコ店（Estanco）で切手を購入できる。料金は20gまで€2.10。通常郵便の場合は街なかの黄色のポストに投函すればよいが、速達の場合は料金が異なるので郵便局へ持ち込むこと。宛名・住所は可能であればローマ字で記入し、赤ペンなどで目立つように「Japan（またはJapón）」と記入する。航空便と分かるように「Air Mail（またはPor Avión）」の記入も忘れずに。到着までは1週間〜1カ月近くかかる。

### ●宅配便

スペインには日本通運の支店があり、日本語での依頼が可能。受付は荷物1個からで、1個の重量は32kg以内、3辺の合計が300cm以内。
日本通運海外ネットワーク（欧州地域）➡

### お役立ちアプリ

**Google翻訳**
カメラを向けるだけで画像内のテキストを翻訳可能

**Google Map**
地図を事前にダウンロードすればオフラインでも使える

**Currency**
150以上の通貨と国の為替レートが換算できる

**TMB**
バルセロナの公共交通機関のアプリ。チケットも購入可能

**Omio**
ヨーロッパ広域の移動の際、最短・最安の手段を比較可能

## ケガ・病気

ツアー参加者は、すぐに添乗員に連絡を。個人旅行の場合は、海外旅行保険のサポートデスクなどに連絡して、日本語対応可能な病院の案内を受けよう。海外の医療費は高額になるため、保険には必ず入っておこう。

## トラブルに遭遇したら

まずは警察署に届け出る。交通事故で必要であれば救急車も。盗難にあったときは警察で盗難や紛失の証明書を発行してもらう。詳細は下記参照。

### 海外旅行保険は必須

万一のけがや病気に備えて、海外旅行保険には入っておきたい。多数の保険会社がインターネットで受付を行っているので、公式サイトで確認しよう。また、空港のカウンターや自動販売機でも加入できる。

成田国際空港
海外旅行保険
カウンター
➡

## 電話のかけ方

スペインでは市内通話でも市外局番からかける。携帯電話は会社によって料金形態が異なるので確認を。

### スペインから日本への国際電話

直通ダイヤルの場合

**00** ▶ **81** ▶ 市外局番＋相手先の電話番号

国際電話識別番号　日本の国番号　最初の0はとる

東京03-1234-5678にかける場合 **00-81-3-1234-5678** となる

### 日本からスペインへの国際電話

**010** ▶ **34** ▶ 市外局番＋相手先の電話番号

国際電話識別番号　スペインの国番号

※携帯電話の場合は「010」または「＋」のあとに「34」、相手先の電話番号を市外局番からダイヤルして発信

### アプリを利用して無料通話！

 **LINE**：自分と相手がどちらもインストールしていれば、国内同様無料通話が可能。日本と変わらないトークや写真のやり取りもできる。

 **Messenger**：お互いにインストールしていれば利用可能。メッセージ送信はもちろん、通話も無料。さらにビデオ通話も利用できる。

## 盗難・紛失

多額の現金や貴重品は持ち歩かず、セーフティボックスなどを活用したい。万が一、盗難にあったり紛失した場合でも、冷静に下記の手順を。

### クレジットカード

不正使用を防ぐため、すぐカード会社に連絡して無効手続きを行う。カード番号や有効期限が必要となるので事前に控えておくといい。

#### 問合先

 **Visa**
（クレジットカード紛失時のお手続き）

**Mastercard**（お手持ちのMastercard に関するお問い合わせ）

 **JCB**
（JCB紛失・盗難海外サポート）

**アメリカン・エキスプレス**
（カードの紛失・盗難時に）

### 現金・貴重品

警察に届け、盗難（紛失）届出証明書を発行してもらう。ホテル内で盗難・紛失にあった場合は、フロントを通じて警察に連絡する。貴重品については帰国後、海外旅行傷害保険に加入した保険会社に連絡し、申請を行う。現金は基本的に保険対象外。

### パスポート

盗難・紛失の際は、現地日本国大使館で新規発給または「帰国のための渡航書」の発給を申請する。この場合、顔写真や戸籍謄（抄）本などが必要になる。詳細は現地の日本国大使館のサイトで確認を。

外務省
パスポート
（旅券）

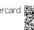

#### 帰国のための渡航書の申請

警察署で盗難（紛失）届出証明書を発行してもらう

⬇

現地の日本国大使館または総領事館にてパスポートの失効手続きをする

⬇

現地の日本国大使館または総領事館にて必要書類を提出し帰国のための渡航書を申請

### 緊急時には！

**EU共通緊急通報☎112**

**在スペイン日本国大使館**
（マドリード）

※領事窓口の利用は予約制

**在バルセロナ日本国総領事館**

※領事窓口の利用は予約制

旅のきほん

入出国

バルセロナの空港・交通

マドリードの空港・交通

スペイン国内交通

お金のこと

旅のあれこれ

見たい、食べたい、行きたい場所がすぐわかる♪

# せかたび的 スペイン まとめ。

「せかたびスペイン」に掲載の物件を
ジャンルごとに一覧できる
便利なインデックス。
レストランにショップ、観光スポットまで
行きたいところをまとめてチェック！

| グラシア通り周辺 | ……エリア名 |
| 美術館 | ……カテゴリー名 |
| MAP P00A0 | ……MAP掲載ページ |
| P000 | ……本誌掲載ページ |

★★★……スペインの魅力あふれる、絶対に行きたい場所

★★……滞在中、時間に余裕があれば行ってみたい場所

★……「知りたい」「やってみたい」と興味があれば楽しめる場所

定番!……スペインを代表する有名店。一度は足を運んでみよう

オススメ!……編集部のオススメ店。ぜひチェックしてみて

|  | エリア名<br>店・スポット名 | 星評価 | ジャンル名 | ひと言コメント |  | MAP<br>掲載ページ |
|---|---|---|---|---|---|---|

バルセロナ
⑨ ガウディまとめ

あ **グラシア通り周辺** ★
**アントニ・タピエス美術館**
美術館 バルセロナ出身の現代芸術家、アントニ・タピエスの前衛的な絵画作品を中心に展示。⏰10〜19時(日曜は〜15時) 休月曜、不定休あり

MAP P10B3 / P55

**グラシア通り周辺**
**エル・カフェ・デ・ラ・ペドレラ**
カフェ カサ・ミラの1階にあり、ガウディデザインを見ながらコーヒーや軽食を楽しめる。⏰9時30分〜21時 休なし

MAP P10B2 / P59

か **モンジュイック** ★
**カイシャ・フォーラム**
美術館 カダファルクが設計したモデルニスモ様式の繊維工場を改築した美術館。⏰10〜20時(12月24・31日、1月5日は〜18時) 休なし

MAP P4B3 / P55

**市街地外辺** ★
**ガウディの家博物館**
博物館 グエル公園の敷地内にあるかつてガウディが住んでいた場所を、博物館として公開。⏰公園の営業時間に準ずる 休なし

MAP P5E1 / P57

**グラシア通り周辺** ★
**カサ・アマトリェー**
建築 1898〜1900年に建設されたゴシック様式の住宅。特に壁面はユニーク。⏰10〜19時最終入場。※見学はガイドツアーのみ 休なし
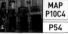
MAP P10B3 / P64

**グラシア通り周辺** ★
**カサ・カルベット**
建築 グエル家と交流があったカルベット家がガウディに依頼。繊維会社の事務所兼住居として1900年に完成。

MAP P10C4 / P54

**グラシア通り周辺** ★★★
**カサ・バトリョ**
建築 廃棄物のガラスや陶器の破片を装飾に利用した、ガウディの斬新な作品。⏰9〜20時(最終入場は〜19時15分。不定期に〜14時の日がある) 休なし

MAP P10B3 / P60

**市街地外辺** ★
**カサ・ビセンス**
建築 1880年代に依頼された、ガウディ最初の大規模な建築物。⏰10〜20時(11〜3月の月曜は〜15時、火〜日曜は〜19時) 休なし

MAP P5D1 / P54

**グラシア通り周辺** ★★★
**カサ・ミラ(ラ・ペドレラ)**
建築 グラシア通りに面して立つガウディの代表作。⏰9〜20時(11〜2月は〜18時30分※クリスマス期間は除く)、夜間見学21〜23時(11〜2月は19〜21時※クリスマス期間は除く) 休1月の1週間

MAP P10B2 / P58

**グラシア通り周辺** ★
**カサ・リェオ・モレラ**
建築 1864年に建設されたものをモンタネールが改築。曲線のバルコニーや、いくつもの柱で支えられた冠のような屋上の塔がみどころ。
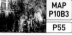
MAP P10B3 / P55

ガラスが美しく輝くカサ・バトリョの内部

| エリア名<br>店・スポット名 | 星評価 | ジャンル名 | ひと言コメント | | MAP<br>掲載ページ |
|---|---|---|---|---|---|

公園のシンボル、ドラゴンはさまざまなグッズのモチーフにも

| **ゴシック地区** ★★<br>カタルーニャ音楽堂 | | コンサートホール | 色彩タイルや彫刻などに彩られたモンタネールの最高傑作。⊙9～15時の間、予約制のガイドツアーを催行。自由見学は9時～15時30分 ⑭不定休 | | MAP<br>P9D1<br>P64 |
| **市街地外辺** ★★★<br>グエル公園 | | 公園 | 1900年から1914年にかけてガウディが建設した作品。市街を見下ろす山の手に位置する。⊙9時30分～19時30分(冬期は～17時30分) ⑭なし | | MAP<br>P5E1<br>P56 |
| **ランブラス通り周辺** ★★<br>グエル邸 | | 建築 | グエル氏から依頼を受け設計したガウディの初期作品。繊密な鍛造技術もみどころ。⊙10～20時(10～3月は～17時30分) ⑭月曜(祝日の場合は開館)、1月の3週目 | | MAP<br>P8A3<br>P54 |
| **市街地外辺** ★<br>グエル別邸 | | 建築 | 1880年代に建設されたガウディ初期の作品。グエル氏の守衛小屋と厩舎として建てられた。⊙10～16時 ⑭なし | | MAP<br>P4B1<br>P54 |
| **グラシア通り周辺** ★<br>グラシア通りの街灯 | | 建築 | ガウディ建築が点在するグラシア通りにはガウディが設計した街灯が数カ所点在。植物をモチーフとした優雅なデザインで、街灯の下はベンチになっている。 | | MAP<br>P10B2～3<br>P54 |
| **郊外** ★<br>コロニア・グエル教会 | | 教会 | 実業家グエルが自らの織物事業の拠点のためにガウディに建設を依頼。⊙10～17時(土・日曜、祝日は～15時) ⑭なし | | MAP<br>P4A1<br>P55 |
| (さ) **サグラダ・ファミリア周辺** ★★★<br>サグラダ・ファミリア | | 教会 | 建築家ガウディが遺した、いまなお未完の大聖堂。バルセロナでマストの観光スポット。⊙9～20時(日曜は10時30分～)※季節により異なる ⑭不定休(ミサによる) | | MAP<br>P5E2<br>P48 |
| **サグラダ・ファミリア周辺** ★★<br>サン・パウ病院 | | 建築 | モンタネールの代表作のひとつ。至る所に見事な装飾が施されている。⊙10時～18時30分(11～3月は～17時) ⑭なし | | MAP<br>P5F2<br>P65 |
| **市街地外辺** ★<br>サンタ・テレサ学院 | | 建築 | 最初は別の建築家が携わっていたが、オソー司祭がガウディの才能と信仰心を気に入り再依頼。簡素で厳格な建築物がコンセプト | | MAP<br>P4C1<br>P54 |
| **サグラダ・ファミリア周辺** ★<br>セルコテル・ロセリョン | | ルーフトップバー | ホテル最上階に備わるルーフトップバー。サグラダ・ファミリアがすぐ間近に見られる。⊙13時30分～22時(宿泊客は10～23時) ⑭なし | | MAP<br>P5E2<br>P53 |
| (ま) **市街地外辺** ★<br>ミラーリェス邸の門 | | 建築 | 不完全ながら今も残るガウディが手がけた門と塀。波の曲線の形状が特徴的で、塀の中央には馬車用として造られた大きな門と、歩行者用の門がある。 | | MAP<br>P4B1<br>P55 |
| (ら) **グラシア通り周辺** ★<br>ラス・プンシャス集合住宅 | | 建築 | 中世ヨーロッパの城を彷彿とさせるカダファルクの代表作。※見学は外観のみ | | MAP<br>P10C1<br>P65 |
| (あ) **グラシア通り周辺** オススメ!<br>アロセリア・シャティバ | | パエーリャ | 約30種が揃うパエーリャはどれも確かなクオリティ。在住日本人からの人気も高い。⊙11時30分～23時(金・土曜は～23時30分) ⑭なし | | MAP<br>P6B1<br>P72 |
| **ランブラス通り周辺**<br>エスクリバ | | カフェ | バルセロナを代表するスイーツの名店。チョコレートとケーキに定評があり、数々の賞を受賞している。⊙9～21時 ⑭なし | | MAP<br>P8B2<br>P79 |
| **モンジュイック**<br>エル・シャレ・デ・モンジュイック | | パエーリャ | モンジュイックの丘に位置し、バルセロナ市街を一望できるロケーション抜群のレストラン。⊙13～16時、20～23時 ⑭なし | | MAP<br>P6A3<br>P73 |
| (か) **ボルン地区** オススメ!<br>カル・ペップ | | バル | ボルン地区にあるバルは、鮮度抜群のシーフードタパスが人気。⊙13時～15時30分(土曜は13時15分～15時45分)、19時30分～23時30分 ⑭日曜、月曜の昼 | | MAP<br>P9E4<br>P67 |
| **ゴシック地区**<br>カン・クジェレテス | | カタルーニャ料理 | 1786年創業の、バルセロナ最古のレストラン。カタルーニャの伝統料理を提供する。⊙13時～15時45分、20～22時 ⑭月曜、日・火・水曜の夜 | | MAP<br>P8B3<br>P75 |

ファサードに上れば、バルセロナの街並みを見青らせる

🍴 おいしいもの

エリア名 店・スポット名 / 星評価 / ジャンル名 / ひと言コメント / MAP掲載ページ

**バルセロネータ**
カン・ソレ
[パエーリャ] 豪快なシーフード料理が自慢のレストラン。🕐13～16時、20～23時(金・土曜は13～16時、20時30分～23時) [休]月曜、日曜の夜

MAP P7D4 / P73

**バルセロネータ** [オススメ!]
カン・マジョ
[カタルーニャ料理] ビーチ一望のテラス席も備わる海沿いのレストラン。🕐13時～22時30分(日・火曜は13時～16時30分) [休]日・火曜の夜、月曜

MAP P7D4 / P75

トマトベースの魚介たっぷりスープ、サルスエラ

**モンジュイック**
キング・ピンチョス
[バル] ピンチョス1個€1～と、ブライ通りのなかでもリーズナブルな価格が魅力。
🕐10～24時(金・土曜は～翌0時30分) [休]なし

MAP P6A2 / P69

**ゴシック地区**
クアトロ・ガッツ
[カフェ] モデルニスモの芸術家たちが通った名物カフェで、特にピカソが頻繁に訪れたといわれている。
🕐12～24時(日曜は～17時) [休]月曜

MAP P8C1 / P81

**グラシア通り周辺**
グレスカ
[レストラン] 名店「エル・ブジ」などで修業したシェフがオープンした、バルセロナで話題のレストラン。
🕐13時30分～15時30分、20時～22時30分 [休]なし

MAP P10A2 / P77

[さ]

**ランブラス通り周辺**
ジュリベルト・メウ
[カタルーニャ料理] 昔ながらのカタルーニャ伝統料理を味わえるレストラン。ワインは数十種類扱う。
🕐12時30分～24時 [休]日曜

MAP P8B1 / P74

**スペイン広場周辺**
シンク・サンティッツ
[レストラン] シェフ独自のアイデアで創作した、モダンなカタルーニャ料理を提供するレストラン。
🕐13時30分～14時30分、20時30分～21時 [休]日・月曜

MAP P4C3 / P77

**グラシア通り周辺** [オススメ!]
セルベセリア・カタラナ
[バル] 行列が絶えない人気バル。朝食での利用もおすすめ。🕐8時30分～翌1時30分(土・日曜、祝日は9時～) [休]なし

MAP P10A2 / P67

[た]

**ボルン地区**
タペオ
[ガストロバル] カタルーニャの伝統料理に独自のアレンジをプラスしたモダンスパニッシュを提供。
🕐12～24時 [休]なし

MAP P9E3 / P71

**ボルン地区** [定番]
チャンパニェット
[バル] 常に行列ができているバルセロナ屈指の人気バル。🕐12時～15時30分、19～23時(土曜は12時～15時30分、月曜は19～23時のみ) [休]日曜

MAP P9E3 / P66

**ボルン地区** [オススメ!]
チュレリア・ライエタナ
[カフェ] 地元で愛されるチュロスとホットチョコレートのお店。ご主人のやさしい人柄も魅力。🕐7～13時、16時30分～20時30分(日曜、祝日は8時～13時30分) [休]土曜

MAP P9D1 / P78

**バルセロネータ** [定番]
チリンギート・エスクリバー
[パエーリャ] バルセロネータにあるシーフード料理の名店。パエーリャのほか、魚介料理のアラカルトも。🕐12時～翌1時(料理の注文は22時30分まで) [休]なし(変更の場合あり)

MAP P5F4 / P73

スペインのトップレストランでモダンな料理を堪能!

**モンジュイック**
デ・ピコス・パルドス
[バル] ブライ通りとつながるブレザ通りにあるバル。オーナー夫婦の気さくな人柄も魅力。🕐12～24時(金・土曜は～翌1時) [休]月曜、火曜の昼

MAP P6A2 / P69

**新市街**
ディスフルタール
[レストラン] 伝説の名店「エル・ブジ」出身のシェフ3人が手掛けるトップレストラン。🕐12時30分～13時30分、19時30分～20時30分(いずれも入店時間) [休]土・日曜
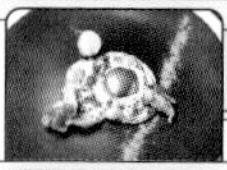
MAP P4C2 / P76

[は]

**新市街**
パコ・メラルゴ
[ガストロバル] 有名グルメガイドにも掲載されたことがある実力派バル。海鮮、肉、野菜と多彩なタパスが楽しめる。🕐13～24時 [休]なし

MAP P5D2 / P71

**ボルン地区**
バル・デル・プラ
[ガストロバル] 定番タパスと創作タパスの両方を楽しめるバル。季節ごとにメニューは変わる。
🕐12～23時 [休]日曜

MAP P9E3 / P70

**サグラダ・ファミリア周辺** [オススメ!]
バルデニ
[ガストロバル] 最優秀若手シェフに輝いたこともあるオーナーシェフが腕をふるう肉料理が人気。🕐13時15分～14時30分(木・金曜は20～21時30分の夜営業あり) [休]日曜

MAP P5E2 / P70

| エリア名 店・スポット名 | 星評価 | ジャンル名 | ひと言コメント | 写真 | MAP 掲載ページ |
|---|---|---|---|---|---|
| モンジュイック<br>ピンチョ・ジェイ | | バル | ブライ通りのなかでも早い時間から行列ができる人気店。店内はこじんまりとしているので荷物には注意。⏲11〜24時 [休]なし |  | MAP P6A2<br>P69 |
| ボルン地区<br>フィスムレール | | レストラン | マドリードでスタートしたレストランが、バルセロナに出店後、またたく間に話題に。⏲13〜16時、20時〜22時30分 [休]なし |  | MAP P9F1<br>P76 |
| ボルン地区<br>ブボ | | カフェ | 輝かしい受賞歴を誇るパティシエがオーナーを務めるパティスリー。⏲10〜21時(イートインは20時まで) [休]なし |  | MAP P9E4<br>P79 |
| モンジュイック<br>ブライ・ノウ | | バル | 具材をバゲットに乗せずに提供するピンチョスが特徴のバル。⏲12〜24時(金・土曜は〜翌1時) [休]なし |  | MAP P6A2<br>P69 |
| 市街地外辺<br>ボシィ | | カフェ | 色鮮やかなケーキやクッキーがショーケースにズラリ。地下には工房も備わる。⏲8〜21時(土・日曜は〜16時) [休]なし |  | MAP P5D1<br>P79 |
| [ま] グラシア通り周辺<br>モン・バル | | ガストロバル | 各国の食文化を少しづつ取り入れた創作料理を提供。⏲13〜17時、19時〜翌1時※入店時間は異なる [休]日・月曜 |  | MAP P5D3<br>P71 |
| [ら] モンジュイック<br>ラ・エスキニタ・デ・ブライ | | バル | ブライ通りの真ん中に位置するバル。ピンチョスのほか、定番タパスもある。⏲11時30分〜翌0時15分(金〜日曜は10時30分〜翌1時) [休]なし |  | MAP P6A2<br>P68 |
| モンジュイック<br>ラ・タスケタ・デ・ブライ | | バル | ブライ通りのなかでは比較的大きなバル。店自慢のパタタス・ブラバスもおすすめ。⏲12〜24時(金・土曜は〜翌1時) [休]なし |  | MAP P6A2<br>P69 |
| ゴシック地区 [定番]<br>ラ・パジャレサ | | カフェ | チュロスとホットチョコレートは、お店にくるほとんどの人が注文するほど人気。⏲9〜13時、16〜21時 [休]なし |  | MAP P8B2<br>P78 |
| バルセロネータ<br>ラ・マル・サラーダ | | カタルーニャ料理 | オーナーが毎朝市場で仕入れた魚介を使用する、地中海料理レストラン。⏲13〜16時、20〜23時(土曜は13時〜16時30分、20〜23時、日曜は13時〜16時30分のみ) [休]火曜、日曜の夜 |  | MAP P7D4<br>P75 |
| ゴシック地区 [定番]<br>ロス・カラコレス | | カタルーニャ料理 | 画家・ダリも訪れた老舗レストラン。スペインの伝統料理、カラコレスが名物。⏲13〜24時(料理提供は13〜16時、19時30分〜23時) [休]火曜 |  | MAP P8B4<br>P74 |
| [あ] モンジュイック<br>エスタディ・オリンピック・リュイス・コンパニス | ★ | スタジアム | 1929年のバルセロナ万国博覧会のために建造。1992年に開催されたバルセロナオリンピックのメインスタジアムとして使用された。 |  | MAP P4B4<br>P84 |
| [か] 市街地外辺<br>カンプ・ノウ | ★★ | スタジアム | FCバルセロナのホームスタジアム。観客収容数9万9354人と欧州最大規模を誇る。試合のほか、多彩なツアーも行っている。 |  | MAP P4A1<br>P84 |
| ゴシック地区<br>建築士会会館の壁画 | ★ | 名所 | カテドラル前のノバ広場に面した建物に描かれた壁画。ピカソによるもので、ピカソが幼いころに経験した祭りが題材にされている。 |  | MAP P8C2<br>P81 |
| [さ] ランブラス通り周辺<br>サン・ジュセップ市場 | ★★ | 市場 | 新鮮な野菜から肉、魚介類、フルーツまでお店がぎっしりと並ぶ、バルセロナ最大の市場。⏲8時ごろ〜20時ごろ(店舗により異なる) [休]日曜 |  | MAP P8A2<br>P86 |
| スペイン広場周辺<br>ジョアン・ミロ公園 | ★ | 公園 | スペイン広場の近くにある公園。園内にはミロの作品のひとつ、高さ約22mの巨大な彫刻『女と鳥』がそびえる。 |  | MAP P4B3<br>P83 |
| [は] ボルン地区<br>ピカソ美術館 | ★★ | 美術館 | スペイン出身の画家パブロ・ピカソの作品を収蔵、展示する美術館。⏲9時〜19時45分※時間ごとに入場制限あり [休]月曜 |  | MAP P9E3<br>P80 |

ブライ通りで色とりどりのピンチョスを食べ歩き

スペインのおやつの定番、チュロスでほっとひと休み

ぜったい観たい！

スペインまとめ。

| エリア名<br>店・スポット名 | 星評価 | ジャンル名 | ひと言コメント | MAP<br>掲載ページ |
|---|---|---|---|---|

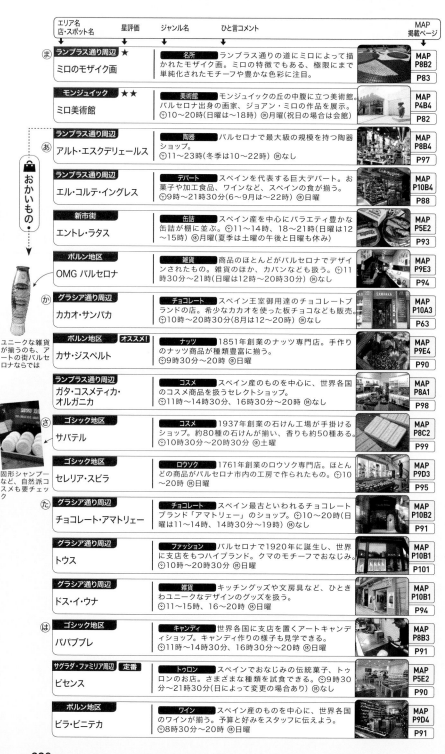

**おかいもの・**

ユニークな雑貨
が揃うのも、アー
トの街バルセ
ロナならでは

固形シャンプー
など、自然派コ
スメも要チェッ
ク

| | | | | |
|---|---|---|---|---|
| **ま** | **ランブラス通り周辺** ★<br>ミロのモザイク画 | **名所** ランブラス通りの道にミロによって描かれたモザイク画。ミロの特徴でもある、極限にまで単純化されたモチーフや豊かな色彩に注目。 | MAP<br>P8B2 / P83 |
| | **モンジュイック** ★★<br>ミロ美術館 | **美術館** モンジュイックの丘の中腹に立つ美術館。バルセロナ出身の画家、ジョアン・ミロの作品を展示。🕐10〜20時(日曜は〜18時) 🅿月曜(祝日の場合は会館) | MAP<br>P4B4 / P82 |
| **あ** | **ランブラス通り周辺**<br>アルト・エスクデリェールス | **陶器** バルセロナで最大級の規模を持つ陶器ショップ。🕐11〜23時(冬季は10〜22時) 🅿なし | MAP<br>P8B4 / P97 |
| | **ランブラス通り周辺**<br>エル・コルテ・イングレス | **デパート** スペインを代表する巨大デパート。お菓子や加工食品、ワインなど、スペインの食が揃う。🕐9時〜21時30分(6〜9月は〜22時) 🅿日曜 | MAP<br>P10B4 / P88 |
| | **新市街**<br>エントレ・ラタス | **缶詰** スペイン産を中心にバラエティ豊かな缶詰が棚に並ぶ。🕐11〜14時、18〜21時(日曜は12〜15時) 🅿月曜(夏季は土曜の午後と日曜も休み) | MAP<br>P5E2 / P93 |
| | **ボルン地区**<br>OMG バルセロナ | **雑貨** 商品のほとんどがバルセロナでデザインされたもの。雑貨のほか、カバンなども扱う。🕐11時30分〜21時(日曜は12時〜20時30分) 🅿なし | MAP<br>P9E3 / P94 |
| **か** | **グラシア通り周辺**<br>カカオ・サンパカ | **チョコレート** スペイン王室御用達のチョコレートブランドの店。希少なカカオを使った板チョコなども販売。🕐10時〜20時30分(8月は12〜20時) 🅿なし | MAP<br>P10A3 / P63 |
| | **ボルン地区** オススメ！<br>カサ・ジスペルト | **ナッツ** 1851年創業のナッツ専門店。手作りのナッツ商品が種類豊富に揃う。🕐9時30分〜20時 🅿日曜 | MAP<br>P9E4 / P90 |
| | **ランブラス通り周辺**<br>ガタ・コスメティカ・オルガニカ | **コスメ** スペイン産のものを中心に、世界各国のコスメ商品を扱うセレクトショップ。🕐11〜14時30分、16時30分〜20時 🅿なし | MAP<br>P8A1 / P98 |
| **さ** | **ゴシック地区**<br>サバテル | **コスメ** 1937年創業の石けん工場が手掛けるショップ。約80種の石けんが揃い、香りも約50種ある。🕐10時30分〜20時30分 🅿土曜 | MAP<br>P8C2 / P99 |
| | **ゴシック地区**<br>セレリア・スビラ | **ロウソク** 1761年創業のロウソク専門店。ほとんどの商品がバルセロナ市内の工房で作られたもの。🕐10〜20時 🅿日曜 | MAP<br>P9D3 / P95 |
| **た** | **グラシア通り周辺**<br>チョコレート・アマトリェー | **チョコレート** スペイン最古といわれるチョコレートブランド「アマトリェー」のショップ。🕐10〜20時(日曜は11〜14時、14時30分〜19時) 🅿なし | MAP<br>P10B2 / P91 |
| | **グラシア通り周辺**<br>トウス | **ファッション** バルセロナで1920年に誕生し、世界に支店をもつハイブランド。クマのモチーフでおなじみ。🕐10〜20時30分 🅿日曜 | MAP<br>P10B1 / P101 |
| | **グラシア通り周辺**<br>ドス・イ・ウナ | **雑貨** キッチングッズや文房具など、ひときわユニークなデザインのグッズを扱う。🕐11〜15時、16〜20時 🅿日曜 | MAP<br>P10B1 / P94 |
| **は** | **ゴシック地区**<br>パパブレ | **キャンディ** 世界各国に支店を置くアートキャンディショップ。キャンディ作りの様子も見学できる。🕐11〜14時30分、16時30分〜20時 🅿日曜 | MAP<br>P8B3 / P91 |
| | **サグラダ・ファミリア周辺** 定番<br>ビセンス | **トゥロン** スペインでおなじみの伝統菓子、トゥロンのお店。さまざまな種類を試食できる。🕐9時30分〜21時30分(日によって変更の場合あり) 🅿なし | MAP<br>P5E2 / P90 |
| | **ボルン地区**<br>ビラ・ビニテカ | **ワイン** スペイン産のものを中心に、世界各国のワインが揃う。予算と好みをスタッフに伝えよう。🕐8時30分〜20時 🅿日曜 | MAP<br>P9D4 / P91 |

街ガイド・

| エリア名<br>店・スポット名 | 星評価 | ジャンル名 | ひと言コメント | MAP<br>掲載ページ |
|---|---|---|---|---|

**グラシア通り周辺** 定番 | **プリティ・バレリーナス** | シューズ スペインで人気のフラットシューズ専門店。デザインやカラーバリエーションも充実。⏰10時～20時30分（日曜は12時～）㊡日曜 | MAP P10B1 / P100

**サグラダ・ファミリア周辺** | **ベ・デ・バルセロナ** | 雑貨 街のタイルをモチーフにしたものなど、バルセロナらしいグッズが揃う。⏰10時30分～14時、17時～20時30分 ㊡日曜 | MAP P5E2 / P63・94

地元民の味方、メルカドーナの商品はリーズナブル＆高品質

**スペイン広場周辺** ⓜ | **マテス** | シューズ 元々はアスリートのために作り始めたという、老舗スニーカーブランド。⏰10時～13時30分、17～20時（土曜は10時～13時30分）㊡日曜、8月 | MAP P4B2 / P100

**新市街** | **マル・デ・カバ** | 雑貨 バルセロナ出身のオーナーが地元をはじめ、ヨーロッパ中から集めた個性的な雑貨が並ぶ。⏰11～14時、16時30分～19時30分 ㊡日・月曜 | MAP P5D2 / P95

⓵ **グラシア通り周辺** | **メルカドーナ** | スーパーマーケット スペイン全土に展開するスーパーチェーン。品質の高さに対してリーズナブルな価格設定が魅力。⏰9～21時 ㊡日曜 | MAP P10C3 / P89

⓵ **ランブラス通り周辺** 定番 | **ラ・チナタ** | コスメ スペインで人気のオリーブオイル専門店。オリーブを使ったコスメも取り揃える。⏰10～21時（日曜は12～20時、祝日は12～19時）㊡なし | MAP P8A1 / P99

**ゴシック地区** | **ラ・マヌアル・アルパルガテラ** | シューズ 1941年創業の老舗エスパドリーユ専門店。デザインや素材も多彩。⏰10～14時、16～20時 ㊡日曜 | MAP P8C3 / P101

**ゴシック地区** | **ライマ** | ステーショナリー スペインはもちろん、ヨーロッパでも最大級の規模をもつ文房具店。⏰10～21時 ㊡日曜（12月はなし） | MAP P9D1 / P95

**グラシア通り周辺** | **ルポ** | ファッション バルセロナ生まれの牛革バッグブランド。スペイン女子が憧れる商品が並ぶ。⏰10～14時、16～20時 ㊡日曜 | MAP P10B2 / P101

ⓐ **ゴシック地区** ★ | **王の広場** | 広場 14～15世紀のアラゴン連合王国時代に王宮の中心とされた広場。「ティネイの間」は1493年に新大陸から戻ったコロンブスがイザベル女王に謁見したとされる歴史的な場所。 | MAP P9D2 / P103

ⓚ **ゴシック地区** | **カエルン** | カフェ 修道院の修道女たちが作る焼き菓子を販売。昔ながらのレシピで手作りされ、どれも素朴な味わい。⏰12～20時（土曜は～20時30分）㊡なし | MAP P8C2 / P103

**ゴシック地区** ★★ | **カテドラル** | 教会 1298年から1448年まで1世紀以上の歳月をかけて完成した、カタルーニャ・ゴシック様式の教会。⏰9時30分～17時（日曜は14時～16時30分）、パティオは～19時30分 ㊡なし | MAP P8C2 / P103

カテドラルの内部には荘厳な雰囲気が漂う

**ランブラス通り周辺** | **グランハ・ヴィアデル** | カフェ 乳製品を使った自家製のスイーツが自慢で、カタルーニャのチョコレートドリンク、カカオラッはこの店が発祥。⏰9～13時45分、17～20時45分 ㊡日・月曜 | MAP P8B1 / P105

**バルセロネータ** ★ | **コロンブスの塔** | 名所 ランブラス通りの南端に立つ約60mの塔。塔の上には新大陸を発見したコロンブスの像がある。⏰8時30分～14時30分 ㊡なし | MAP P6C3 / P105

ⓢ **ボルン地区** ★ | **サンタ・カテリナ市場** | 市場 修道院跡地にある市内で2番目に古い市場。食料品を中心に扱っている。⏰7時30分～15時30分 ㊡土曜の午後、日曜 | MAP P9E2 / P103

**ボルン地区** ★★ | **サンタ・マリア・デル・マル教会** | 教会 権力者や聖職界に頼らず、港湾で働く人々の力で建てられた教会。カタルーニャ・ゴシック様式の装飾が美しい。⏰13～17時（日曜、祝日は14時～）㊡なし | MAP P9E4 / P103

**スペイン広場周辺** ★ | **スペイン広場** | 広場 噴水に彩られた交通の要。近隣にはカタルーニャ美術館やジョアン・ミロ公園のほか、闘牛場を改築した大型施設などがある。 | MAP P4B3 / P109

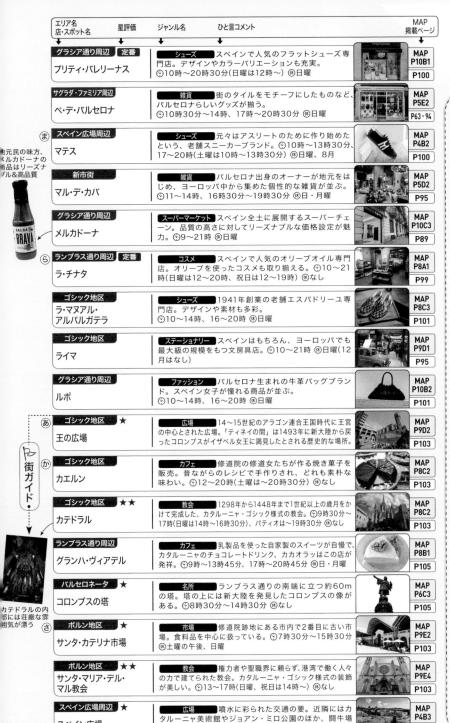

バルセロナの新たなビュースポットにも足を運ぼう

**ホテル・**

| エリア名 店・スポット名 | 星評価 | ジャンル名 | ひと言コメント | MAP 掲載ページ |
|---|---|---|---|---|
| ㋮ サグラダ・ファミリア周辺<br>ミラドール・トーレ・グロリアス | ★ | タワー | 「トーレ・グロリアス」最上階の30階に2022年5月にオープンした展望台。🕘9時30分〜18時30分 ㊡なし（10〜4月は火曜） | MAP P5F3<br>P109 |
| モンジュイック<br>モンジュイックケーブルカー | | ケーブルカー | モンジュイックの丘の中腹か山頂のモンジュイック城までを結ぶロープウェイ。🕘10〜21時（時期により異なる）㊡なし | MAP P6A3<br>P109 |
| モンジュイック<br>モンジュイック城 | ★★ | 遺跡 | モンジュイック城の頂にある17世紀に造られた要塞は、バルセロナ屈指のビュースポット。🕘10〜20時（11〜3月は〜18時）㊡なし | MAP P4B4<br>P109 |
| ㋶ ランブラス通り周辺<br>リセウ劇場 | ★ | 劇場 | 美しい外観はそのままに、最新技術を備える近代劇場として現在も使われている。㊡チケット売り場10〜19時（土曜は〜14時※公演日は開演時間まで）㊡公演スケジュールによる | MAP P8A3<br>P105 |
| グラシア通り周辺<br>リヤドロ | | 磁器 | ポーセリン（磁器）の世界的なアートブランド。手作業によって生み出された今にも動き出しそうな美しい人形が並ぶ。🕘10〜20時 ㊡日曜 | MAP P10B1<br>P107 |
| ランブラス通り周辺<br>レイアール広場 | ★ | 広場 | ランブラス通りから少し入ったところにある賑やかな広場。ガウディが初期に手がけた街灯は必見。 | MAP P8B3<br>P54・105 |
| グラシア通り周辺<br>ロエベ | | ファッション | スペインを代表する高級レザーブランド。スペイン王室も御用達。🕘10時30分〜20時（日曜は12時〜）㊡なし | MAP P10B3<br>P107 |
| ランブラス通り周辺<br>ロカンボレスク | | アイスクリーム | ランブラス通り沿いにあるアイスクリームショップ。フレーバーは週替わり。🕘11時30分〜21時30分（金・土・日曜は〜22時）㊡なし | MAP P8A3<br>P105 |
| ㋐ バルセロネータ<br>アーツ | | ホテル | ベイエリアのランドマーク。44階建てで、どの部屋も眺望抜群。㊟€375〜 客室数483 | MAP P5E4<br>P212 |
| 新市街<br>H10・イタカ | | ホテル | アクセスに便利な立地で、モダンな建物のホテル。㊟平均価格€148 客室数95 | MAP P4C2<br>P213 |
| バルセロネータ<br>H10・マリーナ・バルセロナ | | ホテル | モダンな雰囲気のホテルで、吹き抜けのロビーが開放感がある。シウタデラ公園は徒歩圏内。㊟平均価格€227〜 客室数235 | MAP P5E4<br>P213 |
| モンジュイック<br>インターコンチネンタル・バルセロナ・IHG・ホテル | | ホテル | モンジュイックの丘近くに位置するホテル。㊟€250〜 客室数273 | MAP P4A3<br>P212 |
| 市街地外辺<br>AC・ホテル・ソム | | ホテル | 市街中心部から少し離れたところにあるモダンなホテル。㊟€135〜 客室数102 | MAP P4A3<br>P213 |
| ランブラス通り周辺<br>エスパーニャ | | ホテル | 1856年の建物を20世紀の初めにモンタネールが改築、その後ホテルに。㊟€120〜 客室数83 | MAP P8A3<br>P212 |
| グラシア通り周辺<br>エル・パレス | | ホテル | ロビーには1920年頃のアンティークが配され、格式ある雰囲気が漂う。㊟€350〜 客室数120 | MAP P10C4<br>P212 |
| グラシア通り周辺<br>オラ・エイサンプル | | ホテル | モダンで都会的なスタイルのブティックホテル。㊟€190〜 客室数94 | MAP P10A1<br>P212 |
| ㋕ グラシア通り周辺<br>カサ・フステル | | ホテル | 建物は、建築家モンタネールの最後の作品。㊟390〜 客室数105 | MAP P5D2<br>P212 |

| エリア名 店・スポット名 | 星評価 | ジャンル名 | ひと言コメント | MAP 掲載ページ |
|---|---|---|---|---|

史とモダン 合わさるホ ルで優雅な ひとときを

| グラシア通り周辺 クラリス ホテル&スパ 5*GL | | ホテル | 19世紀に建てられた邸宅を改装した ホテル。 ㉑€250～ 客室数124 | MAP P10B2 P212 |

| グラシア通り周辺 サー・ビクトル・ホテル | | ホテル | 光使いの見事な空間が広がるエレガン トなホテル。 ㉑€275～ 客室数91 | MAP P10B1 P212 |

は | 郊外 ハイアット・リージェンシー・ バルセロナ・タワー | | ホテル | 最大のコンベンションセンターを備え たシティーホテル。 ㉑€170～ 客室数280 | MAP P4A3 P213 |

| 市街地外辺 ヒルトン・バルセロナ | | ホテル | ディアゴナル大通りに面した機能的な 高級ホテル。 ㉑平均価格€296～ 客室数290 | MAP P4B1 P213 |

| 新市街 ペスターナ・アレーナ・ バルセロナ | | ホテル | ターミナル駅であるバルセロナ・サン ツ駅のほど近くにあるので、都市間移動の際に便利。 ㉑平均価格€180～ 客室数84 | MAP P4B3 P213 |

| グラシア通り周辺 ホスタリン・バルセロナ・ グラン・ヴィア | | ホステル | モダニズムスタイルの堂々とした建物 が特徴。 ㉑€60～ 客室数14 | MAP P7E1 P218 |

| グラシア通り周辺 ホスタル・アルゴ | | ホステル | カサ・バトリョまで徒歩圏内にあるので、 観光に便利。 ㉑€55～ 客室数13 | MAP P10C2 P218 |

| 新市街 ホスタル・リヴ・バルセロナ | | ホステル | ホテルを出てすぐ地下鉄駅の入口があ る。 ㉑€60～ 客室数12 | MAP P4C3 P218 |

ま | グラシア通り周辺 マジェスティック・ホテル & スパ・バルセロナ | | ホテル | グラシア通り沿いという理想的なロケ ーション。 ㉑€361.90～ 客室数258 | MAP P10B2 P213 |

| グラシア通り周辺 マンダリン・オリエンタル・ バルセロナ | | ホテル | グラシア通り沿いで、サグラダ・ファミ リアやゴシック地区も徒歩圏内。 ㉑€925～ 客室数120+スイートルーム | MAP P10B3 P212 |

や | 新市街 U232・ホテル | | ホテル | カタルーニャ広場およびランブラス通 りから車で5分圏内。 ㉑平均価格€199～ 客室数102 | MAP P4C2 P213 |

ら | グラシア通り周辺 ルネッサンス・バルセロナ・ ホテル | | ホテル | 和風のインテリアを採用しており、随 所に日本の客間を彷彿させる。 ㉑€200～ 客室数211 | MAP P10B3 P213 |

グラシア通り沿 にあるホテル 観光の拠点と て便利

あ | バレンシア エル・ラル | | パエーリャ | パエーリャとイベリコ豚の生ハムが評 判のレストラン。 ⏰12時～15時30分、19～23時 ㉺なし | MAP P114 P115 |

| フィゲラス おもちゃ博物館 | ★ | 博物館 | 車や電車のレトロなおもちゃや、レト ロなテーブルゲームなどを展示。 ⏰10時30分～15時(土曜は～19時) ㉺日・月曜 | MAP P110 P111 |

か | バレンシア 国立陶器博物館 | ★★ | 博物館 | バレンシアの三大陶器であるパテルナ、 マニセス、アルコラ焼を展示する博物館。⏰10～14時、16～20時(日曜、祝日は～14時) ㉺月曜 | MAP P114 P115 |

さ | モンセラット サン・ジュアン展望台 | ★★ | 展望台 | モンセラットを見晴らせる眺望抜群の 展望台。⏰10時～17時30分(冬期は～16時30分)※サ ン・ジュアン線の運行時間。変動あり。10～20分間隔 | MAP P112 P113 |

| フィゲラス サン・フェラン城 | ★ | 遺跡 | 18世紀に外国からの侵略に備えて軍事用 の要塞として建造。⏰10時30分～18時(10月末～3月は～ 15時) ㉺月曜(夏期は開館)、1月1・6日、12月25・26日 | MAP P110 P111 |

少し遠くへ

| | エリア名<br>店・スポット名 | 星評価 | ジャンル名 | ひと言コメント | MAP<br>掲載ページ |
|---|---|---|---|---|---|

神聖な雰囲気の聖堂内。黒いマリア像にも注目

| | エリア名<br>店・スポット名 | 星評価 | ジャンル名 | ひと言コメント | MAP<br>掲載ページ |
|---|---|---|---|---|---|
| た | モンセラット<br>大聖堂 | ★★ | 教会 | 岩山に覆われた聖堂。スペイン独立戦争で大打撃を受け、19～20世紀に修復。⏰7時30分～20時（マリアの礼拝堂は8時～10時30分、12時～18時15分。季節により異なる）🚫なし | MAP P112<br>P112 |
| | タラゴナ<br>タラゴナ大聖堂 | ★★ | 教会 | 1171から約160年もの歳月をかけて建造された大聖堂。ゴシック様式とロマネスク様式の2つの様式が混在。⏰9時30分～19時（季節により異なる）🚫日曜（夏季の午後を除く） | MAP P116<br>P116 |
| | フィゲラス<br>ダリ美術館 | ★★ | 美術館 | ダリが亡くなるまでに残した1万点以上の絵画やオブジェを所蔵する。⏰10時30分～17時15分（7・8月は9時～19時15分）🚫月曜（7・8月は無休） | MAP P110<br>P110 |
| | フィゲラス<br>ダリ宝飾美術館 | ★★ | 美術館 | ダリ美術館に併設。ダリがデザインした宝飾品とデザイン画が展示されている。⏰10時30分～17時15分（7・8月は9時～19時15分）🚫月曜（7・8月は無休） | MAP P110<br>P110 |
| | フィゲラス<br>ドゥラン | | レストラン | ダリが友人らとも足繁く通った「ドゥラン・ホテル」のレストラン。⏰12時45分～16時、20時～22時30分🚫なし | MAP P110<br>P111 |
| ま | モンセラット<br>モンセラット美術館 | ★★ | 美術館 | カタルーニャの画家の作品や、メソポタミア、エジプト文明の発掘品などを展示。⏰10時～17時45分（季節により異なる。入場は閉館30分前まで）🚫なし | MAP P112<br>P112 |
| ら | モンセラット<br>ラ・カフェテリア | | カフェ | 軽く小腹を満たしたいときに便利なカフェ。基本はセルフサービス。⏰8時45分～17時30分（土・日曜、祝日は9時～18時30分）🚫なし | MAP P112<br>P113 |
| | モンセラット<br>ラ・ボティガ | | 雑貨 | モンセラットらしいグッズが揃うショップ。観光案内所の階段をはさんだ隣にある。⏰9～18時🚫なし | MAP P112<br>P113 |
| | バレンシア<br>ラ・ロンハ | ★★★ | 遺跡 | 19世紀末まで交易取引所として使用された、ゴシック様式の建物。世界遺産に登録。⏰10～19時（日曜、祝日は～14時）🚫なし | MAP P114<br>P114 |
| | バレンシア<br>リヤドロ | | 磁器 | スペインを代表する磁器メーカー・リヤドロの本社。工房を見学できる。⏰9～16時🚫土・日曜 | MAP P114<br>P115 |
| | タラゴナ<br>ローマ円形闘技場 | ★★ | 遺跡 | 2世紀に建造された巨大闘技場。剣闘士同士の戦いや催し物が行われていた。⏰9時30分～21時（土曜は10～19時、日曜は10～15時）🚫月曜 | MAP P116<br>P116 |
| あ | 王宮周辺<br>王宮 | ★★★ | 宮殿 | 歴代のスペイン国王が住居として使った宮殿。見事な装飾の数々が当時の王室の栄華を象徴している。⏰10～19時（日曜は～16時）※最終入館は1時間前まで🚫公式行事の日 | MAP P14A3<br>P130 |
| か | 王宮周辺<br>コラル・デ・ラ・モレリア | | タブラオ | 1956年創業の老舗タブラオ。連日一流の踊り手がフラメンコを披露する。ショーは19時30分～、22時30分～（金・土曜は19時30分～、23時15分～）🚫なし | MAP P12A3<br>P135 |
| さ | 市街地外辺<br>サンティアゴ・ベルナベウ | ★★ | スタジアム | レアル・マドリードの本拠地スタジアム。ミュージアム見学ツアーなどが楽しめる。 | MAP P13F3<br>P132 |
| | プラド美術館周辺<br>ソフィア王妃芸術センター | ★★ | 美術館 | 近現代美術作品を収蔵・展示する美術館。ピカソの『ゲルニカ』は必見。⏰10～21時（日曜は～14時30分）🚫火曜 | MAP P12C4<br>P126 |
| た | プラド美術館周辺<br>ティッセン・ボルネミッサ美術館 | ★★ | 美術館 | ティッセン・ボルネミッサ家が2代にわたり収集したコレクションが展示の中心。⏰10～19時（月曜は12～16時）🚫なし | MAP P15E3<br>P128 |
| | プエルタ・デル・ソル周辺<br>トーレス・ベルメハス | | タブラオ | ハイレベルなショーが繰り広げられる、国内屈指のタブラオ。⏰ショーは17時～、19時～、21時～、土・日曜の15時～（予約時要確認）🚫なし | MAP P14C2<br>P135 |

マドリード・・・ぜったい観たい！

| エリア名 店・スポット名 | 星評価 | ジャンル名 | ひと言コメント | MAP 掲載ページ |
|---|---|---|---|---|
| **プラド美術館周辺** プラド美術館 | ★★★ | 美術館 | スペイン王家の豪華コレクションを収蔵・展示するアートの殿堂。⊙10〜20時(日曜、祝日は〜19時) 休なし | MAP P15F4 P122 |
| **市街地外辺** ラス・ベンタス闘牛場 | ★★ | 闘牛場 | スペイン最大規模を誇る闘牛場。見学ツアーが通年行われている。⊙見学ツアー10〜18時(11〜3月は〜17時)※日によって異なる 休なし | MAP P13F1 P137 |
| **王宮周辺** アサドール・レアル | | レストラン | 大きな薪窯を用いた、牛や仔羊の豪快な料理が人気のレストラン。⊙13〜24時(日・月曜は13〜17時) 休8月 | MAP P14B3 P142 |
| **プラド美術館周辺** エネコ・バスク・マドリード | | レストラン | 地中海とバスク地方の料理が中心で、特にバスク産の牛肉を使った料理が好評。⊙13〜16時、20〜23時 休日・月曜 | MAP P12C4 P144 |
| **プラド美術館周辺** エル・ペロ・イ・ラ・ガジェタ | | ベーカリー&カフェ | スペインのビスケットの老舗、フォンタネダ社が手掛けるレストラン&カフェ。⊙13〜24時(土・日曜は10時〜) 休なし | MAP P13D2 P149 |
| **プエルタ・デル・ソル周辺** エル・リオハーノ | | カフェ | 1855年創業の老舗パティスリー兼カフェ。王室御用達の伝統菓子を堪能できる。⊙9〜21時 休6〜9月の日曜、8月 | MAP P14B3 P148 |
| **プエルタ・デル・ソル周辺** カサ・アルベルト | | レストラン | 『ドン・キホーテ』の作者・セルバンテスがかつて暮らした建物を利用。⊙13時30分〜16時、20〜23時(バルは12〜23時) 休月曜、日曜の夜、1月の1週目、8月の3週間 | MAP P15D4 P143 |
| **プエルタ・デル・ソル周辺** カサ・バロンド | | バル | チョリソやチーズ、豆などを使った素朴なアストゥリアス料理が味わえる。⊙13〜24時(日・月曜は〜17時) 休なし | MAP P14B3 P139 |
| **グラン・ビア通り周辺** サン・アントン市場 | | 市場 | チーズやシーフード、ハムなどを扱う市場。屋上にはオープンエアーのバーもある。⊙9時30分〜21時30分(フードコートは12〜24時) 休日曜(フードコートは無休) | MAP P15D2 P147 |
| **グラン・ビア通り周辺** サン・イルデフォンソ市場 | | 市場 | 3階建ての建物に、魚介料理、串焼き料理、肉料理などの専門店が集まっている。⊙13〜24時(金・土曜は〜翌1時) 休なし | MAP P15D1 P147 |
| **プエルタ・デル・ソル周辺** サン・ミゲル市場 | | 市場 | 100年の歴史をもつ老舗市場。生ハムやバカラオ(塩干しダラ)など、約20のお店が集まる。⊙10〜24時(金・土曜は〜翌1時) 休なし | MAP P14B4 P146 |
| **王宮周辺** サンタ・エウラリア | | ベーカリー&カフェ | パリで修業したオーナーパティシエが腕を振るうベーカリー&スイーツ店。⊙8時30分〜20時 休月曜 | MAP P14B3 P149 |
| **グラン・ビア通り周辺** ジンコ・スカイ・バー | | レストラン | スペイン広場に面したホテルに備わる眺望抜群のレストラン&バー。⊙13時〜翌1時(金・土曜は〜翌2時30分) 休なし | MAP P14A1 P145 |
| **王宮周辺** セルベセリア・ラ・マヨール | オススメ! | バル | スペインをはじめ、世界各国の地ビールを味わえる、ビールがテーマのバル。⊙13〜24時(金・土曜は〜1時) 休なし | MAP P14A4 P138 |
| **セラーノ通り周辺** タベルナ・リスカル | | レストラン | スペインの食材と日本やメキシコの食文化を融合されたフュージョン料理が特徴。⊙13時30分〜16時、20時30分〜翌0時30分 休日曜 | MAP P16A3 P145 |
| **プエルタ・デル・ソル周辺** チョコラテリア・サン・ヒネス | | カフェ | 揚げたてサクサクのチュロスを提供する、1894年創業の老舗。⊙8時30分〜翌1時30分(月〜水曜は8時〜23時30分) 休なし | MAP P14B3 P148 |
| **セラーノ通り周辺** ビアンダス・デ・サラマンカ | | 生ハム | 生ハムをはさんだボカディーリョ(スペイン風サンドイッチ)が評判。⊙9時30分〜21時(日曜は11〜15時) 休なし | MAP P16C4 P157 |

おいしいもの

は

ら

あ

か

さ

た

は

マドリード風カ ジョスは、庶民 料理の代表格

市場内には肉、 魚介、スイーツ などさまざまな 店が並ぶ

| エリア名 / 店・スポット名 | ジャンル | ひと言コメント | MAP / 掲載ページ |
|---|---|---|---|
| **プエルタ・デル・ソル周辺** 　定番<br>ボティン | レストラン | 「世界最古のレストラン」としてギネス記録をもつ有名店。<br>⊙13〜16時、20時〜23時30分 ㉜なし | MAP P14B4<br>P142 |
| ㊤ **セラーノ通り周辺**<br>マヨルカ | カフェ | マヨルカ島発の老舗菓子店が手がける、人気のカフェレストラン。<br>⊙9〜21時 ㉜なし | MAP P13D2<br>P157 |
| **プエルタ・デル・ソル周辺**<br>メソン・デ・ラ・トルティーリャ | バル | スペイン風オムレツ、トルティーリャの名店。できたてが食べられる。⊙19〜24時（金・土・日曜は13時〜16時30分の昼営業あり）㉜なし | MAP P14B4<br>P141 |
| **プエルタ・デル・ソル周辺**<br>メソン・デル・チャンピニョン | バル | アルバセテから仕入れる大きなマッシュルームを使った料理が名物。⊙11時〜翌0時30分（金・土曜は〜翌1時30分）㉜なし | MAP P14B4<br>P141 |
| **プエルタ・デル・ソル周辺**<br>メソン・リンコン・デ・ラ・カバ | バル | 17世紀の建物を利用した歴史あるバル。ガンバス・アル・アヒーリョがおすすめ。⊙12時〜翌2時 ㉜なし | MAP P14B4<br>P141 |
| ㊡ **プエルタ・デル・ソル周辺**<br>ラ・オレハ・デ・ハイメ | バル | オレハ(耳)と店名にあるように、豚の耳の鉄板料理が看板料理。⊙12〜16時、19時30分〜24時（金・土曜は12〜17時、19時30分〜24時30分、日曜は12〜17時、19時30分〜24時）㉜なし | MAP P14C4<br>P138 |
| **プエルタ・デル・ソル周辺**<br>ラ・カサ・デル・アブエロ | バル | 1906年創業の老舗バル。店内は基本的に立ち飲みで、通りの向かいにテーブル席メインの支店もある。⊙12〜24時（木・金曜は〜翌1時）㉜なし | MAP P14C4<br>P139 |
| **グラン・ビア通り周辺**<br>ラ・ドゥケシータ | カフェ | マリア・クリスティーナ王妃も通った1914年創業の菓子店。⊙9時〜20時30分（土曜は9時30分〜、日曜は10時〜）㉜なし | MAP P15E1<br>P149 |
| **プエルタ・デル・ソル周辺**<br>ラ・バルカ・デル・パティオ | バル | 白と緑のカラートーンやコルドバのパティオなど、アンダルシアな雰囲気が漂うバル。⊙10〜24時 ㉜なし | MAP P12B4<br>P139 |
| **セラーノ通り周辺**<br>ラ・ヒラルダ | バル | アンダルシア風のインテリアが可愛い郷土料理店。金曜の夜はフラメンコショーも。⊙13〜16時、20〜24時 ㉜日曜の夜、祝日の夜 | MAP P16B4<br>P157 |
| **セラーノ通り周辺**<br>ラ・ファボリータ | レストラン | プロのオペラ歌手がウェイター・ウエイトレスを務め、食事の合間に本格的なオペラを披露してくれる。⊙21〜24時（土曜は13〜16時、21〜24時）㉜日〜水曜 | MAP P12C1<br>P144 |
| **王宮周辺**<br>ラ・ボラ | レストラン | 豚肉、チョリソ、ジャガイモ、ヒヨコ豆を4時間煮込んだ料理、コシードの名店。⊙13時30分〜と15時30分〜の2部制（夜営業は木〜土曜のみで17時30分〜21時）㉜なし | MAP P14A2<br>P143 |
| **プエルタ・デル・ソル周辺**<br>ラス・クエバス・デ・ルイス・カンデラス | バル | 400年以上前の建物を利用した、カバ・デ・サン・ミゲル通りの老舗バル&レストラン。⊙13時〜23時30分 ㉜なし | MAP P14B4<br>P140 |
| **グラン・ビア通り周辺** 　オススメ!<br>ラス・クエバス・デル・デューケ | レストラン | 19世紀に造られたワインカーブをそのまま利用した隠れ家的な店。⊙13〜16時、20〜23時（木〜土曜は〜24時）㉜月曜、日曜の夜 | MAP P12A2<br>P143 |
| **プエルタ・デル・ソル周辺**<br>ラス・ヌベス・マーケット | フードエリア | 2023年の夏に誕生した新たなフードエリア。キッチンのライブ感も楽しめる。⊙10〜22時 ㉜なし | MAP P14C3<br>P151 |
| ㊡ **プラド美術館周辺**<br>アルテ・スティロ | 雑貨 | 陶磁器を中心とする各地の工芸品のほか、スペインブランドのバッグやアクセサリーなども扱っている。⊙10〜21時 ㉜なし | MAP P15E4<br>P154 |
| ㊡ **プエルタ・デル・ソル周辺**<br>カサ・エルナンス | エスパドリーユ | エスパドリーユとよばれる植物で編んだシューズの専門店。⊙9時〜13時30分、16時30分〜20時（土曜は10〜14時）㉜日曜 | MAP P14B4<br>P155 |

スペインを代表する名物、ふわふわのトルティーリャ

美しくも迫力あるオペラの歌声に感動

おかいもの

| エリア名<br>店・スポット名 | 星評価 | ジャンル名 | ひと言コメント | MAP<br>掲載ページ |
|---|---|---|---|---|

**ブエルタ・デル・ソル周辺**
**ガレリアス・ピケール** — アンティーク 複数のアンティークショップが集まったギャラリー。⊙11〜14時、17〜20時 ㊡土・日曜の午後 — MAP P12B4 / P153

**グラン・ビア通り周辺**
**カンタロ** — 陶器 スペイン各地の陶器が揃う専門店。おみやげ探しにもぴったり。⊙10時30分〜14時、17時〜20時30分(土曜は11〜14時のみ) ㊡日曜 — MAP P14A2 / P155

**ブエルタ・デル・ソル周辺**
**グルメ・エクスペリエンス(カジャオ店)** — フードエリア エル・コルテ・イングレスの9階に広がるフードエリア。全部で11店のカフェ・レストランが集まる。⊙10〜22時 ㊡なし — MAP P14C2 / P150

**(た) セラーノ通り周辺**
**トウス** — ファッション TOUSベアがシンボルとして知られるリュクスブランド。⊙10時〜20時30分(日曜、祝日は12〜20時) ㊡日曜 — MAP P16B4 / P157

**(は) セラーノ通り周辺**
**プリティ・バレリーナス** — シューズ デザイン性と機能性を備えたシューズが揃うフラットシューズ専門店。⊙10時30分〜20時30分(8月は10時30分〜14時30分、17〜20時) ㊡日曜 — MAP P16B4 / P157

**(ら) ブエルタ・デル・ソル周辺 ★★**
**ラストロ** — 蚤の市 マドリードで日曜と祝日のみ開催される、マドリード最大級の蚤の市。掘り出し物が見つかるかも。⊙9〜15時頃 ㊡月〜土曜 — MAP P12B4 / P152

**セラーノ通り周辺 定番**
**リヤドロ** — 磁器 ポーセリンアート(磁器芸術)で有名なリヤドロの直営店。繊細な花細工、美しい曲線が特徴のリヤドロ作品はすべて手作り。⊙10〜20時 ㊡日曜 — MAP P16B3 / P154・156

**プラド美術館周辺**
**レアル・ファブリカ・エスパニョーラ** — 雑貨 ファブリック製品を中心に、スペインで昔から使われてきたものを現代風にアレンジした商品が揃う。⊙11〜21時 ㊡なし — MAP P15D4 / P155

**王宮周辺**
**レパント** — 雑貨 人気ブランドやスペイン雑貨を扱う。オリジナルの革製品も人気。⊙9時30分〜13時30分、14時30分〜18時30分(日曜は9時30分〜13時30分のみ) ㊡なし — MAP P14A3 / P155

**セラーノ通り周辺**
**ロエベ** — ファッション 機能性や美しいフォルムから世界中のセレブにもファンが多い、ラグジュアリーレザーブランド。⊙11〜20時(日曜は12〜19時) ㊡なし — MAP P16B4 / P156

**(あ) プラド美術館周辺 ★**
**アルカラ門** — 名所 建築家フランシスコ・サバティーニが設計した5つの重厚なアーチ。王宮と同じ白い御影石で造られており、表裏の異なる意匠が美しい。 — MAP P15F2 / P161

**ブエルタ・デル・ソル周辺 ★**
**王立サン・フェルナンド美術アカデミー** — 美術学校 かつてゴヤが絵画主任を務め、ダリやピカソも学んだという歴史ある美術学校。⊙10〜15時 ㊡月曜、1月1・6日、5月1・30日、11月9日、12月24・25・31日 — MAP P15D3 / P159

**プラド美術館周辺 ★**
**王立植物園** — 植物園 1755年にフェルナンド6世によって設立された植物園。5000種以上の植物を鑑賞できる。⊙10〜21時(4・9月は〜20時、3・10月は〜19時、11〜2月は〜18時) ㊡なし — MAP P13D4 / P161

**(か) プラド美術館周辺 ★★**
**海軍博物館** — 博物館 1932年に開館したスペイン海軍付属の博物館。スペイン海軍の歴史にふれられる。⊙10〜19時(8月は〜15時) ㊡月曜 — MAP P15F3 / P161

**ブエルタ・デル・ソル周辺**
**カサ・ラブラ** — バル バカラオ(塩干しダラ)を使ったタバスで有名な1860年創業のバル。⊙11時30分〜15時30分、18時30分〜22時30分 ㊡なし — MAP P14C3 / P159

**グラン・ビア通り周辺**
**グラン・ビア通り** — ストリート スペイン広場からシベレス広場まで続くマドリードのメインストリート。カフェやレストラン、ショップと話題のお店が集まる。 — MAP P14B2 / P163

**セラーノ通り周辺 ★**
**コロン広場** — 広場 大理石のコロンブスの記念碑がそびえる広場。彫刻は1881〜1885年にアルフォンソ12世の結婚祝いのために造られた。 — MAP P16A4 / P165

**(た)** 街ガイド

なんでも集まる蚤の市では思わぬ宝物が見つかるかも

プラド美術館の近くにあるのでセットで立ち寄ろう

ロエベやリヤドロなど、スペインを代表する名店が集まる

世界遺産の一部でもある、水と緑に癒やされる公園

ホテル

| エリア名<br>店・スポット名 | 星評価 | ジャンル名 | ひと言コメント | MAP<br>掲載ページ |
|---|---|---|---|---|

**プエルタ・デル・ソル周辺**
NH コレクション・パラシオ・デ・テパ
ホテル　プエルタ・デル・ソルやバルが並ぶサンタ・アナ広場に至近のホテル。
料€400〜　客室数83
MAP P14C4
P214

**市街地外辺**
NH・マドリッド・リベラ・デル・マンサナレス
ホテル　市街地からやや離れたマンサナレス川沿いに位置。広々とした庭園が魅力。
料€150〜　客室数224
MAP P12A4
P215

(さ) **プエルタ・デル・ソル周辺**
ザ・マドリード・エディション
ホテル　マドリードの中心部にある、屈指のラグジュアリーホテル。
料€550〜　客室数200
MAP P14B3
P214

(は) **セラーノ通り周辺**
ハイアット・リージェンシー・エスペリア・マドリード
ホテル　ビジネス街とショッピングエリアの中心であるカスティリャーナ通りに位置。
料€270〜　客室数169
MAP P16A1
P215

**王宮周辺**
パラシオ・テ・ロス・ドゥケス・グラン・メリア・ザ・リーディング・ホテルズ・オブ・ザ・ワールド
ホテル　13世紀の修道院と19世紀の宮殿を利用したホテル。王宮まで徒歩圏内。
料€400〜　客室数189
MAP P14A2
P214

**プエルタ・デル・ソル周辺**
ファー・ホーム・アトーチャ
ホステル　アトーチャ通り沿いにあるモダンなデザインのホステル。
料€43〜　客室数70
MAP P15D4
P218

**プエルタ・デル・ソル周辺**
フォーシーズンズ・ホテル・マドリード
ホテル　市内中心部にある、1880年代の建物を利用したホテル。
料€700〜　客室数239
MAP P15D3
P214

マドリードの中心にある五ツ星ホテルで特別なひとときを

**グラン・ビア通り周辺**
ホスタル・バスケス・デ・メラ
ホステル　マドリードの観光に最適なロケーション。
料€53〜　客室数28
MAP P15D2
P218

**プラド美術館周辺**
ホスタル・リスボア
ホステル　広々としたベッドが快適な睡眠をサポート。
料€65〜　客室数22
MAP P15D4
P218

**プラド美術館周辺**
ホテル・アーバン 5*GL
ホテル　ガラスに覆われたスタイリッシュな外観が特徴的。
料€250〜　客室数96
MAP P15D3
P214

**グラン・ビア通り周辺**
ホテル・パレスタ
ホステル　マドリードのショッピングエリア、チュエカ地区の近くにある。
料€54〜　客室数47
MAP P14C2
P218

**プラド美術館周辺**
ホテル・ビジャ・レアル 5*
ホテル　客室内には英国アンティーク家具や大理石などを使用。
料€150〜　客室数115
MAP P15E4
P215

**セラーノ通り周辺**
ホテル・フェニックス・グラン・メリア - ザ・リーディング・ホテルズ・オブ・ザ・ワールド
ホテル　内装は落ち着いたトーンで統一され、高級感が漂う。
料平均価格€590〜　客室数189
MAP P16A4
P215

(ま) **プラド美術館周辺**
マンダリン・オリエンタル・リッツ・マドリード
ホテル　1910年にスペイン国王アルフォンソ13世が創設した、市内屈指の高級ホテル。
料€770〜　客室数153
MAP P15F4
P214

**プエルタ・デル・ソル周辺**
ミー・マドリード・レイナ・ビクトリア
ホテル　プエルタ・デル・ソルの近くで観光やショッピングに便利。
料要問合せ　客室数200
MAP P14C4
P214

**市街地外辺**
メリア・カスティリャ
ホテル　レアル・マドリードのスタジアムから車で5分ほどのところに位置。
料要問合せ　客室数909
MAP P13F3
P215

**市街地外辺**
メリア・マドリード・プリンセサ
ホテル　プリンセサ通り沿いにある近代的な大型ホテル。
料€200〜　客室数273
MAP P12A2
P215

**少し遠くへ**

ら | **プラド美術館周辺**<br>ラディソン・レッド・マドリード | | **ホテル** | アトーチャ駅に近く、ソフィア王妃芸術センターやプラド美術館も徒歩圏内。㋺平均価格€133〜 客室数260 | MAP P12C4<br>P215

あ | **サン・セバスティアン**<br>アケラレ | | **レストラン** | ビスケー湾を見渡す、眺めのよいレストラン。⏰13時30分〜14時30分に入店、20時30分〜21時30分に入店※閉店はお客によって変わる ㋺日曜の夜、月・火曜(6〜10月は日・月曜) | MAP P175<br>P174

| **セゴビア**<br>アルカサル | ★★ | **城** | ディズニー映画『白雪姫』のモデルになったといわれる城。⏰10〜20時(11〜3月は〜18時。休館日前日は〜14時30分。チケット販売は〜19時30分) ㋺1月1・6日、6月12日、12月24・31日 | MAP P170<br>P171

| **サン・セバスティアン**<br>アルザック | | **レストラン** | 世界一のレストランともいわれる名店。⏰13時15分〜15時に入店(〜18時)、20時45分〜22時30分に入店(〜翌1時) ㋺日・月曜、2月4〜13日、6月16日〜7月3日、11月3〜27日 | MAP P175<br>P174

| **トレド**<br>オルサ | | **レストラン** | 主な観光地からアクセスしやすいラ・マンチャ料理のレストラン。夏はテラス席で食後酒を。⏰13時30分〜16時、20〜23時 ㋺6〜8月の日曜の夜 | MAP P166<br>P167

か | **トレド**<br>カテドラル | ★★★ | **教会** | 13〜15世紀に建設されたトレドのシンボル。貴重な絵画や宝物の展示もみどころ。⏰10時〜18時30分(日曜は14時〜) ㋺ミサの時間 | MAP P166<br>P166

| **セゴビア**<br>カテドラル | ★★ | **教会** | 200年以上をかけて完成した大聖堂。ゴシック様式のカテドラルとしてはスペインで最も新しい。⏰9時30分〜18時30分(行事の日は時間短縮あり) ㋺なし | MAP P170<br>P171

| **サン・セバスティアン**<br>カフェ・ボタニカ | | **カフェ** | 草花に包まれた前庭を眺めながらひと休みできる居心地のよいカフェ。⏰9時〜23時30分(金・土曜は〜24時、日・月曜は〜17時) ㋺火曜 | MAP P175<br>P175

主祭壇の精緻な彫刻は必見!

| **ラ・マンチャ地方**<br>カンポ・デ・クリプターナ | | **街** | 小説『ドン・キホーテ』の舞台として有名な街。丘の上には今もいくつもの風車が残る。 | MAP P168<br>P168

| **サン・セバスティアン**<br>ゴイス・アルギ | | **バル** | エビを使った料理が評判で、エビのブロチェッタは必食メニューのひとつ。⏰11時30分〜16時、18時30分〜23時(金・土曜は〜24時、7〜9月の金・土曜は〜翌1時30分) ㋺なし | MAP P175<br>P172

| **サン・セバスティアン**<br>ココチャ | | **レストラン** | 旧市街にある地元でも評判のレストラン。⏰13時30分〜14時30分に入店、20時30分〜22時に入店※閉店はお客によって変わる ㋺日・月曜(10〜3月は日・月・水曜) | MAP P175<br>P174

| **ラ・マンチャ地方**<br>コンスエグラ | | **街** | 複数の風車と古城が丘の尾根にきれいに並ぶ小さな街。丘を下りてブドウ畑の間の道を歩くのも楽しい。 | MAP P168<br>P169

さ | **サン・セバスティアン**<br>サボレハイ | | **食材** | バスク産のカツオやマグロのオイル漬けなど、スペイン北部の食材を扱う。⏰10時30分〜20時(土曜は10時〜19時30分) ㋺日曜 | MAP P175<br>P175

| **トレド**<br>サンタ・クルス美術館 | ★★ | **美術館** | 3世紀のモザイク画、スペイン全土の陶器、エル・グレコの絵画など展示品は多岐にわたる。⏰10〜18時(日曜は9〜15時) ㋺なし | MAP P166<br>P167

エル・グレコの名画が飾られている

| **トレド**<br>サント・トメ教会 | ★★ | **教会** | エル・グレコの作品『オルガス伯爵の埋葬』が飾られた教会。⏰10時〜18時45分(10月中旬〜2月は〜17時45分、12月24・31日は〜13時) | MAP P166<br>P167

た | **サン・セバスティアン**<br>チェペチャ | | **バル** | 1932年に創業。アンチョビのマリネが看板メニューで、カリッと焼いたパンとの相性も抜群。⏰12〜15時、19〜23時 ㋺日曜の夜(7・8月は昼も休み)、月曜、火曜の昼 | MAP P175<br>P172

は | **トレド**<br>パラドール・デ・トレド | | **パラドール** | 貴族の邸宅を改装して造られたパラドール。中世の都トレドの丘の上に立ち、客室からの眺めは抜群。㋺€110〜 客室数79 | MAP P166<br>P211

| エリア名<br>店・スポット名 | 星評価 | ジャンル名 | ひと言コメント | MAP<br>掲載ページ |
|---|---|---|---|---|
| **レオン**<br>パラドール・デ・レオン | | パラドール | ベルネスガ川のほとりに立つ、旧サン・マルコス修道院を利用したパラドール。パラドールのなかで数少ない5ツ星。(料)€206〜 客室数51 | MAP P2C1<br>P211 |
| **サン・セバスティアン**<br>ベルガラ | | バル | 毎日約50種類のピンチョスが用意されており、和風ピンチョスもあるなどバラエティ豊か。⏱10時30分〜23時 (休)水曜 | MAP P175<br>P173 |
| **ラ・マンチャ地方**<br>ベンタ・デル・キホーテ | | レストラン | 小説『ドン・キホーテ』の作者セルバンテスが宿泊したという旅籠を利用したレストラン。⏱9時30分〜17時30分(月曜は9〜17時) (休)火〜木曜(祝日の場合は営業) | MAP P168<br>P169 |
| **トレド**<br>ホタ・セラーノ | | 陶器 | タラベラ焼をはじめとする、トレド県内の陶器を扱う店。⏱10〜18時(土曜は〜18時30分、日曜は〜14時30分) (休)なし | MAP P166<br>P167 |
| **サン・セバスティアン**<br>ボデガ・ドノスティアラ・グロス | | バル | 賑やかな雰囲気が地元客や観光客から支持されるバル。炭火で焼いたグリル料理もおすすめ。⏱9〜24時 (休)日曜 | MAP P175<br>P173 |
| **サン・セバスティアン**<br>ホテル・シルケン・アマラ・プラザ | | ホテル | モダンな建物で、サン・セバスティアン中心街へのアクセスも良い。(料)€80〜€550 客室数162 | MAP P175<br>P217 |
| **サン・セバスティアン**<br>ホテル・マリア・クリスティーナ, ラグジュアリー・コレクション・ホテル, サンセバスチャン | | ホテル | ウルメア川を望む立地にあるホテル。(料)€320〜 客室数139 | MAP P175<br>P217 |
| Ⓜ **サン・セバスティアン**<br>モンテ・イゲルド | | 展望台 | コンチャ湾の西端にあるイゲルド山。頂上には展望台があり、湾曲する美しいビーチとサン・セバスティアンの街を見渡すことができる。 | MAP P175<br>P175 |
| Ⓛ **サン・セバスティアン**<br>ラ・ギンタ | | カフェ | 旬の果物を使ったフレッシュジュースや、自家製レモネードが人気。⏱8時30分〜23時(土曜は9時〜、日曜は〜17時、10〜6月の火・水曜は〜17時) (休)月曜 | MAP P175<br>P175 |
| **セゴビア**<br>リモン・イ・メンタ | | カフェ | カテドラルから歩いてすぐのマヨール広場にあるパティスリー兼カフェ。⏱9時〜20時30分(土・日曜は〜21時) (休)なし | MAP P170<br>P171 |
| **セゴビア**<br>ローマ水道橋 | ★★★ | 遺跡 | 1世紀ごろに古代ローマ人によって建設された水道橋。保存状態がよく、19世紀まで実際にそのまま使用された。世界遺産に登録されている。 | MAP P170<br>P170 |
| Ⓐ **グラナダ**<br>アルカイセリア | ★★ | ストリート | イスラム時代は絹市場があった場所で、現在は革製品やショールなどの雑貨店が軒を連ねている。まるでアラビアン・バザールのよう。 | MAP P18B3<br>P191 |
| **グラナダ**<br>アルハンブラ宮殿 | ★★★ | 宮殿 | アンダルシア観光のハイライト。14世紀に完成した、イベリア半島最後のイスラム王朝の大宮殿。⏱昼の部:8時30分〜20時(冬季は〜18時) (休)なし | MAP P19E3<br>P182 |
| **グラナダ**<br>王室礼拝堂 | ★★ | 教会 | イザベル女王が眠る礼拝堂。イザベル女王ゆかりの品などを展示する博物館もある。⏱10時〜18時30分(日曜、祝日は11時〜) (休)なし | MAP P18C3<br>P190 |
| Ⓚ **グラナダ**<br>カテドラル | ★★★ | 教会 | イスラム教徒の跡地に建てられたキリスト教の大聖堂。堂内は神秘的な美しさ。⏱10時〜18時15分(日曜は15時〜) (休)なし | MAP P18B3<br>P190 |
| **グラナダ**<br>カルデレリア・ヌエバ通り | ★★ | ストリート | 石畳の小路の両脇にみやげ物店が立ち並び、エキゾチックな雰囲気漂う通り。アラブ風の小物が目白押し。 | MAP P18C2<br>P189 |
| Ⓢ **グラナダ**<br>サン・ニコラス教会 | ★ | 教会 | 1525年建築のムデハル様式の白い教会。鐘塔に上るとグラナダの街を見渡すことができる。⏱11時〜12時30分、18時〜21時30分 (休)なし | MAP P19D1<br>P189 |

開業100年以上、サン・セバスティアンの歴史あるホテル

グラナダ・アンダルシア地方

ぜったい観たい！

249

| --- | --- | --- | --- | --- |
| **グラナダ** サン・ニコラス展望台 | ★★ | 展望台 | アルバイシン地区にある見晴らし抜群の展望台。ここから眺めるアルハンブラ宮殿に勝るものはないともいわれる絶景が広がる。 | MAP P19D1 P189 |
| **グラナダ** ヌエバ広場 | ★ | 広場 | グラナダ観光の拠点となる広場。周りにはホテルや飲食店などが集まり、市内の観光名所を回るアルハンブラバスの停留所もある。 | MAP P18C3 P188 |
| **グラナダ** マドラサ | ★★ | 名所 | 14世紀に建てられたイスラム教の大学（神学校）。当時の姿がそのまま残されている。⏰9〜21時（土曜は11〜14時、17時30分〜20時30分）㊡日曜の午後 | MAP P18C3 P190 |
| **グラナダ** メスキータ | ★ | モスク | イスラム様式の庭園を配する小さなモスク。グラナダ在住のイスラム教徒が礼拝に訪れる。⏰11〜14時、18〜21時 ㊡なし | MAP P19D1 P189 |
| **グラナダ** アビラ | | バル | グラナダに数店舗を展開する人気バル。ドリンクと一緒に提供される無料のタパスは約20種も。⏰12〜17時、20〜24時 ㊡日曜 | MAP P18B4 P193 |
| **グラナダ** カルメン・ミラドール・デ・アイサ | オススメ! | レストラン | アルハンブラ宮殿を一望できるロケーション抜群のレストラン。⏰13時〜15時30分、19時〜22時30分（土曜の夜は20時〜）㊡なし | MAP P19E1 P194 |
| **グラナダ** カルメン・ミラドール・デ・モライマ | | レストラン | アルバイシン地区の丘の中腹にある緑豊かなレストラン。目の前にはアルハンブラ宮殿が見える。⏰13時30分〜22時30分 ㊡日・月曜 | MAP P19E1 P195 |
| **グラナダ** カサ・イスラ | | カフェ | ローマ法王ビオ9世の即位を記念して考案されたスポンジケーキ「ピオノノ」が名物。⏰8〜21時 ㊡なし | MAP P18C4 P191 |
| **グラナダ** カスバ | | カフェ | アラブショップが立ち並ぶ一角にある隠れ家のようなカフェ。アラブの香りが漂う。⏰12時〜翌1時（金・土曜は〜翌2時30分）㊡なし | MAP P18C2 P189 |
| **グラナダ** カフェテリア・アルハンブラ | | カフェ | スペイン名物チュロスが人気のお店。朝食や夕方ごろは地元の人や観光客でにぎわう。⏰8〜24時 ㊡なし | MAP P18B3 P191 |
| **グラナダ** ゴンサレス | | タラセア | グラナダの伝統工芸、タラセアの商品を扱うショップ。木製工芸品の最優秀賞受賞歴あり。⏰10時30分〜20時 ㊡日曜 | MAP P18C3 P196 |
| **グラナダ** ダウロ | | 雑貨 | 伝統工芸とモダンなデザインを組み合わせた洗練されたアイテムが揃うショップ。⏰10〜22時（冬期は〜21時）㊡なし | MAP P18B3 P197 |
| **グラナダ** ティエンダ・リブレリア・デ・ラ・アルハンブラ | | 雑貨 | アルハンブラ宮殿に関するグッズがバラエティ豊かに揃う公式ショップ。⏰10〜21時 ㊡なし | MAP P18C3 P197 |
| **グラナダ** プエルタ・デル・カルメン | | レストラン | まるで映画の世界に飛び込んだかのような、ムデハル様式の華やかな店内が特徴的。⏰13時〜翌1時 ㊡なし | MAP P18B4 P195 |
| **グラナダ** ボアブディル | 定番 | バル&レストラン | 家族経営のアットホームな雰囲気のバル&レストラン。トロトロに煮込んだオックステールがおすすめ。⏰10〜24時（日曜は〜18時）㊡月曜 | MAP P18C2 P192 |
| **グラナダ** メディエポ | | 茶葉・香辛料 | 茶葉やコーヒー、スパイスなどを販売する店。アラブ料理に使用する香辛料など、あまり見かけない商品がある。⏰9〜21時 ㊡なし | MAP P18B3 P191 |
| **グラナダ** ラ・リビエラ | | バル | 豚肉を使った料理が主流のバル。国内外のビールを約60種類取り揃えている。⏰12時15分〜24時 ㊡なし | MAP P18C2 P192 |

な
ま
あ
か
た
は
ま
ら

おいしいもの＆おかいもの

グラナダの伝統工芸、タラセアはおみやげにもぴったり

アンティークの調度品に飾られた店内はSNS映えもバッチリ！

| エリア名 | 店・スポット名 | 星評価 | ジャンル名 | ひと言コメント | | MAP 掲載ページ |
|---|---|---|---|---|---|---|
| グラナダ | ロス・アラヤネス | | 陶器 | 手作りの風合いが魅力のグラナダ焼のお店。日用品からインテリアまで幅広く揃う。 🕒10～14時、17～21時 [休]日曜 |  | MAP P18B3 / P196 |
| グラナダ | ロス・ディアマンテス | | バル | カウンター席のみのこじんまりとしたバル。海鮮タパスはどれもおいしく、すぐに満席となる。 🕒13～16時、20～23時 [休]日・月曜 |  | MAP P18C4 / P193 |

[あ]

**ホテル**

| エリア名 | 店・スポット名 | 星評価 | ジャンル名 | ひと言コメント | | MAP 掲載ページ |
|---|---|---|---|---|---|---|
| グラナダ | アーバン・ドリーム・グラナダ・ホテル | | ホテル | グラナダの中心部にあり、ジムやプールなど施設も充実。 [料]€40～ [客室数]103 |  | MAP P18A3 / P216 |
| グラナダ | [か] グラン・ホテル・ルナ・デ・グラナダ | | ホテル | グラナダのショッピングエリア近くに位置。 [料]€90～ [客室数]365 |  | MAP P18A2 / P216 |
| グラナダ | [さ] サライ・ホテル | | ホテル | 国会議事堂に近く、市の中心へもわずかの距離に位置するホテル。 [料]€70～ [客室数]221 |  | MAP P18B4 / P216 |
| グラナダ | [は] パラドール・デ・グラナダ | | パラドール | アルハンブラ宮殿の敷地内にあるパラドール。世界遺産に宿泊する体験ができる。 [料]要問合せ [客室数]40 |  | MAP P19F3 / P210 |
| グラナダ | バルセロ・グラナダ・コングレス | | ホテル | グラナダの中心部近くに位置するホテル。 [料]€106～ [客室数]253 |  | MAP P18A4 / P216 |
| グラナダ | ブティック・ホテル・ルナ・グラナダ・セントロ | | ホテル | グラナダの中心地に位置する新しいブティックホテル。 [料]€150～ [客室数]34 |  | MAP P18B4 / P217 |
| グラナダ | ホスタル・ヴェローナ | | ホステル | グラナダの中心部に位置する使い勝手のよいホテル。 [料]€45～ [客室数]11 |  | MAP P18B4 / P218 |
| グラナダ | ホテル・アバデス・ネバダ・宮殿ホテル | | ホテル | モダンな雰囲気が好評のホテル。 [料]€80～ [客室数]258 |  | MAP P18B4 / P216 |
| グラナダ | ホテル・アルハンブラ・パレス | | ホテル | アルハンブラ宮殿まで徒歩圏内の好立地が魅力。 [料]€293～ [客室数]108 |  | MAP P19E3 / P216 |
| グラナダ | ホテル・グラナダ ・パレス | | ホテル | モナチルにある、広々としたプールを備えるラグジュアリーホテル。 [料]€85～ [客室数]113 |  | MAP P19D4 / P216 |
| グラナダ | ホテル・パラシオ・デ・サンタ・パウラ、オートグラフ コレクション | | ホテル | グラナダの中でも古い地区に位置する、伝統的な様式の建物のホテル。 [料]€380～ [客室数]75 |  | MAP P18B2 / P216 |
| グラナダ | ポルセル・アリクサレス | | ホテル | アルハンブラ宮殿に近く、グラナダの中心部へも徒歩15分ほどの立地。 [料]€85～ [客室数]197 |  | MAP P19F4 / P216 |

旅で疲れた体をプールサイドでゆっくり癒やす

**もっと！アンダルシアの町**

| エリア名 | 店・スポット名 | 星評価 | ジャンル名 | ひと言コメント | | MAP 掲載ページ |
|---|---|---|---|---|---|---|
| セビーリャ | [あ] アルカサル | ★★★ | 宮殿 | イスラム王の王宮として建設。ペドロ1世宮殿はムデハル様式建築の最高傑作として名高い。 🕒9時30分～19時(10～3月は～17時) [休]なし |  | MAP P201 / P199 |
| コルドバ | アルカサル | ★★ | 遺跡 | 14世紀の城塞。コロンブスが女王に謁見した場所でもある。 🕒8時15分～20時(土曜は9時～18時、日曜は8時15分～14時45分) [休]月曜 |  | MAP P205 / P204 |
| コルドバ | エル・カバーリョ・ロホ | | レストラン | 西欧とイスラムを折衷したモサラベ料理が中心で、地元の家庭料理やジビエ料理も味わえる。 🕒13～16時、20～24時 [休]月・火曜 |  | MAP P205 / P205 |

| エリア名 店・スポット名 | 星評価 | ジャンル名 | ひと言コメント | MAP 掲載ページ |
|---|---|---|---|---|

**セビーリャ** ★★
**黄金の塔（海洋博物館）**
博物館 グアダルキビール川のほとりに立つ塔。現在は海洋博物館になっている。
🕐9時30分～19時（入場は18時45分まで）⑭なし
**MAP P201 / P200**

か
**セビーリャ** ★★★
**カテドラル**
教会 イスラム時代のモスクを基礎に、15世紀に約100年かけ建造された大聖堂。🕐11～18時（日曜は14時30分～）、夏期は変更の場合あり⑭なし（特別なミサの日は休み）
**MAP P201 / P198**

彫像や名画に飾られた主聖具納室

**コルドバ** ★
**カラオラの塔**
博物館 川をはさんでメスキータの向かいに立つイスラム時代の要塞。🕐10～14時、16時30分～20時30分（10・3～5月は10～19時、11～2月は10～18時）⑭なし
**MAP P205 / P204**

**カルモナ**
**カルモナのひまわり畑**
花畑 6月下旬～7月にかけて満開のひまわりが太陽にむかって咲き誇る。セビーリャ～カルモナ～コルドバ間の平原でも見られる。
**MAP P2C4 / P179**

**コルドバ** ★★
**旧ユダヤ人街**
街 メスキータの北側一帯の地区で、10～15世紀にかけてユダヤ人居住区だった。迷路のような白壁の通りには住居が連なり、アンダルシアの生活が垣間見える。
**MAP P205 / P203**

**セビーリャ**
**クールルームズ・パラシオ・ヴィラパネス**
ホテル 18世紀に建てられた建物を使用したホテル。
⑭€270～ 客室数50
**MAP P201 / P217**

**コルドバ**
**コルドバ職人協会**
伝統工芸 地元アーティストたちの工房兼ショップが集まる。歴史ある建物自体もみどころ。
🕐10～20時⑭なし
**MAP P205 / P205**

さ
**ミハス** ★★
**サン・セバスチャン通り**
ストリート 白壁の家々が連なる通り。絵はがきなどの風景にも使われている人気の撮影スポット。道は少し坂になっている。
**MAP P206 / P206**

白壁にかかるパティオがアンダルシアな雰囲気を醸す

**セビーリャ** ★
**サンタ・クルス街**
街 セビーリャの中心部にあり、15世紀ごろまでユダヤ人たちが居住していたエリア。
**MAP P201 / P200**

**コルドバ** ★
**シナゴーグ**
教会 アンダルシアで唯一、国内でも数少ないユダヤ教会。14世紀の建造。
🕐9～21時（日曜、祝日と夏期は～15時）⑭月曜
**MAP P205 / P203**

**セビーリャ** ★
**スペイン広場**
広場 1929年のイベロ・アメリカ博覧会の会場として造営された広場。スペインの4つの王国の紋章を描いたタイル装飾が各所に配されている。
**MAP P201 / P200**

**コルドバ**
**聖バルトロメ教会**
教会 イスラムとカトリックの様式が融合したムデハル様式の教会。🕐10時30分～13時30分、15時30分～18時30分（日曜、夏期は10時30分～13時30分のみ）⑭日曜の午後、夏期の月曜
**MAP P205 / P203**

**セビーリャ**
**セラミカス・セビーリャ**
陶器 鮮やかな色使いと厚みのある凹凸が特徴のセビーリャ焼の老舗。
🕐10～18時⑭要問合せ
**MAP P201 / P201**

た
**ミハス** ★
**闘牛場**
闘牛場 1900年に完成した、世界最小ともいわれる闘牛場。🕐10時30分～19時（夏期は11～21時、夏期の土・日曜は～19時）⑭なし
**MAP P206 / P207**

**ロンダ** ★
**闘牛場**
闘牛場 18世紀の建築で、闘牛博物館が隣接している。🕐10～20時（3・10月は～19時、11～2月は～18時）⑭9月のペドロ・ロメロ祭期間の金～日曜
**MAP P208 / P208**

な
**ロンダ** ★★
**ヌエボ橋**
橋 18世紀に40年以上かけて建造されたグアダレビン川にかかる橋。橋の上からの眺望が見事で、谷底から最も高いところで98mになる。
**MAP P208 / P208**

は
**コルドバ**
**花の小道**
ストリート 人がひとり通れるほどのわずか約20mの小道。細い路地の両脇に並ぶ建物の外壁には鉢植えが飾られている。
**MAP P205 / P203**

| エリア名 店・スポット名 | 星評価 | ジャンル名 | ひと言コメント | MAP 掲載ページ |
|---|---|---|---|---|

**コルドバ**
バラカ
雑貨　革細工、陶器、金銀細工など、コルドバの4人のアーティストの作品が並ぶショップ。⊙11〜19時 ㊡なし
MAP P205 / P205

**カルモナ**
パラドール・デ・カルモナ
パラドール　ひまわり畑で有名な町・カルモナにあり、14世紀にペドロ1世のために建設された城を再建、復元した建物。€110〜 ㊗63
MAP P2C4 / P211

**セビーリャ**
バルセロ・セビーリャ・レナシミエント
ホテル　ニューヨークのグッゲンハイム美術館を彷彿とさせる建物が特徴的。㊗€80〜 客室数295
MAP P201 / P217

**コルドバ** ★
ビアナ宮殿
博物館　庭園とテーマの異なる12のパティオを見学できる博物館。⊙10〜19時(7・8月は9〜15時。日曜は〜15時) ㊡月曜
MAP P205 / P204

**セビーリャ** ★
フラメンコ舞踏博物館
博物館　ユニークな展示でフラメンコの魅力を紹介する。⊙11時〜18時30分(毎月第一月曜は16時〜。チケット販売18時まで)。ショーは17時〜、19時〜、20時45分〜 ㊡なし
MAP P201 / P201

**セビーリャ**
プロドゥクトス・デ・ラ・シエラ
特産品　セビーリャの特産品を扱うお店。オリーブオイルやハム、ソーセージなど。⊙10時30分〜21時(金・土曜は〜20時、日曜は10〜19時) ㊡なし
MAP P201 / P200

**コルドバ**
ボデガス・メスキータ
バル　40のタパス、60のワインを揃えた充実度満点のバル。⊙13時〜23時30分(金・土曜は〜24時) ㊡なし
MAP P205 / P205

**セビーリャ**
ホテル・YIT・ヴィア・セビージャ・マイレナ
ホテル　カテドラルおよびアルカサルから車で15分圏内にあるホテル。㊗€60〜 客室数119
MAP P201 / P217

**セビーリャ**
ホテル・アルフォンソ XIII,ラグジュアリー・コレクション・ホテル,セビーリャ
ホテル　客室は3つの異なった伝統的な様式で装飾。㊗€300〜 客室数148
MAP P201 / P217

**セビーリャ**
ホテル・コロン・グラン・メリア
ホテル　セビーリャの中心部に位置し、主要観光地へ徒歩圏内。㊗要問合せ 客室数186
MAP P201 / P217

**セビーリャ** ★★
マエストランサ闘牛場
闘牛場　18世紀に建てられた闘牛場。闘牛開催時以外は内部見学ができる。⊙9時30分〜21時30分(闘牛がある日は9時30分〜15時30分) ㊡なし
MAP P201 / P201

**コルドバ** ★★★
メスキータ
モスク　イスラム教とキリスト教の様式が融合した世界遺産の聖堂。⊙10〜19時(日曜、祝日は8時30分〜11時30分、15〜19時)※季節により異なる ㊡なし
MAP P205 / P202

**セビーリャ**
メソン・セラニート
バル　生粋の闘牛ファンが集まるバル。セビーリャ風サンドイッチのセラニートが名物。⊙12〜24時(土・日曜は〜翌0時30分) ㊡なし
MAP P201 / P201

**コルドバ**
メルヤン
雑貨　型押し細工の店。椅子や鏡などの家具から、バッグや財布などの小物類まで多彩。⊙9時30分〜20時(土曜は9時30分〜14時30分) ㊡日曜
MAP P205 / P204

**コルドバ**
ユーロスターズ・パレス・ホテル
ホテル　スタイリッシュなデザインの客室は清潔で快適。㊗€79〜 客室数162
MAP P205 / P217

**ミハス** ★
ラ・ペーニャ礼拝堂
礼拝堂　ミハスの守護聖母ペーニャに捧げられた洞窟礼拝堂。⊙10〜14時、16〜20時 ㊡なし
MAP P206 / P207

**コルドバ**
ラファエル・モラル
銀細工　種類豊富な銀細工の専門店。細い銀の糸をレース状に編んだフィリグラーナ(金糸編み)が有名。⊙10時〜20時30分 ㊡なし
MAP P205 / P205

（ま）（や）（ら）

アンダルシアの郷土料理、フラメンキン

紅色大理石が用いられたバロック様式の祭壇

# シーン別！ お役立ち！ 旅の スペイン語

## グルメシーン

### 英語(日本語)メニューをもらう
英語(日本語)のメニューはありますか？

**¿Tiene la carta en inglés (japonés)?**

ティエネ ラ カルタ エン イングレス(ハポネス)

### 注文を間違えられたとき
これは私が注文したものではありません。

**Este plato no es el que había pedido.**

エステ プラト ノ エス エル ケ アビア ペディード

### おすすめの料理を知りたいとき
今日のおすすめ料理はなんですか？

**¿Cuál es la sugerencia del chef de hoy?**

クアレス ラ スヘレンシア デル チェフ デ オイ

### お会計をしたいとき
お会計をお願いします。

**La cuenta por favor.**

ラ クエンタ ポル ファボル

## ショッピングシーン

### 何か探しているか聞かれたとき
ただ見ているだけです。

**Sólo estoy mirando.**

ソロ エストイ ミランド

### ほしいものを買いたいとき
これをください。

**Deme esto por favor.**

デメ エスト ポル ファボル

### 服を試着したいとき
試着してもいいですか？

**¿Puedo probarmelo?**

プエド プロバルメロ

### 値段が分からないとき
いくらですか？

**¿Cuánto es?**

クアント エス

## ホテルシーン

### チェックインしたいとき
チェックインをお願いします。

**Quiero hacer el Check-in.**

キエロ アセール エル チェッキン

### Wi-Fiを使いたいとき
部屋でWi-Fiに接続できますか？

**¿Se conecta Wi-Fi en la habitación?**

セ コネクタ ウィフィ エン ラ アビタシオン？

### 荷物を預けたいとき
この荷物を5時まで預かってもらえますか？

**¿Podría dejar este equipaje hasta las 5?**

ポドリア デハール エステ エキパヘ アスタ ラス シンコ

## トラブルシーン

### どうしても助けが必要なとき
助けて！

**¡Socorro!**

ソコロ

### 盗難にあったとき
財布を盗られました。

**Me han robado la cartera.**

メ アン ロバード ラ カルテラ

### パスポートを失くしたとき
パスポートを失くしました。

**He perdido el pasaporte.**

エ ペルディード エル パサポルテ

観光シーン

**目的地まで徒歩で行けるか知りたいとき**
歩いて何分くらいですか？

¿Cuántos minutos son a pie?
クアントス ミヌトス ソン ア ピエ

**閉場時間が知りたいとき**
閉場は何時ですか？

¿A qué hora empieza?
ア ケ オラ エンピエサ

**気になるものがあったとき**
あれは何ですか？

¿Qué es aquello?
ケ エス アケジョ

**パンフレットが欲しいとき**
パンフレットをください。

Deme un folleto por favor.
デメ ウン フォジェト ポル ファボル

**入場料を知りたいとき**
入場料はいくらですか？

¿Cuánto es la entrada?
クアント エス ラ エントラダ

**写真を撮りたいとき**
ここで写真を撮ってもいいですか？

¿Puedo sacar fotos aquí?
プエド サカール フォトス アキ

**写真を撮ってもらいたいとき**
写真を撮っていただけますか？

¿Podría sacarnos una foto?
ポドリア サカールノス ウナ フォト

**トイレに行きたいとき**
トイレはどこですか？

¿Dónde está el baño?
ドンデ エスタ エル バニョ

移動シーン

**行き方を確認したいとき**
〜へはどのように行けばいいですか？

¿Cómo se va a ~?
コモ セ バ 〜

**駅の場所を訪ねるとき**
ここから一番近い駅はどこですか？

¿Dónde está la estación más cercana de aquí?
ドンデ エスタ ラ エスタシオン マス セルカナ デ アキ

**降車したいとき**
ここで降ろしてください。

Déjeme bajar aquí.
デヘメ バハール アキ

**タクシーを探しているとき**
タクシーを呼んでください。

Pídame un taxi por favor.
ピダメ ウン タッシ ポル ファボル

**タクシーで行き先を伝えるとき**
（メモを見せながら）
この住所へ行ってください。

Liéveme a esta direccíon.
ジェベメ ア エスタ ディレクシオン

## 基本フレーズリスト

| 日本語 | スペイン語 | 読み方 |
|---|---|---|
| こんにちは | Hola/Buenas tardes | オラ / ブエナス タルデス |
| さようなら | Adiós | アディオス |
| はい / いいえ | Sí/ No | シ / ノ |
| ありがとう | Gracias | グラシアス |
| ごめんなさい | Lo siento | ロ シエント |

| 数字 | スペイン語 | 読み方 |
|---|---|---|
| 1 | un | ウン |
| 2 | dos | ドス |
| 3 | tres | トレス |
| 4 | cuatro | クアトロ |
| 5 | cinco | シンコ |
| 6 | seis | セイス |
| 7 | siete | シエテ |
| 8 | ocho | オチョ |
| 9 | nueve | ヌエベ |
| 10 | diez | ディエス |

255

せかたび
スペイン
Sekatabi Spain

初版印刷　2024年2月15日
初版発行　2024年3月1日

編集人　　福本由美香
発行人　　盛崎宏行
発行所　　JTBパブリッシング
　　　　　〒135-8165
　　　　　東京都江東区豊洲5-6-36
　　　　　豊洲プライムスクエア11階

企画・編集　　情報メディア編集部
デスク　　　　矢崎歩
取材・執筆　　ランズ（稲坂駿介）／粟屋千春／若宮早希
表紙デザイン　中嶋デザイン事務所
デザイン　　　中嶋デザイン事務所／扇谷正昭／山崎デザイン室（山崎剛）
　　　　　　　橋本有希子／村上祥基／BEAM／office鐵
表紙イラスト　MASAMI
本文イラスト　MASAMI／テライ アリサ
取材・編集協力　村岡佳子／村岡正志郎／中島由布子
　　　　　　　疋田有佳里／森口昭子／田原光生／森本有紀
　　　　　　　MYBUS SPAIN（JTB VIAJES SPAIN S.A.）／フランス著作権事務所
　　　　　　　日本美術著作権協会
撮影・写真協力　北原俊寛／堀内和薫／井田純代
　　　　　　　Cynet Photo／PIXTA／123RF／Adobe Stock
地図　　　　　アトリエプラン
印刷所　　　　TOPPAN

本誌掲載の記事やデータは、特記のない限り2023年11月現在のものです。その後の移転、閉店、料金改定などにより、記載の内容が変更になることや、臨時休業等で利用できない場合があります。各種データを含めた掲載内容の正確性には万全を期しておりますが、お出かけの際には電話などで事前に確認・予約されることをおすすめいたします。また、各種料金には別途サービス税などが加算される場合があります。なお、本書に掲載された内容による損害等は、弊社では補償致しかねますので、あらかじめご了承くださいますようお願いいたします。

編集内容や、乱丁、落丁のお問合せはこちら
JTBパブリッシング お問合せ
https://jtbpublishing.co.jp/contact/service/